《西方古典学研究》
编辑委员会

主　编：黄　洋　（复旦大学）
　　　　高峰枫　（北京大学）

编　委：陈　恒　（上海师范大学）
　　　　李　猛　（北京大学）
　　　　刘津瑜　（美国德堡大学）
　　　　刘　玮　（中国人民大学）
　　　　穆启乐　（Fritz-Heiner Mutschler，德国德累斯顿大学）
　　　　彭小瑜　（北京大学）
　　　　吴　飞　（北京大学）
　　　　吴天岳　（北京大学）
　　　　徐向东　（浙江大学）
　　　　薛　军　（北京大学）
　　　　晏绍祥　（首都师范大学）
　　　　岳秀坤　（首都师范大学）
　　　　张　强　（东北师范大学）
　　　　张　巍　（复旦大学）

西方古典学研究

An Introductory
Research Guide to
Roman History

Second Edition

罗马史研究入门

（第二版）

刘津瑜 著

北京大学出版社
PEKING UNIVERSITY PRESS

图书在版编目（CIP）数据

罗马史研究入门 / 刘津瑜著. —2版. —北京：北京大学出版社，2021.11
（西方古典学研究）
ISBN 978-7-301-32594-0

Ⅰ.①罗… Ⅱ.①刘… Ⅲ.①古罗马–历史–研究 Ⅳ.①K126

中国版本图书馆CIP数据核字（2021）第200223号

书　　名	罗马史研究入门（第二版）
	LUOMASHI YANJIU RUMEN（DI-ER BAN）
著作责任者	刘津瑜　著
责任编辑	李学宜　修　毅
标准书号	ISBN 978-7-301-32594-0
出版发行	北京大学出版社
地　　址	北京市海淀区成府路205号　100871
网　　址	http://www.pup.cn　新浪微博：@北京大学出版社
电子信箱	pkuwsz@126.com
电　　话	邮购部 010-62752015　发行部 010-62750672　编辑部 010-62752025
印刷者	北京中科印刷有限公司
经销者	新华书店
	730毫米×1020毫米　16开本　28.5印张　414千字
	2014年5月第1版
	2021年11月第2版　2023年6月第2次印刷
定　　价	89.00元

未经许可，不得以任何方式复制或抄袭本书之部分或全部内容。
版权所有，侵权必究
举报电话：010-62752024　电子信箱：fd@pup.pku.edu.cn
图书如有印装质量问题，请与出版部联系，电话：010-62756370

"西方古典学研究"总序

古典学是西方一门具有悠久传统的学问,初时是以学习和通晓古希腊文和拉丁文为基础,研读和整理古代希腊拉丁文献,阐发其大意。18世纪中后期以来,古典教育成为西方人文教育的核心,古典学逐渐发展成为以多学科的视野和方法全面而深入研究希腊罗马文明的一个现代学科,也是西方知识体系中必不可少的基础人文学科。

在我国,明末即有士人与来华传教士陆续译介希腊拉丁文献,传播西方古典知识。进入20世纪,梁启超、周作人等不遗余力地介绍希腊文明,希冀以希腊之精神改造我们的国民性。鲁迅亦曾撰《斯巴达之魂》,以此呼唤中国的武士精神。20世纪40年代,陈康开创了我国的希腊哲学研究,发出欲使欧美学者以不通汉语为憾的豪言壮语。晚年周作人专事希腊文学译介,罗念生一生献身于希腊文学翻译。更晚近,张竹明和王焕生亦致力于希腊和拉丁文学译介。就国内学科分化来看,古典知识基本被分割在文学、历史、哲学这些传统学科之中。20世纪80年代初,我国世界古代史学科的开创者日知(林志纯)先生始倡建立古典学学科。时至今日,古典学作为一门学问已渐为学界所识,其在西学和人文研究中的地位日益凸显。在此背景之下,我们编辑出版这套"西方古典学研究"丛书,希冀它成为古典学学习者和研究者的一个知识与精神园地。"古典学"一词在西文中固无歧义,但在中文中可包含多重意思。丛书取"西方古典学"之名,是为避免中文语境中的歧义。

收入本丛书的著述大体包括以下几类:一是我国学者的研究成果。近年来国内开始出现一批严肃的西方古典学研究者,尤其是立志于从事西方古典学研究的青年学子。他们具有国际学术视野，其研究往往大胆而独具见解，代表了我国西方古典学研究的前沿水平和发展方向。二是国外学者的研究论著。我们选择翻译出版在一些重要领域或是重要问题上反映国外最新研究取向的论著，希望为国内研究者和学习者提供一定的指引。三是西方古典学研习者亟需的书籍，包括一些工具书和部分不常见的英译西方古典文献汇编。对这类书，我们采取影印原著的方式予以出版。四是关系到西方古典学学科基础建设的著述，尤其是西方古典文献的汉文译注。收入这类的著述要求直接从古希腊文和拉丁文原文译出，且译者要有研究基础，在翻译的同时做研究性评注。这是一项长远的事业，非经几代人的努力不能见成效，但又是亟需的学术积累。我们希望能从细小处着手，为这一项事业添砖加瓦。无论哪一类著述，我们在收入时都将以学术品质为要，倡导严谨、踏实、审慎的学风。

我们希望，这套丛书能够引领读者走进古希腊罗马文明的世界，也盼望西方古典学研习者共同关心、浇灌这片精神的园地，使之呈现常绿的景色。

"西方古典学研究"编委会
2013 年 7 月

目 录

序 言 I

第一章　罗马史概述 1
　一　王政时代 2
　二　共和时代 14
　三　帝国时代 49

第二章　史料概述 85
　一　文学史料概况 85
　二　文书史料 121
　三　实物史料 136

第三章　研究史概述 148
　一　从文艺复兴到启蒙运动 151
　二　19世纪到20世纪初西欧的罗马史研究 163
　三　20世纪西方的罗马史研究 169
　四　21世纪学术研究动向 190

第四章　重点学术问题 209
　　一　共和时代的政治 209
　　二　从共和到帝制 217
　　三　奥古斯都时代 224
　　四　罗马"帝国主义" 239
　　五　"罗马化"问题 250
　　六　罗马经济 257
　　七　奴隶与释奴 268
　　八　基督教与"异教" 285
　　九　罗马帝国的衰亡？ 298

附录一　关键词 315

附录二　线上与线下学术资源 334
　　一　工具书 334
　　二　原始资料 344
　　三　史料集、文献集 362
　　四　通史类著作 367
　　五　语言教学和研究资料 369
　　六　主要期刊 375
　　七　综合性网络资源 378
　　八　推荐书目：学术著作及译著 381

序　言

我们为什么要学习罗马史？

罗马历史枝繁叶茂，在巨大的范围内、在长时段中影响非常深远。可以说不了解罗马史，就无法透彻地了解西方历史，无法厘清地中海世界语言文化、政治思想和法律观念的渊源和脉络。比如，我们今天所用的"共和国"这个词，英文中的 republic，就来自于拉丁语 res publica，本意是公共的东西、公共的事务。罗马史远不仅仅是罗马城的历史，也不是哪一个特定国家的早期历史。罗马帝国曾经覆盖的地区，现在已经变成了数十个民族国家，其中包括大家很容易就联想到的意大利、法国、西班牙这些拉丁语族或者叫作罗曼语族的国家，而罗曼语族包括罗马尼亚语也是因为罗马帝国皇帝图拉真对达奇亚王国（Dacia，今罗马尼亚）的征服。曾经在罗马帝国版图中的现代国家还包括土耳其、突尼斯、阿尔及利亚、埃及、叙利亚等等和西欧国家很不一样的国家。直到今天，散落欧、亚、非三大洲的罗马"废墟"还在继续进入我们的视野，提醒我们罗马人当年走得有多远。比如，在英国的巴斯，我们还能看到罗马时代的浴场；在奥地利，还有罗马军营的遗址；在西班牙，有罗马时代留下的水道（引水渠）；在土耳其，有大量罗马时代的马赛克（镶嵌画）；甚至在雅典（我们通常只把雅典看作一座希腊城市，但它在罗马帝国时代也很繁荣），城里醒目的位置我们还能看到罗马皇帝的拱门。

从时间上来说，公元前 11 世纪台伯河边的帕拉丁山谷，也就是罗马城的发源地，就有人类活动的踪迹；罗马城的雏形可能是在公元前 8 世纪形成的，最初并不起眼，然而在一系列的征战之后，于公元前 2 世纪在地中海世界建立了无可争议的霸权,并在公元前1世纪最终发展成为以地中海为内湖的强大帝国,公元2世纪时,罗马帝国的版图达到最大。五六百年间罗马主宰着(相当于今日)西欧、中欧、南欧、西亚、北非广袤地区的政治格局和文化取向。即使在公元5世纪之后所谓的"蛮族"各王国开始逐渐建立,瓦解了西部罗马帝国,东部罗马帝国依然继续存在上千年之久,直到1453年被奥斯曼土耳其侵吞。所以,罗马史研究至少跨越城市初建至公元6世纪1000多年的历史,并涉及整个地中海世界。对东罗马帝国的研究则为拜占庭研究所覆盖,而罗马研究与拜占庭研究之间自然存在交叉部分。

"罗马"也是一个动态的概念。在不同的时间段,罗马世界是不一样的:疆域在变,人口的构成在变,语言、文化和宗教也在变,地中海的地缘政治和文化版图也随之变化。把地中海世界变成罗马帝国,这个过程是复杂的,常常也是血腥残忍的,其间交织着冲突、流血、媾和、吞并、同化、反向影响,不一而足。而罗马史研究所涵盖的课题范围也极为广泛,罗马世界的历史、政治、艺术、语言、文学、法律、哲学、宗教、社会的方方面面都在其中。

罗马研究作为一个学术领域历时已久。罗马帝国的分裂以及中世纪的到来并不意味着拉丁语言和罗马文化的末日。而在文艺复兴时代和启蒙时代,对希腊罗马文学艺术的崇尚与模仿、对罗马研究的兴趣成为知识界的潮流。但丁在创作《神曲》时,即以罗马诗人维吉尔作为他的向导。在《天堂篇》中,象征罗马帝国的飞鹰对诗人讲述罗马帝国的过往,信奉基督教的罗马皇帝君士坦丁(Flavius Valerius Aurelius Constantinus,约272—337)和查士丁尼(Iustinianus I,482—565)依次出场,而查士丁尼因为维系政教合一的国家而受到诗人的推崇。被称为"人文主义之父"的彼得拉克(Petrarch,1304—1374)则以罗马史上的西塞罗、李维、维吉尔和塞内加为他的文学楷模。他不但对西塞罗的抄本有第一手的研究,甚至以西塞罗和维吉尔同时代人的杜撰身份和语气撰写了致他们的书信。除文学艺术给带来灵感之外,文艺复兴时期及其后的学者和思想家们热衷于从罗马史上寻找历史发展的规律和政治体制成功与失败的范例，有关罗马兴亡的探讨成为焦点之焦点。彼得拉克的《恺撒传》、马基雅维里的《论李维的前十书》、18世纪孟德斯鸠的《罗马盛衰原因论》以及吉本的《罗马帝国衰亡史》，无不从罗马历史出发探索治国之道和王朝兴衰的根源。文艺复兴和启蒙时代政治科学的发展在很大程度上是基于对罗马作家作品的研究。有人强调罗马体制中的制衡因素，觉得这是罗马能够制胜的法宝；有人强调公民精神、对法律的服从；还有人看到的是军纪的严明；等等，不一而足。

20世纪之前，古典学教育，包括希腊、拉丁语以及希腊罗马文学、艺术、哲学和历史形成欧洲教育的核心内容。在这样的教育背景下产生了诸如19世纪的德国古典学家蒙森（Mommsen，1817—1903）这样的罗马研究之集大成者。蒙森在罗马法、拉丁铭文及行省研究等诸多方面贡献卓著，并成为获得诺贝尔文学奖的唯一罗马史学家。20世纪以来罗马研究和其他许多传统学科一样获得新的生命力，以军事、政治为主线的传统撰史方式发生转变，不但研究领域和课题大为拓宽，还引入了人类学、社会学、政治学以及经济学的理论模式和分析方法。罗斯托夫采夫（Rostovtzeff，1870—1952）的《罗马帝国社会经济史》（1926年初版）在罗马研究领域开综合研究之先河。半个多世纪以后，同为耶鲁大学著名古代史学家的拉姆塞·麦克莫兰（Ramsay MacMullen）如此写道："在描述过去的时候，我们这些书生总会坚持去写战争、阴谋以及人物，以此赋予历史以生命。但是那种只把'罗马日常生活'的点点滴滴当作装饰性的背景，无视它们与历史事件之间的因果关系的撰史方式不但极其原始（very primitive），而且业已过时（old-fashioned）。"①

罗马研究作为一门学科虽然历时已久，但一直不断地在自我更新之中获取活力和新鲜的思维。时至今日，罗马研究的各分支（包括文学、史学、艺术、法学、考古等）之间的相互交流日趋频繁，新作出版的频率有增无减，研究视角不断拓宽。罗马史研究的重地历来在英、

---

① Ramsay MacMullen, *Corruption and the Decline of Rome,* New Haven: Yale University Press, 1988, Preface（亦可参见中译本：《腐败与罗马帝国的衰落》，吕厚量译，中国方正出版社，2015年，序言）。

美、法、德、意等西方国家，重要的杂志和书籍也以这几种语言为主。荷兰、比利时、丹麦等其他古典研究发达的欧洲国家，其学者也多以这些语言发表学术著作。这些研究重地不但占据研究优势，而且掌握了罗马研究领域的话语权。欧美的大学，无论是大型的研究型大学还是以本科教育为主的博雅学院（Liberal Arts Colleges），大都设有古典学课程。内容包括罗马文明、希腊文明一类的通史性课程、专题研讨班，以及技术性较强的拉丁语、希腊语基础语言课和原典阅读课。古典学课程主要由古典系提供。古典系（The Classics Department 或 the Department of Classical Studies）课程通常以古希腊语、拉丁语语言文学为核心。在大型的研究型大学，历史系也会设有希腊史、罗马史专业；艺术史系也常设有希腊艺术史、罗马艺术史专业并开设相关课程。有关希腊、罗马的考古课程则由考古系、艺术史系甚至人类学系提供。这些系科之间既互相联系，又常存在着有形与无形的壁垒。但无论是研究罗马史、拉丁文学的专家，还是研究罗马艺术史或考古的专家，其基本要求是共通的，即能够熟练运用古希腊语、拉丁语进行学术研究，并可阅读英语、法语、德语、意大利语的学术著作。欧美在古典语言教育方面有着长期的传统和深厚的基础。即便是在古典语言教学相对落后的美国，许多公立中学和私立学校都设有拉丁语选修课。能够提供古希腊语教学的中学较少，主要集中在耶稣会所创办的学校。欧美的众多一流大学都是训练罗马史学家、古典考古学家以及古典语言学家的重地。但是这十几年来由于网络资源共享所提供的便利，学者们一方面在变革研究方法，另一方面也在改变研究资源极不平衡的历史，这些都为国内学人开创新的研究局面创造了极佳的契机。

本书的缘起和目的

这本书的缘起，可回溯到2006年来自"历史学研究入门"丛书主编陈恒教授和北京大学出版社的邀请。我很荣幸得到这个邀请，而接受这个邀请则是因为我十分认同这套丛书的理念。授人以鱼，不如授人以渔，所以这本书的目的不在于提供一部新的罗马通史，而是为对古罗马历史与文化有兴趣的同学和同仁提供一个门径。本书的重点不在于讲述罗马史上发生过什么事，而在于介绍罗马研究中所用的重要史料、所提出的主要问题和主要学说、所用的分析角度、近期研究动向以及常用的研究资源。

从结构上来说，本书分序言、正文四章（罗马史概述、史料概述、研究史概述、重点学术问题）及两个附录（关键词、线上与线下学术资源）。古代史研究远非静止式的。哪怕是罗马史这样古老的话题，也处在动态发展之中。同样的资料，所问的问题不同，最终的叙述就会不同；而同样的问题，研究者所掌控的资料不同和研究的手法不同，结论也很可能会大相径庭。这本书用了许多的个案（比如"罗马化"问题、"奴隶与释奴"等）来说明罗马史研究的丰富性、复杂性和开放性。希望这本书对于使用者来说能够起到启发思维的作用。

由于我个人的学术训练主要集中在罗马社会史和拉丁铭文学方面，所以这本书的一个特色是社会史的内容（比如"释奴"）以及对各种非文本资料的介绍占了较大的比重。族谱学、姓名学、铭文学、钱币学、纸草文书学等在传统史学（特别是在国内罗马史研究中）中处于边缘地带的辅助学科或研究手法在本书中都有专节介绍。而因为许多的铭文和纸草文书来自平民百姓和行省地区，所以如果忽略这些材料的话，就会削弱罗马史研究中自下而上的角度。希望这本书能够帮助使用者拓宽研究手法和资料的广度。但由于篇幅的限制，本书难以做到事无巨细面面俱到。许多问题的讨论，包括宗教、性别研究、医学、哲学、建筑、艺术方面的讨论都可以进一步扩展。书后的书目部分提供了一些基本文献、阅读书单，希望能够有助于使用者按图索骥。

我自己所开设的课程主要集中在"罗马文明""罗马帝国的影响"、拉丁语散文（尤其是西塞罗、李维及小普林尼）与诗歌（尤其是维吉尔和奥维德的作品）阅读等方面。这本书的写作与我的教学相辅相成，自己在写作过程中受益匪浅，也更加全面地梳理了学术发展脉络以及学术动态。过去10多年来，我的课堂主要在美国。但2011—2012年我学术休假期间，有幸受黄洋老师的邀请在北京大学新成立的西方古典中心访学，并开设了3门课："罗马帝国史""古代城市研究"以及"初级拉丁语II"。经常有国内外的同事问我在不同的文化环境中、面对来自不同背景的学生感受有什么不同。我个人的深切体会之一是无论对于中国的大学生还是美国的大学生而言，古罗马都是一个"异文化"。"过去即异邦"（The past is a foreign country）这个说法在这里体现得特别明显。虽然我们经常强调希腊罗马是西方文化的源泉（这个说法目前在西方其实正在经历解构），但对于大多数美国年轻人来说，古罗马仍是个遥远、迥异，甚至陌生的记忆空间，在他们成长的过程中，这个记忆空间或许还涌入了迪士尼的动画片、好莱坞古典题材的史诗片还有《罗马：全面战争》（Rome: Total War）制造的形形色色的罗马印象。从这一点来说，在国内和美国教罗马史并没有什么本质上的不同。最大的不同可能是在语言方面。古典学的研究要求要有拉丁语、古希腊语、法语、德语、意大利语的语言运用能力。但和欧洲的大学生相比，美国的大学生的语言储备相对单一，不但掌握的外语有限，对拉丁语和希腊语的学习也经常起步较晚。所以在大学阶段，国内和美国的大学生在很大程度上是旗鼓相当的。只要在大学阶段能够早些开始语言训练与储备、接触研究方法论，在古典学领域和美国的大学生持平乃至超越他们是完全可以达到的目标。期望《罗马史研究入门》这样一本书能够便利同学们实现国际对接。

关于译名

古典学中的人名、地名、专有名词及术语的翻译殊为不易。在古典人名拼写方面，拉丁原文多有 -us, -a, -um 这样阳性、阴性及中性结尾，本书并不去除结尾，一律保持。拉丁文中无J这个字母，所以英文中常见的 Julius 在拉丁文中实为 Iulius。本书采用 Iulius、Iulia 的拼法。书中的古希腊、罗马人名、地名及专有名词或术语首次出现时，本书尽量给出拉丁文或英文，拉丁文或希腊文名词（人名、地名除外）用斜体标出。遇有汉译名已有定译或通译者，本书则采取沿袭和尊重的原则。所谓定译或通译，主要是指中文教科书、人名/历史辞典、汉译名著（比如商务印书馆的丛书）等所采用的译名。如奥古斯都时代的诗人 Vergil/Virgil 的拉丁文名为 Vergilius，但因译名"维吉尔"已广为流传，也为本书所用。诗人贺拉斯的原名为 Quintus Horatius Flaccus（昆图斯·贺拉提乌斯·弗拉库斯），但本书沿用贺拉斯这一来自英文名（Horace）的通用名；Tacitus 之名如果直接音译，那可以译为"塔奇图斯"，但本书沿用通译名塔西佗。这一方面是因为如果名字改动太多，会造成和其他相关书籍的脱节，对读者建立信息链接形成障碍；另一方面是因为形成通译不容易，每个希腊拉丁名字其实都可以有无数种译法。学界有"名从主人"的惯例，然而实际操作起来并不容易，因为有些古希腊拉丁字的读音本身是可以商榷的，翻译地名、人名时所采用的汉字还有个人审美偏向问题，比如翻译 -lu 这个音节时，可以用"卢""路""鲁""露"等，都没有太大的原则上的问题，但不同的译者可能有不同的偏向。此外，古代希腊罗马人名在现代西文著作中被转化成了现代拼写，比如，罗马诗人 Ovidius 这个名字在不同语言的书籍中有以下形态：Ovid（英语、德语）、Ovidio（意大利语、西班牙语）、Ovide（法语）等，中文通译"奥维德"。

就"通译"而言，还有一个难处，即不同的研究领域常常会有领域内的通译，比如基督教史、教会史有自己成体系的译名，和《圣经》翻译相关，但未必和其他领域的译名一致。希腊的 Corinth 这个地点的译名便是一例，在希腊文中是 Κόρινθος，拉丁文 Corinthus，在《新约》译文中通用"哥林多"，但在希腊罗马史领域，一般译为"科林斯"。罗马史研究和早期基督教史研究有重合之处，在译名的选择上经常需要视语境而定。

所以如何翻译人名、地名是个动态的问题，很难一劳永逸地解决。这本书的基本原则是除了尊重通译之外，做到书内统一。不常见的人名，译法大体依据徐晓旭老师所拟的译音表。现代人名多按照《世界人名翻译大辞典》译出。

罗马的法律通常以提议者的氏族名（nomen gentilicium）命名。比如公元9年的 *lex Papia Poppaea* 以当年的副执政官、法律的提议者 Quintus Poppaeus Secundus 以及 Marcus Papius Mutilus 命名。但因 lex（法律）一词为阴性，所以他们的阳性名字因修饰 lex 也被转成了阴性，在翻译的时候恰当的做法是把阴性形式复原为原来的名字，所以本书将 *lex Papia Poppaea* 译为帕皮乌斯－波派乌斯法。*Lex Iulia* 一律译为尤利乌斯法。

至于古罗马官职，如 consul, praetor, quaestor, aedile 等，本书沿用国内较为通用的译名执政官、大法官、财务官、营造官等。当然，通用的并不一定是准确的，比如 praetor（大法官）就不仅仅与法律打交道，也可以领兵；而 consul（执政官）的主要功能也并非在于其行政职能，而是领兵、向元老院行谏、领导集体决策等等，到了帝国时代，consul 则演变成高级荣誉头衔。

许多专有名词的译法都亟待学界探讨，抽象的概念更难准确翻译，比如 paideia, humanitas, colonia, imperium, lex, collegium/a 等词其实意思都比较复杂，而且在罗马史上随时间又有变化。比如 lex 就既有法又有章程的意思。而 colonia（复数 coloniae）在拉丁文中的概念和范畴因时而异，最初确实和罗马公民移入有关，如果译为殖民点或殖民地的话，不算为过，也比"移民点"这样中性的译法更贴切，因为所谓的移入很难说是一个和平的过程。但是到了帝国时期，colonia 成了城市地位的一种表征，很难说与罗马公民的移入有直接关系了。而 paideia 这个词，基本意义是教育、教化，但是视情况和语境，又可意指修养、学识、文明、希腊文化、古典核心文化、文化传承、异教文化等。这些词的译法问题，超出了训诂的范畴，是根植于罗马历史文化体内，是理解罗马历史、文化的有机组成部分。

有些古典学中的术语，比如 euergetism，是现代学者借助希腊、拉丁语词根而自创的新词，因为在中文著作中介绍得相对较少，还没有约定俗成的或者固定的译法，姑译为"公益捐助"。希望这本书的出版能激发一些相关讨论，期待佳译以取代不甚令人满意的翻译。

关于来自希腊罗马时代的原典，其名称的翻译本书一般遵循商务印书馆汉译名著的译法。引用古典作品时，本书采用古典学界的惯例，不用页码，而用卷、章、节的号码，以便读者查校。比如塔西佗：《编年史》（Tacitus, *Annales*）1.1 指《编年史》第 1 卷第 1 章。

致　谢

这本书的第一版出版于 2014 年，2016 年时修正了一些错漏，但没有对内容进行调整。目前这一版是在 2014 年版基础上的修订与扩充。宋立宏、熊莹、邱羽、王彤及诸颖超通读了第一版初稿的全稿，李志涛通读了这一版的全稿，不但帮助我润色文字及纠正错漏，而且还提出了许多宝贵的建议。2014 年初版之后，我收到许多师友还有素未谋面的热心读者的来信，其中李长林老师（1931—2017）亲笔书写了一封信，有鼓励有建议，托陈恒老师转交给我。可惜没有能够在他仙逝之前当面致谢。

在筹划和完成第二版的过程中，我也在和一群志同道合的同仁们一起合作开展国家社科基金重大项目"古罗马诗人奥维德全集译注"的工作。非常感谢这个译注项目中的所有同仁们（请见《全球视野下的古罗马诗人奥维德研究前沿》[上卷]，北京大学出版社，2021 年的"序言"和"致谢"部分），我们许许多多的讨论也回馈到了《罗马史研究入门》中。2021 上半年，我有幸为"喜马拉雅"录制了"世界历史大师课"（升级版）的"罗马史"部分，和这本书的写作相辅相成，"喜马拉雅"拥有音频的版权，但是把文字部分的权限留给了作者，这一版的《罗马史研究入门》中因此有音频文稿的影子，散布于书中各处，尤其是在"罗马史概述"一章中。录制"世界历史大师课"音频的过程对我来说也是一个学习的过程，学习如何在没有 PPT 的辅助下、在课堂之外的语境中更清晰地讲述罗马史。感谢各位幕后人员特别是王夏萌编辑的细致与耐心，并且感谢王新颖、王瑞、姚煊雨在制作的前期和后期与我的各种沟通。

与 2014 年版相比，这一版对各章节都进行了修订和补充，但是最大的调整体现在本书的"附录二　线上与线下学术资源"。在初版中,"网络资源"单列了一节,由于在过去数年间,线上资源的长足发展以及网页的变动,本版把线上和线下资源重新进行了整合。两版《罗马史研究入门》的写作过程是一个让我时常感到自己的局限甚至无知的过程。面对浩瀚的资料,还有每年不断增加的新成果,我一方面在贪婪地汲取养料;另一方面是无数次感觉个人的渺小,同时感觉时间永远不够用。

衷心感谢陈恒老师和岳秀坤老师多年的耐心、宽容和支持。这一版的最终成文和目前的构架得益于许多人,包括丛书主编与编委会、北京大学出版社的编辑老师们(特别是王晨玉、李学宜、修毅)、我的学生们、帮我阅稿和润稿的老师和同学们。如果这本书对同学和学者们在学习和研究上能有一些助益,功劳是集体的。

我也想借此机会感谢张树栋先生(1932—2019)的启蒙与指导,张竹明先生在古典语言方面的教授,王敦书先生的悉心指点,在哥伦比亚大学求学时两位导师威廉·哈里斯以及罗杰·巴格诺尔教授的教诲、鼓励与关心,以及穆启乐、沃尔特·沙伊德尔、理查德·塔尔伯特、约瑟夫·法雷尔等前辈在各方面的支持和 Christopher Francese、Marc Mastrangelo、Lisa Mignone、Sarah Bond 多年来的友情(amicitia)。另外特别感谢多米尼克·拉斯伯恩(Dominic Rathbone)在我大学毕业后不久,鼓励我去海外继续求学。上海师范大学以及我任教的德堡大学(DePauw University)为此书的研究和写作提供了许多方便和支持。本书的完成得到上海师范大学(特别是世界史系和光启国际学者中心)的大力支持。在此一并致谢。

此外,我从众多国内学者的著作中受益匪浅,无法一一致谢,但希望能借此机会特别感谢陈恒教授、黄洋教授、宋立宏教授、裔昭印教授、晏绍祥教授以及熊莹博士多年来在学术上和精神上的无私支持。谢谢2011—2012年在北京大学西方古典学中心访学时前辈们和师友们的精神家园,特别是彭小瑜、李强、高峰枫、吴天岳、张新刚等各位老师的支持。与常无名、陈德正、陈婧祾、陈玮、陈仲丹、陈玉聃、范韦里克、冯定雄、顾斯文、郭长刚、康凯、张强、张巍、李隽旸、刘皓明、徐松岩、胡玉娟、李永斌、徐晓旭、叶民、王忠孝、刘淳、吕厚量、郭逸豪、王晨、王大庆、温珊珊、吴靖远、肖馨瑶、熊宸、张治、赵静一、周轶群、杨巨平等诸位希腊罗马研究领域及相关领域中的老师和同仁的对话和讨论使我受益匪浅,从顾枝鹰、石晨叶、王班班、翟文韬等诸位学友那里获得很多细致的建议,非常感谢。学术有互通,我也从中国史学者陆扬、范鑫、罗俊杰、王元崇老师,亚述学家王献华老师,研究埃及学的温静和张悠然博士,研究中世纪史的李腾博士那里获益良多。历届学生,包括德堡大学的学生、2011—2012年我在北大西方古典中心授课时的同学们,还有自2014年以来上海师范大学的各届世界史本硕博同学,是我学术生涯中极重要的部分。感谢他们的反馈、问题及好奇心。

古典文化(paideia)博大精深,我所接触和领悟的也只是沧海一粟,但罗马史的丰富性和前辈学人所拓展出的许许多多发人深思且有趣的视角,一直让我在汲取养料的同时获得快乐和灵感。我感到万分幸运,自己的爱好和工作能够合二为一。非常欢迎并感谢一切以共同进步为宗旨的建议和意见,期待在不远的将来能够再精益求精,对本书进行进一步的修改、更新和增补。同时要强调的是,任何入门读物或其他学术著作都不能取代读者与原典和其他原始研究资料的直接接触。《罗马史研究入门》的最终目的在于激发有志于探索罗马历史和文化的学人,通过罗马人自己的文字、艺术、遗迹等了解他们的世界,并且通过后世对古罗马的思考和研究来追溯罗马时代对世界历史的影响。以此书与学人共勉。

最后,家人的支持和陪伴,不是"感谢"二字可以道尽的。

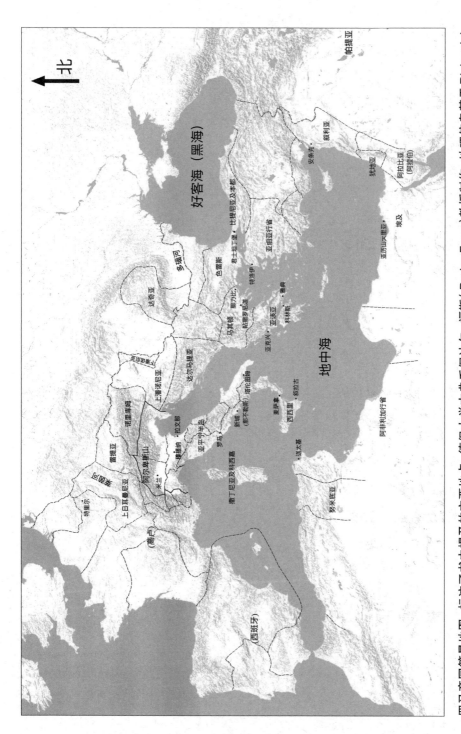

罗马帝国简易地图,标注了书中提及的主要地点。德堡大学古典系佩达尔·福斯(Pedar Foss)教授制作,地理信息基于 Richard J. A. Talbert et al., *Barrington Atlas of the Greek and Roman World*. Princeton, N. J.: Princeton University Press, 2000; ESRI, ArcGIS

第一章　罗马史概述

基于罗马政体的变化，传统上古罗马史被划分成以下几个主要时期：①

一、王政时代（约前754或753？—前509？）；

二、共和时代（前509？—前31或前27）：这个时代又划分为早期、中期和晚期；②

三、帝国时代（前31或前27—476）：根据君主制的隐蔽或公开程度，这个时代又分为元首制（Principate，前27—284）和君主制时代（Dominate，284—476），或早期帝国和晚期帝国时代。

这种断代可追溯到罗马帝国时代史学家对罗马政治演变历史的归纳和评判。古罗马的作家很清楚地区分王政时代及其后的时代。王政结束以后的罗马国家被称为Res publica，即"公物""公共事务"之意。这个词一直沿用到帝国晚期。比如，罗马城里君士坦丁凯旋门上的铭文仍然将罗马国家称为Res publica。但帝国时代的作家把前1世纪的内战以及尤利乌斯·恺撒（Gius Iulius Caesar）统治的时代看作罗马历史上关键性的转折点，自恺撒以后的历史被视为"恺撒"（泛指元首、皇帝）的时代。显而易见，这个分期最适合于以政治史为主线的历史叙述，并不能令所有的罗马史学家满意。而侧重文化史和宗教史的学者则将公元250年左右至750年左右的一段历史作为"晚期

---

① 本章所提供的是简要的概述。各种语言的罗马通史和简史的著作汗牛充栋，近期英文通史书目，见本书附录二中"四　通史类著作"。中文版较精练的罗马简史，请参阅黄洋、赵立行、金寿福：《世界古代中世纪史》，复旦大学出版社，2005年，第三编第二章及第四编第一章。较为详细的专题讨论，可见本书第二章及第三章，扩展阅读书目请见附录二"推荐书目：学术著作及译著"。本书中古代作家作品的缩写，遵循《牛津古典辞书》第4版 https://oxfordre.com/classics/page/ocdabbreviations（2021年7月15日查阅）。

② 弗劳尔提出将罗马共和史分为13阶段（Harriet Flower, *Roman Republics*. Princeton: Princeton University Press, 2010），详见本书第四章第二节。

古代"(Late Antiquity)来研究。

王政、共和、帝国这个分期在表述上也存在着一些混淆之处，比如所谓的"帝国时代"实际上指的是"帝制时代"：罗马帝国的形成和帝制的确立并非同步，而是相差了数百年，这是因为罗马的治权（imperium，也常译为"帝国"）通过扩张和征服不断扩大，这是一个长期的过程；并且在很长一段时间内，罗马的统治并没有采取"地域帝国"或有形帝国的方式，而是一种共和制度下的"无形帝国"或"非正式帝国"。

这三个阶段各自的史料种类及丰富程度也各有不同。相比罗马最初四五百年的历史而言，共和晚期和帝制时期的史料不仅更为详尽，而且种类更为齐全，便于研究者多方位、深层次地探讨这几个历史阶段的方方面面。而早期罗马历史的重构却困难重重。

书写一部细致而完整的罗马史，需要更大的篇幅，本章的目的主要在于为读者提供罗马史的概述和轮廓。在叙述上遵循传统的分期，但在内容上努力兼顾罗马政治、军事、经济、社会、文化各方面。需要指出的是，我们并不拥有一部完整的罗马信史，由于史料上的失衡和缺陷（详见本书第二章"史料概述"），有时我们不得不依赖推测和理论来重建罗马发展历程。而重建的版本通常会因学者而异。本章主要反映当前的共识，至于罗马研究中的诸多争议和观点变迁，请参阅本书第三章"研究史概述"和第四章"重点学术问题"。

一 王政时代

罗马城位于亚平宁半岛西海岸的中部、古代被称为拉丁姆（Latium）的地区，最初的发展围绕着台伯河边的帕拉丁山（mons Palatinus）进行，并逐渐扩展到卡皮托林山（mons Capitolinus）、埃斯奎利努斯山（mons Esquilinus）、凯利努斯山（mons Caelianus）、阿文丁山（mons Aventinus）、维米那利斯山（mons 或 collis Viminalis）以及奎利那里斯山（mons Quirinalis）这六个重要山头，所以历史上有"七丘之城"（Septimontium）

的称号。① 对于古代城市而言，罗马的地理位置和自然条件相对良好。罗马城起源的地方有几座山丘，方便防御，有水源、河流交通，离入海口也不远。公元前 1 世纪的维特鲁威（Vitruvius）曾经写过一部《建筑十书》，其中的第 1 卷第 4 章就总结了设置城市的一些基本原则。其中最首要的原则是要选择健康的地点，应当在高处，要避免与沼泽相邻，等等。罗马人自己对罗马城的选址还是很满意的。罗马的史家李维（Livius，英文为 Livy，逝于公元 17 年）曾经写过一部《建城以来史》，其中他借着卡米卢斯（Camillus，前 5 世纪到前 4 世纪的一位罗马传奇人物）之口称赞罗马的地理位置，强调台伯河便于运送内地的物产，大海离罗马既不远但又不太近，这样罗马既有近海之便，又不容易遭受海上攻击。卡米卢斯认为罗马天然就特别适合城市的发展和扩张。②

那么罗马城到底是什么时候出现的？关于这个问题，我们并没有一个确切的时间点。各类教科书上经常提到公元前 754/753 年是罗马建城元年，③ 但这个年代只是古罗马人对罗马建城时间的众多推算之一。这个年代有没有考古佐证呢？考古现在还不能够提供定论，但是把公元前 8 世纪作为罗马的起源时间基本可以成立。20 世纪，在帕拉丁山上陆续发现了茅屋群，这些房屋的大小一般在 15 平米左右，比较简陋。早期的茅屋群外围还有围墙，似乎那时帕拉丁山上有不同的村落，而这些村落之间的关系有可能是敌对的、竞争性的，但最终逐渐聚集，形成城市。到前 8 世纪末，帕拉丁、维利亚、奎利那里斯、卡皮托林这几个山丘之间的平地发展成公共活动的中心，也就是后来罗马广场（forum Romanum）的前身，出现重要的公共建筑，标志着这个地

---

① *De Lingua Latina*, 5.41；6.24. 这里的 mons 可译为"丘"，也可译为"山"。维吉尔，《埃涅阿斯纪》6.783 用的是 "七座高岗（或城堡）"（septem...arces）。"七"这个数字在古代地中海世界被广泛认为是个特殊数字。但具体是哪 7 座山，说法并不完全一致。罗马史上经常提及的 3 座山头（帕拉丁山、卡皮托林山、阿文丁山）采用了通译。

② Livy, 5.54.

③ 我们现在惯用的公元纪年（或称西元纪年）源自天主教传统。AD，也就是所谓的"公元"（民国时期常译为"西元"）是拉丁文 anno Domini[意思是主（耶稣基督）诞生的那一年]的缩写。这个纪年 6 世纪以后才逐渐通行。

区向城邦的转变。前6世纪以后建筑风格发生明显变化,那些比较简陋的茅屋被更牢固、规模更大的建筑所取代。①

但在其后的几个世纪间,罗马无论在文化上还是经济上都不算发达,更谈不上一枝独秀。北方的埃特鲁里亚人(Etrusci)②和亚平宁半岛南部属于"大希腊"(Magna Graecia)的希腊人的移居点(又称为"聚落"),不但在物质文化上更为发达,而且与地中海世界有着更为广泛的联系。诸如希罗多德和亚里士多德等重要的希腊作家对于意大利半岛并不陌生。但直到公元前4世纪,罗马城在希腊著作中仍是阙如,并不名列名城大邦。罗马城也并非后世所称的"永恒之城",前4世纪初时就曾遭高卢人入侵和洗劫,之后罗马城进行了迅速的重建,在洗劫和重建的过程中,有些可以作为史料的材料或消失或损毁,③对早期罗马史的书写也造成了困难。高卢人入侵以前的罗马早期历史,对罗马人自己来说也是朦胧不明,前1世纪的罗马史家李维对此毫不讳言。罗马的早期历史笼罩在神话传说与虚构夸张的迷雾中,口头流传的传说故事中加工重建的成分居多,史实难辨。古代史学家和考古学家在信古和疑古之间摇摆,而更大的挑战在于如何从神话传说中剥离出史实。④然而,无论这些神话传说是否可以作为撰写古史的基础,无可置疑的

---

① 关于罗马的起源和早期历史,近作可见:Alexandre Grandazzi, *La Fondation De Rome: Réflexion Sur L'histoire*. Paris: Belles Lettres, 1991(英文版:*The Foundation of Rome. Myth and History*. Ithaca and London: Cornell University Press, 1997),尤其是该书对前人观点的综述;Augusto Fraschetti, *Romolo il Fondatore*. Laterza, 2002(英文版:*The Foundation of Rome*, transl. by Marian Hill and Kevin Windle. Edinburgh: Edinburgh University Press, 2005);Guy Bradley, *Early Rome to 290 BC: The Beginnings of the City and the Rise of the Republic*. Edinburgh: Edinburgh University Press, 2020。更多参考书目,可见附录二。值得指出的是,对早期罗马来说,考古的困难之处在于方法和解释:首先,考古目标是什么,在哪里挖掘,常常是由现有的神话传说中的信息来决定的;其次,如何诠释考古发现的结果并不容易,分歧和异议很容易产生。

② 关于埃特鲁里亚人,入门读物可用 Corinna Riva, *A Short History of the Etruscans*. London:Bloomsbury Academic, 2021。

③ 但也有学者质疑高卢人焚毁罗马城的可信度,G. de Sanctis, "La légende historique des premiers siècles de Rome," *Jounaldes Savants*, 1909, pp. 205-214。

④ Einar Gjerstad, *Legends and Facts of Early Roman History*. Lund:Gleerup, 1962;胡玉娟:《关于古罗马早期文献传统的史料价值的争论》,《史学理论研究》1999年第2期。

是，这些传说在罗马文化和罗马身份的构筑中占据相当核心的地位，也在罗马宗教传统和政治斗争中被广为征引，在定义罗马传统中扮演着举足轻重的角色。

同样需要强调的是，这些传说故事版本众多，它们之间存在着或竞争或累加的关系，而最终流传最广的版本则是政治、文化等各种因素作用下胜出的版本。这些传说的核心组成部分是罗马城的起源故事以及七王的统治。在地中海世界广为流传的罗马起源故事的版本不止一个，[1] 1 世纪后期及 2 世纪初的哲学家及传记家普鲁塔克在其《罗慕路斯传》的开篇便总结了十几个人物、过程各异的起源故事。较早的版本来自于希腊人，有着浓厚的希腊中心主义的印记：比如，罗马的建城者被说成是希腊英雄奥德修斯（Odysseus）的后裔；或者希腊人在特洛伊战争之后返乡途中被暴风雨驱赶到台伯河边，在那里驻留，有位叫作 Rhome 的女孩（俘虏）烧了他们的船，他们的定居点得名于这个女孩；还有认为罗马来自希腊语中"力量"（ῥώμη）一词，因为希腊人饱经颠沛流离才创建了这座城市，种种说法，不一而足。在这些版本中，希腊人是创建罗马的始祖。而在罗马人筛选主流建城版本的时候，具有明显的"去希腊"倾向。罗马人的始祖不再是希腊人，而是特洛伊英雄埃涅阿斯。也有学者认为，埃涅阿斯在意大利建立新城的故事是通过埃特鲁里亚人作为媒介而被罗马人接受的。[2] 以埃涅阿斯和孪生子罗慕路斯（Romulus）、雷穆斯（Remus）为核心的起源故事，原先各自独立，但逐渐混合在一起，在前 3 世纪趋于定型，并在奥古斯都时代（前 31—公元 14）得到集中润饰和完善。

存留下来比较完整的叙述见于维吉尔的《埃涅阿斯纪》（Aeneid）与李维的《建城以来史》。在罗马人自己的叙述中，罗马城的起源可追溯到特洛伊战争的最后一年。特洛伊城中了木马计之后，遭到屠城和

---

[1] Plut., Vit.Rom.; Henry A. Sanders, "The Chronology of Early Rome," CPhi 3.3 (1908), pp. 316-329；E. J. Bickermann, "Origines Gentium," CPhil. 47 (1952), pp. 65-81；Tim Cornell, "Aeneas and the Twins: the Development of the Roman Foundation Legend," PCPS 201 (1975), pp. 1-32；胡玉娟：《从罗玛到罗慕路斯——罗马人祖先传说由来考辨》，《学灯》2011 年第 1 期。

[2] 如 Tim Cornell , "Aeneas and the Twins," p. 5。

焚城的命运。在一片大火中,特洛伊英雄之一,维纳斯之子埃涅阿斯肩背老父、手拉幼子、带着家神珀那忒斯(Penates)逃离灾难。埃涅阿斯在地中海飘零多年之后来到意大利,娶了拉丁姆地区国王的女儿拉维尼娅(Lavinia)为妻,并在该地区建新城拉维尼乌姆(Lavinium)。埃涅阿斯之子又在附近建新城阿尔巴·龙伽(Alba Longa),但是李维不确定他是埃涅阿斯从特洛伊带来的儿子还是他与拉丁姆国王的女儿拉维妮娅的儿子。总之,包括阿斯卡尼乌斯在内阿尔巴·龙伽历经了13位国王的统治,此后城里发生了政变,王弟阿姆利乌斯(Amulius)觊觎王位,废黜王兄努米特尔(Numitor),并将侄女雷亚·西尔维亚(Rhea Silvia)任命为维斯塔贞女,以断这一支的后嗣。然而,西尔维亚蒙战神马尔斯(Mars)临幸,怀孕并诞下孪生兄弟。阿姆利乌斯得知后命将孪生婴儿处死,奉命执行命令的人将婴儿丢弃在正处于泛滥期的台伯河岸边。有母狼经过,不但未伤害婴儿,反而哺乳他们。后来,孪生兄弟被一牧人发现并抚育成人。兄长得名罗慕路斯,弟弟名为雷穆斯,长大后既牧且盗。因一起偶然的事件,兄弟得以与外祖父努米特尔相见,身份得以揭示。他们合力驱逐阿姆利乌斯之后,努米特尔得以复位。兄弟俩决定在他们获救的帕拉丁山脚建立新城。困难的是,因为两人是孪生兄弟,究竟以谁的名字来命名新城成了争端。这个事最终是交给神意来断决,他们用的方法是所谓的"鸟占法",也就是说通过观测鸟的轨迹来了解神的意志。他们两个各站一个山头观鸟。据李维的版本,雷穆斯先看到6只鸟飞过,然而罗慕路斯看到了12只鸟。究竟是以先看到为尊,还是以鸟的数量来确定哪个是更大的吉兆?争执继续,甚至变成暴力冲突。最终,雷穆斯跳过新建的城墙,以此举嘲弄罗慕路斯,而被后者当场击杀。罗慕路斯成为唯一的建城者,并以他的名字命名了新城,即罗马。[1]罗慕路斯也被认为是罗马的第一位"王"(rex),在他之后还有其余6位

---

[1] 由于这个起源故事中的"野蛮"因素,有学者认为这个版本的故事来自反罗马的宣传。见 Hermann Strasburger, *Zur Sage Von Der Gründung Roms*. Heidelberg: C.Winter, 1968。但 Tim Cornell(1975, p. 11)精辟地指出,"神话,无论它们的起源如何,不是卫道士的创造"。而在古罗马诗人奥维德的版本中(Ovid, *Fasti* 4.807-809),杀死雷穆斯的另有其人,并不是罗慕路斯。

出身各异的王，这 7 位王的统治构成了罗马的"王政时代"。

　　这个版本的罗马城起源故事保留了罗马城的起源和《荷马史诗》所吟唱的特洛伊战争之间的联系，但都剔除或弱化了希腊起源说，更强调拉丁姆地区城市之间的历史关联和特殊关系。拉丁姆地区通用拉丁文。在公元前 4 世纪之前，拉丁姆城市之间便可互通公民权，并允许拉丁人之间通婚以及在其他拉丁城市拥有财产。考古发现也证实自公元前 6 世纪以来，拉丁姆地区的城市之间在宗教仪式、物质文明方面也存在许多共同之处。上述版本的罗马起源故事符合强调拉丁姆在罗马历史上的地位以及罗马文化拉丁成分的需要。这些叙事当然并不是前 1 世纪维吉尔或者李维的首创，比如母狼和双生子这两个元素，在前 3 世纪的时候就已经纳入罗马城视觉艺术的呈现，刻到了钱币上。然而这些要素的最终组合是政治、文化选择的结果，是合乎奥古斯都时代时宜的版本。在上述的罗马起源传说中，罗马城一开始就和两位神祇维纳斯（埃涅阿斯之母）和马尔斯联系在一起。由于尤利乌斯·恺撒所出身的尤利乌斯氏族（gens Iulia）把世系追踪到埃涅阿斯之子，并奉维纳斯为女始祖，而恺撒是第一位罗马皇帝奥古斯都的养父，所以罗马城与埃涅阿斯的渊源得到大力宣传。

　　这些故事中的元素是罗马人遴选出来用来构建文化认同的元素，母狼、孪生子、埃涅阿斯都成了符号，不但在罗马城，而且在被罗马征服的地区成为认同罗马的标志之一。在古罗马，建城神话与一系列庆典活动密切相关。比如，每年 2 月 15 日的牧人节（Lupercalia）和罗慕路斯兄弟的身世及建城神话联系在一起，罗马人自己的说法是牧人节的庆祝地点（Lupercal）就是母狼哺育两兄弟的地点。牧人节的传统一直延续到 494 年，那是在基督教成为罗马帝国国教之后的一个世纪了。"罗马不是一天建成的"是广为流传的俗语，用来比喻伟大的成就不会一蹴而就。但是建立新城所需的宗教仪式并不需要太多时间，而这些仪式一旦完成，在古人的眼中，"城市"也就"建立"了。① 在古

---

① Plut., *Vit. Rom.*, 11.

罗马人看来，城市是有生日的，不仅是罗马城，其他城市也有自己的纪念日。古人需要知道自己的城市的历史从哪一天算起，因为很多庆典和这个日期相关。罗马的诞辰日（Parilia）被定在 4 月 21 日。[①] 至于罗马城"建城"的确切年代，罗马人自己也争执不休，不同推算之间的差别多达几百年。罗马第一位史家皮克托尔（Fabius Pictor）认为正确的年代是第 8 个奥林庇亚纪年的第一年[②]，老加图（Marcus Porcius Cato，前 234—前 149）认为是在第 7 个奥林庇亚纪年的第一年。据前 1 世纪时博学者瓦罗（Marcus Terentius Varro，前 116—前 27）的推算，罗马城建于第 6 个奥林庇亚纪年的第 3 年，也就是现在公历的前 754/753 年。

这个纪年在罗马帝国时代广泛采用，也为后世所沿用。传统的说法还认为建城以后就开始了罗马史上的王政时代，罗慕路斯为第一任国王，到前 509 年王政被共和体制所替代之前，也就是说在大约 250 年历史中，罗马共经历了 7 任国王的统治，每任平均统治年限长达 35—36 年。现代学者对这些传统说法和纪年持怀疑态度并提出种种新的假设。比如，瑞典考古学家耶斯塔德（Einar Gjerstad，1897—1988）把王政的起始年代定在前 575 年，并把 450 年定为王政时代的下限。[③]

王政时代的人物不一定是真实的历史人物，很多细节是后世的创造，而有学者认为王的数目为 7 也许是对应七丘的数目。但这并不妨碍它是罗马人自己构建的集体记忆中的重要元素，有关七王的传说在罗马传统上占据重要地位，罗马人把许多的习俗庆典（比如牧人节）、制度（比如元老院、百人队）、标志性的工程建筑（比如卡皮托林山上的朱庇特神庙，罗马的城墙、排水系统、大赛马场等）的起源都归于王政时代，给予它们古老的缘起。而古老在古罗马文化中是值得尊敬的。并且，在罗马时代的作家比如李维的讲述中，罗马从建城伊始就是一

[①] Ovid, *Fasti* 4.721-862.

[②] Dion. Hal., *Ant. Rom.* 1.74.1.

[③] Einar Gjerstad, *Legends and Facts of Early Roman History*. Lund: Gleerup, 1962. 具体的论证贯穿于在其 6 卷考古报告《早期罗马》（*Early Rome*. Lund: C. W. K. Gleerup, 1953—1973）中。

个开放的城邦,是一个族群融合并且给外邦人提供机会的地方,7位王出身、族群各异。罗马进入帝国时代之后,王政时代的历史常被援引来支持帝国的包容性。①

比如,罗马和近邻萨宾之间的紧密关系被归因于第一位王罗慕路斯。据载,罗马在建城之后,面临诸多挑战。当时的罗马只有男丁而无女性,为了延续城邦的生存,罗慕路斯向周边邻城寻求联姻,但处处碰壁。罗慕路斯于是改变策略,举办庆典,邀请萨宾人来参加。活动中间,信号一出,罗马人就开始动手劫掠萨宾妇女。其后,萨宾人在首领塔提乌斯(Titus Tatius)的带领下举兵复仇并占领了卡皮托林山。两军阵前,已与罗马人组成家庭的萨宾妇女竭力促和,罗慕路斯和塔提乌斯达成协议休战,罗马人和萨宾人合称为"奎利泰斯"(quirites)。罗马的第二位王努马·庞皮利乌斯(Numa Pompilius)正来自萨宾地区。在罗马的传统叙述中,是努马创建了罗马最古老、地位最崇高的祭司团,奠定了罗马宗教制度的基础。此外,努马还奠定了法律的基础,扮演了类似于希腊史上"立法人"的角色。他所代表的是另一种罗马人的自我形象构建,这是一种理性的、智慧的、和平的、有序的形象,不是武夫,更不是奉行战争至上的形象。他也被认为是双面神雅努斯(Ianus)神庙的建造者,而这个神庙有着浓重的象征意义,战时庙门大开,和平时庙门关闭。历经王政时代和共和时代,这座神庙只关闭过两次,可见战争是罗马的常态。所以几个世纪之后,罗马帝国的第一位皇帝奥古斯都在他的《功业录》(*Res Gestae*,亦常被称为《奥古斯都自传》)中把关闭雅努斯神庙作为自己值得夸耀的成就之一。

第三位王图路斯·奥斯提利乌斯(Tullus Hostilius)是拉丁人,他被认为是第一位修建元老议事院的国王。第四位王安库斯·马尔奇乌斯(Ancus Marcius)是努马的外孙,也是他创建了有关战争的仪式和传统。第五位王塔可文·普利斯库斯(Lucius Tarquinius Priscus)来自埃特

---

① 关于王政时代的史料(细节上不完全一致),可见 Livy; Varro; Dionysius Halicarnassus; Ovid, *Fasti*; *CIL* XIII 1668 = *ILS* 212; Plutarch, *Vit.Rom*, *Numa*; Tacitus, *Annales* 11.23-24 等。

鲁里亚，但有可能父亲是希腊科林斯人，而母亲是埃特鲁里亚人，她虽然出身高贵却十分贫穷。塔可文无法在自己的城邦获得赏识，所以才移民罗马。第六位王塞尔维乌斯·图利乌斯（Servius Tullius）是第五位王的女婿，但他的出身却十分低微，母亲有可能是战俘，他本人是奴隶出身。在罗马人对王政时代的认知中，王位的传承并非世袭制，罗马的第二位王努马和罗慕路斯没有任何血缘关系。最后三位王虽然都是亲戚，但并不存在直接继承。第五位王塔可文自己是有子嗣的，但是王位并没有直接传给儿子，而是由女婿接手。

那么新王是如何产生的呢？这里就不得不提到贯穿罗马历史的一个机构，也就是罗马元老院，这是个顾问团性质的机构，成员是终身制。在罗马历史上，从王政到共和到帝国，元老院的规模、成员和功能有所变迁，但它一直都是个不容忽视的组织。罗马人自己认为元老院是由第一位王罗慕路斯创立的，他挑选了100名成员组成他的顾问委员会，这些成员被称为 patres，字面的意思是"父亲"，这些成员的后裔成为罗马的 patricii，也就是身份世袭的贵族。在老王去世和新王产生之间的空当，由一个10人元老团执事，即100名元老分为10支，每支选出一人组成。新王由元老院提名，要经民众会议（库里亚大会）批准，之后再由元老院确认，新王便正式产生。① 上面提到的第六位王塞尔维乌斯是第一位未经这样程序产生的王，因为他在第五位王生前已经参与了大量政务。所以罗马人所理解的王政时代，既非禅让制，也非世系制，亦非君权神授，它带有选举的因素，虽然王是终身制，但王政也带有民众和元老院为权力本源的因素。

据李维称，塞尔维乌斯对罗马的政治组织进行了全面改革。② 塞尔维乌斯把罗马居民划分成21个部落，并且引入了按财产划分等级的制度，并进行了罗马史上第一次人口登记。罗马公民（Civis Romanus）依照财产的多少分为"骑士"（直译"有马人"）以及另外五个等级，每

---

① Livy 1.17; 18; 22; Dion. Hal., *Ant. Rom.* 4.40, 80; Plut. *Num.* 2, 7.
② Livy 1.42-43; Dion. Hal., *Ant. Rom.* 4.16.

个等级由若干百人队组成。这些百人队构成百人队大会的投票单位。大会投票按等级顺序进行，"骑士"首先投票，共有18票。第一等级共有80票，第二至四等级各有20票，第五等级有30票。富人占有的票数最多，所以百人队大会明显向富人倾斜。无财产者在等级制之外，不能服兵役，也无投票权。无论塞尔维乌斯是否真有其人、是否与这些改革有关，这些制度在直到前1世纪的几百年间一直都是罗马的基本制度。也正是通过这些制度，罗马逐渐完成从氏族社会向国家的转变。据说塞尔维乌斯修建了罗马的第一座城墙，但现在所谓的塞尔维乌斯城墙实际建于前4世纪以后。

这里值得注意的一点是，用拉丁语来书写罗马的历史与传说，无论是用诗歌还是用散文的形式，要等到公元前3世纪下半叶和前2世纪上半叶，也就是说距离罗马最初的历史已有几百年之遥。而古希腊的历史书写在前5世纪已经开始，ιστορία/historia 在希腊语中原意为"探究""调查"。所以在罗马人书写历史的时候，已经有了希腊语书写历史的范式。在关于早期罗马历史的书写中，我们可以看到许多古希腊特别是雅典历史的影子。比如，就"立法者"的角色而言，雅典有梭伦，罗马有努马。有的相似之处，或许可以归因于城邦历史发展的共性，比如用财富或者居住区取代血缘作为划分居民的标准，再比如城邦起初由国王统治，最终被由选举产生的行政长官取代，等等。

罗马的王政时代是如何终结的？罗马人是如何来书写这个变化的呢？简而言之，是把王政时代最后一位王塔可文构建成"僭主"形象，把驱逐塔可文及其家族的举动定性为为了自由（lībertas）而进行的抗争。①

古希腊各城邦历史，特别是在前8世纪中期至前6世纪，常常出现僭主（τύραννος）这种角色，英文中的 tyrant 就源于此。我们通常把

---

① 关于王政时代以及王政向共和的转变，见 Timothy J. Cornell, *The Beginnings of Rome: Iraly and Rome from the Bronze Age to the Punic Wars (c. 1000—264 BC)*. London: Routledge, 1995; Gary Forsythe, *A Critical History of Early Rome: From Prehistory to the First Punic War*. Berkeley: University of California Press, 2005.

tyrant 译为"暴君",但是在古代语境下,僭主这个译法更加恰当,因为它突出了"僭取",或者说是"非法攫取"统治权这个核心要素。亚里士多德对"僭主"(τύραννος)的定义强调了两点:一是他不对任何人负责;二是他只以自己的利益为转移,而不考虑其他人的利益。在古希腊政治理论中僭主制是君主制的变体,最初是个中立词,但在前4世纪时,已经变成了非法的、自利的统治者的同义词,但也常常被认为是君主制向民主制转变过程中的一种必要的恶。僭主有一些标志性的表征:比如权力的合法性有问题;也正因为这样,他经常身边围绕着护卫;他与贵族作对;有的僭主比较残暴,手段残忍;存在着欺男霸女的行为;他们的子孙通常或无能或惹祸,所以僭主的统治通常难以延续。

罗马的最后一位王,"傲慢的"塔可文符合僭主的所有表征,或者说罗马人基本上是按照僭主这个模式来书写塔可文的。① 这位塔可文一说是第五位王的儿子,一说是孙子,但史料中基本都认为他是第六位王的女婿,他组建了私人护卫,通过谋杀岳父的方式成为新王,所以他获得王位的方式是非法的;他无视社会上层,脱离元老院,专权独断。对外,他通过联姻等方式来拉拢拉丁人,但又设计陷害拉丁人中胆敢直言的人。对内,塔可文大兴土木,使民众负累沉重。在白色恐怖式的统治下,社会上层都敢怒不敢言,有一位(具体地说他还是塔可文的外甥)甚至藏起了锋芒,故作愚钝,并因此得到布鲁图斯(Brutus)这个名字,brutus 在拉丁文中是"蠢笨的"之意。

最终触发政变的导火索是塔可文的一个儿子塞克斯图斯·塔可文(Sextus Tarquinius)奸污贵族妇女卢克雷提娅(Lucretia)。卢克雷提娅被描述为贞洁女性的典范,激起了塞克斯图斯的征服欲望。一夜,他潜入卢克雷提娅家,威胁她,假如她不从,他就会杀死她,并把一个赤裸的奴隶的尸体放在她的尸体旁,造成她因为和奴隶通奸被杀死

---

① 塔可文这个译名,采用的是通用译名。他的全名是路奇乌斯·塔可文尼乌斯·苏佩尔布斯(Lucius Tarquinius Superbus)。Superbus("傲慢的")是他的绰号,译为"跋扈者"可能更符合 Superbus 这个绰号的意思。

的假象。因为自由妇女和奴隶通奸对罗马妇女的名节和家族荣誉的损害极大,卢克雷提娅屈从于塞克斯图斯。卢克雷提娅受辱之后,向丈夫、父亲、布鲁图斯等人控诉塞克斯图斯的罪行,要求他们发誓惩罚他。其后,当着他们的面,卢克雷提娅非常决绝地自杀而亡。

这个故事的层面很多,在李维的笔下,她自杀之前,在场的她的丈夫、父亲和布鲁图斯,都曾安慰她,强调她是没有过失的,因为她的思想并没有犯错,即使肉体受玷污,也没有罪过。然而卢克雷提娅却为自杀提供了理由,即为了防止今后不贞的女子以卢克雷提娅为先例活着。作为女性,她把自己放到了一个道德制高点上。她被描述成一个有主观能动性的、自己做抉择的女性,但同时她又是一个对女性本身不宽容的"道德楷模"。当然,卢克雷提娅在这个故事中更重要的是她的象征意义,她象征的是美德和贞洁,而塞克斯图斯冒犯的不但是一位地位尊贵的妇女,而且是她所代表的美德。

罗马人在布鲁图斯的领导下群起公开反对塔克文父子的统治,并成功将其驱逐出罗马,结束了王政时代。而罗马转由一年一任的行政长官们管理,布鲁图斯和卢克雷提娅的丈夫可拉提努斯被选为第一任最高行政长官。布鲁图斯并获得"解放者"的称号,从此,"布鲁图斯"这个名字便在罗马史中同"共和"以及政治自由的理念紧密地联系在一起。拉丁文中"王"这个词是"雷克斯"(rex),字面的意思是"统治者",这个称号在王政结束之后逐渐成为一个负面称号,演变成了僭主的同义词。在共和时代不再有"王"这种职位,即使在帝制时代,罗马皇帝也没有采用 rex 这个名号,而被称为恺撒、奥古斯都等。

传统的解释认为,王政的结束是罗马人反抗埃特鲁里亚外族统治的胜利。值得注意的是,罗马的历史书写并没有把重点放在驱逐外族之上,而更多地是放在渲染塔可文的僭主形象,以及王室与贵族以及人民之间的矛盾上。罗马人并不避讳讲述罗马城遭受入侵劫掠的经历,比如公元前4世纪初,罗马曾遭高卢人抢劫。假如说早期曾经有过埃特鲁里亚人的入侵,罗马作家没有必要回避或粉饰。但他们在书写最后三位王的时候,并没有从外族入侵或征服的角度来叙述。埃特鲁里亚文化对罗马的影响是毋庸置疑的，比如在宗教方面（尤其是占卜术）、建筑风格方面等，但这些影响也不一定要通过征服来实现。而且，布鲁图斯和可拉提努斯与塔克文家族都有直接亲缘关系。卢克雷提娅丈夫的全名是路奇乌斯·塔可文·可拉提努斯（Lucius Tarquinius Collatinus），是王的侄子，是塞克斯图斯的堂兄弟，布鲁图斯则是塞克斯图斯的表兄弟。

近年来有学者指出前6—前5世纪，从王政向共和的转变，在古代地中海世界有许多的案例，是较为普遍的现象。罗马并不是个特例，一些埃特鲁里亚城市也经历了类似的转变。贵族之间的权力斗争是这个转变最直接的原因，因为相对于王政而言，共和体制通过选举长官、限制任期等机制能够把权力更广泛地在社会上层分配。社会上层要求一种更广泛的、更均衡的权力和资源的分配方式，而反对权力集中在某一个人的手中。在罗马叙事传统和政治认知中，"自由"时代此时取代了王政时代。帝国时代的重要史家塔西佗，其《编年史》的第一句如此写道："起初，国王统治罗马，路奇乌斯·布鲁图斯创建了'自由'和执政官之职。"然而无论是李维还是塔西佗笔下的"自由"都并非指所有人的自由，而是指社会上层参与政治资源分配、分享权力的自由。当前1世纪中期，罗马上层认为恺撒有称王的企图时，有一些人组织起来刺杀了恺撒，其中就包括布鲁图斯的后裔。布鲁图斯这个名字和"自由"之间的关联被再次激活。

二　共和时代

共和早期的历史贯穿着两条线索。其一，罗马与近邻争斗不断。李维的前5卷中充满了罗马与邻近的埃特鲁里亚人、伏尔西人（Volsci）以及埃魁人（Aequi）战战停停的故事。这些争斗很难说是大规模的战争，而是多属于小规模的武装冲突。其二，与外部战争相互交织的是罗马内部的"平贵斗争"，亦称"等级冲突"。罗马人公民依身份分为贵族（patrici/patricii，英文patricians）和平民（plebs，英文plebeians），前者是世袭的特权阶层，在政治、宗教及经济领域占据主导地位。至于平民的来源，是罗马史研究中争论较多的一个问题。争论的焦点在于平民是否都来自罗马原有的氏族之外。由于史料的欠缺和相互矛盾，这个问题迄今仍不能说有定论。但学者大多接受平民起源的综合理论，即认为平民既包括外来移民、被征服的拉丁人，也包括旧部落中的下层民众等。① 贵族与平民之间的矛盾因饥荒、债务纠纷的升级而激化，但是平民争取权利的运动并不以暴力斗争为主要手段，而是采取离城的方式迫使贵族妥协。从公元前494年至前287年，平民进行了多次撤离运动，由于平民是人力、兵力的主要来源，这种抗争手段得以奏效。平贵斗争的重要成果之一是平民保民官（tribuni plebis）的设置。保民官由平民大会（concilium plebis）产生，人身神圣不可侵犯，并拥有否决权。平贵斗争还直接导致了罗马第一部"成文法"《十二表法》的诞生（前451—前449）。此外，前367年有立法规定每年两名最高行政长官，即执政官（单数 consul，复数 consules），其中一名必须为平民，这也就保障了平民和贵族共享权力。前287年的霍藤西乌斯法（lex Hortensia）又规定平民大会所通过的平民决议（plebiscita）对所有罗马人都具有法律效力。在平贵斗争中，上层平民得益最多，与传统的贵族家庭逐渐融合，形成显贵（nobiles）阶层，左右罗马的政治格局。显贵家族之间的裙带关系盘根错节，形成无数张关系网。在这样的政治和社会环境下，非显贵家族出身的"新人"（单数 novus homo，复数 novi homines）要想在罗马的统治阶层中争得一席地位困难重重，需借显贵家族的庇护以求晋升。罗马政治矛盾的主线不再是平民和贵族之间的冲突，而逐渐演变成显贵内部不同派别之间的斗争。而无论共和时代的政治生活如何演变，其神经中枢一直是罗马元老院。元老院由卸任长官组成，原则上并非立法机构，也并非选举机构。共和时代的重要官员，包括执政官、大法官、财务官及监察官等，都由百人队选

---

① 胡玉娟：《古罗马早期平民问题研究》，北京师范大学出版社，2002年。

举产生（见表1-1）。① 元老院本质上是罗马官员的顾问团，最初可能由100名左右元老组成。

表1-1 共和时代重要官员情况表

官 职	任 期	人 数	选举机构
执政官（consul）	1年	2人	百人队大会（comitia centuriata）
大法官（praetor）	1年	最初2人；前224年增为4人；前197年增为6人；前81年后增为8人	百人队大会
贵族营造官（aediles curules）	1年	2人	百人队大会
平民营造官（aediles plebeii）	1年	2人	平民大会（concilium plebis）
财务官（quaestor）	1年	最初4人（始于前421年）；前267年增为6人；前227年增为8人；前81年增为20人	部落大会（comitia tributa）
保民官（tribunus）	1年	10人	平民大会
监察官（censor）	18个月；每5年进行一次选举。	2人（自前440年后）	百人队大会
独裁官（dictator）	最多6个月	1人	危机情况下任命可由执政官任命

与罗马内部政治演变相伴的是外部的军事胜利。战争是罗马共和时代的常态，从共和初年一直到末年，长达数百年，罗马几乎年年都在征战。在前1世纪之前，罗马的军队和许多希腊城邦的军队一样，是

---

① T. R. S. Broughton, *Magistrates of the Roman Republic*, 2 vols. New York: American Philological Association, 1951-1952.

公民军，只有具有自由身份、符合财产资格的成年男性才能服役，奴隶是不能在军队中服役的。最贫穷的男性公民也不能够被征入伍，因为罗马早期共和的军队一开始是没有军饷的，直到前4世纪（也就是距离共和初年大约200年的时候）才开始有些补偿。不但如此，武器、盔甲、马匹等装备也得自备。富裕的阶层提供骑兵和重装步兵，其余的构成轻装步兵。共和时代的军队不是常备军，罗马的士兵不是职业军人，有战事的时候征兵，战争结束军队解散，士兵回归他们各自的身份：平时，他们可能是农民、牧人、手工业者等。罗马共和早期的军队规模如何，答案并不清晰，但当时罗马仍是小国寡民的城邦，战争规模其实非常有限。到前4世纪中期的时候，征兵的规模可能达到上万人，前4世纪晚期的时候，军队的规模扩展到四个军团，也就是2万人左右。在常规情况下，军队的统帅是执政官，每年两位，他们不但是最高行政长官，而且还拥有领兵权。仅次于执政官的"大法官"也有领兵的权力。无论是执政官还是大法官，他们所率领的公民军，都是为罗马而战的，而并非为了某一位君主或者某一位将领。也正因为如此，与战争相关的英雄行为被认为是爱国的表征。罗马共和早期的历史，是一部战争史，也是一部政治改革史，但同时，也是罗马英雄故事集成。

罗马起初和周围的邻邦小规模地交战，之后扩展到在亚平宁半岛各个区域作战，直到在整个地中海和大部分欧洲大陆作战，规模渐次升级。前396年，罗马攻陷埃特鲁里亚的重镇维爱城（Veii，在罗马以北约15公里）。前340—前338年，罗马战胜拉丁同盟。前338年，罗马兼并沃尔西人的重镇安提乌姆（Antium），并在此建立第一个海边殖民地。至此，邻邦都处于罗马控制之下。罗马在亚平宁半岛的影响日益增强。从前4世纪至前3世纪初，罗马经过至少三次萨莫奈战争（前343—前341年、前326—前304年、前298—前290年），最终决定性地击败了说奥斯坎语（Oscan）的萨莫奈人。到前290年的时候，罗马的势力范围已经覆盖了亚平宁半岛的北部和中部，开始对南部的希腊人形成威胁。我们经常把希腊、罗马这两个词连在一起。但古罗马人和希腊人大规模的接触，其实发生萨莫奈战争之后。

罗马和萨莫奈人断断续续作战的那半个世纪，如果我们放眼亚平宁半岛之外，在广阔的地中海世界，那里正在发生更为激烈、范围更广的战争。地中海的政治和文化格局在进入一个新的时代，这个时代我们通常称为"希腊化时代"，是一个希腊语言和文化比以前更加广泛扩散的时代，在广大的地域内，从地中海世界到遥远的巴克特里亚（Bactria，今阿富汗），文化互动的程度更为深广。而这个时代的到来，是马其顿王亚历山大军事征服的后续，直到前31年埃及被罗马征服为止。[①] 也就是说，罗马和希腊世界大规模接触的时候，希腊世界的政治格局早已不是雅典、斯巴达称霸的城邦时代，而是马其顿王国、叙利亚王国、托勒密埃及形成鼎足之势的时代，涌现了一批闻名古代世界的大都市，比如埃及的亚历山大里亚、叙利亚的安条克等。希腊的军队也不再是公民兵，而是包括雇佣兵在内的职业军队。希腊化世界政治、军事、外交格局复杂多变，这也让一些规模较小的独立王国，包括帕加马王国（在今天的土耳其境内）、伊庇鲁斯王国（亚历山大的母亲就来自伊庇鲁斯的王室）等获得了生存和发展的空间。其中伊庇鲁斯王国是距离亚平宁半岛最近的希腊化王国（位于今希腊和阿尔巴尼亚的西岸），只隔着狭窄的海域，它也会是第一个和罗马交战的希腊化王国。这是个相对贫穷的王国，山地居多，但它当时的国王皮洛士（Pyrrhus 或者 Pyrrhos，前319—前272）和亚历山大存在着亲戚关系，并且娶了埃及国王托勒密一世的继女，自身野心勃勃。前281年，南部意大利希腊城市塔伦图姆（Tarentum，亦译成他林敦，其希腊名为 Taras，今塔兰托 Taranto）向伊庇鲁斯求援，请求他们帮助击退罗马人。这一请求正符合皮洛士的帝国野心，他计划把南部意大利和西西里的希腊人纳入其势力范围，并借此来争夺对马其顿王国的控制权。

[①] "希腊化"（Hellenismus）这个概念，是19世纪德国学者德罗伊森（Johann Gustav Droysen, 1808—1889）提出的一个概念，他的一个重点是所谓希腊和东方（指埃及、波斯等地）的"融合"。Johann G. Droysen, *Geschichte Des Hellenismus*. Hamburg: F. Perthes, 1836.（中译本：约翰·古斯塔夫·德罗伊森：《希腊化史：亚历山大大帝》，陈早译，华东师范大学出版社，2017年）。

公元前281—前275年，罗马第一次与希腊化君主发生正面冲突，这也是罗马正式挺进希腊化世界的开端。在罗马与皮洛士的交锋过程中，皮洛士最初曾以骑兵及"象军"等获得胜利，但阿斯库路姆（Asculum）一役的胜利常被后世称为"皮洛士式的胜利"，意为代价惨重的胜利。前278年，应西西里的希腊城邦之请，皮洛士的活动重心转移到西西里。两年后，皮洛士失意于西西里，重返意大利半岛南部再次与罗马人对阵。战败之后，皮洛士被迫退出意大利而返回伊庇鲁斯。而罗马人则控制了意大利南部，成为亚平宁半岛的霸主。

罗马在亚平宁的统治没有采取直接吞并被征服的城市或地区的方式，而是通过内容各异的盟约（foedus）、程度各异的殖民等方式构筑一个错综而灵活的"无形帝国"。就盟约而言，有平等盟约和不平等盟约之分。和罗马订有盟约的城市，其公民不自动享有在罗马担任官职的权利，没有投票权，不享有通婚权、通商权，也没有申诉权（provocatio）。另有一些城市拥有拉丁权以及移居罗马的权利，拥有拉丁权的公民移居罗马之后就可以全权享有罗马公民权。就殖民而言，罗马人在新征服地区建立了一些全新的殖民地（coloniae），完全由罗马公民组成。但也有城市通过接受一些罗马殖民者的方式"升格"为罗马殖民地。用后来西塞罗的话说，这些殖民地是"帝国的堡垒"（propugnacula imperii）。在内政方面，这些等级不同的城市实行"自治"，其行政长官不由罗马任命；罗马从被征服城市和地区划割"公地"（Ager publicus），但并没有选择利用贡赋制度控制这些城市的资源。但在外交方面，原则上这些城市需要遵循罗马的外交方向，并提供军事力量和物力支援。这是一种很高明的控制手法，一方面减少管理成本，另一方面让这些城市不能齐心协力联合起来和罗马对抗。罗马军团（legio, 复数 legiones）由公民组成，非公民则以盟军（socii）身份为罗马而战。这种分而治之的策略并非毫无隐患，但在很长一段时间内是罗马得以从亚平宁半岛的霸主跃升为地中海世界的权力中心的重要原因之一。此外，罗马军队的灵活性和有效性、地中海世界各大小国家和实体之间矛盾重重的关系等诸多因素，都是罗马能够成功扩张的原因。

在征服南部"大希腊"之后，罗马的势力与迦太基（拉丁文 Carthago，英文 Carthage）的势力范围之间只剩下一海峡之隔。强盛的迦太基原是腓尼基人的殖民地，以航海与商业贸易见长，盘踞北非，其影响及殖民点延展至西班牙、科西嘉、撒丁尼亚及西西里岛。迦太基人在西西里的殖民地主要集中在西部，与岛上的希腊殖民地矛盾重重。西西里岛上影响较大的希腊殖民地为叙拉古王国（Regnum Syracusanorum，英文作 Syracuse）。公元前3世纪60年代，叙拉古王国进攻占据着麦萨拿（Messana, Μεσσήνη，今麦西拿 Messina）的意大利雇佣军，即以抢掠为生的马麦丁人（Mamertines，意为"战神之子"）。马麦丁人起先求助于迦太基人，后转向罗马人求救。而叙拉古则先与迦太基人联盟，后又转向罗马一方。前264—前241年，第一次布匿战争（Punic War，也就是罗马与迦太基之间的战争，因罗马人称迦太基人为布匿人 Poeni 而得名）爆发。① 为了应对擅长海战的迦太基，毫无海战经验的罗马人迅速发展了一套适用于罗马士兵的海上作战方式，并创建罗马第一支海军。这场延续了20多年的战争对于双方来说都十分艰难，罗马的海军虽然在初期获得了一些胜利，但后来至少经历过两次海难。建造战船十分昂贵，到第一次布匿战争后期，罗马国库空虚，但据李维称，不少富人都带头捐资，重建舰队。前241年，罗马的新舰队登场，在西西里岛的西岸拦截了迦太基运送物资的船只，这是迦太基人不曾预料到的。那个时候，迦太基在西西里岛的据点只剩下了西岸的两个城市。其他地方大部分在罗马人的控制之下，还有一部分是罗马人的盟友叙拉古的地盘。这场海战，罗马人击溃了迦太基。迦太基的决策机构，也就是它的长老院，决定还是优先保全北非本土，最终不得不接受罗马人苛刻的和约。罗马人要求迦太基人撤出西西里，并且撤出西西里和意大利之间的所有岛屿，遣返所有战俘；10年内赔偿2200塔兰特（大约是56吨）银子，这是非常巨大的数额，尤其是对于一个已经打了20

---

① 有关布匿战争的原始史料见波利比乌斯（Polybius）《历史》以及李维《建城以来史》。近期综述及书目，见 B D. Hoyos, *A Companion to the Punic Wars*. Malden, MA: Wiley-Blackwell, 2011。

几年仗的国家来说。几年后，当迦太基人出兵去撒丁尼亚镇压雇佣军反叛的时候，罗马认为这属于开战，以此为借口又把撒丁尼亚和科西嘉据为己有，并且另外追加了1200塔兰特银的战争赔款。

第一次布匿战争不仅在罗马的发展史上，而且在世界历史上都有着非同寻常的意义。它给罗马带来了许多第一次：正是在这场战争中，罗马第一次创建了海军，从此走向海上霸主的道路；这也是罗马第一次在亚平宁半岛之外作战，为他们今后的海外作战积累了丰富的经验。之后，罗马经过一系列海外战争走上了通往大帝国的道路，最终完全改变地中海世界的政治地理；作为这场战争的后果，罗马获得了第一个海外行省，也就是富庶的西西里，在那里他们沿用了以前的税收制度，收取十一税（也就是十分之一的税收），那里将成为罗马的粮仓，扩大了罗马的资源。罗马也要开始学习管理亚平宁半岛之外的领土，究竟采用什么样的方式去管理这些行省，是保留原有结构还是来个翻天覆地的变革，这都是罗马人今后要经常面对的问题。

在第一次布匿战争之后，一方面罗马拿着迦太基的战争赔款在回血；另一方面，迦太基新的一代在仇恨中长大，其中就包括出身迦太基军事世家的汉尼拔（Hannibal）。前218—前202年，罗马又经历第二次布匿战争，也称汉尼拔战争。汉尼拔以西班牙为基地，率领军队从陆路远征，翻越阿尔卑斯山向亚平宁半岛挺进。在战争的最初数年间，汉尼拔的军事天才使得罗马军队屡受重创，前216年的卡奈（Cannae，位于意大利东南部）战役更是罗马人有史以来所遭受到的最大一次惨败。4世纪的作家阿米安（Ammianus Marcellinus）仍征引卡奈战役为罗马史上最惨痛的失败经历。罗马的战术、人力资源、征兵体制、战略决策、罗马与同盟间的关系等方方面面都经受了极大考验。其间，曾有盟友叛离。罗马人最终破格选出年轻的西庇阿（亦译斯奇皮奥，全名为Publius Cornelius Scipio）为统帅，采取直捣迦太基老巢的方法，迫使汉尼拔退出意大利返回北非。前202年，西庇阿在北非的扎玛（Zama）会战中击败汉尼拔，结束了第二次布匿战争。罗马的胜利果实之一是获得了新的海外领土——西班牙。西庇阿本人则赢得阿非利加征服者（Africanus）的称号。

其养孙小西庇阿因率领罗马军队结束第三次布匿战争（前149—前146）、夷平迦太基而同样获得这一称号。

　　这三次布匿战争与四次马其顿战争（前214—前205，前200—前197，前171—前168，前149—前148）以及叙利亚战争（前192—前188）相交织。在毁灭迦太基的同时，罗马也陆续征服了希腊化世界的主要王国。前146年这一年间，罗马摧毁了地中海世界的两大名城——迦太基和科林斯（Corinthos，英文Corinth）。罗马在地中海世界稳步建立了霸主地位。与军事征服俱来的是涌入罗马的巨大财富。罗马从被征服地区掠夺了无以计数的金银财宝及艺术品，罗马城的面目也随之发生显著变化。暴富的元老阶层竞相修建庙宇、纪念碑等建筑；奢华的私宅成为时尚，在风格上仿效希腊建筑。希腊文化的影响远不限于建筑方面，而体现在语言文学、艺术、宗教、哲学等方方面面。来自大希腊名城塔伦图姆的希腊人李维乌斯·安德罗尼库斯（Livius Andronicus）创作了最早的拉丁语戏剧。其他较早的罗马剧作家如格奈乌斯·奈维乌斯（Gnaeus Naevius，卒于前201年）、普劳图斯（Plautus，前254—前184）以及泰伦斯（Terentius，英文为Terence，前195—前159）皆以翻译和改编希腊戏剧为主。其中普劳图斯和泰伦斯是前2世纪最有影响的剧作家，大量引进和改编希腊新喜剧。[①] 归入普劳图斯名下的有130多出喜剧，但只有21部流传下来。希腊文学、哲学、修辞学、历史日渐成为罗马上层人士所受教育的重要组成部分。富有的罗马家庭让有文化的希腊奴隶当家教，贵族青年去雅典、罗德斯岛和小

---

① 新喜剧有别于古典时代以阿里斯多芬（Aristophanes）为代表的旧喜剧。旧喜剧的常见主题是战争与和平、政治人物、有名的哲学家与剧作家。旧喜剧的巅峰时期也正是雅典民主和权力的黄金时代。经过伯罗奔尼撒战争，雅典败于斯巴达，民主和国力式微。旧喜剧也随之萎靡，代之而起的是以米南德（Menander）为代表的新喜剧，游离于时政之外，多描写虚构的家庭、爱情故事。最常见的剧情套路是富家子看上妓女，情事遭家父反对，然而妓女竟是有名望的公民失散多年的女儿，这个身份最终得到揭示，结局皆大欢喜。新喜剧擅长描述"颠倒的世界"，采用"身份错乱"等文学技巧来达到戏剧效果。从普劳图斯汲取灵感的后世剧作家不乏其人。比如，莎士比亚的喜剧《错中错》（Comedy of Errors，直译为《错误的喜剧》）源自普劳图斯的《孪生兄弟》（Menaechmi，即 The Twin Brothers）和《安菲特律翁》（Amphitruo）。最新的中译本见《古罗马戏剧全集》（上、中、下），王焕生译，吉林出版集团有限责任公司，2015年。

亚细亚等希腊文化和教育的重地游学渐成常规。"被俘的希腊俘虏了粗野的征服者，给鄙陋的拉丁姆带来了艺术（Graecia capta ferum victorem cepit et artes intulit agresti Latio）。"① 拉丁诗人贺拉斯的这句名言常被引来概括罗马与希腊文化之间的关系。在这里，罗马是粗鄙的同义词，而希腊则是文化艺术的化身。然而，罗马上流社会对希腊文化和希腊人反应复杂，态度不无矛盾。一方面，有一部分罗马权贵与希腊人过从甚密，并热衷于学习希腊语和希腊文化、收藏和模仿希腊艺术品。比如，希腊人波利比乌斯是显贵的西庇阿家族的座上客。又如，普鲁塔克在《卢卡鲁斯传》第42章中提到卢卡鲁斯有大量藏书，对希腊人开放，他本人经常和希腊学者在柱廊间散步讨论问题，并对希腊人十分好客。用普鲁塔克的话来说："他的府邸成了所有到罗马来的希腊人的寓所和议事厅。"另一方面罗马人又觉得对希腊文化的热情是一种污染，会导致社会的腐败和堕落。老加图便是这一派的典型代表，他倡导所谓"祖制"（mos maiorum），即罗马传统的节俭、虔敬、尚武等品质。老加图曾用拉丁文撰写《罗马起源记》（Origines），竭力推进拉丁文化，并曾驱逐到罗马的有名的希腊哲学家。罗马人在作为征服者的优越情结中掺杂的文化自卑感，对希腊文化的双重态度和矛盾心理，生动地反映在西塞罗的《反维勒斯演说》中。维勒斯的罪状之一就是贪婪搜刮西西里的希腊艺术品。西塞罗本人其实也是希腊艺术的爱好者，却在抨击辞中把自己描画成不谙希腊艺术名匠、不热衷此道的"正经人"。无论罗马人对希腊文化以及希腊人的态度有多少分歧，罗马文化的很多方面有着明显的希腊化痕迹。共和中晚期，罗马社会和政治格局发生根本性变化，随之而来的是价值观的变化。在这种背景下，希腊文化的渗透与野心勃勃的政治人物表述个人野心的要求息息相关。希腊成熟的艺术和建筑形式、修辞演说术、铭文文化等为罗马政军强人的自我宣传提供了新的而且更有力的表述方式。②

---

① Horace，*Epistlulae*, 2.1.156.
② 相关近作，见 Amy Russell, *The Politics of Public Space in Republican Rome*. Cambridge: Cambridge University Press, 2016。

值得一提的是各种娱乐活动的政治功能也逐渐为日益富裕的罗马上层所开发。早期的戏剧演出大多出现在官方庆典（ludi scaenici，Ludi Romani，Ludi Plebeii）、宗教仪式、神庙的奠基礼以及私人葬礼上。罗马早期的剧院和圆形剧场都不是永久性的建筑，而是木结构的临时性建筑，每次节庆后就拆除。① 前154年，当年的监察官试图在帕拉丁山附近建永久剧场，但遭到以执政官西庇阿·纳西卡（Publius Cornelius Scipio Nasica）为首的元老院的反对而未果。② 保守派之所以反对建永久性的娱乐场所，有几个方面的原因：其一，由于早期的戏剧多改编自希腊版本，罗马人担心遭希腊文化的"腐蚀"；其二，前2世纪时各阶层之间的冲突和贫富分化日益明显，保守派害怕有野心的政治家和将领利用大规模的娱乐场合、通过举办娱乐活动笼络人心、捞取政治资本。罗马的第一个石结构的永久性剧院直到前55年才出现，坐落在战神广场（Campus Martius，或译马尔斯校场），为庞培（Gnaeus Pompeius Magnus，英文Pompey）所建，可容纳一万多名观众。这座剧院名义上附属于维纳斯神庙的"台阶"，借此才得以名正言顺、绕过反对之声。前2世纪始，角斗表演日渐流行。罗马文献把角斗表演的起源追溯到前264年马尔库斯·优尼乌斯·布鲁图斯·佩拉（Marcus Iunius Brutus Pera）的子嗣为他举办的葬礼仪式。③ 早期的角斗或斗兽表演以及公开处决通常在广场（forum）举行。直到前1世纪后期，斯特拉波还目击了西西里大盗，号称"埃特纳（西西里火山）之子"的塞路如斯（Selurus）在广场被野兽撕成碎片。④ 但毫无疑问，角斗表演逐渐成为受欢迎的娱乐形式，成为权贵争夺权力、笼络人心的手段之一，举办者在角斗的规模上逐渐开始攀比。

持续的军事行动和扩张对罗马原有的经济形态、政治结构、内政外交形成了极大的冲击。共和早期和中期的罗马军队由符合财产资格

---

① 参见 Tacitus, *Annales*, 14.20-21。

② Valerius Maximus, *Facta et dicta memorabilia*, 2.4.2.

③ Livius, *Periochae*, 16; Valerius Maximus, *Facta et dicta memorabilia*, 2.4.7.

④ Strabo, *Geographica*, 6.273.

的公民组成，没有常备军，这些公民在战时是士兵，在非战时就是普通的公民。但自前3世纪，特别是第二次布匿战争以降，罗马对外战争的规模对军队的规模和稳定性有了新的要求，军队的结构和政治角色逐渐发生根本性的变化。罗马军队是由执政官或大法官来统帅的。这些长官按律都是一年一任，但由于罗马军队远离罗马作战，当选的长官需要费时费力赶赴驻地与军队会合，这在军事指挥的衔接上就造成了问题。此外，由于军队规模的扩大，现有的执政官和大法官人数不足以统帅所有的军队，罗马不得不采用延长任期的权宜之计或增加大法官人数的办法来对付这些压力。在军团的兵源方面，以往的观点一般认为，富人强占未分配的公地，大量使用奴隶劳动，自由民受到排挤；而无地公民的增加使得罗马面临严峻的兵源问题。近年来，罗马史学家对这种分析有所反思，指出造成土地紧张的也有其他因素，包括在某一时期（自由民）人口的快速增长。而兵源问题的根源也可能是多样的，其中一个因素可能是罗马公民不愿意服兵役。无论缘由如何，前2世纪以来，公地（再）分配问题成了烫手的山芋。

另一个棘手的问题则是意大利人的公民权问题。在罗马对外征服的过程中，意大利盟友提供了大量人力、物力，但因为没有公民权，被排斥在罗马政治军事决策之外，而且无法充分享受免贡税（tributum）、分配战利品、分配公有地、人身保护等属于罗马公民的利益和特权。在民事上，也无法享受与罗马公民缔结婚姻的权利、通商权以及签订合约的法律权利。一些民事上的权益，可以通过拥有拉丁权获取，拉丁权是仅次于罗马公民权的一种法律地位。但成为罗马公民，还有一些能够预见到的实惠，比如说项目承包。罗马的公共工程、军队的供给、行省的税收等，采用的是一种承包制度，由罗马国家对这些项目进行拍卖，由承包人来竞争项目，这些承包人通常不是个人，而是承包合伙人，罗马时代没有公司这种概念或者形式，也没有法人概念，但是有合伙人制度，即几个人或者一群人共同投资，共同承担风险，通过差价赚利润。但是这些承包项目只对罗马公民开放，能够从事这些大工程、大项目的，是属于骑士等级的罗马人。在前3世纪以后这个名称和骑兵已经关系不大了，他们的地位在元老阶层之下，需要符合一定的财产资格，大约是5万银币。他们和元老阶层有区别，但是又有千丝万缕的关联。元老阶层是大地主阶层，控制罗马政治。罗马的长官和元老席位，都是没有薪资的，所以财力不雄厚的家族很难支持政治生涯。为了防止元老院的腐败，罗马国家设置了一些限制，特别是限制元老阶层所能从事的经济活动：理论上他们不能够直接从事和金融相关的业务，不能够参与工程投标，未经批准不得拥有大商船，等等。这些是为了防止元老院的腐败而设置的限制。骑士阶层则不受这些限制，他们是商业贵族，染指矿山、远洋运输、商业、税收等。但是骑士阶层和元老阶层并不是泾渭分明的两个团体，骑士的后代也有可能当选为罗马长官，开始政治生涯，进入元老阶层。所以他们有矛盾，但是也寻求相互支持。更何况元老阶层虽然在经商方面受到限制，这不代表他们不会去曲线获利，比如他们可以通过自己的释奴（所谓释奴，就是被解放了的奴隶）做代理来间接参与商业活动，他们有的时候还直接参股，甚至放高利贷。意大利那些没有罗马公民权的人，尤其是比较富裕的阶层，如果获得公民权，那也意味着获得更多的保护和权益，即使他们进不了元老阶层，但也有可能进入骑士阶层，分享罗马霸权带来的经济利益。[①]

然而，随着罗马在地中海权势的增强，罗马人与意大利人之间的地位差距和矛盾也日益彰显。意大利盟友中即使上层人士也不被罗马贵族所尊重。史料中有不少关于罗马官员粗暴对待地方长官的例子。据载，一位罗马执政官在意大利南部的泰阿农·西狄奇努姆（Teanum Sidicinum）时，命当地将男用公共浴室清场供其妻使用。该执政官认为地方上动作迟缓，行事不力，居然将当地的一位官员扒了衣服绑在柱子上当众棒打。[②] 而介于盟友与罗马公民之间的是拥有拉丁权的意大利人，他们需要对罗马担负财政和军事上的义务，但是必须要身在罗

[①] 关于意大利人对于罗马公民权的中文近作，见刘小青，《意大利人与罗马公民权（公元前125年—前91年）》，《首都师范大学学报（社会科学版）》，2019年第3期，第50—59页。

[②] Aulus Gellius, *Noctes Atticae*, 10.3.

马才能享受投票权。无论是拉丁人还是盟友都希望争取罗马公民权。用阿庇安的话来说，只一步之遥他们就能从"臣民"变成"统治者"。而对一些意大利人来说，其不满还有更深的原因。比如，萨莫奈人的文化有异于拉丁文化；在语言上，萨莫奈人使用的是有别于拉丁语的奥斯坎语。然而，罗马人从贵族到平民都不愿意加大开放公民权的力度。前2世纪以降，在亚平宁半岛范围内围绕公民权的争端愈演愈烈。除此之外，罗马与行省的关系对帝国也是一大考验。罗马的海外行省需要派遣总督进行监管。这些总督的人选从卸任的执政官或大法官中产生，拥有与执政官或大法官相同的权力，但远离元老院和其他同僚的监控，在行省拥有很大的决策自主权。行省易成为卸任官员的盘剥对象，非但如此，骑士等级也视行省为敛财对象。骑士等级的包税人（societates publicanorum; publicani）承包行省的赋税。这些包税人也常常身兼高利贷放债人及商人的身份，在行省的财务、商业领域广为渗透。罗马人在行省的盘剥引起元老院的警觉，后者于前149年设立了专门审查敲诈勒索案的法庭（quaestio de repetundis）。

对于罗马传统社会所面临的种种挑战，罗马统治阶层内部的反应和解决方案有所分歧，贵族间的权力竞争有所加剧，派别之争日趋明显。在共和时代中晚期的政治术语中，政治派系中有贵族派（optimates）和平民派（populares）之分。这两派的区别并不在于前者代表贵族利益，后者代表平民利益。两派的核心人物都出身显贵，加入哪一派经常为个人野心所驱使，而且更换派别的现象并不鲜见，甚至这两派的主张也常常十分接近。但两派推行自己主张的方式有所不同，贵族派通常以元老院为基地，而平民派则多通过保民官、百人队大会、平民会议等调动和利用民众的力量。在这里不得不提的是前2世纪下半叶的格拉古兄弟改革。提比略·格拉古（Tiberius Sempronius Gracchus）和盖尤斯·格拉古（Gaius Sempronius Gracchus）兄弟是罗马史上平民派的著名先驱。但兄弟俩出身显贵家族，其父曾两任执政官，其母则是声名赫赫的老西庇阿之女。小西庇阿是兄弟俩的姐丈，而提比略·格拉古的妻子出身罗马有名的克劳狄家族，其岳丈阿庇乌斯·克劳狄乌斯·普尔凯尔（Appius Claudius Pulcher）不但曾任执政官，还是首席元老，在元老院中地位显赫。格拉古兄弟坐拥盘根错节的强大关系网，并受过良好的教育，辩才超群，如果按照罗马贵族青年的正常晋升之途发展，前途可谓一片光明。但格拉古兄弟选择了以保民官身份推进公地再分配的从政路线，称得上是开发保民官权力潜力的先驱。帝国时期的传记作家普鲁塔克用希腊语为兄弟二人都作了传，把他们和在斯巴达推行土地改革的埃吉斯（Aegis）及克雷奥美内斯（Cleomenes）相并列。格拉古兄弟可算青史留名，但他们也为此付出了惨重的代价：12年间（前133—前121）相继殒命，提比略遭残杀，盖尤斯则被迫让自己的奴隶杀死自己。

格拉古兄弟的核心改革计划有两项：以500犹格（大约1500亩）为上限限制个人拥有公地的面积，子嗣每人可以占有250犹格的公地，但这只适用于两个儿子；多出来的公地分给无地公民，测量土地及重新分配的任务由一个三人委员会负责。其实这些计划并非新鲜事物，对公地兼并中的既得利益者来说，自然有冲击，但总的来说，对大地主阶层并没有致命性的打击。[①] 而且这个土地政策的适用范围非常有限，只限于"公地"，也就是说只涉及国家在法理上能控制的土地，而不是用公权力从根本上来重新分配土地。早前小西庇阿就曾提议把无地公民安置在公地之上。且不论小西庇阿出于何种动机，他的政治对手们担心一旦这一提议获得通过，那些获得土地的公民必对小西庇阿心存感激，从而进一步提升他的政治声望和人气。阿庇乌斯·克劳狄乌斯·普尔凯尔等都站在反对的一方。有意思的是，阿庇乌斯·克劳狄乌斯·普尔凯尔正是格拉古兄弟改革方案的核心支持者。可以说，克劳狄乌斯的立场是因人而异而非因提案内容而异。小西庇阿和他的同党也是如此，从而站到了格拉古兄弟的对立面。至于格拉古兄弟改革的动机，说法不一。有人认为他们出于对贫民真挚的同情，有人认

[①] 共和时代的公地问题，可见 Saskia T. Roselaar, *Public Land in the Roman Republic: A Social and Economic History of Ager Publicus in Italy, 396-89 BC*. Oxford: Oxford University Press, 2010。

为他们完全志在声名和光耀门庭，还有人认为他们受了希腊思想的直接影响。无论他们的动机如何，格拉古兄弟的改革从一开始就深深地卷入罗马显贵内部政治斗争的旋涡中。前133年，提比略·格拉古任保民官，所采取的策略是绕过元老院直接将议案提交平民会议。尽管提比略的公地改革提议得到平民的响应，但他的保民官同僚并非完全站在支持他的立场上。一个名叫马尔库斯·奥克塔维乌斯（Marcus Octavius）的保民官一再行使否决权。据普鲁塔克称，此人并非反对提比略有关公地分配的提议，而主要的目的是为了迎合与提比略作对的那一派豪强显贵。提比略力争保民官应当代表人民的利益，违反了人民利益的保民官没有资格再继续担任保民官。在提比略的动议之下，部落大会投票罢黜了奥克塔维乌斯，并且通过了土地法。提比略的这种行事方式，尤其是动用民众的力量来支持自己，正是元老院对提比略的反应如此激烈的原因：提比略代表的，是一种架空元老院、绕过元老院来做事的方式。于是谣言开始传播，声称帕加马的使者向提比略奉献了王冠和紫袍。污蔑某人有当"国王"的野心是一种最具毁灭性的抹黑。在提比略谋求连任保民官之际，元老院中的反对势力无视法律，在大祭司西庇阿·那西卡（Publius Cornelius Scipio Nasica，也是格拉古兄弟的表兄）的带领下，用棍棒、凳腿追打提比略及其支持者。在一片混乱中，提比略被活活打死。据普鲁塔克称，一同丧生的支持者有300人之多。这场大规模的械斗预演了共和中晚期法度失调、暴力肆虐的历史情景。正如阿庇安在他的《内战史》引言中所说：提比略是第一个在内乱中死去的人。

提比略死的那一年，他的弟弟盖尤斯21岁。他延续了兄长的路线，10年后他也当选为保民官，并且争取到了连任。盖尤斯继续实行公地分配，并且提出了更加激进的改革方案，包括向罗马公民提供粮食配额补贴，把罗马公民权广泛授予意大利人，设立让骑士等级来负责审理关于盘剥勒索的案件的法庭（骑士等级是低于元老等级的一个阶层，具体他们是怎么回事，我们回头还会详谈），等等。这每一条要么是在直接挑战元老院的权力，要么是在让自己获得更广泛的群众基础，从而构成对元老院的威胁。如果说提比略被杀只是私刑，并没有官方正式授权，盖尤斯被杀则是一个升级版，因为是元老院正式授权的。公元前121年，罗马历史上第一次出现了所谓的"元老院终极敕令"（Senatus consultum ultimum），授权执政官为确保国家不受侵害而采取任何措施，包括杀害罗马公民。

格拉古兄弟来自罗马的上层，父母亲戚都是显赫之辈。假如说他们没有选择改革路线，他们有可能也是一路高升，仕途明朗，但是他们选择了冲突和对立。他们的改革方案，有不少是前瞻性的，比如说兵源问题，意大利人的罗马公民权问题，城市中的贫民问题，如何协调元老等级和骑士等级之间的关系、罗马和行省之间的关系，这些问题今后还会反复出现。罗马终究需要拿出解决方案。然而这些问题的解决过程也意味着罗马的转型，并且和内战交织在一起。罗马史上第一次真正意义上的内战发生在马略和苏拉之间。

"新人"马略（Gaius Marius，前157—前86）来自罗马附近的阿尔皮努姆（Arpinum），出身骑士等级家庭，在朱古达战争（前112—前105）中崭露头角，并在对日耳曼部落辛布里人（Cimbri）和条顿人（Teutones）等重要军事行动中（前104—前101）表现卓著。所谓朱古达战争，是罗马与努米底亚之间的战争。① 公元前118年，努米底亚国王米奇普萨（Micipsa）死前把王国留给他的两个儿子希埃姆普萨尔（Hiempsal）和阿德海尔巴尔（Adherbal）以及其侄子兼养子朱古达（Iugurtha）。未几，野心勃勃的朱古达谋杀了希埃姆普萨尔，驱逐了阿德海尔巴尔。后者逃往罗马寻求帮助。元老院决定派代表团去解决努米底亚王国的分治问题，把王国东部划给阿德海尔巴尔，较小的西部划给朱古达。前112年，心存不满的朱古达攻打阿德海尔巴尔，围攻都城锡尔塔（Cirta）。阿德海尔巴尔战败被杀，一同被处死的还有一批住在城里的意大利商人。元老院随即宣战，三任执政官被派往北非，但

---

① 撒鲁斯提乌斯的《朱古达战争》（Sallustius，*Bellum Iugurthinum*）为重要史料。朱古达无中文通译。中译本：王以铸、崔妙因译，《喀提林阴谋　朱古达战争》，商务印书馆，1995年。

都未能速战速决或彻底解决问题。这期间，朱古达的运作（包括贿赂收买罗马官员、将领）是罗马人迟迟没能控制朱古达的主要原因之一。

前107年，马略替代当时的统帅麦泰鲁斯（Metellus）获得战争的指挥权。由于兵源短缺，马略推行新的征兵方式，废除了对财产资格的要求。在马略的军队中出现了大量无产士兵（proletarii）。共和晚期，罗马军队逐渐从公民军向职业军队转化，士兵服役的年限增长，军队与将领的黏性增强。士兵期望从将领处得到土地等报偿，士兵退役以后的安置，也得仰仗将领，所以他们效忠的对象很容易从国家转移到将领个人身上。即使退役后得到安置的士兵也仍效忠于原来的长官，成为政治斗争中重要的工具。而马略时代的军事改革对这一系列变化起到了推动剂的作用。前105年，在遭到其岳父、毛里塔尼亚（Mauretania）国王波库斯（Bocchus）背弃之后，朱古达战败被俘，在点缀了马略在罗马的凯旋式之后不久死于牢禁。罗马将努米底亚王国分给波库斯以及朱古达的同父异母弟高达（Gauda）。北非的努米底亚王国和马里塔尼亚王国都在罗马势力的笼罩之下，逐一行省化。到克劳狄统治时北非从行政上来说完全成为罗马行省。而对于年近半百的马略来说，朱古达战争的胜利只是其显赫仕途的催化剂，此后其政治生涯的发展是他本人和罗马元老院所始料未及的。

前113—前101年，日耳曼部落辛布里人和条顿人迁徙到亚平宁半岛的东北部，并向西移，罗马派遣的数任执政官皆大败，损失惨重。前105年的阿劳西奥（Arausio，今法国奥朗日 [Orange]）一役，史料称罗马人损失了8万士兵。在这种情形下，罗马做出了应急反应，越制再次选举马略为下一年的执政官。马略当时不在罗马，按律（公元前180年通过的维利乌斯任职年龄法 [lex Villia annalis] 等）不得缺席选举，而且两任执政官之间应该至少有10年间隔。但是这些定制都被一一打破。自前104年至前100年间，马略连续5次担任执政官，风头一时无两。但更重要的是，这并不仅仅是马略个人的胜利，而且预示着罗马政治结构在发生根本性的转变。变革过程中有几个紧密相连的因素：老兵的土地分配问题，意大利人的罗马公民权问题，有野心的将领个人权力合法性问题。这个复杂而困难的变革是通过一系列残酷的政治斗争和血腥内战来完成的。罗马政治生活中暴力的升级出现于马略政治生涯的后期并不是偶然现象，在罗马共和国的最后一个世纪里，暴力成为解决问题的"正常"途径，马略（Marius）对苏拉（Sulla）、庞培对恺撒、安东尼对屋大维的三大内战则是暴力制度化的终极表现，而罗马共和时代的终结则是这些内战的直接后果。

这一变化过程中另一个突出的征兆就是极端保民官的出现。马略的军队彻底击败了辛布里人和条顿人之后，保民官鲁奇乌斯·萨图尔尼努斯（Lucius Saturninus）提出新的土地法案。法案的核心是给马略的老兵分配土地，并在北部意大利建立殖民地。对于这些建议，元老们是非常反对的，罗马城的城市平民也十分不满，因为他们不希望意大利人通过这种途径成为罗马人。投票的当天，罗马城内发生骚乱，涌入城里来支持投票的意大利人和罗马的城市平民发生暴力冲突。法案以武力威胁的方式得以通过，并且萨图尔尼努斯要求元老们发誓遵守公民大会的决议。马略的老对头梅泰鲁斯拒绝发誓，被逐出罗马，这也是马略去除政敌的一个方法，这位梅泰鲁斯当年曾经阻挠马略参选执政官。同年，萨图尔尼努斯的盟友盖尤斯·格劳奇亚（Gaius Glaucia）在竞选执政官的角逐中落后于同为候选人的麦米乌斯（Memmius）。他们竟然谋杀了麦米乌斯，或者如阿庇安《内战史》1.32所说，他们在选举现场把他活活打死。元老院于是宣布进入紧急状态，判萨图尔尼努斯和格劳奇亚为公敌，并且颁布了"元老院终极敕令"，授命执政官马略重建秩序。作为执政官的马略选择了站在元老院一边，组军围攻在卡皮托林山上托庇的萨图尔尼努斯和他的追随者。他们因为被切断水源不得不向马略投降，但是摇摆的马略又想挽救他们，于是把他们关在元老院议事厅。而城市平民认为他在为萨图尔尼努斯等人争取时间，骚乱又起，城市平民扒开了屋顶，向厅内扔石块，砸死了里面的人。所谓的制度、传统的法律再次遭到了极大的震荡和冲击。而在这场风波之中，马略没能讨好任何一方，元老院不满意，罗马城里的普通平民也不满意，他还背弃了他的朋友。许多根本的问题如意大利盟友的公民权问题仍未得到深入或全面的解决。

  罗马的保守政治竭力阻挡意大利人大规模渗入罗马公民群体。前125年，执政官马尔库斯·弗尔维尤斯·弗拉库斯（Marcus Fulvius Flaccus）提议意大利人应变成全权公民并享受申诉权（ius provocationis），被元老院否决。拉丁殖民地弗雷盖莱（Fregellae）起义反抗，旋即遭到残酷镇压，被夷为平地。前123年，盖尤斯·格拉古曾提议把拉丁权授予意大利盟友，元老院不但反对这一提议，而且此后多次驱逐在罗马的拉丁人和盟友。前1世纪的最初十几年间，是否授予意大利盟友罗马公民权这个问题变得日益尖锐。前95年的利奇尼乌斯－穆奇乌斯法（lex Licinia Mucia）甚至设置了审判法庭（quaestio）调查非公民争取公民权的案例。前91年，保民官马尔库斯·利维乌斯·德鲁苏斯（Marcus Livius Drusus）提议把公民权广泛授予意大利人。这一提议在意大利盟友间反响强烈。据史料记载，一万多马尔西（Marsi）人浩浩荡荡冲着罗马而来，中途被一名元老劝返。而利维乌斯的提案遭元老院反对未获通过，自己不久被谋杀于家中。眼见通过合法途径获得公民权无望，意大利盟友诉诸战争。先是马尔西人揭竿而起，萨莫奈人随后，很快整个中部和南部意大利都燃起了战火，史称"同盟战争"（Bellum sociorum，前91—前88）。对抗罗马的意大利军结成同盟，把首府设在科尔芬尼文（Corfinium），并改称为"Italica"（意大利卡），马尔西人在同盟战争中的造币上刻有"Italia"（意大利亚）字样，而萨莫奈人的造币上则刻有奥斯坎语"Vitalia"，凸显意大利的独立和主权。罗马军队连遭挫败，两年间损失两名执政官。据阿庇安《内战史》1.49记载，由于缺乏士兵，元老院甚至破天荒征招释奴入伍。至于同盟战争的性质，也就是说意大利盟友参与反罗马是为了争取罗马公民权还是为了彻底摆脱罗马的控制，学术界有争论。但是前90年罗马通过了尤利乌斯法（lex Iulia），将罗马公民权授予所有拥有拉丁权的人以及所有不曾参加同盟战争或愿意放下武器的意大利盟友。这一法律一经出台立即显出效果，前89年，战火几近平息，只有很少的地方一直反抗到前80年左右。从表面上来看，意大利人达到了自己的目的。然而这并不意味着他们被立即吸收到罗马的政治决策体系中。罗马做出种种姿态来保护旧公民的特权，限制新公民的影响力。比如，一开始新公民只能登记到 8 个部落中，这就限制了他们在公民大会中的影响。而且登记程序一再拖延，直到前 70/前 69 年，登记程序才得以完成。至此，罗马的男性公民多达 91 万人，比同盟战争之前增长了一倍。[1]

公民权的扩展对罗马治下意大利的政治格局和文化发展有着深远的影响。这些影响表现在多方面：亚平宁半岛的文化同化过程大为加速，拉丁语完全确立了其主导地位，奥斯坎语以及伊达拉里亚语等历史久远的地方语言逐渐淡出历史舞台，到早期帝国时期，已踪迹难寻；罗马法广泛应用；意大利城市的行政结构以及市政建设也加速了"罗马化"；新兴意大利家族逐渐渗入罗马的显贵阶层。

在意大利发生这些变化的同时，在海外也出现新的动向。地中海世界的各大小国家或权力实体对罗马扩张的反应各异。有些较小国家，在罗马进逼的大势之下，选择"无痛"随顺的道路。最典型的例子是小亚细亚帕加马的国王阿塔鲁斯三世（Attalus III）在前 133 年将王国遗赠给罗马。[2] 前 75/前 74 年，小亚细亚比提尼亚（Bithynia）国王尼科美得斯四世（Nicomedes IV）将王国遗赠给罗马，比提尼亚终从名义上的独立王国变成罗马行省。但是小亚细亚本都（Pontus）的国王米特拉达梯六世（Mithridates VI）却选择了与罗马人作对。前 90 年，趁罗马人忙于同盟战争之际，米特拉达梯伙同其婿亚美尼亚（Armenia）国王提格拉内斯（Tigranes）进攻与罗马友好的小亚细亚的卡帕多奇亚（Cappadocia）王国和比提尼亚（Bithynia）王国。罗马派出曾任执政官的马尼乌斯·阿奎利乌斯（Manius Aquilius）对付米特拉达梯。一开始阿奎利乌斯和"友邦"还算战事顺利，逼退了米特拉达梯，但在前 88 年进攻本都时遭到失败，阿奎利乌斯本人被俘而死。米特拉达梯的成

---

[1] 关于罗马共和时期公民的人数，经典专著为 Peter Brunt, *Italian manpower, 225 B.C.-A.D.14*. London: Oxford University Press, 1971.

[2] 也有学者（包括 Erich Gruen）认为罗马的进逼并不是 Attalus 捐赠王国的主要原因，而王国内部的问题是更大的动因。

功和他在小亚细亚所展开的外交攻势分不开。米特拉达梯援引希腊化世界的外交辞令和惯例，向小亚细亚的希腊城市许诺"独立自由"和废除税收，利用贪婪的罗马包税人在小亚细亚颇遭怨恨这一点，争取小亚细亚诸城的支持。米特拉达梯还将矛头指向在小亚细亚的罗马人、意大利侨民及商人。据史料的记载，丧生在米特拉达梯的屠杀政策下的罗马、意大利侨民多达8万乃至15万。① 这些数字本身也许并不可靠，但可说明这一举动在罗马人眼中的严重性和引起的重视程度。罗马和米特拉达梯的战争断断续续地进行了十多年（前88—前85，前83—前82，前75—前65）。前63年，众叛亲离、年老力衰的米特拉达梯以自杀的方式终结了这场无望的斗争。

米特拉达梯战争虽远在小亚细亚，但和罗马复杂的政治斗争相互交织。多位罗马政客垂涎对米特拉达梯战争的指挥权，其中包括恺撒叔祖辈的盖尤斯·尤利尤斯·恺撒·斯特拉波（Gaius Iulius Caesar Strabo）。而最激烈的争斗发生在苏拉和马略之间。比马略年轻20多岁的苏拉（Lucius Cornelius Sulla）出身于古老的贵族科尔内利乌斯氏族（Cornelii）中不太醒目的一支，为马略旧部，曾随马略出征朱古达战争以及对日耳曼人的战争。在同盟战争中，苏拉声名鹊起，直逼日薄西山的马略。② 在米特拉达梯之战初期，72岁的马略与当选为公元前88年执政官的苏拉展开了争夺对这场战争指挥权的争夺战，直接导致罗马史上第一次真正意义上的内战。苏拉当时当选执政官，并且与麦泰鲁斯家族（Metelli）联姻。而马略此时既年老又无公职，本来没有什么资本去争夺这场远征的统帅权。但是军功、名声和东方财富的引诱，使得马略故技重演，站在保民官普布利乌斯·苏尔皮奇乌斯·鲁弗斯（Publius Sulpicius Rufus）一边借力褫夺苏拉的指挥权。据普鲁塔克记载，苏尔皮奇乌斯其人胆大妄为，有一大批武装的亲随，号称"反元老院"。也许是要供养这批随从之故，苏尔皮奇乌斯欠债无数，普鲁

---

① Valerius Maximus, *Facta et dicta memorabilia*, 11.2.4; Plutarch, *Vit. Sulla*, 24.4.

② Plut., *Vit. Mar.*, 33, *Vit. Sulla*, 6.

塔克给出的数字是 300 万德拉克玛（drachmas）。苏尔皮奇乌斯的捆绑提案包括把意大利的新公民分散到现存的 35 个部落中而不是只限于 8 个新部落，以及把米特拉达梯战争的统帅权转移给马略。前 88 年，为阻止对苏尔皮奇乌斯的提案进行投票，执政官宣布"中止公共事务"（iustitium）。罗马城再次上演暴力冲突，连执政官庞培的小儿子都死于骚乱中，而慌不择路的苏拉竟逃到马略家。逼于形势，苏拉宣布收回中止公共事务的成令，而苏尔皮奇乌斯的提案得以通过，马略则获得了米特拉达梯战争的指挥权。然而苏拉不甘就此罢手，赶在马略的使者前面接手驻在诺拉（Nola）的六个远征军团，并史无前例地挥师进攻罗马，在一番街战之后赶走了马略，并经元老院批准夺回了对米特拉达梯战争的指挥权。马略则经过几番周折逃到了北非，寻求他安置在那里的老兵的支持。

苏拉向小亚细亚进军，然而这并不意味着他已经一劳永逸地解决了罗马的问题。事实上，他所留下的大后方并不稳定，新的执政官秦那，再次建议把意大利新公民分配到现有的 35 个部落当中。支持苏拉的一派把他赶出了罗马城，然而，秦那获得了意大利人的支持，并且重新召回了马略。他们进攻罗马城，进行了血腥的报复，并且控制了罗马城。苏拉的房子被铲为平地，财产充公，本人被宣布为公敌，也就是罗马国家的敌人，理论上这就剥夺了他的一切合法权利。前 86 年，马略第七次担任执政官，但不久就去世了。而秦那连年继续担任执政官，一共四次，直到前 84 年在一次军队叛乱中被杀死。秦那和苏拉其实同属科尔奈利乌斯氏族（gens Cornelia），但这个亲戚关系并不能保障他们就在同一条阵线上。秦那的关系网包括了与尤利乌斯氏族的联姻，他的一个女儿嫁给了尤利乌斯·恺撒，就是后来那位有名的恺撒，但当时他只有 17 岁。

罗马翻天覆地的时候，苏拉在和米特拉达梯的鏖战中无法脱身，但是前 83 年，苏拉和米特拉达梯达成协议，米特拉达梯可以维持原有的国土，但要缴纳巨额赔款，并且提供舰队给苏拉。苏拉安顿了东方，接着率领着军团和舰队，杀回意大利，清缴秦那和马略的余部。

意大利的土地上又发生了新一轮的大屠杀。苏拉进入罗马城之后开始血腥复仇,在广场张贴公敌宣告(proscriptio),清洗罗马的上层人士,并变相搜刮土地与财产。上了苏拉公敌宣告名单的人起先有520个名字,后来可能又添加了名字,据阿庇安说,死亡名单上有超过40名元老,1600名骑士。有些人出现在这个死亡名单上仅仅是因为他们是苏拉支持者的私敌,或者因为很富有,招人垂涎。而且上了死亡名单还会波及家里几代人,他们的儿子和孙子都会失去基本的政治权益。一时间,罗马处于白色恐怖之中,罗马宪政和共和政体则遭到致命的打击。前82年的瓦勒利乌斯法(lex Valeria)授予苏拉独裁官的头衔和权力。正常情况下,独裁官的任期只有6个月,但是苏拉的这个职位没有时间限制。瓦勒利亚法授予苏拉的权力之大完全可比帝王:他被授予可以把他过去的行为合法化的权力;拥有生杀大权;有权分配公地并建立殖民地;有权处理被征服的王国。罗马共和制度的终结指日可数,而苏拉则可以成为罗马史上第一位皇帝。然而,他并没有做出这样的选择。恰恰相反,前79年,在无人逼迫的情况下,苏拉选择了放弃权力隐退,次年病死,成为晚期罗马共和晚期少数自然死亡的权势人物之一。

苏拉作为独裁官期间的措施,恢复了元老院的权力并限制保民官的影响力。苏拉把元老的数量从300增加到600,值得注意的是,新元老大部分来自他自己的亲信,原属于骑士等级。但同时他又削减了骑士的司法权。保民官的议案必须提交元老院做审议之后才能递交公民大会,保民官的否决权也遭到限制。苏拉把财务官的人数增加到20名,并规定卸任财务官自动进入元老院。苏拉严格规定公职晋升的顺序,并重申同样职位两次任职之间必须相隔10年,并规定担任不同官职必须间隔2年。苏拉的这些措施很难简单地归纳为是贵族派或保守派的立场,其出发点是在确保自己权力的同时,为今后任何形式的个人权力的膨胀设置障碍。然而,苏拉的举措并不能挽救罗马共和体制,也无力医治罗马政治生活中的弊病。这些弊病的外在表现主要是腐败横行、贿选肆虐、党争纷杂、暴力频仍。罗马共和时代的最后半个世纪见证了以小加图（Marcus Porcius Cato，前95—前46）、西塞罗（前106—前43）等为中坚的元老院保守力量的挣扎，以及庞培（前106—前48）、克拉苏（Marcus Licinius Crassus，约前115—前53）和恺撒（前100—前44）三头联盟的崛起。内战的阴云在增聚，而罗马共和体制则在庞培与恺撒的内战，以及恺撒养子屋大维与安东尼之间腥风血雨的内战之后土崩瓦解。值得一提的是，大规模的暴力冲突也伴随着唇枪舌剑，这半个世纪也是罗马演说术登峰造极的时代。演说大师、拉丁语语言文字的巨匠西塞罗为后世留下了大量的演说词以及书信集等，使得罗马共和末年成为罗马研究中史料最丰富的历史阶段之一。

　　和马略一样，西塞罗是来自距罗马不太远的阿尔皮努姆城的"新人"。然而和马略不同的是，西塞罗的仕途所依赖的不是军功而是其卓越的演说才能。西塞罗所留下的大部分演说词是在法庭上的辩护词或控诉词。在其众多的演说中，最为著名的包括《控维勒斯词》和《反喀提林》。前70年，西西里人民向罗马控告卸任总督的维勒斯（Verres）。维勒斯在西西里任职期间盘剥勒索，作恶多端，引起了极大的民愤。但他在罗马有强大的关系网，并请来罗马最著名的演说家霍藤西乌斯（Hortensius）作辩护师，所以控方西西里的胜算并不大。所幸，西塞罗答应为西西里人民辩护，最终成功告倒维勒斯，迫使他未等宣判便自动流放。西塞罗的高明之处在于他成功地构建对方的道德缺陷，强调他一贯胆大包天、邪恶、愚蠢、贪婪、渎神。而且在论辩上层层推进，彻底摧毁了维勒斯的辩护底线。西塞罗列举了维勒斯的众多罪行，比如挪用公费、搜刮艺术品、挪用神庙物资、侮辱自由民的女儿等，并特别强调维勒斯从神庙掠夺神像，谋杀行省的罗马公民。他不仅把维勒斯比作盗贼，还把他描述为所有圣物和宗教的公敌，以及谋杀公民和盟友的野蛮刽子手。随后，西塞罗将矛头一转，直接诉诸法庭上听证的元老，强调如果元老们包庇这样的罪犯，只能自毁声誉。西塞罗更将维勒斯一案上升到事关罗马和行省关系以及罗马帝国利益的高度。西塞罗的成功辩护使他一跃成为罗马最顶尖的演说家，为他赢得了巨大的声望。在随后的几年间，西塞罗的政治生涯也稳步达到巅峰，于公元前 63 年出任罗马执政官。西塞罗竞选执政官所击败的对手之一喀提林（Lucius Sergius Catilina）和一批破产贵族因不满时政，密谋武装夺取政权。西塞罗为此发表了四篇言辞激烈的《反喀提林》演说揭露这一阴谋。在喀提林迫于形势离开罗马之后，西塞罗逮捕了其同谋者，并在元老院的许可之下在狱中将他们就地处死。西塞罗因挽救共和国而赢得了鲜有的"祖国之父"（Pater Patriae）的尊号。但是他没有经过审判而处死罗马公民，则成为之后政敌反对他的口实。西塞罗也许是捍卫共和体制以及元老院核心地位最强有力的喉舌，但是喉舌难以与兵刃为敌。西塞罗尽管能够成功地扳倒维勒斯和喀提林，但在更强大的、以武力为后盾的三头联盟之前，他的弱势便显露了出来，甚至一度遭放逐而丧失言说权。所谓的三头联盟是庞培、克拉苏和恺撒在前 60 年开始的私下结盟，为与后来屋大维、安东尼、雷必达（Lepidus）三头同盟相区别而被称为"前三头"（The Pirst Triumvimte）。

庞培的个人仕途完全没有按照常规途径按部就班地发展。他的父亲在皮凯努姆（Picenum）有庞大的根基，可轻易召集几个军团的兵力。在苏拉和秦那的斗争中，庞培加入了苏拉一边。庞培的军事生涯可谓一帆风顺，屡建奇功。前 82—前 81 年，庞培受苏拉委派去西西里和北非剿灭马略余党。军功卓著，年纪轻轻就被苏拉冠以"伟大者"（Magnus）的绰号。前 81 年，尚未担任过大法官和执政官的庞培被破例允许举行凯旋式。前 77 年，庞培被派去镇压在西班牙行省自立政权的前总督塞尔托利乌斯（Sertorius）。历经五年的战事，庞培于前 71 年凯旋回到意大利，正赶上斯巴达克斯奴隶战争的尾声，顺手夺走了克拉苏的军功。庞培不但又获凯旋式的荣誉，并且在 31 岁时即获选前 70 年的执政官（这个年龄远低于 42 岁这个苏拉所规定的执政官最低年龄），其同僚正是富甲一方的克拉苏。前 67 年，庞培用了极短的时间剿灭了东地中海的海盗，其后又于前 66—前 63 年决定性地击败米特拉达梯，攻下耶路撒冷，在小亚细亚创建罗马行省，并建立一系列殖民地。然而，虽然如此军功显赫，他在小亚细亚的措施却迟迟得不到元老院的批准。对元老院的不满使得庞培和克拉苏、恺撒日益靠近。

恺撒出身于罗马显赫的贵族家庭，然而他本身却站在平民派一边。① 恺撒的姑父是有名的马略，岳父是秦那，所以在苏拉时代恺撒曾被迫离开罗马。回到罗马后恺撒以金钱铺路，通过贿选仕途顺利。前62年当上大祭司（pontifex maximus）和大法官。恺撒因挥霍无度而债台高筑，因克拉苏援手解围而与之建立了紧密联系。而克拉苏本人对元老院也颇有不满。起因是因为克拉苏支持小亚细亚的包税人（publicani）向元老院所提出的修改承包契约的请求，而这个请求遭到元老院的拒绝。恺撒、庞培和克拉苏各有所图，于前60年缔结联盟，史称"前三头"。在盟友的支持下，恺撒成功选上前59年的执政官。为了巩固联盟，恺撒把女儿尤利娅（Iulia）嫁给了比他自己年龄还大的庞培。执政官任期满后，恺撒成功获得山内高卢（Gallia Cisalpina，英文为Cisalpine Gaul）、伊利里库姆（Illyricum）以及山外高卢（Gallia Transalpina，英文为Transalpine Gaul）总督之职，任期5年。期满之后又延期5年。10年间，恺撒以这些行省为基地，出征尚不隶属于罗马的高卢地区，征服了大片土地，包括今法国的中部和北部、荷兰南部、比利时、莱茵河以西的德国，以及瑞士大部。掠夺了大量的奴隶、金钱及其他战利品。更重要的是，恺撒训练出了一支精良而忠心的军队。前54年，庞培之妻、恺撒之女尤利娅难产身亡；前53年，追求军功的克拉苏远征帕提亚（今伊朗一带），兵败身亡。这两条联系庞培与恺撒的纽带相继断裂，两者之间的联盟也走到了尽头。与此同时，庞培则与元老院日益靠近。前49年，恺撒决定以武力来解决他与以庞培为首的元老院之间的冲突，率军跨过行省和意大利的界河卢比孔河（Rubico，英文作Rubicon），正式向罗马进攻。很快整个地中海都成了他们的战场。前48

---

① 关于恺撒的史料数量巨大，既有他本人的著作，也有当时人比如西塞罗、撒路斯提乌斯的著作，另外还有后来苏维托尼乌斯、阿庇安、卡西乌斯·狄奥等的相关传记或叙述，比较细致的现代传记可参考 Richard A. Billows, *Julius Caesar: The Colossus of Rome*. London: Routledge, 2009。Susan Treggiari, *Servilia and Her Family*. Oxford: Oxford University Press, 2019 一书虽然并非以恺撒为主角，但提供了一个在当时其他人的社会网络中看待恺撒的视角。更多书目，可见本书第四章"重点学术问题"中"从共和到帝制"一节。

年，庞培在希腊的法萨卢斯（Pharsalus）一战中被恺撒击败后逃亡埃及，求助不成，死于埃及人之手。前46年，恺撒举办了共和时代最奢华、规模最大、所包括的表演项目最花样繁多的凯旋式，一个月内一共举办四次，以庆祝他在高卢、埃及、本都、利比亚的军事胜利。庆祝项目包括大规模的戏剧、角斗、运动竞技、赛车、捕猎等表演，展出了40只大象和400头狮子。① 除此之外，恺撒还大办宴席，向士兵和罗马市民发放金钱和食物。荣誉与权力达到巅峰的恺撒将娱乐庆典的政治作用发挥到了极致，为帝国时代奥古斯都把"面包与马戏"制度化开了先河。

公元前46年，恺撒获得了独裁官头衔，任期10年；这个头衔在前44年升级成"永久独裁官"（dictator perpetuus）。罗马的独裁官原来是6个月任期，只有国家危急的时候才任命。苏拉是第一个任期不明的独裁官，而"永久独裁官"基本上就是最高统治者的别名了。那么，恺撒有没有什么整体的设想呢？

恺撒无疑渴望建立一个更有秩序、更加井井有条的罗马社会。比如，历法、时间的设置是规范社会秩序的重要一环，恺撒用自己最高祭司的身份来对罗马的年历进行校正。② 那时候罗马的年历混乱不堪，已经偏离太阳运行的规律，季节和月份脱节。为了让日期回到正轨，他把前46年那一年的天数延长到445天，之后每年定为365天，四年一闰。这就是所谓的儒略历（来自恺撒的氏族名尤利乌斯），一直沿用到1582年，教皇格里高利对儒略历进行了一些调整，形成了沿用至今的所谓公历。

恺撒很难说是个激进的改革者，他没有采取任何极端的措施。他并没有如有些人可能预期的那样取消债务，似乎他并没有让有产阶层惶惶不可终日的打算，但同时他也采取了缓解债务和租金的措施，比

---

① 关于恺撒的凯旋式，可见 Suet. *Iul*.39, 49.4, 51; Pliny the Elder, *NH* 8.53; Appian, *BC* 15.101; Cassius Dio 43.19-24。

② Denis Feeney, *Caesar's Calendar: Ancient Time and the Beginnings of History*. Berkeley: University of California Press, 2007.

如废除内战以来的所有利息；至于城市平民的免费粮食配额问题，他削减了15万人的免费粮食供应，更愿意用在意大利之外建立殖民地这种方式来安置老兵和贫民。恺撒也没有摆出一个要处处防备、处处猜忌的姿态，他没有卫兵，对各种出身的人都十分包容。他扩充了元老院，把席位从600增加到了900，新增的元老不但来自意大利，而且来自山内高卢，乃至山外高卢，在当时来说，这个可以说是一个比较大胆的措施。和以前的秦那、马略、苏拉不一样的是，恺撒在内战结束后没有实施大清洗，没有大开杀戒。其实在内战一开始，他就采取了和庞培完全不一样的口号：庞培曾经宣布，任何不为国家而战的都是国家公敌，而恺撒却说，任何中立的或不属于任何一方的都是他的朋友。恺撒没有像苏拉那样颁布"公敌宣告"或者"死亡名单"，相反，他赦免了在内战中站在庞培一边的元老们。我们今日看起来可能认为这是宽宏大量，是美德。然而，假如放到罗马当时的精英政治文化当中来看的话，这种做法会让显贵们心怀芥蒂。这是因为罗马的显贵们虽然在出身的家族、个人的名声上有高低，但理论上作为元老显贵，他们属于同一阶层，参与共同的政治竞争。当恺撒或任何其他人去赦免元老的时候，推行"宽容"（clementia）之时，从某种角度来说，这意味着他已经把自己放在了一个高于其他元老的地位上，这打破了"平等"，打破了政治游戏当中的均衡。

而恺撒对这种均衡和共和政治传统的破坏，在一些罗马显贵看来还体现在很多其他方面。比如，公元前44年，通过决议把罗马的昆提利斯月（Quntilis，字面意思"第五月"）重新命名为尤利乌斯月，这是罗马史上首次出现以在世的凡人的名字命名一个月份，现在英文中的July（"七月"）就来自恺撒的氏族名尤利乌斯；同年，恺撒也成为第一个将其肖像印到罗马造币上的仍然在世的罗马人；他还在修建以他自己的名字命名的新广场。这些都是没有先例的，而且让恺撒的荣誉远远超过了其他元老。所以在那些被赦免的元老显贵看来，恺撒的赦免是一种居高临下的姿态，是藐视而不是尊重。所以，恺撒的"宽容"或者"仁慈"未必让他们感恩戴德，而最后刺杀恺撒的主谋都是曾经被他赦免的人。其中包括马尔库斯·尤尼乌斯·布鲁图斯（他的母亲是恺撒的情人之一）和他的妹夫盖尤斯·卡西乌斯·隆基努斯。这些刺杀恺撒的元老们也自视为"解放者"，给罗马带来"自由"的人。密谋者的核心人员大约 20 名，其他还有几十名知情的人。前 44 年 3 月 15 日，他们在元老院开始开会前，接近恺撒，最后身中 23 刀的恺撒倒在了元老院中庞培的雕像之前。

那么该如何评价恺撒？他到底是英雄、枭雄还是历史的罪人？对这些问题，从罗马时代到现在，正面和反面的评价就一直存在着（详见本书第四章"从共和到帝制"一节）。如果站在当时元老显贵的立场上，恺撒无疑是一个颠覆性的人物。公元前 49 年，西塞罗就在写给友人的书信中把恺撒称为无耻的、胆大妄为之徒。恺撒被刺杀之后，西塞罗毫不掩饰地表达他的喜悦："迄今没有什么比三月半更让我开心的。"贬抑恺撒的这条线，在西方文学作品中延续了很长时间。在 16 世纪莎士比亚的戏剧《尤利乌斯·恺撒》（亦译《裘力斯·凯撒》）中，恺撒的形象是被权力欲控制的人，而刺杀他的布鲁图斯被认为是最高贵的罗马人。顺便提一下，"Et tu, Brute？"（"还有你，布鲁图斯？"）这句名言就是出自这一出剧，而非来自罗马时代。这里莎士比亚可能是在翻译苏维托尼乌斯的《神圣的恺撒传》中提到他死前的一句希腊语：καὶ σὺ τέκνον，可直译为"还有你，孩子"，但也可能是一句咒骂的话。① 18—19 世纪浪漫主义时代，恺撒被认为是终结了罗马自由时代的人。比如，英国的浪漫主义诗人拜伦，认为苏拉是历史上最伟大的人物，因为他断舍离，在权倾朝野时放下了权力。然而到了 19 世纪末的时候，德国的罗马史大家蒙森则盛赞恺撒是一位完美的英雄，没有缺点，他正是历史所需要的领袖人物。种种观点，不一而足。

无论对恺撒如何评价，有一点很清楚，即恺撒的死并没有带来共

---

① Loannis Ziogas, "Famous Last Words: Caesar's Prophecy on the Ides of March," *Antichthon*, 50(2016), pp. 134—153.

和制的恢复，也并没有解决任何问题。当恺撒的遗嘱被公布时，激起了民众对刺杀者的愤怒，因为恺撒给罗马民众留下了慷慨的礼物，有些刺杀他的人甚至还是他遗产的受益人。刺杀者被迫离开罗马城。而这个时候，恺撒的甥孙、养子和财产继承人，年轻的屋大维登场，在未来的半个多世纪当中，罗马会在他的手中完成向帝制的转型。

恺撒遇刺的那一年，屋大维只有十八九岁，人也远在（现在的）阿尔巴尼亚，却十分坚决地出来介入当时动荡、危险而复杂的政局。他的本名是盖尤斯·奥克塔维乌斯（Gaius Octavius）。奥克塔维乌斯氏族出过一些执政官，但不属于罗马最显赫的氏族。原先是个平民氏族，但在恺撒的时候被升级到贵族氏族。他是恺撒姐姐的女儿的儿子，4岁的时候就失去了生父，母亲再嫁，继父曾做到执政官。恺撒被刺时，并没有合法子嗣，唯一的女儿早些年已经去世。他在遗嘱中确认了对盖尤斯·奥克塔维乌斯的收养，自此他的名字正式成为盖尤斯·尤利乌斯·恺撒。被其他家族收养的男孩，罗马人的习俗是在他们原来氏族名后面加上-nus（努斯）这一后缀，所以人们也会称他为Octavianus，英文中一般简称为Octavian，我们现在用的屋大维即来源于此，主要也是为了避免和他的养父尤利乌斯·恺撒混淆。但是需要注意的是，屋大维自己自恺撒死后便不再使用和原名相关的名字。继承恺撒这个名字，对屋大维来说，当然能带来重要的政治资本，其中就包括恺撒的财富和恺撒老兵的支持，让他能够快速组成一支强劲的军队。然而，风险也是巨大的。首先，元老院的态度不易把握，反恺撒的西塞罗一批人成了意见领袖；其次，屋大维当时没有任何职务，也达不到参选官职的年龄；最后，当年的执政官马克·安东尼虽然曾是恺撒旧部，然而他和屋大维在那个时候却是竞争对手。从那一年到前30年安东尼之死，这14年的时间里，屋大维和安东尼的关系几经变迁，先是敌人，之后结盟，再之后又成为敌人。

屋大维并没有恺撒的军事天才，并且体弱多病，却是一位非常精明、手段极为高超的政治家。他最初和元老院联手，和马可·安东尼作对。前43年1月，元老院破例让屋大维获得了元老席位，并且授予他大法官的权力，这样他就能名正言顺地领兵。当时，安东尼赶赴山内高卢接手行省总督之职。然而，时任山内高卢总督的德奇穆斯·尤尼乌斯·布鲁图斯，是当年刺杀恺撒的人之一，不愿让出行省，于是安东尼围攻他坐镇的穆提纳城（Mutina，今意大利摩德纳 Modena）。屋大维与当年的两位执政官联手击败安东尼，为穆提纳解围。然而两位执政官全部阵亡，剩下屋大维成为军队唯一的统帅。元老院并没有能力遏制屋大维。7月，屋大维带着8个军团进军罗马。8月，屋大维毫无悬念地当上执政官，同僚是他的一个表兄。更有甚者，屋大维、安东尼还有当时的最高祭司、恺撒旧部雷必达缔结了同盟，这就是所谓的"后三头"。和恺撒、庞培、克拉苏当年"前三头"所不同的是，这三人联盟是经过元老院授权的、合法的正式机构，称为"负责重建国家的三人组"（Tresviri Rei Publicae Constituendae）。元老院很快就尝到了苦果。"后三头"和苏拉一样，颁布了"公敌宣告"，大肆报复、杀戮和抢夺财富，而西塞罗列于死亡名单之首。他被四处追杀，他的双手被砍下，和头一起在罗马广场公开展示，成了罗马从共和到帝制过程中的献祭。为恺撒复仇也提上了日程。前42年，恺撒被元老院敕令正式封神。这在罗马史上除了传说中的罗马建城者和第一位王罗慕路斯之外，是第一次凡人被宣布为神。而屋大维也升级了，从凡人变成了"神子"（Divi filius），这也成了他名字的一部分。① 同年，安东尼和屋大维的联军在马其顿的腓力比（Philippi）之战中两次击败恺撒的刺杀者布鲁图斯和隆基努斯的军队。当时，布鲁图斯和隆基努斯手下有17个军团，包括当年庞培的支持者。所以这场对决，在很大程度上，还是恺撒与庞培之争的延续。战败的隆基努斯和布鲁图斯相继自杀。屋大维晚年（那时已经是奥古斯都了）在自己的《功业录》中只用了一句话带过这场内战："谋杀我父亲的人，我迫使他们流放，以合法的判决惩罚了他们的罪行，之后，当他们向国家开战的时候，我两次击败了他们。"

---

① 关于屋大维/奥古斯都名字的变迁以及"恺撒"作为名号的演变的中文近作，见王忠孝，《论"凯撒"之名号在罗马元首制时期的演变》，《复旦学报（社会科学版）》2021年第2期，第70—80页。

在这样的表述中，他一方面把自己的对手定性为国家的罪人，另一方面把自己定性成为父申冤的儿子，为国家除去罪人的正义之士，这样一来，于家于国，他都合法合理。屋大维/奥古斯都非常精于舆论战，他后来之所以能够长期统治罗马，和他擅长塑造公共形象也有着密切的关系。

奥古斯都《功业录》中还完全剔除了安东尼这个名字，这也可见他是如何引导集体记忆的重构的。他既没有提到安东尼在腓力比之战中的盟友角色，也没有提到公元前 40 年的政治联姻（他的姐姐屋大维娅嫁给了安东尼，成为他的第四任妻子），他更没有提到后来和安东尼之间的"内战"。① 然而屋大维之所以最终能够成为罗马的第一位皇帝，并对地中海世界进行重组，正是因为前 31 年他战胜了安东尼及其盟友克娄巴特拉七世（Cleopatra VII，前 69—前 30）。在腓力比之战后，"后三头"将罗马世界分割管理：屋大维管辖意大利和西班牙，安东尼分管东部地中海，雷必达负责阿非利加的行省。这种分治的局面是新的冲突的开始。这里不得不提及另一个重要的历史人物，克娄巴特拉七世。

从身份和地位上来说，她是希腊化时代托勒密埃及的君主。父亲是绰号为"吹笛者"的托勒密十二世（前 117—前 51）。她的名字 Cleopatra 来自希腊语，字面的意思是"父亲的荣耀"，是托勒密家族中女性的常见名字之一。这个托勒密家族来源于亚历山大大帝的一个部将，所以从血统上来说，她是马其顿人出身，但文化上以希腊文化为主。克娄巴特拉精通许多语言，甚至包括埃及本地的语言，她似乎是托勒密王朝第一个去学习埃及本地语的。这个王朝延续了法老时代的传统，内部通婚，保持权力在家族内部流通。克娄巴特拉不是这个王朝第一个能干的女性，在她之前还有不少野心勃勃的女性实干家。而

---

① 《功业录》的译文和研究，可见张楠、张强，《〈奥古斯都功德碑〉译注》，《古代文明》2007 年第 3 期，第 10—24 页；John Scheid, *Res gestae divi Augusti = Hauts faits du divin Auguste*. Paris: Les Belles Lettres, 2007; Alison E. Cooley, *Res gestae divi Augusti: Text, Translation and Commentary*. Cambridge and New York: Cambridge University Press, 2009. 关于马可·安东尼的史料，可见普鲁塔克的《马可·安东尼传》（Plut., *Vit. Ant.*）; Cassius Dio 45-51。

与她同时代的竞争者还包括她自己的姐妹阿尔西诺伊（Arsinoe）。她们在宫廷中长大，清楚政治斗争的残酷。在克娄巴特拉七世登场之前，托勒密王朝已经在罗马的影响甚至操纵之下。在当时的政治局面下，她的首要目的当然是自身的生存，其次想保存埃及的独立，最后，如果有可能的话，还希望能够扩张埃及的领土，在这些方面她和以前的野心勃勃的希腊化君主并没有什么不同。然而正因为克娄巴特拉是一位女性，年纪尚轻，所以身处的环境也更为艰难。

克娄巴特拉曾经是恺撒的盟友和情人，并在恺撒的支持下，除去了与她不和的弟弟兼丈夫托勒密十三世，之后又与另一弟托勒密十四世结婚。恺撒遇刺时，克娄巴特拉正在罗马郊外，作为恺撒的客人住在他的一个庄园中。她有个儿子，那时不到3岁，也在罗马，外号叫作"恺撒里昂"（Caesarion），意思是"小恺撒"，因为那时候的人普遍认为他是恺撒的儿子，但他从未获得正式认可。恺撒死后，克娄巴特拉带着他回到埃及，并把他扶植成自己的共治者，即托勒密十五世。安东尼以东地中海为基地之后，很快与克娄巴特拉建立盟友与情人关系，在之后的10年间，他们育有两子一女。将克娄巴特拉与恺撒乃至后来安东尼之间的关系，看作是各取所需的政治结盟可能更为确切。克娄巴特拉的吸引力更多地在于埃及的资源：埃及有着发达的农业，在航海、造船等方面也是相当出色。埃及的地理位置也有着战略意义，它位于罗马的阿非利加行省以东、以南，距离小亚细亚的行省还有叙利亚都十分方便，对于罗马在整个地中海的布局非常有价值。安东尼在和屋大维开战之前，他的核心计划之一是攻打帕提亚帝国。当年，克拉苏野心勃勃远征帕提亚，结果战败身死；恺撒在被刺杀之前本来也计划东征帕提亚，安东尼是在延续这些人的野心，当然埃及对于这个东征计划有非常重要的价值。不过，他在前36—前35年的远征中并不顺利。

克娄巴特拉的形象在历史上历经渲染，历经罗马帝国时代、中世纪、文艺复兴及近现代文学、艺术的再加工，20世纪影片电视浓墨重彩的描画，变成了所谓的"埃及艳后"。近年来有多部专著旨在恢复克娄巴特拉的历史面目。困难在于有关克娄巴特拉的史料大多来自罗马人，反映的是罗马的视角，特别是奥古斯都宣传战中反映内战中得胜一方的观点。① 在这场舆论战中，克娄巴特拉被描述成马克·安东尼堕落的缘由，他是因为跟她纠缠在一起才变成了一个东方式的君主，变成了缺乏自制的"狄奥尼索斯"，生活在骄奢淫逸当中，已不再是罗马人。而屋大维的姐姐屋大维娅，安东尼当时的合法妻子，被塑造成忠贞贤妻的形象，与克娄巴特拉的形象形成鲜明对照。安东尼为了一个外国女人背弃了他忠贞的妻子，更加强化他的负面形象。道德上的攻击之外，屋大维把这场和安东尼的较量装扮成了罗马人保卫自己的帝国、防止帝国领土流落外邦（埃及）的帝国大业。这一切都在为最终的"内战"提供合法性。但是在屋大维的政治操作和宣传中，他和安东尼之间的战争并不是一场"内战"，因为屋大维是通过元老院正式宣战的，而宣战的对象是克娄巴特拉而不是安东尼。也就是说，屋大维一开始就让自己避免了打内战的罪名。前31年9月，屋大维的军队在希腊的亚克兴（Actium）海战中击败了安东尼和克娄巴特拉的联军。虽然安东尼和克娄巴特拉并没有立即被俘称臣，但地中海世界的局势已经十分明朗。前30年初，屋大维登陆埃及。几个月后，安东尼和克娄巴特拉相继自杀。内战时代自此结束，埃及被并入帝国的版图，希腊化时代告终，地中海终成罗马帝国的"内湖"。罗马历史迈入了相对和平的两个世纪。而屋大维这个内战的胜利者则开始了长达40余年的统治。

共和末年的动荡与兵荒马乱对家庭造成的震荡与割裂，无可估量。我们对于政治斗争中的男性主角们知道得更多，但对下层民众、

---

① 有关克娄巴特拉七世的希腊文、拉丁文资料以及后世的文学创作（包括莎士比亚的有关戏剧）收在 Prudence Jones, *Cleopatra*. London: Haus, 2006 中。传记见 Duane W. Roller, *Cleopatra: A Biography. Women in Antiquity*. Oxford/New York: Oxford University Press, 2010;《埃及的克娄巴特拉：从历史到神话》（Susan Walker and Peter Higgs, *Cleopatra of Egypt: From History to Myth*. Princeton: Princeton University Press, 2001 以丰富的图片资源，意图揭开笼罩在克娄巴特拉生平、样貌之上的神秘面纱，并探究其形象的历史演变。该书是配合在大不列颠博物馆以及芝加哥的菲尔德博物馆（Field Museum）的同主题展览而出版。这个大型展览初次面世是在罗马，意大利文的详尽展览目录题为《克娄巴特拉：埃及女王》，于2000年出版于米兰（Susan Walker and Peter Higgs, *Cleopatra: Regina D'egitto*. Milano: Electa, 2000）。

普通士兵以及孩童和女性的际遇所知较少。然而有一点比较清楚，也就是许多家庭中的妻子担起了重要的角色。史料中出现了一批上层妇女的名字，她们或向"三头"抗议或求情，或在协商中扮演中间人的角色，有的甚至参与政治、军事行动，比如马可·安东尼的第三任妻子富尔维娅亲自领兵。有些藏匿公敌宣告名单上的男性亲属，或者动用和"三头"女性亲戚间的关系说情。而管理家产、照顾家人等这些任务也落到了家中女主人的肩上。① 也正是在这样的背景下，历史为我们留下了一篇刻在石碑上的长篇墓志铭《图利娅颂》(*Laudatio Turiae*)，② 从丈夫的视角赞颂妻子在40年婚姻以及在内战中的忠贞、勤勉、坚毅、刚强和隐忍。她敬神有度，衣着、装扮得体；她对朋友和亲戚慷慨大方，为女性亲戚置办嫁妆；她为父母复仇，对逃往中的丈夫不离不弃，想方设法接济，并且向当权者求情。在这篇颂词中，一些用于男性的美德词汇被用在了这位女性身上。这样的史料很难得，它提醒我们，在那些知名历史人物和事件的背后，有许许多多的个体在动荡中寻求立身，甚至有时从幕后被推到了台前。遗憾的是，他（她）们极少进入史书。

三 帝国时代

罗马帝国的正式形成和罗马君主制的建立可称得上是同一个过程的不同侧面。但是这个新的君主制包装在巧言和糖衣之中，并且对罗马的过去进行了记忆重构。连续的内战让罗马人渴望和平。而屋大维

---

① Ronald G. Cluett, "Roman Women and Triumviral Politics, 43-37 B.C.," *Echos du monde classique: Classical views* 42.1 (1998), pp. 67-84; Susan Treggiari, *Terentia, Tullia and Publilia: The Women of Cicero's Family*. London: Routledge, 2007; idem, Susan Treggiari, *Servilia and Her Family*. Oxford: Oxford University Press, 2019.

② *The so-called* Laudatio Turiae, translated by Erik Wistrand. Lund: Acta Universitatis Gothoburgensis, 1976; Emily A. Hemelrijk, "Masculinity and Femininity in the 'Laudatio Turiae,'" CQ 54.1 (2004), pp. 185-197. 女主人的名字没有保留下来，但有学者认为是公元公元前19年执政官之一Quintus Lucretius Vespillo的妻子图利娅，原文并没有题目，《图利娅颂》这个名称来自现代学者。

还没成为奥古斯都的时候，就开始为"和平"造势了，把自己的名字与"和平"相连。这样的主题出现在钱币上，比如背面是和平女神的形象，一只手拿着橄榄枝，象征和平，另一只手拿着所谓的"丰裕之角"，象征富饶繁荣；而女神周围刻着"恺撒·神子"，而钱币的正面是他自己的头像。在他成为奥古斯都之后，和平主题广泛地出现在视觉艺术当中，和诸多其他的重要主题比如秩序、丰饶、忠顺尽职一起出现。元老院也参与了对"和平"主题的拓展，奥古斯都时代最著名的一个建筑"和平祭坛"，便是前13年由元老院奉献给奥古斯都的，供举办宗教活动之用。祭坛大理石外墙上的浮雕非常能够体现那个时代视觉艺术的走向。其中有一版浮雕特别值得一提，画面的中间坐着一位女神，她可能象征的是大地母亲，或者是"罗马""意大利"的人格化，或者是谷物女神（Ceres），她双手各抱着一个婴儿，象征人丁兴旺、丰产；她的两侧有可能是风神或宁芙，表示风调雨顺；画面的下方还有庄稼和牛羊。整个浮雕是一派丰收富裕、欣欣向荣、非常祥和的景象，和战争时期的那种残忍、生命的损失、流离失所形成非常鲜明的对照，勾画出了一个黄金时代的气象。①

屋大维以"恢复共和"之名，行君主制之实。屋大维从来没有使用为罗马人所忌讳的国王（rex）称号，也没有如恺撒般张扬地使用独裁官的名号。但在内战结束时，屋大维坐拥60个军团的兵力以及巨大的财富：这些财富部分来自遗产以及所剥夺和拍卖的敌人财产，但更多的是来自埃及的战利品。内战结束之后，屋大维安置了老兵，削减了兵团的数量，但军队仍如私家军，向屋大维个人宣誓效忠。无论在军

---

① 关于和平祭坛的书目非常丰富，比如：Paul Zanker, *Augustus und die Macht der Bilder*. München: C. H. Beck, 1987（英文版，*The Power of Images in the Age of Augustus*. Ann Arbor: University of Michigan Press, 1988）; Barbette Stanley Spaeth, "The Goddess Ceres in the Ara Pacis Augustae and the Carthage Relief," *AJA* 98.1 (1994), pp. 65-100; David Castriota, *The Ara Pacis Augustae and the Imagery of Abundance in Later Greek and Early Roman Imperial Art*. Princeton: Princeton University Press, 1995; John Pollini, *From Republic to Empire: Rhetoric, Religion, and Power in the Visual Culture of Ancient Rome*. Norman: University of Oklahoma Press, 2012, pp. 204-270，附有大量书目。关于奥古斯都时代视觉艺术的讨论，可详见本书第四章"重点学术问题"中相关章节。

事还是财力上，屋大维都处在无人能及的地位。前27年，元老院将"奥古斯都"的称号（本为形容词，意为"庄严的""神圣的"）授予屋大维，他自此摇身一变，成为英培拉多·恺撒·奥古斯都（Imperator Caesar Augustus）。"英培拉多"本义为凯旋将领，英文中的皇帝（emperor）一词即源于此。从宪政上来说，奥古斯都既拥有执政官的权力（imperium proconsulare），又拥有保民官的权力（tribunicia potestas），集共和时代种种不同的长官权力于一身。与此同时，奥古斯都控制着高级长官以及埃及总督等重要行省总督的任命，并可以以个人推荐的形式直接影响其他职位的选拔。前12年，在前任大祭司雷必达死后，奥古斯都又获得大祭司的职位，成为宗教领域最有发言权的人物。此外，元老院授予奥古斯都大量的荣誉，包括前2年所授的罗马共和时期鲜见的"祖国之父"称号。奥古斯都自认"普林凯普斯"（Princeps），其意或为第一公民或为首席元老。他在《功业录》第34章这样表述自己的地位："我的威权（auctoritas）超过了其他任何人，但是我并不比在任何一个职位上的同仁们有更多的权力（potestas）。" 罗马史学家通常将从奥古斯都至戴克里先时期（前27—284）的罗马制度称为元首制（Principate），以区别于后来不加掩饰的君主制（Dominate）。元老院作为罗马传统继续存在，元老头衔仍然是难得的尊荣，但是传统显贵遭到抑制，比如前19年之后，举行正式凯旋式的权力只限于元首家族成员，其他立有军功的将领至多只能获得象征性的"凯旋荣誉"（ornamenta triumphalia）或小凯旋式（ovatio，或称步行凯旋式）。元老院也不再为共和时代的旧显贵所控制，自1世纪以后，行省出身的元老日渐增加。在实际行政职能方面，元老院及元老的重要性远比共和时代有限。自奥古斯都始，在行政管理方面，次于元老等级的骑士等级日渐占据核心地位，比如罗马城多达7000余人的火警队（vigiles）的统领、埃及行省的总督、管理粮食供应（annona）的长官全部由骑士担任。在皇家财产的管理以及皇帝日常公务运作等方面，皇家释奴和骑士一起扮演着重要角色。

　　罗马帝国并没有成文的皇位继承制度。严格说来，元首并不是一个世袭的职位。元首的继承人所能继承的只能是元首巨大的私人财产。奥古斯都预见到权力传承的潜在问题,他所采取的策略是在自己生前就确保所选定的继承人被授予保民官权及同执政官权。帝国的第一个王朝为尤利乌斯－克劳狄王朝(14—68),所有的元首都出自尤利乌斯或克劳狄两大家族,或因血缘,或因婚姻而互相关联。相继由奥古斯都的继/养子提比略(Tiberius)、提比略的侄孙盖尤斯(Gaius,又称卡里古拉 Caligula,"小靴子"之意)、盖尤斯的叔父克劳狄(Claudius,也是安东尼和屋大维娅的外孙、奥古斯都的外侄孙)、克劳狄的侄孙及继子尼禄(Nero)担任元首。这个王朝的最后一任元首尼禄弑母弑师,又天性爱好表演与歌唱,忙于去希腊地区做与其身份不相符的"巡演",疏于政业,既与元老院离心离德,又不得行省总督的支持。67年,尼禄因猜忌谋反而迫使三位驻行省高级军事将领自杀,同年,里昂高卢(Gallia Lugdunensis)的总督文戴克斯(Vindex)谋反,而尼禄竟无所作为。68年,四面楚歌之下,尼禄"自杀"身死。拥兵自重的行省总督觊觎元首之位竞相起兵,69年四位元首相继登台,史称"四帝之年",东方众军团和多瑙河众军团所支持的维斯帕芗(Vespasianus)最终胜出,开创弗拉维王朝(69—96),由其二子提图斯(Titus)和图密善(Domitianus)继承大统。这个王朝最著名的印记就是迄今仍矗立罗马的斗兽场(Colosseum),其正式的名称是弗拉维圆形剧场。工程的资金来源于犹太战争(66—73)的战利品。提图斯统帅的军队攻陷耶路撒冷,捣毁了犹太人的圣殿,掠走了七枝烛台(menorah)等圣器。离斗兽场不远的提图斯凯旋门内的浮雕描绘了罗马人对犹太人的征服。也正是在弗拉维王朝,庞贝城和附近的几个城市被淹没在火山灰之下,在近代被重新发现之后成为研究罗马城市的活化石。

如果只看文献史料的话,早期帝国充满了阴暗面,诸元首或癫狂或淫乱或残暴或不务正业,宫廷中处处阴谋,元老院中则充斥着阿谀奉承的小人。这样的一幅画面在塔西佗的《历史》(*Historia*)和《编年史》(*Annales*)及苏维托尼乌斯的《罗马十二恺撒传》(*De Vita Duodecim Caesarum*)中渲染得尤为淋漓尽致。虽然这些负面描述并非空穴来风,也有其独特的价值,尤其是揭示了元首与旧族的冲突,以及政治斗争的残酷,但要全面了解帝国的运作,则需借鉴各种形式的史料。大量的考古资料和铭文表明,城市文明在帝国前两个世纪达到一个新的高度。虽然塔西佗不无嘲讽把"罗马和平"(pax Romana)称之为"血腥的和平",[①] 但毋庸置疑的是,在帝国前两个世纪相对稳定的政治环境下,帝国境内的交通运输、城市建设、商业贸易、文学艺术等诸多方面的发展非常显著。人口也稳定增长,据估计,奥古斯都时代帝国的人口总数为 4500 万,2 世纪中期,这个数字增加到 6400 万。

奥古斯都将罗马城划为 14 个区(regiones),每个区又分为更小的街区(vici),各有自己的神龛、祭坛、活动中心和标志建筑,由街区长官(magistri vici)负责。为美化城市并防止火灾,从奥古斯都时代起,罗马广泛采用大理石为建筑材料,并用防火材料建筑防火墙。公元 6 年,为加强罗马城的救火能力,奥古斯都组建了数千人规模的火警队,由释奴组成。据学者估计,帝国时期罗马城的人口多达 100 多万。在前工业化时代,供应这样一个庞大的城市无疑是一个巨大的挑战。罗马城消耗的物资来自整个帝国,比如羊毛衣物主要来自北意大利和高卢南部,橄榄油主要来自西班牙,等等。各种物资运量之大可从台伯河边的泰斯塔奇奥山(Monte Testaccio)略见一斑。所谓泰斯塔奇奥山,是由瓦罐残片所堆积而成的人造小山。这些瓦罐残片来自装运葡萄酒和橄榄油的双耳罐(amphorae)。这些双耳罐先被运到台伯河口,再转到小型驳船上,沿台伯河运达罗马城内的河码头。瓦罐被卸下之后,酒和油被倒出,储存在巨大的仓库内。经年累月,废弃的空瓦罐瓦碎片堆成了一个巨大的小山包,面积达 2 万平方米,体积达 55 万立方米。[②] 据估算堆成这样体积的山包至少需要 5300 万个瓦罐,容量达 60 亿升。这还只代表罗马进口葡萄酒和橄榄油的一部分。然而各种物资中最重要、运量最大的则是谷物。西西里、埃及和北非是罗马的"粮仓"。在奥古斯都时期,埃及每年要向罗马输送 1.8 亿公升

---

① 塔西佗,《编年史》(Tac., *Ann.*) 1.10。

② J. T. Peña, "Monte Testaccio," in Roger Bagnall, *et al. The Encyclopedia of Ancient History*. Malden, MA: Wiley-Blackwell,2013,附有书目。

小麦，1 世纪的犹太历史学家约瑟夫斯（Flavius Joesephus）则宣称，阿非利加省的输送量是埃及的两倍。物资先运到作为罗马港口的奥斯提亚（Ostia）。奥斯提亚古城的店铺遗址、墓葬及公共设施无不印证它在早期帝国的繁荣景象。此外，意大利南部的港口城市如普泰奥利（Puteoli）、交通枢纽城市如高卢的鲁格杜努姆（Lugdunum，今法国里昂）等都留下大量的铭文，其中许多是商人用来炫耀财富与社会地位的。商业的兴盛与帝国的和平稳定相辅相成。从海路来说，地中海海盗绝迹，航行安全；从陆路来说，罗马帝国有着通达的道路网，商人可以相对安全地旅行，农产品和其他物资（金属、大理石、木材、羊毛等）得以顺利流通。帝国境内不同地区之间存在着相互依赖的关系。但繁荣的背后潜藏着隐患，罗马的物资依赖于地中海的海陆运输，一旦海路和陆路交通受到战乱等因素的干扰，物资流通链条就会发生断裂，罗马城及意大利便难以为继。

　　早期罗马帝国的城市拥有不少公共设施，公共浴室是常见的设施之一。① 浴室的正常运转依赖于燃料以及流动水的供应，这就不能不提到导水管及罗马水道。② 公元前 1 世纪的希腊语作家哈利卡那苏斯的狄奥尼索斯（Dionysius of Halicarnassus）从一个希腊人的角度写道："在我看来，罗马意义最重大的工程有三：水道、道路以及下水系统。这三者尽显帝国的伟大。"③ 公元 1 世纪末曾任罗马水利总监（curator aquarum）的弗罗提努斯（Sextus Iulius Frontinus，约 35—103）著有专著《论罗马城的水道》（*De aquaductu urbis Romae*），第 16 节不无自豪地认为罗马的水利工程甚至使金字塔都黯然失色。就罗马城而言，到 3 世纪末，罗马城共有 11 个大型公共浴室、11 条水道、1000 多个喷泉、两个赛车场（单数 circus）、两个大竞技场（单数 stadium）、36 座凯旋

---

① Garrett Fagan, *Bathing in Public in the Roman World*. Ann Arbor: University of Michigan Press, 1999; Fikret K. Yegül, *Bathing in the Roman world*. New York: Cambridge University Press, 2010.

② P. J. Aicher, *Guide to the Aqueducts of Ancient Rome*. Wauconda, Ill: Bolchazy-Carducci Publishers, 1995; C. Bruun and A.Saastamoinen (eds.), *Technology, Ideology, Water: From Frontinus to the Renaissance and Beyond*. ACTA Instituti Romani Finlandiae 31, 2003.

③ 哈利卡纳索斯的狄奥尼修斯，《罗马古事纪》（Dion. Hal., *Ant. Rom.*）3.67.5。

门和 2000 所豪宅。到公元 4 世纪时，供应罗马城的水道多达 19 条，为 1352 个公共水源、15 个喷泉、11 个皇家浴场、856 个公共浴室以及 254 个水库输送水源。① 水道的建筑技术在行省也大为推广。水道遗迹遍布地中海世界。最著名的水道遗址在法国尼姆（Nîmes）附近的加尔桥（Pont du Gard）。水道以高耸的拱形建筑支起跨越加尔河，是罗马人工程天才的最佳见证之一。流动的水源有助于改善城市卫生，提高城市的地位。水道本身以及由水道支持的喷泉等都是帝国权势与财富的象征。所谓的浴场并不仅仅是个洗浴的地方，还通常包括游戏、锻炼的场所，供人散步的柱廊，浴室里还分成冷水池、温水池、热水池，还有类似桑拿热蒸的地方。庞贝城有保存完好的几个浴场，地面遍布马赛克图像，墙上装饰着湿壁画。高级的浴场，比如皇帝建造的，各方面都十分考究，柱子、地面和外墙使用大理石，空间高耸，雕像林立。罗马帝国不少浴场在后来的基督教时代转变成了其他功能的建筑，比如变成了教堂，至今仍在使用，参观这些教堂可以感受得到当年公共浴场的规模和格局。比如，西西里的卡塔尼亚（Catania）的大教堂就包括了罗马浴场的一部分，在罗马城里，中央火车站（Termini）附近的天使与殉道者圣母大殿是 3 世纪戴克里先皇帝修建的浴场，内部空间也很宏大，气象辉煌，能见到当年的穹顶和一些紫红色大理石柱。这些浴场的遗迹仍然在展示当年罗马帝国的财势。

在帝国的行政管理方面，城市也起着核心作用。罗马帝国分为大小级别各异的行省。行省总督由罗马派出，由元老等级或骑士等级的罗马公民担当。但行省内的城市实行自治的原则，地方的行政管理由地方元老院及行政长官负责。在官员选拔方面，罗马帝国没有中国古代的科举制，地方元老的选拔以财产为依据。帝国境内的城市大小、规模、历史背景各异，城市的法律地位也各不相同。最高等级的城市是所谓的罗马殖民地，公民群体由罗马公民组成。而为数众多的城镇

---

① Hazel Dodge, "'Greater than the Pyramids': the Water Supply of Ancient Rome," in J. C. N.Coulston and H. Dodge (eds.), *Ancient Rome: The Archaeology of the Eternal City*. Oxford : Oxford University School of Archaeology, 2000, pp. 166-209.

（单数 municipium，复数 municipia）中，有的拥有公民权，有的拥有拉丁权，其中拉丁权又分为高等和低等两种。在西班牙所出土的多部《市政法》表明，公元1世纪时，这些城镇有相对标准化的管理方式。《市政法》对行政长官的产生和职责、地方元老的组成和功能、城市恩主（patronus）的产生程序、各项罚款项目等都有规定。① 殖民地和城镇主要集中在帝国西部。在东部帝国，还有所谓的"外邦"（单数 civitas peregrina）和自由城市（单数 civitas libera），可以保留传统的法律习俗，自行管理城市。

"罗马和平"之下，每个城市都有很多庆典活动。罗马城本身更是有着相当多的公共节日。克劳狄在位期间，每年有159天是公共节日。形式多样的竞技庆典伴随公共节日，戏剧（悲剧、喜剧、拟剧、哑剧）、体育竞赛、猎兽表演（venatio）、角斗、赛马赛车等不一而足。甚至行刑也是一种"娱乐"方式，常穿插于斗兽或角斗表演间隙。② 竞技庆典不但风行于罗马城，也在帝国境内的其他城市广为流行。绝大部分城市都有剧院，至于规模更大的圆形剧场（单数 amphitheatrum，复数 amphitheatra，或译斗兽场、角斗场，罗马城的圆形剧场常被称为 Colosseum），虽然并不是每个城市都有，但在帝国西部相当多的城市拥有规模不一的圆形剧场。罗马城的石结构圆形剧院晚于许多帝国境内的许多其他城市。罗马的第一个永久性圆形剧场直到公元前29年才出现，而庞贝城的圆形剧场比此早了40年。圆形剧场被认作罗马身份的象征之一，修建圆形剧场也就意味着打上罗马的文化烙印。③ 举行猎兽和角斗表演需要大量的投入，除了需巨资购买野兽之外，还必须远程运输野兽。帝国繁盛时期，这些费用一般由皇帝或地方显贵承担。

---

① J. González, "The *Lex Irnitana*: A New Flavian Municipal Law," *JRS* 76 (1986), pp. 147-243.

② 哈佛大学的古典学家和罗马史学家卡瑟琳·科尔曼（Kathleen Coleman）在剖析"血腥""暴力"型娱乐的深层文化含义方面有重要贡献。见 "Fatal charades: Roman executions staged as mythological enactments," *Journal of Roman Studies* 80 (1990), pp. 44-73. 另见 Donald G. Kyle, *Spectacles of Death in Ancient Rome*. London: Routledge, 1998.

③ Kathleen Coleman, "Entertaining Rome," in Coulston, J. N. C. and Dodge, H. (eds.), *Ancient Rome: the Archaeology of the Eternal City*. Oxford: Oxford University Committee for Archaeology, 2000, p. 227.

只有较大的城市才有赛车场，但是很少有城市没有剧院。许多城市有不止一个剧院。比如庞贝城有大小两个剧院。罗马城更是有多个大型剧院。公元前13年修建的巴尔布斯剧场（Theatrum Balbi），可容纳近8000观众。以奥古斯都的女婿马尔凯鲁斯（Marcellus）命名的剧院，可容纳1.3万—1.4万名观众。马尔凯鲁斯剧院的内部结构，特别是座位安排，反映了公元前20年的奥古斯都推行的剧院法（lex Iulia Theatralis）。该法强调剧院的座位安排应上下、男女、尊卑各有序，昭显社会等级。罗马帝国时期，各种演出日益成为罗马城的常景，剧作家普劳图斯年轻时，罗马城的戏剧演出每年只有11日，公元前1世纪下半期，有演出的天数增加到每年55天，其后有增无减，到公元4世纪中叶时，舞台演出每年有101天。帝国时期的舞台演出为拟剧和哑剧（mimes，pantomimes）所主导。拟剧和哑剧来自希腊语mimos，意为"模仿"，这些是罗马时代最为流行的戏剧表演形式，十分倚重肢体语言表演，内容可能不甚雅观，粗俗、色情、滑稽的内容不少，甚至当时的人都觉得有碍观瞻。比如罗马奥古斯都时代的诗人奥维德，就说过："拟剧总有法律所禁止的爱：剧中总有衣着考究的奸夫登场，狡猾的妻子欺骗愚蠢的丈夫。"他接着告诉我们，观众包括社会各层——婚龄女郎、结了婚的妇女、男人，还有童子。剧院也可以用来诗歌朗诵，不过总的来说这时已经不是原来古典希腊世界悲喜剧当道的时代。演员的社会地位低下，在法律上，属于耻民（infamis）。但这并不代表演员都生活在贫贱之中。有名的演员非常富有，周旋于达官贵人之间，常在政治上扮演举足轻重的角色。

不少学者指出，我们不能根据剧院的数目、节日之多就认为罗马人整日沉湎于演出与庆典。据巴尔斯顿计算，罗马所有的剧院只能容纳人口总数的3%，圆形剧场可以容下5%的人口，大赛车场（Circus Maximus）的容量较大，可容20万观众，但一年只有20天有赛车。①以数据来说话，任何一天也都只可能有一小部分人在"享受"娱乐。至

---

① J P. V. D. Balsdon, *Life and Leisure in Ancient Rome*. New York: McGraw-Hill, 1969.

于罗马人沉湎于"面包与马戏"的说法,则是诗人的夸张。

罗马帝国繁盛时代普通人的生活究竟如何,我们很难得知全貌,但现有的研究一再提醒我们不能过于乐观。第一,罗马贫富差距巨大,而只能果腹甚至解决不了温饱的人占人口的绝大部分。有学者估算,在城市人口中,上层占的比重大约是3%,中等的占15%,暂时能对付但岌岌可危的占27%,生活在最低生存水准上或在之下的要占到55%,也就是人口的绝大多数。① 而城市人口只占总人口的少数。在罗马不列颠,城市人口可能只占总人口的6%,在罗马时代的意大利,除罗马之外,其他地方的城市人口所占的比重可能是25%。② 罗马帝国绝大部分的城市规模很小,只有数千居民的城市很常见。更重要的是,罗马帝国本质上是个农业社会,虽然城市在帝国的管理链条中发挥着极为重要的作用,但农业是罗马帝国最基本的产业和最重要的经济支柱是毋庸置疑的。罗马人的正常餐饮其实非常简单,以小麦和蔬菜为主,蛋白质很昂贵,普通人很少能吃得上肉类,这里说的普通人,指的是社会最上面的3%以下的所有人。考古研究发现贫血、维他命B12或叶酸缺乏的现象并不少见③。第二,古代城市其实没有看上去那么光鲜。今天我们去参观古代城市遗址,感官上的感受其实是和古代人不

---

① Longenecker, *Remember the Poor: Paul, Poverty, and the Greco-Roman World*. Grand Rapids: Eerdmans, 2010。类似的讨论亦见 Walter Scheidel, "Stratification, Deprivation and Quality of life," in Atkins and Osborne (eds.), *Poverty in the Roman World*. Cambridge: Cambridge University Press, 2006, pp. 40-59; Walter Scheidel and Steven J. Friesen, "The Size of the Economy and the Distribution of Income in the Roman Empire," *JRS* 99 (2009), pp. 61-91。

② 关于城市人口的估算,可见 Neville Morley, *Metropolis and Hinterland: The City of Rome and the Italian Economy, 200 B. C. -A. D. 200*. Cambridge: Cambridge University Press, 1996, p. 182; Michael J. Jones, "Cities and Urban Life," in Malcolm Todd (ed.), *A Companion to Roman Britain*. London: Historical Association, 2004, p. 187.

③ 关于罗马时代的饮食和营养,目前已有许多非常专门的研究,除了利用文字、图像史料之外,还有对骨骸、下水系统中的排泄物等进行同位素分析等等,比如, R. L. Gowland and P. Garnsey, "Skeletal Evidence for Health, Nutritional Status and Malaria in Rome and the Empire," in H. Eckhardt (ed.), *Roman Diasporas: Archaeological Approaches to Mobility and Diversity in the Roman Empire. JRA Suppl.* 78 (2010), pp.131-156。更多书目,可见 Jinyu Liu, "Urban Poverty in the Roman Empire: Material Conditions." In Thomas R. Blanton and Raymond Pickett, *Paul and Economics: A Handbook*. Minneapolis: Fortress Press, 2017, pp. 23-56.

一样的。遗址里没有当年的嘈杂或形形色色的气味。比如，城里的洗衣工和处理布匹的作坊使用尿液做清洁剂。另外，街道可能也没有我们现在看到的这样干净，垃圾或许到处都是。庞贝城里还留下了不少禁止随地排泄的涂鸦，而罗马世界的公共厕所，或许方便了疾病的传播①。第三，罗马帝国应对人为和自然灾害的能力仍然比较低下。城市里火灾频繁。罗马城市并没有有效的消防，奥古斯都在罗马城修建了防火墙，还建立了一支由几千名释奴组成的火警队，但大部分城市并没有这些设施，只能靠社区、邻居等用水桶、毯子、钩子等自救。而罗马城即使有火警队，设备也很简陋，解决不了实质性的问题。罗马城里的穷人住在拥挤的所谓高层出租房（insulae，字面的意思是"岛"）中，空间狭小，黑暗潮湿，楼与楼之间的距离也很小，一旦有人在家取暖或做饭的时候失火，或者小商店里有明火，就有可能造成大规模的火灾。火灾蔓延的时候，不得已的话只能推倒一些建筑，形成隔离。② 公元 64 年罗马城有一场大火，烧毁了 14 个城区中的 3 个，还有 7 个区也损毁严重。古代的流言认为这场大火是皇帝尼禄蓄意所为，因为他想按自己的想法建造罗马城，并且最后还栽赃给了基督徒（详见本书第四章）。除了火灾之外，在罗马城中，台伯河经常泛滥，但是罗马人并没有采取建筑堤坝、引流等方式来控制泛滥，为什么？原因可能有两条：一条是河有河神，不能以人力去干预神；另一条是有钱人住在罗马的几座山头上，也就是说住在高处，受泛滥的影响会小些。所以泛滥的苦果多由不富裕的普通人来承担。③ 对普通人来说，疾病更

---

① Jesús Acero and Gemma C. M. Jansen (eds.), *Roman Toilets: Their Archaeology and Cultural History*. Leuven: Peeters, 2011; Ann O. Koloski-Ostrow, *The Archaeology of Sanitation in Roman Italy: Toilets, Sewers, and Water Systems*. Chapel Hill : The University of North Carolina Press, 2015; Piers D. Mitchell, "Human Parasites in the Roman World: Health Consequences of Conquering an Empire," *Parasitology* (2016), pp.1-11; Sarah E. Bond, *Trade and Taboo: Disreputable Professions in the Roman Mediterranean*. Ann Arbor: University of Michigan Press, 2016. 亦见本书第三章"研究史概述"中"四 21 世纪学术研究动向"。

② 关于火灾和消防，见 Tac., *Ann.* 15.38; Suet., *Nero* 6.38; Pliny the Younger, *Ep.* 10.33; Juvenal, *Satirae* 3。

③ Gregory S. Aldrete, *Floods of the Tiber in Ancient Rome*. Baltimore: Johns Hopkins University Press, 2006.

是能够造成毁灭性的后果。比如疟疾这样的传染病，罗马人基本无能为力，因为他们并不知道它的病原，并没有和蚊子挂上钩。在希腊人和罗马人的医学理论中，疟疾是由"不好的空气"造成的，英文中的malaria（"疟疾"）这个词来自意大利语，本意就是"坏空气"。第四，我们不能忽视奴隶和妇女的处境。[1] 正常情况下，罗马女性需要受制于监护人，没有独立做决定的自由，不过罗马社会对于离婚、再婚的束缚不是特别严苛。无论对于身处何种地位的女性而言，生育本身是件高风险的事，女性初婚年龄偏低，[2] 死于难产的女性不在少数。新生儿死亡率高，并且罗马世界弃婴、杀婴现象绝非鲜见，男婴和女婴都有可能遭到遗弃，但女婴似乎比重更大。[3] 这当然并不意味着女性在罗马世界完全无声无息，她们虽然无法担任官员，但可以担任祭司，特别是女神的祭司；有地位、有财富的女性还能在"公益捐助"中扮演重要角色，甚至成为城市、行会等的"恩主"；纸草文书中和碑铭中也留下了忙忙碌碌经营家业或靠手艺生活的中下层女性的剪影。[4] 也有女性受过良好的教育，虽然在男性视角中，过于博学的女性会成为嘲讽的对象。[5]

那么在"罗马和平"之下，军队的主要作用是什么呢？罗马帝国是

---

[1] 关于奴隶与释奴，详见本书第四章"重点学术问题"及附录二"八 推荐书目"中相关内容；关于罗马妇女，资料集见本书附录二"三 史料集、文献集"及"八 推荐书目"中相关内容。

[2] Richard P. Saller and B. D. Shaw. "Tombstones and Roman Family Relations in the Principate: Civilians, Soldiers and Slaves," *JRS* 74 (1984), pp. 124-156; Arnold A. Lelis, William A. Percy, Beert C. Verstraete, *The age of marriage in ancient Rome*. Lewiston, Queenston, Lampeter: Edwin Mellen Press, 2003.

[3] Judith Evans Grubbs, "Hidden in Plain Sight: *Expositi* in the Community," in Véronique Dasen and Thomas Späth (eds.), *Children, Memory, and Family Identity in Roman Culture*. Oxford; New York: Oxford University Press, 2010, pp. 293-310。综述及书目见 Judith Evans Grubbs, "Infant Exposure and Infanticide," in Judith Evans Grubbs and Tim Parkin (eds.), *Oxford Handbook of Childhood and Education*. Oxford: Oxford University Press, 2013, pp. 83-107。

[4] Roger S. Bagnall and Raffaella Cribiore, *Women's Letters from Ancient Egypt, 300 BC-Ad 800*. Ann Arbor: The University of Michigan Press, 2006; Emily Ann Hemelrijk, *Women and Society in the Roman World: A Sourcebook of Inscriptions from the Roman West*. Cambridge: Cambridge University Press, 2020.

[5] Emily Ann Hemelrijk, *Matrona Docta: Educated Women in the Roman Elite from Cornelia to Julia Domna*. London and New York: Routledge, 1999.

不是靠武力来维系的呢？要回答这些问题，就不得不从军队的数量和部署说起。公元9年，罗马军队在条顿堡森林遭惨败，3个军团及其辅助军全军覆没，主将瓦鲁斯（Varus）也丧了命。这场军事败绩史称"瓦鲁斯之祸"（Clades Variana），对帝国的扩张野心是一个重创。奥古斯都甚至留下遗训，把帝国维持在现有的边界之内。大部分的继任者遵循守成的原则，不积极扩张帝国，帝国前两个世纪的军事活动远不如共和时期来得活跃，奥古斯都以后新增的重要行省只有小亚细亚的卡帕多奇阿（Cappadocia，公元17年）、不列颠（公元43年）、达奇亚（Dacia，约今罗马尼亚，公元106年）以及阿拉伯（公元106年）。从规模上来说，罗马帝国早期的军队长期维持在30万人左右，其中一半是罗马军团（legio，复数legiones），另一半是辅助军（auxilia）。军团由罗马公民组成，奥古斯都时期军团总数为25个，后增补至27个，公元68年后，军团数量稳定在30个左右。而辅助军起初则由无罗马公民权的行省士兵组成。但是辅助军的组成在1世纪后期弗拉维朝时开始发生变化，有罗马公民权的士兵比重逐渐增加；自哈德良统治时期至170年，公民和非公民的比重持平；170—210年，非公民士兵比重逐渐增加。[1] 行省的驻军不一定主要从本地征招。相对于这样漫长的边陲而言，罗马军队的数量并不算巨大。军队的布置并不均匀，有的行省完全没有驻军，边疆地带行省的驻军则比较密集。其中东部的叙利亚行省紧邻罗马的劲敌帕提亚帝国，所以常驻4个军团。1世纪上半叶，莱茵河和多瑙河诸省驻有13个军团以防北方日耳曼部落和多瑙河左岸的"蛮族"。

因为地中海成了帝国的"内湖"，罗马帝国的海军规模相对较小。海军基地分布在意大利东岸的拉文那（Ravenna）、西岸那不勒斯湾的米塞努姆（Misenum），以及弗隆尤利（Forum Iulii，今法国南部的弗雷瑞斯，Fréjus）。总的来说，至少在帝国的最初两个世纪，军队的主要功能

---

[1] Yann Le Bohec, *The Imperial Roman Army*. London: B.T.Batsford, 1994. 关于罗马军队的书目见本书附录二中相关推荐读物。

并不是在武力震慑方面。其功能是对外而不是对内的。行省的军队也是帝国的一个重要经济因素。无论是军团士兵还是辅助军都不但享有薪俸，更时常有来自皇帝的赏赐。罗马军队因此是拥有强购买力的消费集团。非但如此，作为消费者的罗马驻军高度集中在边疆地区，在罗马城也有，而对于罗马帝国这样的前工业化社会来说，军队的供给和运输在很大程度上要来自帝国的腹地。罗马军队因此能带动货币经济，刺激贸易和城市的发展，推进帝国境内经济文化交流的进程。由于行省的总督既是当地的行政长官及法官，又是军队的总司令，拥兵自重的情况作为隐患在适当的条件下便可爆发，比如公元64年及193年所发生的帝国范围内的帝位之争。

公元2世纪的罗马帝国为安东尼努斯王朝所主宰（97—193年），这个王朝在诸多方面都不同于以前的两个王朝。首先，在皇位继承方面，这个王朝采用了"养子继承制"，血缘或亲属关系不是影响继承人选择的首要因素；其次，这个王朝的第二任皇帝图拉真（Traianus，英文作Trajan）是第一个出身于行省的皇帝，其养子及继任者哈德良（Hadrianus，英文作Hadrian）同样出身行省。帝国的统治基础显然获得了扩展，更重要的是这些统治者并非生长于宫廷，而是拥有丰富的管理行省的经验，造就了罗马史上所谓的"五明君"（涅尔瓦、图拉真、哈德良、安东尼努斯［Antoninus Pius］、马可·奥勒留［Marcus Aurelius］）。吉本（Edward Gibbon）认为这段时期是人类历史上最光辉的一页。然而繁荣的背后隐藏着隐患。图拉真称得上"好大喜功，勤兵于远"，公元2世纪初，图拉真远征达奇亚，经两次战争（101—102年，105—106年）后，征服达奇亚并创建达奇亚行省，从帝国各地移民新省，创建罗马式城市。图拉真还远征帕提亚帝国，攻下帕提亚的都城泰西封（Ctesiphon），并一度推进到波斯湾。公元117年，图拉真崩于赴罗马的归途中，葬在罗马城内图拉真记功柱之下。在图拉真治下，帝国版图的规模达到极致，从大不列颠北部的大西洋海岸穿越欧洲大陆直至黑海。帝国的边疆绵延1万多公里。图拉真亦在罗马城和整个帝国广修道路、港口、广场、凯旋门，宣扬其文治武功。

但他的扩张策略显然在财政上和军事上都给帝国造成了负担,其养子及继任者哈德良帝(117—138年在位)采取守业的政策,放弃了新征服的东方行省,甚至考虑过放弃达奇亚省。哈德良还在不列颠等边疆行省修筑长城及其他防御工事,定义罗马帝国的边界。哈德良一生多次巡游帝国,尤其偏爱希腊文化及东方诸省。行省地位的提升是2世纪以后的普遍趋势。与此同时,罗马公民与非公民之间的区别也在逐渐淡化。哈德良在位期间,司法领域内帝国的居民分为"上等人"(honestiores)和"下等人"(humiliores),在定罪量刑方面区别对待。前者包括元老等级、骑士等级、地方显贵、退役士兵等,其余则属于后者。"上等人"和"下等人"的区分最终取代了公民与非公民之分。这个过程的自然结果则是公元212年的 *Constitutio Antoniniana*,通称"卡拉卡拉敕令",公民权被普遍授予帝国境内的自由民(见下文)。

哈德良的继任者("虔诚的")安东尼努斯平安统治了23年(138—161),繁荣强盛的表象之下,外忧内患也开始出现端倪。安东尼的继子"哲学王"马可·奥勒留在位的近30年间(161—180年在位;161—169年与鲁奇乌斯·维鲁斯[Lucius Verus]共治)可谓多事之秋,帝国遭受天灾和人祸的双重打击。东部,帕提亚帝国进犯。远征的罗马军队带回了瘟疫,瘟疫于公元165年开始在帝国蔓延,杀伤力和影响有类于中世纪的黑死病,史称"安东尼努斯疫灾"(The Antonine Plague)。据估计,瘟疫造成的死亡人数很可能在350万至500万之间,[①] 导致了帝国10%的人口损失。也有学者偏向较为保守的估计,认为人口损失率只有1%—2%。[②] 之所以有这样的分歧,在于是否相信古代作家所提到的死亡数字。人口比较稠密的城市和军队受创最重,大疫之后继

---

① R. J. Littman and M.L. Littman, "Galen and the Antonine Plague," *AJArch.* 94.3 (1973), pp. 243-255; Richard Duncan-Jones, "The impact of the Antonine plague," *JRA* 9 (1996), pp. 108-136.

② J. F. Gilliam, "The Plague under Marcus Aurelius," *AJPhil.* 82 (1961), pp. 225-251. Christer Bruun, "The Antonine Plague and the 'Third-Century Crisis'," in Olivier Hekster, Gerda de Kleijn, Danielle Slootjes (eds.), *Crises and the Roman Empire: Proceedings of the Seventh Workshop of the International Network Impact of Empire, Nijmegen, June 20-24, 2006.* Leiden/Boston: Brill, 2007, pp. 201-218.

之以饥荒，而北部边界恰逢一些日耳曼部落骚动不安（Marcomanni，Quadi，Iazyges 等）。形势之危急迫使马可·奥勒留御驾亲征，长期驻扎在边境地带，与北方部落进行持续而长久的战争。边界问题尚未解决，帝国境内又添内乱。公元 175 年，阿维狄乌斯·卡西乌斯（Avidius Cassius）叛乱。浩繁的经费开支之下，帝国遭遇财政困难，马可·奥勒留甚至不得不出售王室财产来筹款。马可·奥勒留时代的公共建筑以他的戎马生涯为主题。在罗马城，马可·奥勒留记功柱纪念击退马科曼尼人（Marcomanni）的武功，与图拉真记功柱遥相呼应。然而，马可·奥勒留记功柱不但艺术水准和图拉真记功柱不可相提并论，而且对战争的表现手法也相当不同，更加渲染战争的暴力、破坏和对平民的灾难性影响。这有可能和马可·奥勒留如何看待战争有关系。和以前的罗马皇帝很不一样是，这位从小喜欢哲学的皇帝，对世俗的荣誉有着哲人的轻视。战争在他看来，那可能更多地是属于他作为皇帝的职责，而不是出于对荣耀、对军功的追求。作为哲学家的马可·奥勒留为后世留下了一部《沉思录》，这是在战争间隙，马可·奥勒留用希腊语写下的哲学思考，这些是他个人的笔记，是写给他自己的，本来无意发表，但终以《沉思录》的名字流传后世。他强调对职责的忠诚，寻求内心的宁静，不悲不喜，强调顺从自然、遵循神的意旨，这里就包括了蔑视死亡，因为死亡是自然的一部分。

公元 180 年，马可·奥勒留死于潘诺尼亚（Pannonia）。奥勒留之死也通常被认为是罗马黄金时代终结的标志。古代的作家对他充满了同情，3 世纪的作家卡西乌斯·狄奥写道："他不曾拥有配得上他的幸运，他在位的时候，遭遇许多灾难。因为这个原因，比起其他人，我更敬佩他，因为他在无与伦比的困难之中，幸存了下来并且拯救了帝国。"不过，这种同情并没有延续到马可·奥勒留的继任者、他的儿子康茂德（Commodus）身上，这个喜欢亲自下场角斗的皇帝，最终被谋杀，并且被元老院宣布为公敌。卡西乌斯·狄奥认为，在马可·奥勒留之后罗马从黄金时代进入了铁与锈的时代，这多多少少体现了当时的精英阶层的感受。从马可·奥勒留到君士坦丁的一个多世纪时间，有学者称之为"焦虑时代"。① 而新版的《剑桥古代史》(*Cambridge Ancient History*) 把 193 年（也就是康茂德死后一年）一直到君士坦丁（313—337 年在位）确立统治的时期称为帝国的危机时代。

康茂德大力提升皇帝的神性，把帝王崇拜推向一个新的高度。他本人以大力神（Hercules Romanus Augustus）自诩，并为之设置祭司。康茂德的雕像和在造币上的形象都被塑造成身披狮皮、手持大棒的大力神。其自大也表现在他甚至把罗马更名为"新康茂德殖民地"（Colonia Lucia Aurelia Nova Commodiana）。康茂德自我至上的统治成了这个朝代的尾声。公元 192 年康茂德被刺，结束了安东尼努斯朝。近卫军和行省驻军分别拥立自己的皇帝，从而导致一场长达 4 年的王位争夺战。潘诺尼亚行省总督塞维鲁（Septimius Severus）最终取得胜利，建立塞维鲁王朝（196—235）。塞维鲁出身行伍，靠军队起家，以笼络军队为首要，推行一系列收买军心的政策，包括大幅提高士兵军饷，废除士兵服役期间不得缔结正式婚姻的成规。②

塞维鲁还是第一位出身北非的罗马皇帝，验证了意大利与行省之间的地位差在缩小这一事实。也正是塞维鲁朝实现了罗马公民权的全面开放。公元 212 年，塞维鲁之子及继任者卡拉卡拉（Caracalla）颁布敕令，将公民权授予帝国境内的所有自由民。学者们一般把它称为"安东尼努斯敕令"或者"卡拉卡拉敕令"，因为卡拉卡拉是这位皇帝的外号，本来的意思是一种军用外袍或者斗篷，他的敕令中用的正式名字是马可·奥勒留·塞维鲁·安东尼努斯·奥古斯都。该敕令具体覆盖的范围及缘由和动机在学者间多有争议。在现存的文学史料中，只有卡西乌斯·狄奥（Cassius Dio）提到这条措施。另外唯一的史料是埃及纸草 *P. Giessen* 40，但该纸草文书破损严重，难于恢复该敕令的全文。卡西乌斯·狄奥认为这项举措无非是为了便于扩大税源，因为和非公

---

① E R. Dodds, *Pagan and Christian in an Age of Anxiety*：*Some Aspects of Religious Experience from Marcus Aurelius to Constantine*. Cambridge：Cambridge University Press, 1965.

② Sara Phang, *The Marriage of Roman Soldiers (13 B. C.-A. D. 235): Law and Family in the Imperial Army*. Leiden: Brill, 2001.

民相比，罗马公民需要交付一些特定的税目，比如5%的遗产税。然而，这种说法的说服力并不是很强。卡拉卡拉确实需要资金，因为塞维鲁朝提高了士兵的军饷，卡拉卡拉又大兴土木，修建罗马最大的公共浴场。[①] 迫于财政压力，卡拉卡拉把银币的成色降低了25%。然而扩大公民规模能帮助他扩大收入来源吗？这很值得怀疑。因为并不是所有的罗马人都有可观的遗产，而富裕（也就是有钱）的行省人到这个时候应该早已成为了罗马公民，所以到底卡拉卡拉能增收多少遗产税，这很难说。此外，虽然有些税只有罗马公民才需要缴纳，但是还有些税罗马公民是免于缴纳的。为了增收5%的遗产税而失去一些其他的税收来源，似乎并不是个如意算盘，除非明确规定其他的税还照收不误，但是古代留下来的资料非常残缺，所以很难恢复敕令里所有的细节。而且，新的公民可能还需要进行系统的登记，估算财产，这也有个过程。所以即使税源得到扩充，税能不能很快就收上来，也是个问题。卡拉卡拉那个时代的作家似乎对这个敕令没有什么太大的反应，卡西乌斯·狄奥也不过一笔带过，这可能从一个方面说明这并非大事一桩，并不值得文人书写评论。卡拉卡拉时代对公民权的开放与其说是一场革新，不如说是帝国的统治中心对现状的一个正式的认可：这个现状就是罗马公民和非公民之间的区别在逐渐淡化，罗马公民权不再是一种特权。行省地位在不断提升，前面提到卡拉卡拉的父亲从北非到罗马，正说明了帝国统治基础的扩大。近来有学者认为敕令更主要的目的在于塑造卡拉卡拉"父君主"的形象。[②] 即便卡拉卡拉有这样的用心，他毕竟没能在史料中留下正面形象。公元217年，卡拉卡拉被近卫军所杀。军队再次将帝国推向了混乱与内战的泥潭，罗马政局再度动荡。公元235年，士兵哗变，杀死塞维鲁王朝的最后一个皇帝亚历山大。

---

① Janet DeLaine, *The Baths of Caracalla: A Study in the Design, Construction, and Economics of Large-Scale Building Projects in Imperial Rome*. Portsmouth, R.I: Journal of Roman Archaeology, 1997.

② 其他的分析包括 Lukas de Blois, "The 'Constitutio Antoniniana' (AD 212): Taxes or Religion?" *Mnemosyne* 67.6 (2014), pp.1014-1021，认为卡拉卡拉敕令与他的谢神感恩动机相关，背景是他和弟弟盖塔之间的冲突，盖塔被杀，并且遭受了"除名毁忆"，所以卡拉卡拉需要安抚众神，并希望帝国境内的自由人能以罗马公民身份参加宗教仪式。

有关3世纪早期历史的史料主要是塞维鲁朝的元老卡西乌斯·狄奥用希腊语所著的《罗马史》。在最后几章里，卡西乌斯·狄奥哀叹王朝政治的混乱无序，元老尊贵地位不再，对帝国的前景悲观，在很大程度上影响了后世3世纪史研究的基调。公元235年之后的罗马史，文学史料和碑铭都相对缺乏。主要的史料是一部称为《皇史》(*Historia Augusta*)的拉丁语罗马皇帝传记集，但并非信史，在细节上缺乏可信性。但是这些史料的共同之处是都描述了罗马帝国政治、经济、军事全面混乱的局面，学术界传统上称为3世纪危机。公元235—284年，这半个世纪间竟有20位左右元老院认可的"合法"皇帝，另有众多未经正式承认的篡位者，绝大多数都死于非命。原来用以维持罗马和平的军队不但不能稳定局面，反而成了争夺王位的工具，在混乱的局势中推波助澜。军人皇帝走马灯式地出现与消失，帝国陷入连绵内战的恶性循环之中，"罗马和平"化为乌有。地方割据势力也乘机抬头，威胁帝国的统一。公元260年，盖尤斯·拉提尼乌斯·波斯图姆斯（Gaius Latinius Postumus）在高卢地区割据（imperium Galliarum），自立为王，控制莱茵河，并得到不列颠和伊比利亚半岛的支持。波斯图姆斯被士兵刺杀之后，高卢又历经四位篡位者才最终于公元274年被皇帝奥勒里阿努斯（Aurelianus，214—275）收复。在东方，以叙利亚沙漠中的绿洲帕尔米拉（Palmyra）为中心的割据势力一度控制阿拉伯、叙利亚、巴勒斯坦、小亚南部及埃及。内乱与外患并行。军队和物资消耗于连年内战，削弱了驻守边疆的力量，给了外敌乘虚而入的机会。边界告急，军队应付不力。帝国的莱茵河和多瑙河边境频遭日耳曼人及哥特人的威胁和劫掠。而公元3世纪中期，罗马最大的外在威胁来自帝国以东的萨珊波斯。公元260年，皇帝瓦勒里阿努斯（Valerianus）甚至被萨珊波斯俘获，死于囚禁。奥勒里阿努斯收复高卢和帕尔米拉，帝国得到短暂统一，但是并非毫无代价。公元3世纪70年代，奥勒里阿努斯撤除了多瑙河以北达西亚的驻军，放弃了图拉真皇帝所征服的领土。在整个3世纪，罗马和意大利作为帝国中心的地位有所动摇。米兰、特里尔（Trier）等更靠近边界的城市成为更重要的行政中心和皇帝驻地。

近来有学者认为，3世纪罗马皇帝的许多战事，或许并非出于保卫帝国的需要，而是出于这些出身行伍的皇帝证明和维持自己合法性的需要。也有学者认为，和"蛮族"的战事并不意在保卫边疆，而是一种防范内部叛乱（counter-insurgency）的策略：因为皇帝认为帝国境内的臣民比帝国境外的"蛮族"威胁更大。①

与政治、军事危机并行的是经济上的危机。海盗重现，路匪肆虐，瘟疫频现，农业凋零，贸易经济秩序遭到破坏。而与此同时，争夺王位的军事将领为笼络士兵，无不许以重赏。浩繁的开支、巨大的财政压力与经济衰退并行，引起一系列经济领域的动荡，集中表现在货币贬值和物价不稳之上，直接影响民生、税收，以及城市的运作和维护。早期帝国货币的中坚是第纳尔银币（denarius），纯度高，重量稳定在近4克。卡拉卡拉时代发行的新银币（Antoninianus）无论在成色还是重量上都有所降低。贸易趋向回到物物交换的"自然经济"。富人则囤积金币自保。274年，奥勒里阿努斯决定进行货币改革，发行新的银币。但由于新的币制改变了原有的金银币之间关系，反而加剧了通货膨胀。由奥古斯都建立的"军事财库"（aerarium militare）到3世纪中期难以为继而名存实亡。经济衰退造成税收困难。城市的地方元老阶层（Curia，库里亚）负责本地的税收，在税收有缺口的时候必须自掏腰包补足差额。其后果之一就是公益捐助（euergetism）行为减少，富人不愿意再出钱修建或维护公共建筑，并有意逃避地方元老的称号与职位。为维持地方元老的一定数量，各地方降低财产标准，即使并不富有的人也被征入库里亚，其负担尤为沉重。

传统的观点认为，3世纪危机的根源为奴隶制的危机，这种观点值得商榷。罗马帝国境内奴隶制的发展并不均衡。从地域上来说，受危机影响最早、最直接和最深的帝国北部和东部边疆行省并不是奴隶制最发达的地区。总的来说，南部的行省所受的影响相对较迟，也不

---

① 见 Ralph W. Mathisen and Hagith S.Sivan.Aldershot (eds.), *Shifting Frontiers in Late Antiquity.* Ashgate Publishing, 1996 中所收录 John Drinkwater 和 David Harry Miller 的文章。

如北方直接。埃及行省直到3世纪60年代才受到较为严重的影响。所谓危机在伊比利亚半岛以及北非的阿非利加行省中南部表现得最不明显。也并不是所有的人都遭受贫困，一些大地主甚至得以在混乱中渔利，廉价购并地产，积累巨大财富。

3世纪70年代以后，边疆所受的压力有所缓解。全面混乱的局面也在戴克里先统治时期得到短暂平息。284年，行伍出身的戴克里先（全名Gaius Aurelius Valerius Diocletianus）由军队拥立为帝，采取多管齐下的改革以稳定帝国大局。在政治上，戴克里先创建"四帝共治制"的治理模式：帝国全境分为东、西两部分，各由两位统治者分管。在两位统治者之间地位有高低之分，正帝称"奥古斯都"（Augustus）、副帝称"恺撒"（Caesar），正帝需招副帝为养子与女婿。正副帝的职位都非终身制，正帝的任期定为20年，届满后须自动让位于副帝。军队毫无疑问是四帝共治制的支柱和核心。戴克里先不但扩充了军队的规模，更进一步增加了军队的机动性。为了维持日益庞大的军队，戴克里先推行新的税收体制以及一系列措施来确保税收的征收。和早期帝国相比，以实物形式收取的税收增加；土地税的征收增加了灵活性，每一片土地的税收依产量、质地、规模、劳力人数的不同而各有不同。在行政管理方面，戴克里先增强了中央集权并扩充官僚机构。戴克里先全面改变了以前的行政区划，将帝国细分为116个行省，传统的观点认为此举意在分散兵权，避免行省总督拥兵自重。但其更重要的目的可能在于更有效地收税。这个管理体制中最大的变革则是军权和行政权分离。罗马历史上的高级官员以及行省总督一向集兵权与行政权于一身。但在戴克里先改革之后，兵权被赋予驻守边疆的军事长官（duces或comites）以及每支机动军队的将领。每个行省的负责人（rector或praeses）没有兵权。所有的行省又分属于12个行政区（dioceses），每个行政区由行政长官（vicarius）管理，直接对皇帝负责。这种兵权与行政权相分离的趋势后来在君士坦丁统治时期得到进一步完善。值得一提的是，在戴克里先的体制下，意大利正式失去了特殊地位，被分成多个纳税行省。四位皇帝没有一位驻在罗马，而是分驻在西部的特里尔和米兰，以及东部的泰萨罗尼凯（Thessalonike）和尼科麦狄亚（Nicomedia），戴克里先在位期间只去过罗马一次。在经济上，戴克里先颁布《最高限价法令》，以拉丁语和希腊语发行于帝国全境，详细规定各种商品的最高价格。正如《法令》开篇明义所指出的那样，这个措施与其说是稳定经济，不如说是为了确保士兵的生活和供给不受物价波动的影响。

无论是在行政区划、官僚机构的规模、税收体制，还是城市功能等方面，四帝共治时期的罗马帝国已经和奥古斯都时代相去甚远。但更深远的变革，特别是宗教、文化领域的变革，也在酝酿之中。罗马帝国境内有多种多样的神祇和崇拜，发源于一地的神祇传播到其他地区，以及不同崇拜之间的互相影响并不鲜见。就罗马帝国的"官方"宗教而言，最高神祇为主神朱庇特（Iupiter，英文为Jupiter），其他主要的神祇包括其妻朱诺（Iuno）、工艺女神密涅瓦（Minerva）以及战神马尔斯。罗马还正式引入过一些非本地起源的崇拜。比如，第二次布匿战争期间，罗马从小亚引入了大女神（Magna Mater）崇拜。酒神崇拜在第二次布匿战争之后在罗马也得到很大发展。帝国时期，来自埃及的伊西斯女神（Isis）和奥西里斯神（Osiris），以及来自波斯的密特拉神（Mithras）崇拜都在帝国境内广为传播。此外，每个城市、社团行会、家庭也都有自己的保护神、宗教仪式和宗教活动的日期。神庙、神龛、圣林遍布各地。绝大部分的宗教以仪式（包括奉献牺牲、颂礼、祈愿、祷告等）为核心，而仪式的目的是为了获得诸神的庇佑和恩惠，防止或平息神怒，达到人神和谐的境界（pax deorum）。主要的神祇都有自己的祭司或祭司团，负责庆典仪式。一些皇帝死后也位列神祇。在帝国的东部，在世的皇帝就被作为神祇崇拜。在这样多神教的背景下，作为一神教的犹太教虽然排斥其他所有的神祇，但因为犹太人和犹太教的悠久历史（antiquitas），犹太人作为一个特殊群体被允许保留自己的宗教传统。犹太人可以按照自己古老的律法生活，行割礼、遵守安息日、遵守自己的食物禁忌等，他们也不需要服兵役。这些在恺撒、奥古斯都、克劳狄等统治的时代都得到重申。①但犹太人和非犹太人的矛盾时有发生,在弗拉维王朝和哈德良皇帝统治时期都发生过大规模的犹太战争。至于基督教,自1世纪在巴勒斯坦地区起源发展以来,在很长一段时间里,罗马人都不太清楚基督教为何物,也并不清楚犹太教徒和基督徒的区别。②塔西佗和苏维托尼乌斯都曾提到过犹太人和基督徒,但对他们都只有模糊的认知,并持负面态度。我们在小普林尼和皇帝图拉真的通信中第一次看到罗马统治阶层对基督徒以及基督教组织所采取的原则。小普林尼时任小亚细亚比提尼亚行省的总督,向图拉真汇报了他所采取的审讯程序:

> 我首先问这些人他们是不是基督徒;对那些承认自己是基督徒的人,我再三询问;那些坚称自己是基督徒的人,我命令处决他们。我相信无论他们的信条如何,顽固不化足以构成惩罚他们的理由。

图拉真在复函中指示:

> 不可能定下放之皆准、一以贯之的原则。无须去刻意搜寻基督徒;如果他们确实有罪,则应受到处罚。然而,我们应当宽恕任何否认自己基督徒身份、向我们的神祇祈告,从而证明自己不是基督徒的人,即便他们曾经受过怀疑。匿名的告密文书不应拿来作定罪的依据。不然只能提供负面的先例,也不符合我们的时代(精神)。③

---

① 关于犹太人在希腊罗马世界的著作非常丰富,比如:Erich S. Gruen, *Diaspora: Jews Amidst Greeks and Romans*. Cambridge, MA: Harvard University Press, 2002;中文可见宋立宏:《罗马的犹太政策》,《学海》2006年第1期,第16—19页。

② 宋立宏:《希腊罗马人对犹太教的误读》,《世界历史》2000年第3期,第50—57页。

③ 这两封通信分别是小普林尼《书信集》第十卷第96和第97封。完整、上佳的文言翻译见黄洋、赵立行、金寿福:《世界古代中世纪史》,复旦大学出版社,2005年,第247—248页。

普林尼和图拉真的通信表明，早期帝国的统治者对基督徒存有戒心，但并不鼓励采取广泛、系统性、积极迫害的政策。真正较大规模的迫害发生于 250—311 年间，尤其是 250 年德奇乌斯（Decius）治下、257—260 年瓦勒里阿努斯治下，以及 303—311 年戴克里先及其继任者加勒利乌斯（Galerius）统治时期。迫害的基本诱因是皇帝希望通过加强传统宗教以取悦于罗马的神祇，获得神祇的佑护，巩固自己的权力和保障帝国的稳定。但基督徒抗拒参与官方宗教仪式，尤其是奉献牺牲，从而引发了与政府间的正面冲突。违背敕令的惩罚是流放、剥夺财产，乃至处死，将基督徒投入斗兽场被野兽生噬便是其中一种。殉教文化（martyrdom），包括主动献身殉教，一时兴起。鲍埃索克（Bowersock）精辟地指出殉教文化植根于罗马帝国的城市文化，并且和城市的节日庆典等交织在一起。法庭的审判过程给殉教者提供了一个向其他市民讲道和展示信仰的机会。而殉教的地点，如市场（agora）和斗兽场等，都是罗马帝国城市生活中公共活动的空间。也就是说，基督教的殉教者们在反过来利用罗马文化中的诸多核心因素来"播撒教会的种子"。[1] 经历了 3 世纪的迫害，基督教的影响不降反增。303 年开始的迫害为时最长，但也是最后一次大规模官方迫害。在君士坦丁统治时期，帝国对基督教和基督徒的政策最终发生了根本性的变化。

君士坦丁的父亲君士坦提乌斯（Constantius）于 305 年和加勒利乌斯一起分别接替马克西米阿努斯（Maximianus）和戴克里先任西部和东部帝国的奥古斯都。戴克里先退位后，不再过问帝国大政，313 年终老于斯帕拉多（Spalato，今克罗地亚的 Split）。但是马克西米阿努斯不甘退位，其子马克森提乌斯（Maxentius）同样野心勃勃。公元 306 年，君士坦提乌斯死后，军队拥立君士坦丁。马克森提乌斯也应声自立为王，占据意大利和阿非利加。马克西米阿努斯也重新加入争夺权力的斗争。公元 308 年，或正式或自封的"奥古斯都"竟多达 8 位。经过一番激烈的帝位争夺战，君士坦丁于 312 年击败马克森提乌斯，控制了罗

---

[1] G. W. Bowersock, *Martyrdom and Rome*. Cambridge: Cambridge University Press, 1995.

马，并与李锡尼乌斯（Licinius）分治帝国的西部和东部。公元313年，君士坦丁和李锡尼乌斯颁布"米兰敕令"（*Edictum Mediolanense*），肯定了基督教的合法地位和基督徒的信仰自由，并要求将被没收和出售的教产无偿退回。① 米兰敕令从内容上来说是部宗教宽容令，并非独尊基督教。但是这一举措开了罗马最高统治者公开支持基督教的先河。自君士坦丁以后的罗马皇帝除尤利阿奴斯（Iulianus，英文作Julian）之外都是基督徒，帝国的政策也从宽容基督教转向打击非基督教、捣毁"异教"庙宇、没收神庙财产、禁止奉献牺牲，直到4世纪末奉基督教为国教。教士阶层被授予特权，主教在公共生活领域的影响显著增长。随着基督教化的推进，城市的面貌也逐渐发生转变，主要表现在基督教教堂数量增加，成为各城市的主导建筑。

然而，帝国的基督教化并非一蹴而就，而是一个长期而复杂的过程。直到公元381年，皇帝仍保有大祭司（Pontifex Maximus）的称号；维斯塔贞女制度直到4世纪末才被废除。整个4世纪，罗马统治阶层，尤其是元老阶层中的非基督教徒所占比例不在少数。基督徒与非基督徒之间的关系也不能仅仅用"冲突"来简单概括。元老阶层中基督徒与非基督徒的通婚并不鲜见。基督教反对偶像崇拜，然而不但人物雕像和异教神像作为地方历史的承载和艺术作品在很多城市被保留了下来，而且新的雕像仍不断涌现。造币上裸体或半裸体的"异教"神祇形象（比如胜利女神等）仍然继续存在。4世纪和5世纪是基督教和非基督教、基督徒与非基督徒之间大规模正面较量、冲突但又相互影响的时代。② 基督教内部也绝非铁板一块，而是教派林立，在教义和主教人选上分歧重重。为了消除教会争端、维护教会统一，公元325年，君士坦丁在小亚的尼西亚（Nicea）召集主教会议，决议奉"三位一体"为正统信条，将阿里乌斯教派（Arianism）和其他不承认三位一体的教派

---

① 拉克坦提乌斯，《迫害者之死》（Lactantius, *De Mortibus Persecutorum*）48。
② Ramsey MacMullen, *Christianizing the Roman Empire A.D.100—400*. New Haren: Yale University Press, 1984。更多讨论，见本书第四章"重点学术问题"中"基督教与'异教'"一节。

定为异端。① 然而，尼西亚会议及其后的公会都没有能够终结教义分歧与教派争端。神学观点的分歧从未间断，新的"异端"时有出现。甚至君士坦丁的诸子中也有不同神学倾向，比如君士坦提乌斯二世（Constantius II）追随阿里乌斯教派，而康斯坦斯（Constans）则捍卫尼西亚信条。这就为后来君士坦丁死后的兄弟阋墙埋下了种子。

公元323年，君士坦丁打败曾经的共治者李锡尼乌斯，成为罗马帝国的唯一统治者。324—330年间，君士坦丁在小亚细亚的希腊古城拜占庭建立新都，将城市规模扩充了4倍，修建新的城墙，并以自己的名字将拜占庭改名为君士坦丁堡。至于君士坦丁为什么选择拜占庭建立新都，说法不一。但毋庸置疑，这个城市得天独厚的地理位置及战略意义是选址的重要考虑因素。君士坦丁堡位于金角湾旁，控制着博斯普鲁斯海峡（Bosporus）的交通，也就控制了黑海通往地中海的必经之途。往西，便于顾及巴尔干诸行省；往东，可以随时对东部边界的动向做出反应。虽然君士坦丁积极支持基督教，但是君士坦丁堡很难说是一个完全以基督教为重心的新都。君士坦丁在君士坦丁堡至少新建了两个宏大的教堂，并广设殉道者祠堂。但异教因素绝非消失殆尽，正相反，君士坦丁强调历史与传统。除教堂之外，君士坦丁在新城建造了跑马场（hippodrome）、广场以及公共浴室，将希腊风格的拜占庭古城转变为设施齐全的罗马大都会。城内雕像林立，太阳神像高高地立在君士坦丁纪念柱的顶端。自君士坦丁之后，这座辉煌而坚固的新城成为东部罗马帝国（拜占庭帝国）的首都，在皇权的扶植下，这座城市发展的势头非常迅猛。到公元425年，也就是拜占庭改名为君士坦丁堡差不多100年后，城里有14座教堂，14个宫殿，8个公共浴场，153个私人浴场，5个集市，4个港口，322条街道，52个柱廊。② 人口增长到大约30万到40万之间，这是它原先人口的15倍多。

君士坦丁死前，曾将自己的三个儿子和一位侄儿封为"恺撒"。

---

① Socrates, *Historia Ecclesiastica*, p. 18.

② O. Seeck, ed., *Notitia dignitatum*, Berlin, 1876, pp. 229-243.

公元 337 年，君士坦丁病逝之后，子侄之间自相残杀、冲突不断，帝国先是由他的三个儿子分治，直到 353 年分治东部的君士坦提乌斯二世消灭其他同皇帝及篡位者，再次统一帝国。然而出于防务的需要，4—5 世纪，帝国东西分治是正常状态。364—375 年，瓦伦提尼阿努斯（Valentinianus）和他的兄弟瓦伦斯（Valens）分别统治帝国西部①和东部；瓦伦提尼阿努斯死后，其子格拉提阿努斯（Gratianus）和瓦伦提尼阿努斯二世继续统治西部；378 年瓦伦斯在亚德里亚堡（Hadrianopolis）对哥特人一役中战败身亡后，帝国东部由瓦伦提尼阿努斯一世的旧部狄奥多西（Theodosius）接管。从 392—395 年，在"同皇帝"或被杀或自杀之后，狄奥多西短暂地成为唯一的皇帝，但死后帝国再次分为东西两部，由其年幼的儿子阿卡狄乌斯（Arcadius）及霍诺留斯（Honorius）掌管。这种分治的状态直到公元 476 年才"正式"告终，而此时的罗马帝国只有东部还在罗马皇帝的直接控制之下，西部罗马帝国已经被"蛮族"分割。

"蛮族"大举进入罗马帝国以及"蛮族"政权的渐次建立经历了近一个世纪的时间。史书中所记载的"蛮族"分支众多，包括哥特人（Gothi）、汪达尔人（Vandalii）、苏维汇人（Suevi）、匈人（Hunni）、阿兰人（Alani）等，多来自帝国以北。在民族问题上，19 世纪的主导理论为"族群原生论"（Primordialism），它认为族群成员同源同祖，每一支族群都有自己独特的内在特质，以语言、文学、艺术等形式表达和维系，内部的纽带不受外力影响而改变。根据这种理论，进入罗马的那些"蛮族"都是泾渭分明、各具特质的族群。但是 20 世纪 60 年代以来，"民族/族群生成理论"（ethnogenesis）取代了原生理论，认为民族/族群是社会构建的产物。族群的动力源来自一个小的军事或贵族精英集团，他们以共同的政治、经济利益为基础征召成员，血缘关系并不是必要因素，民族/族群一开始就不是纯生物体意义上的。受到民族/族群生成理论影响，罗马史学家强调"标签"各异的所谓"蛮族"之间的

---

① 包括两大行政区：高卢、不列颠、西班牙；阿非利加、意大利和伊里库姆。

族群界限并不总是泾渭分明,所谓"蛮族人"的自我身份认同(identity)具有其灵活性。比如,所谓的哥特人中包括了不同的族群。但是海瑟(Peter Heather)也提醒道,文化同化的过程、程度,以及容忍新成员的方式在不同的族群间各有不同。① 至于这些群体形成的契机,这是一个难以简单回答的问题:是罗马的衰弱导致了"蛮族"的壮大,还是"蛮族"的壮大导致了罗马的衰弱?罗马和"蛮族"的问题不是一个单向的问题,而是动态的、双向的。正因为这些动态关系的存在,"蛮族"族群之间,以及"蛮族"与罗马之间的关系从一开始就具有其复杂性。招安有之、和谈有之、武力冲突有之:最突出的例子是公元378年,本已屯田色雷斯的哥特人,因不满罗马军官压迫而反击,与由瓦伦斯皇帝率领的帝国军队在亚德里亚堡决战。罗马军大败,瓦伦斯死不见尸。

但是,在这段时间里,帝国与"蛮族"的关系并非单纯对抗,而是错综复杂,难以一言蔽之。传统的观点强调罗马军队"蛮族化"以及罗马帝国以蛮制蛮政策的负面效应。但实际上,所谓罗马人和"蛮族"的简单二元分化其实并不存在,皇室、军队各派系、各"蛮族"之间存在着博弈、牵制和相互渗透的关系。4世纪的罗马军队中确实有大量"蛮族"出身的士兵。但是,征召"非罗马人"入伍并不是新鲜事物。公元1—2世纪的辅助军的主要兵源来自非公民。3世纪时,普罗布斯(Probus,276—282年在位)也曾收编过大批法兰克人和阿勒曼尼人。征召"蛮族"进入罗马军队,也并不意味着军队战斗能力下降或者军纪松懈,也不意味着"蛮族"出身的士兵更倾向于向"蛮族"妥协或与"蛮族"里应外合。② 不但普通士兵中"蛮族"的比重增加,在军事将领中"蛮族"后裔也很常见。"蛮族"进入罗马统治阶层,4世纪末以后多位位高权

---

① 关于罗马人与"蛮族",参阅 Thomas S. Burns, *Rome and the Barbarians 100 B.C. – A.D. 400*. Baltimore: John Hopkins University Press, 2003; Peter Heather, Goths and *Romans, 322-489*. Oxford: Clarendon Press, 1991; Peter Heather and John Matthews, *The Goths in the Fourth Century*.Liverpool: Liverpool University Press, 1991; Michael Kulikowski, *Rome's Gothic Wars: From the Third Century to Alaric*. New York: Cambridge University Press , 2007。

② Peter Heather, *The Fall of the Roman Empire*: *A New History of Rome and the Barbarians*. New York: Oxford University Press, 2006, p. 119.

重的高官显贵，特别是军事将领，来自"蛮族"。皇族后裔，包括罗马皇帝，有"蛮族"血统的绝非鲜见。比如，阿卡狄乌斯的皇后、狄奥多西二世的母亲欧多克西阿（Eudoxia），其父包托（Bauto）是法兰克人，公元385年官至执政官。[1] 皇帝日益成为名义上的最高统治者，权力被高级长官挟持。儿皇帝现象的出现使得大权旁落的趋势有增无减。权倾一时的重臣斯提利科（Stilicho，约360—408），其父为汪达尔人，而其母为罗马人。但他和皇室有着密切的关联：斯提利科娶了狄奥多西的侄女塞莱娜（Serena）；公元395年，狄奥多西驾崩之后，斯提利科成为年仅9岁的西罗马皇帝霍诺留斯（Honorius）的辅政；公元398年，斯提利科之女马利亚（Maria）成为霍诺留斯的皇后。"半蛮族"的斯提利科与皇室、军队各派系、各"蛮族"之间相互牵制、时敌时友的关系恰恰是罗马帝国最后一个多世纪里政治、军事领域蔓藤纷杂的最佳写照。现存的史料中对斯提利科的评价两极分化，基督教作家奥罗修斯（Orosius）多沿袭了其所参照的史料中反斯提利科的倾向，将他描绘为一个虚伪、狡诈的奸臣：他与"蛮族"密订协议，旨在搞垮社稷。[2] 而在异教作家佐西莫斯的史作中，斯提利科则被描述成廉洁、正直的国家栋梁。[3]

作为重臣的斯提利科大部分时间都花在率领西罗马的军队平叛以及对抗"蛮族"之上：公元401年，阿拉里克（Alaric）率领的西哥特人将皇帝霍诺留斯从皇城米兰逼走，并在阿斯塔（Asta）对其围攻数月，直到斯提利科率军解围，迫使阿拉里克退回巴尔干；公元406年，拉达盖苏斯（Radagaisus）率领大队哥特人从上莱茵进入意大利，[4] 斯提利科在匈人和哥特人的协助下迫降拉达盖苏斯，并收编了近一万名他的旧部"蛮族"士兵。在与"蛮族"的对抗中，东部帝国不但未向斯提利科提供支援和合作，甚至与西部帝国互相敌视。公元406年年底（一说一

---

[1] Philostorgius, *Historia Ecclesiastica*, 11.6.
[2] Orosius, *Historiarum Adversum Paganos*, 7.38.
[3] Zosimus, *Historia Nova*, 5.34.5-7.
[4] 奥罗修斯，《驳异教史》7.37 称拉达盖苏斯拥兵20万。这显然是夸大其词。

年前），汪达尔人、阿兰人、苏维汇人等混合的"蛮族"大军乘莱茵河封冻，①进入高卢、西班牙及北非。史料中关于这次"蛮族"入境细节不详，我们既不知道"蛮族"的人数，也不知道他们是不是拖家带口，更不知道各族群的比例和社会构成。西部罗马帝国采取了以保意大利为主的防御原则，对于行省基本上是处于放弃状态。行省也只能各顾各的，它们既没有来自朝廷的支援，也没有来自朝廷的约束，也就不难理解为什么这个时候出现了一些自立为帝的人，比如驻不列颠罗马军队的统领君士坦丁（Constantinus）自立为帝，率军进入高卢。在"蛮族"和叛军的双重压力之下，为保后院安宁，斯提利科重金许诺阿拉里克，以期稳住他所管辖的哥特人。就在这样重重危机中，勾心斗角的权力之争不但不曾停息，反而愈演愈烈。时值东部皇帝阿卡狄乌斯去世，斯提利科赶赴君士坦丁堡帮助处理事务。而西部皇帝霍诺留斯听信谗言，诬陷斯提利科和"蛮族"勾结，并声称他去东部是为了把自己的儿子扶植成皇帝。一场宫廷政变让斯提利科从权力的巅峰跌落，公元408年8月，他和全家遭受斩首的命运。军队中的"蛮族"士兵，尤其是效忠斯提利科的士兵遭到大清洗，不少幸存者投靠阿拉里克。

一方面罗马失去了统帅，另一方面心怀不满的阿拉里克此刻力量得到了加强，后果就是阿拉里克乘虚进军罗马，于408年及409年两次围攻罗马，在其向罗马皇帝和元老院开出的条件中，除大量赎金之外还包括：给哥特人分配土地；授予阿拉里克"统帅"（magister militum）之职。罗马上层在是否满足阿拉里克的条件这一问题上并不统一，以皇帝霍诺留斯为首的一派要拒绝阿拉里克。在几次拉锯之后，公元410年8月24日，阿拉里克成功进入罗马城，放纵士兵洗劫罗马三日。这是从公元前4世纪高卢人入侵以来，800年间罗马第一次被外族攻陷，这一年也因此带上了极强的象征意义。著名的基督教早期教父、《圣经》学者杰罗姆（Jerome，约347—420）哀悼罗马之劫是史无前例的灾难。

---

① 杰罗姆，《书信集》123.16 列出一长串"蛮族"清单。但其炫耀在民族志方面知识的成分多于记录史实。

在"谁之过"的问题上,信奉传统多神教的罗马人把罗马城的陷落归咎于罗马人对旧神祇的背弃。而北非希波城(Hippo)的主教奥古斯丁(Augustine)和西班牙的基督教徒奥罗修斯分别作《上帝之城》及《驳异教史》,将罗马史置于上帝与人类的关系这个更广泛的框架中,相较之下,(罗马)政治史微不足道。在《上帝之城》中,奥古斯丁谴责异教徒是灾难的根源,罗马国家的失败在于对"荣耀"(gloria)而非"正义"(iustitia)的追求,异教诸神无法保护罗马世界免遭灾祸、腐败和道德沦丧,异教的罗马史无非是一部灾难接着灾难的历史。人间的城市只是一个暂时的存在,而只有对上帝的爱为纽带的"上帝之城"才是永恒的存在,真正的和平和幸福只存在于"上帝之城"。奥罗修斯在了七卷本的《驳异教史》中除了论述罗马,还回顾了历史上巴比伦、马其顿、迦太基等帝国的命运,论证罗马的遭难并非起源于帝国接受了基督教,相反在基督教被接受之前,人类经历了更多、更可怕的灾难。在奥古斯丁和奥罗修斯看来,罗马城代表了过去而不是未来,基督教非但不是罗马城陷落的原因,而恰恰是人类的救赎所在。410年的罗马之劫因此成为罗马文人、学者审视帝国命运的契机。但如果说到阿拉里克得逞的最直接原因,应该是东部帝国对西部帝国缺乏配合与支援、西罗马上层的政治斗争,以及对军队中"蛮族"士兵的清洗和屠杀。

自395年狄奥多西一世的两个幼子分治帝国以来,帝国虽然分治,但理论上仍是同一个帝国,并非"分裂"。然而从实际操作的角度来说,东、西帝国在外交、对"蛮族"战争等诸方面时常缺乏配合。两个宫廷之间甚至经常你争我斗,互相敌视。此外,律法纷杂,皇帝谕令的适用范围时有不明。西部帝国的皇帝未必知道东部帝国的皇帝所颁布的谕令,反之亦然。公元438年在君士坦丁堡正式颁布的《狄奥多西法典》有意纠正这种混乱状态。这部法典收集自君士坦丁大帝至狄奥多西二世期间有普遍意义的敕令。[①] 尽管这部法典由东罗马帝国的皇帝

---

① John F. Matthews, *Laying Down the Law. A Study of the Theodosian Code*. New Haven: Yale University Press, 2000.

发起，但所包括的律法条文来自东、西两部。其中，来自西部帝国的条文甚至超过来自东部的。这部法典也是基督教成为唯一合法宗教后的第一部法典，其中第 16 章是完全关于基督教的。所以，《狄奥多西法典》不仅仅是一部法律汇编，而且具有浓厚的政治意义和象征意义，强调帝国在政治、法律和宗教层面上的统一。虽然分治理论上并不等于分裂，但是"蛮族"政权的兴起，把原属帝国的西部诸行省渐次分割出去，造成最终东、西帝国分道扬镳。

在军事上，西罗马一路失利。公元 5 世纪，西哥特人占据南部高卢和西班牙大部。5 世纪初，汪达尔人、阿兰人、苏维汇人由莱茵河进入高卢。阿兰人和苏维汇人最后在西班牙落脚。5 世纪 50 年代初，匈人在阿提拉（Attila，约 406—453）的率领下扫荡意大利。公元 455 年，汪达尔人从海上入侵罗马，罗马再遭劫掠。汪达尔人随即又攻占帝国的北非行省。至此，统一的西罗马已荡然无存。公元 475 年，阿提拉的旧部俄瑞斯忒斯（Orestes），赶走了当时的皇帝尼波斯（Nepos），扶 14 岁的儿子罗慕路斯（Romulus）为奥古斯都，因为年纪小，也被称为奥古斯都路斯，也就是小皇帝的意思。因为俄瑞斯忒斯拒绝授土地于"蛮族"雇佣军，军队倒戈，转而支持雇佣军首领奥多亚克（Odoacer）。奥多亚克转而废黜了罗慕路斯，向东罗马帝国皇帝芝诺（Zeno，476—491 年在位）遣使，承认芝诺为帝国唯一皇帝，愿接受臣属地位，接受封诰为意大利藩王，领属意大利、西西里以及达尔马提亚（Dalmatia）。曾经的西罗马帝国不再有一个名义上的皇帝。公元 488 年，芝诺授命东哥特人狄奥多里克（Theodoric，454—526）率部收复西罗马。493 年，奥多亚克被刺之后，狄奥多里克自称罗马与意大利之王，都城为意大利北部的拉文那。

西部帝国"蛮族化"到底意味着什么？仅仅是政权落到"异族"手中？更深层的变化表现在什么方面？老百姓的生活受到什么影响？ 随着统一的西罗马帝国行政上的分崩，帝国的税收系统随之瓦解，损失了诸如北非等富庶之地的资源。但是原属西罗马帝国的地区在社会经济领域的变迁很难用全面衰落来描述，既有延续也有变化，各地区的经历也多有差异。虽然道路、水道等基础设施在很多地方仍在被继续使用，但水陆路交通的安全度下降，原罗马行省之间以及与东罗马帝国之间的贸易联系受到影响，但并没有被完全隔断。如果用采矿业这样重要的基础"工业"、人口数量、城市化程度等为指标来观察东西罗马的经济和社会，还是可以看到很明显的变化与差异。就西班牙而言，公元4世纪之前，采矿点有173个；4世纪以后，逐渐只剩下21个活跃的矿址。就不列颠而言，公元300年之前有26个铁矿址，其后只剩3个。高卢和西班牙交界处以及巴尔干的铁矿也在4世纪停止了生产。① 与此形成对比，帝国东部的采矿业则相对活跃。罗马城的人口在帝国前两个世纪曾多达100万，4世纪末时，人口仍有80万，但到455年时，人口降至35万；536年左右，人口已经只有区区6万了。罗马城的规模也远比帝国时代大为缩小。其他城市的规模、布局也多有变化，除了教堂之外，新增的公共建筑物十分有限。传统的城市中心（forum）逐渐衰落。公元449年，东罗马派往阿提拉的使臣普利斯库斯（Priscus）在其记述中曾多次提到荒芜的城市以及城与城之间大片的荒地。但是说城市全面式微却证据不足。相反，考古资料表明一直到7世纪，不少古典城市仍保持着活力。②

在日常生活方面，随着人口组成的变化，饮食结构和习惯也有所变化。比如，在那不勒斯地区，山羊和绵羊取代猪肉成为主要的肉食来源。在高卢，罗马时代的主食以小麦为主，随着越来越多的"蛮族"上层成为庄园主，斯卑尔脱小麦（spelt）所占的比重明显增加。从宗教方面来说，基督教化继续进行。但是不少"蛮族"尤其是哥特人所接受的基督教属于被尼西亚会议定为异端的阿里乌斯教派，有别于被奉为帝国正统宗教的天主教。这在很大程度上是受到了阿里乌斯教派乌尔菲拉斯主教（Ulfilas，约311—380）的影响。正是乌尔菲拉斯将《圣

---

① David Potter, *Ancient Rome: A New History*. New York: Thames & Hudson, 2009, p. 321.
② Luke Lavan, "Fora and Agorai in Mediterranean Cities: Fourth and Fifth centuries AD," in W. Bowden, C. Machado and A.Gutteridge (eds.), *Social and Political Life in Late Antiquity* (Late Antique Archaeology 3). Leiden: Brill, pp. 195-249.

经》翻译成了哥特语，并在日耳曼人中布道。狄奥多里克便属于阿里乌斯教派。① 就语言而言，拉丁语仍是官方语言，但语法存在着简化的趋势，西欧各地方言的发展也都不同程度地受到拉丁语的影响。

就在西部发生着这些程度深浅不一的变化时，东罗马帝国则在酝酿着重夺意大利、收复"沦陷"的西罗马帝国的计划。这桩"宏图伟业"耗费了查士丁尼皇帝（527—565年在位）半生精力，由大将贝利撒留（Belisarius，约500—565）挂帅渐次"收复"了北非、西班牙部分以及意大利。然而，西部故土的收复既是暂时的，也是十分不完整的，这场旷日持久的劳师远征对于查士丁尼的东罗马来说，所带来的除了暂时的荣耀之外，更多的是沉重的负担。此外，帝国东部仍有强敌萨珊波斯虎视眈眈，所以对于"失去"的西罗马帝国，东罗马最终也只能落得一个有心无力、鞭长莫及。走上中世纪道路的西欧，和又绵延近千年的东罗马帝国（拜占庭帝国），则需要新的篇章来讲述它们的历史。②

作为罗马史概述的尾声，我们要问的一个问题可能并不是为什么罗马帝国"衰亡"了，而是为什么它存在了如此之久？假如这个帝国从奥古斯都算起，那西部罗马帝国存在了500年左右，而帝国东部存在了近1500年；假如帝国从罗马获得第一个海外行省，也就是西西里算起，那么西部罗马帝国的历史大约700多年。除了延续数百年之外，如果要说罗马历史上达成的最不可思议的一件成就，那可能是把地中海变成了自己的"内湖"。这当然是长达几百年武力征服的结果，但是为后世展示了在一个海运畅通的世界，城市文明可以达到什么样的程度。后来的世界，再也没有能够恢复地中海所有的海岸线都属于同一个实体的局面。那么罗马帝国为什么能存在这么长时间呢？原因有很多，比如：罗马帝国总体上采取了有条件保留地方习俗的做法，条件当然是不威胁罗马的统治；而"罗马人"是一个具有很强的包容

---

① 关于"蛮族"皈依基督教的问题，参阅 R. A. Fletcher, *The Barbarian Conversion: From Paganism to Christianity*. New York: H. Holt and Co, 1998。

② 陈志强：《拜占庭史研究入门》，北京大学出版社，2011年。

力的概念，从来都不是一个以血统来定义的范畴，在罗马传说中，最初的罗马人和王政时代的王来自不同地区和族群，从来就没有所谓的纯正"罗马人"；罗马人有着很强的变通能力，随着情况而调整自己的应对措施；而在共和时代的大部分时间，官员一年一任，但元老院作为一个相对稳定的机构，作为一个智库，是罗马国家稳定的一个要素；至于统治阶层的构成，在罗马历史上很长一段时间里，统治阶层都并不是职业官僚，驱动他们的是精英间的竞争，这种竞争在共和制下释放了巨大的能量，但愈演愈烈的、几乎失控的竞争最后被帝制的建立压制了下去；在帝制时代，罗马皇帝中绝大多数并非长于宫廷之中，罗马帝制作为一种制度并不把大量的资源放在保障子嗣、继承人上面，没有后宫，大部分皇帝子嗣很少，甚至没有子嗣。罗马帝国也没有固定的最高权力继承制。这可能会被认为是一个缺陷，是个不稳定因素。但是，从另一个角度来说，这形成了一个开放的系统，不会用血统和出身来限制皇帝的人选。这些原因都是罗马帝国能够存在这么长时间的要素。然而，更吸引后世注意力的却是帝国的衰亡这样的命题。衰亡是个经久不息的话题，或因为希望从罗马帝国那里寻找经验教训来避免犯错，或因为希望寻求制胜法宝，或因为希望探清历史真相。详细观点请见本书第四章中"罗马帝国的'衰亡'"一节，以下仅仅列出关键的两条来作为本章罗马史概述的结尾：

第一，西罗马帝国的瓦解原因非常复杂，正如所有复杂社会一样，各种因素环环相套、相互作用，不是任何一个单个的原因就能解释的；第二，帝国有盛衰，但人类历史是不会终结的。西罗马帝国的瓦解，是另一些国家和社会兴起的契机。西罗马帝国之后的一段历史，曾经被称为"黑暗的中世纪"。我们对这个说法可能并不陌生，然而这种说法本身包含了对罗马帝国的理想化，并把罗马帝国作为衡量物质生活、社会生活的指标。"中世纪"一词是15世纪文艺复兴时代的博学家弗拉维奥·比昂多（Elavio Biondo，拉丁文名 Flavius Blondus，1392—1463）的发明，他写了一部《自罗马帝国衰落以来的历史》（*Historiarum ab inclinatione romani imperii*），把罗马帝国衰落的起点定在公元 410 年阿拉里克洗劫罗马，并首次使用了"中世纪"（medium aevum）这个表达法，指从 410 年到 15 世纪这个漫长的历史时段。"中世纪"这个术语，已经包含了对罗马帝国的一些执念。因为所谓的"中"，指夹在罗马帝国和文艺复兴之间的，隐含暗淡的意思。而现在对中世纪的正名已经进行了很长一段时间，很少有人再用"黑暗的"去笼统地描述中世纪。也就是说，重新审视罗马史其实是一个大工程，它和对其他历史时段的研究是相辅相成的。[①]

---

① 《企鹅欧洲史》（Penguin History of Europe）中 Chris Wickham, *The Inheritance of Rome: A History of Europe from 400 to 1000*. London: Allen Lane, 2010 可作为入门读物（中译本：克里斯·威克姆,《罗马帝国的遗产：400—1000》，余乐译，中信出版社，2019 年）。

第二章　史料概述

历史书写和研究需要依赖史料，然而史料本身要经过批判性的处理才能用来构建历史。所谓罗马史研究的一手史料（primary sources），指的是来自罗马时代的材料，反映彼时人们的所做所为，以及对自己和对以前时代的所思所想。现代学者所撰写的通史及专题性研究著作或文章，则称为二手资料（secondary sources）。罗马研究的一手史料可分为文字史料和实物史料（material sources）两大类，文字史料中又可分为文学史料（literary sources）、文书史料（documentary sources）两类。这些不同类型的史料互相关联，在史料方法论上有共通之处，但不同种类的史料又价值各异，局限性也有不同，所以要求不同的研究手法和技能。正因为如此，本章既包括对基本史料的介绍，也涉及史料处理的基本方法。

一　文学史料概况

关于古典文学的各种体裁以及罗马文学发展历程的详细讨论，孔德（Gian Conte）的长篇巨著《拉丁文学史》为经典阅读书目，[①] 主体部分主要是按各个历史时段下单个古代作家来组织材料。在古典学界备受称赞的长篇文学史另有冯·阿尔布雷希特的《自安德罗尼库斯至波

---

① Gian Conte, *Letteratura Latina: Gian Biagio Conte*. Firenze: Le Monnier Università; 英文版：*Latin Literature: A History*. Baltimore: Johns Hopkins University Press, 1994; 平装本，1999。

埃修斯的罗马文学史》；① 中等篇幅或短篇的文学史或综述，常用的包括《罗马文学与社会》《罗马世界的文学：新视角》《拉丁文学》以及《自普劳图斯至马克罗比乌斯的罗马文学文化》。② 这些著作大多不以作家而以流派和主题组织材料，直接引用拉丁文很少，凡有引文必有英文翻译，所以没有拉丁文基础的读者在使用时也无障碍。中文综述可参见王焕生著《古罗马文学史》（人民文学出版社，2006年）。③ 这里所用的"文学史"一词都为广义，包括诗歌、小说、戏剧、史作、演说辞、书信、哲学论文、地理志、游记、农业志以及医学著作等等。各种体裁的古代著作都从不同侧面揭示历史人物的经历和时代的价值观。同样需要指出的是，罗马帝国的文学史料是多语言的，但以拉丁语和希腊语为主。经历了两千多年选择性的保存，现在存留下来的古希腊、拉丁语文学历史作品也只在少数。大部分的作品或失传或只剩下残篇。有些当年的名著，我们只能在他人的引述中领略片言只语。比如，早期的拉丁诗人恩尼乌斯（Ennius）的长篇史诗《编年史》（Annales）仅有600余行以残篇的形式存世。老加图的重要历史著作《起源记》（Origines）亦已失传，也只剩下残存在他人引言中的片段。图拉真皇帝关于达奇亚战争的战记（Commentaria）只有少数残句行世。2世纪末3世纪初元老等级的史学家卡西乌斯·狄奥著有80卷的《罗马史》，然而存留下来的只有25卷以及中世纪时期对40卷的摘要。文献的保存

---

① Michael von Albrecht, *A History of Roman Literature: From Livius Andronicus to Boethius with Special Regard to Its Influence on World Literature*. Leiden/New York: Brill, 1997. 英文版更新并扩充了出版于1992年的德文原版。

② R. M. Ogilvie, *Roman Literature and Society*. Harmondsworth, Eng: Penguin Books, 1980; Oliver Taplin, *Literature in the Roman World*. Oxford: Oxford University Press, 2001; Susanna Morton Braund, *Latin Literature*. London: Routledge, 2002; Elaine Fantham, *Roman Literary Culture: From Plautus to Macrobius*. Baltimore: Johns Hopkins University Press, 2013. 这一版为1996年初版《自西塞罗至阿普里乌斯罗马文学文化》的增补版。

③ 书后的外文参考书目大多为俄文，另有4部意大利文著作。英文的参考书目包括孔德《拉丁文学史》的英文版，以及1982年版的《剑桥古典文学史》卷二《拉丁文学》部分，E. J. Kenney and W. V. Clausen (eds), *The Cambridge History of Classical Literature. Vol. II: Latin Literature*. Cambridge: Cambridge University Press。

有偶然性和随机性，不同时代有不同的选择标准和保存能力。至于文本的精确性，则很大程度上取决于中世纪誊抄文本的僧侣们。而抄本墨迹研究、文书辨伪则是一门专门的学科，称为古文书学或古文献学（paleography）。① 埃及出土的纸草卷保留了相当多的古典作品残篇，对于修正文本有着不可替代的价值。

在正确使用史料方面，除了要关注文本传抄上的精确性之外，史料批判和分析是必经的步骤。芬利（Moses Finley）的《古代史：证据与模式》②一书简洁精辟，是了解古代史料缺陷以及如何运用史料的重要入门读物。伍德曼（A. J. Woodman）在1988年的《古典史学史中的修辞》一书中探讨了古代关于"真相"的概念和理解，他的结论是所谓"真相"在古代史学史中并不占据核心地位。该书对后来二三十年间罗马史学史研究的影响不可低估。③ 格兰特的《希腊罗马历史学家：信息与误传》集中揭示了古代作家无意的误传或刻意的篡改，是可读性很强的介绍性读物。④ 郭小凌在《古代的史料和世界古代史》一文中认为应认真细致区分一手史料及二手史料。这篇文章指出"李维的《罗马史》是研究公元1世纪前后罗马史学思想的一手史料，却不是研究共和时期平民和贵族斗争的一手史料"，在这个问题上，李维的著作属于二手史料。郭小凌的这篇文章在史学批判的方法论上颇有价值。⑤

2017年出版的《古代世界的真相与历史》这部合集让我们更多地

---

① 中文介绍，参阅彭小瑜：《近代西方古文献学的发源》，《世界历史》2001年第1期；张强：《西方古典著作的稿本、抄本与校本》，《历史研究》2007年第4期；米辰峰：《马比荣与西方古文献学的发展》，《历史研究》2004年第5期。

② M. I. Finley, *Ancient History: Evidence and Models*. London: Chatto & Windus, 1985.

③ A. J. Woodman, *Rhetoric in Classical Historiography: Four Studies*. London: Croom Helm, 1988. 另见 Christina Kraus, and A. J. Woodman, *Latin Historians*. Oxford: Published for the Classical Association by Oxford University Press, 1997.

④ Michael Grant, *Greek and Roman Historians: Information and Misinformation*. London; New York Routledge, 1995. 此外，关于史料运用的方法论问题，可见 Neville Morley, *Writing Ancient History*. Ithaca, N.Y: Cornell University Press, 1999; Andrew Feldherr (ed.), *The Cambridge Companion to the Roman Historians*. Cambridge: Cambridge University Press, 2009.

⑤ 郭小凌：《古代的史料和世界古代史》，《史学理论研究》2001年第2期。

了解了"真相"这个词在古代史学史中的所具有的弹性。比如莉萨·豪（Lisa Hau）在《真相与训谕：希腊化时代撰史者的双重目的》一文中分析了波利比乌斯和西西里的狄奥多罗斯（Diodorus Siculus）对"真相"的看法，[①] 指出波利比乌斯所认为的"真相"（ἀλήθεια）和 ἀκρίβεια（字面的意思是"精确之事"）是不同的，后者是前者的一部分，然而波利比乌斯所认为的真相并不只是年代、事件的真实性和精确性，也指褒贬方面的"真相"，也就是说，在波利比乌斯的眼中，如果赞扬或批评的对象是错误的，或者超过了适当的度，都是错误的做法。更重要的是，"真相"只是撰史的一个部分，道德训谕同样重要，在波利比乌斯和西西里的狄奥多罗斯看来，这两者相辅相成而不是相互竞争或冲突的关系。西西里的狄奥多罗斯在这一点上走得更远，甚至强调道德说教是历史的主要目的。

从史料来源来说，古代作家，包括我们通常称之为史家的作家，并不受版权的约束，在引用他人材料及官方"档案"（比如元老院会议记录，acta senatus）时极少提及出处，使得后世的学者难以判断材料的可靠性。近代以来学者的研究表明"时代错乱"（anachronistic）的杜撰在罗马作品中绝非鲜见。20世纪70年代末以来，古典学界的潮流是将历史题材的著作作为文学作品来研究，视其为古代文学创作中的一个流派，而并非独立于文学之外。这种"文史不分家"的视角有其道理。比如，古代作家更注重的是遣词造句、文体风格、文学感染力，以及展示博学。古代史家经常强调撰史是为了保存历史记忆，使得丰功伟绩不至于湮没于历史的尘埃之中。但是，公元前2世纪以后，特别是帝国时代，博闻强识（dissertus）被列为男性的重要美德之一，是跻身罗马上流社会的通行证之一，撰史的目的很大程度上是为了在文学史上留名。历史学家作为一种职业是近代学科发展的产物，到兰克（Leopold von Ranke, 1795—1886）之后才正式形成。古代史学作品首先是文学作

[①] Lisa I. Hau, "Truth and Moralising: The Twin Aims of the Hellenistic Historiographers," in Ian Ruffell, and Lisa I. Hau, *Truth and History in the Ancient World: Pluralising the Past*. New York, NY: Routledge/Taylor & Francis Group, 2017, pp. 226-266.

品，所以用现当代人的撰史标准来要求古代作家显然是犯了时代错乱的错误。古代的历史著作，如李维的《建城以来史》等，常常通过"范例"（单数 exemplum，复数 exempla）来垂训后世，有着道德警世的目的。正因为如此，在描述人物和事件的时候，史家更侧重人物形象和性格的塑造以及历史的道德价值，而非历史真实性。公元 2 世纪的传记作家普鲁塔克就曾明确指出：看过去的记录很难得出真相，即便书写之人来自事件发生年代，书写者出于恶意或谄媚也会隐藏或歪曲真相。普鲁塔克自己本人所作的《希腊罗马名人平行传记》则不以编年记史为己任，而着重塑造伟大人物的性格。

再以塔西佗为例，他虽然声称自己撰史"不怒不喜"（sine ira et studio），但这并不代表他能够"忠实"地运用史料，比如 48 年在元老院中有一场讨论，议题是高卢人能否进入元老院，克劳狄皇帝站在支持的立场上。塔西佗"引用"了克劳狄皇帝的发言（《编年史》11.23-24），然而记载着这个发言的铜碑出土之后，在两个版本的对比之下，很明显，塔西佗的版本虽然并没有篡改克劳狄的总体结论，但改变了克劳狄发言的用词、论证和修辞风格等等（详见本章"铭文"一节）。另外一个例证是塔西佗《编年史》15.38-41 对 64 年罗马城大火的描述。这场大火发生在尼禄统治时期，塔西佗的描述效仿了维吉尔笔下对特洛伊陷落的描写，丹尼斯·菲尼（Denis C. Feeney）强调，大火发生的日期也被塔西佗赋予了强烈的象征意义，这场大火发生于 7 月 19 日，而罗马史上所谓的阿利亚灾难日（Dies Alliensis），也就是罗马大败于高卢人发生在 7 月 18 日，高卢侵入罗马城之后放火焚城也是发生在 7 月 19 日。① 塔西佗笔下许多林林总总的细节难以经得住推敲，这也显示出了古代史学书写与现代史学书写的差异，维多利亚·帕甘（Victoria Emma Pagán）在她的《塔西佗》一书中详细分析了塔西佗的 inventio 手

---

① Denis C. Feeney, *Caesar's Calendar: Ancient Time and the Beginnings of History*. Berkeley: University of California Press, 2007, pp. 106-107.

法，她把这种手法解释为富有想象力的重构。①

近年来，有学者对把史作视为修辞的史学史研究方法提出异议。比如兰登（J. E. Lendon）以《没有历史的史学家：驳罗马史学史》为题，抨击把罗马史上的史家视为雄辩家、剧作家、小说家甚至是文学批评家的做法，呼吁回归把"真相"作为罗马史学史研究的核心的做法。②

同样值得注意的是，大部分的作家出身于元老和骑士阶层，这些阶层只占罗马时期人口总数的百分之一或更少。其作品所反映的视角是罗马上层人物的视角。平民、小人物不在他们的关注范围之内，即便他们出现在这些作品中，也常是讥讽、嘲弄、抨击的对象。如何不落入史料的"陷阱"是我们在使用史料时要十分注意的问题。此外，史料中所记载的事件未必具有代表性。在考察史料的时候，我们必须事先考量以下问题：在罗马人的眼中，何事何物能入何种体裁的文字记载？某个特定的作品为何人所作，读者群为何？其创作背景为何？等等。

尽管古代作家的著作有其局限性，但仍然是无可替代的历史资料。牛津大学的著名古代史学家弗格斯·米勒（Fergus Millar）指出：历史不但应当涵盖关于"发生了什么事"，而且应当包括当事人是如何来看待这些事件的。延伸一下，古代作家的著作正是提供了古代的视角，而这个视角是后世所难以效仿的。

西方古典学家常把帝国时期的文学分为黄金时代（约前1世纪—1世纪初）和白银时代（约1世纪—2世纪上半叶）。前者的代表人物为西塞罗及奥古斯都时代的维吉尔、贺拉斯、奥维德等等，而后者的代表人物则为小塞内加、塔西佗、斯塔提乌斯（Statius）等等。但这个划分不无主观色彩，对不同作家的评价也因时代而异。如果说拉丁文学创作水平自奥古斯都时代以降每况愈下，则未免有失偏颇。

---

① Victoria Emma Pagán, *Tacitus. Understanding classics*. London; New York: I.B. Tauris, 2017, 尤其是第三章。

② J. E. Lendon, "Historians Without History: Against Roman Historiography," in Andrew Feldherr (ed.), *The Cambridge Companion to the Roman Historians*. Cambridge: Cambridge University Press, 2009, pp. 41-61.

本节将古代作家分为诗人和散文作家两大类，各按时间顺序简要介绍重要的古代作家及各自代表作。诗歌受格律约束，强调音乐性，适合咏唱。这是它区别于散文的重要之处。在题材方面，诗歌和散文的界限并不绝对。比如，哲学题材的作品既有以散文为载体的，也有以诗歌为载体的（比如卢克莱修物性论）。自老加图之后，罗马时代的历史创作则多以散文为载体。公元313年基督教获得合法地位之后，主流作品中的基督教因素日渐明显。所以古代晚期的作家及作品另立一节。对一个特定作家及其作品的研究，通常包括其历史背景、社会地位、体裁、文风、语言特色、主题、在古典文学史上的地位、文本发现史、手稿版本、权威的校勘本、文本注疏史、对后世的影响及译本等诸多方面。以下的简介无法尽善，也无法覆盖罗马时代所有的作家，但在介绍影响较大的作家时尽量争取全面。未提到的作家及其著作，请参阅本节开篇所提到的综述性书目。

（一）诗人

诗歌创作在古罗马十分活跃，写诗、参加诗歌朗诵会、赠诗、赞助诗人等等，不仅是文学活动，也具有重要的社会和政治功能。本节按年代顺序简介罗马历史上一些重要的诗人。

恩尼乌斯（Quintus Ennius, 前239—前169）是罗马早期文学史上最有影响的诗人和剧作家之一。出身南部意大利，公元前204年，恩尼乌斯被老加图带到罗马城，公元前184年获得罗马公民权，受到一些世家大族的器重，西塞罗和李维都称西庇阿（Scipio）家族的墓中立有恩尼乌斯的雕像。恩尼乌斯曾随昆图斯·富尔维乌斯·诺比利奥尔（Quintus Fulvius Nobilior）赴伊托利亚（Aetolia），并曾在史诗《编年纪》（*Annales*）和其他作品中称颂他。《编年纪》是罗马史上第一部真正意义上的史诗，用六音步格撰写，如今只有残篇留存。恩尼乌斯的作品在罗马文学史上影响深远，他身后许多重要的作家，包括西塞罗、瓦罗、卢克莱修、卡图卢斯、维吉尔、奥维德、卢坎（Marcus Annaeus Lucanus, 英文作 Lucan）、费斯图斯（Festus）、马可·奥勒留、弗隆托

(Fronto)等等都熟知恩尼乌斯的作品。卢克莱修(见下文)写道:"恩尼乌斯,是他第一个／从那可爱的希里康山上／带来一个光辉的常青之叶的桂冠,／在意大利各族中间永远享着盛名。"① 对恩尼乌斯的推崇可见一斑。《编年纪》是一部罗马扩张史,恩尼乌斯对罗马史的表述强调罗马史就是英雄业绩的总和,这些英雄业绩来源于个人的勇武,这些伟大的贵族和长官带领军纪严明的士兵凯旋。从"编年"的角度来说,在恩尼乌斯的版本中,埃涅阿斯是伊利娅(Ilia)的父亲,是罗慕路斯和雷穆斯的外祖父。然而这样的世系没有顾及荷马史诗中特洛伊战争时代和罗马建城时代之间的时间差。这个时间差在后来的文学创作中得到解决。

卢克莱修(Titus Lucretius Carus,约前 99／前 94—前 55／前 51)是罗马史上重要的哲学诗人,但关于他的生平我们所知甚少。卢克莱修用六音步格撰写了拉丁文长诗《物性论》(De Rerum Natura),共 6 卷本传世,是对起源于古希腊的伊壁鸠鲁哲学最完整的阐述。在第 1 卷的"序诗"中,卢克莱修就明确地点题道:他要证明"神和天的最高定律",揭示"事物的始基"。这所谓的"始基"(primordia),对应的是希腊文中的 ἄτομον,在中文中常译为"原子",是伊壁鸠鲁哲学中的一个基本概念:"自然用它们来创造一切,／用它们来繁殖和养育一切,／而当一件东西终于被颠覆的时候,／她又使它分解为这些始基。／在我的论说中我想把这些东西叫做／质料、产生事物的物体、／事物的种子或原初物体,／因为万物以它们为起点而获得存在。"②

西塞罗曾盛赞他在诗中所展现的天才和技艺,大诗人维吉尔的《农事诗》(Georgica)深受《物性论》影响,并赞道:"知晓万物缘由之人,何其幸运。"(Felix, qui potuit rerum cognoscere causas)至于为什么要用诗体来书写哲学,卢克莱修认为哲学是灵魂的医药,诗歌的魅力如同医生涂在装了药的杯子口沿的蜂蜜,能帮孩子喝下良药。在卢克莱修

---

① 引自卢克莱修:《物性论》,方书春译,商务印书馆,1981 年,第 8 页。
② 同上书,第 5—6 页。

看来，在对未知的恐惧这方面，我们都是孩子。关于卢克莱修研究的书目，可从《剑桥卢克莱修指南》①入手。

卡图卢斯（Gaius Valerius Catullus，约前 84—前 54）为罗马史上最著名的诗人之一。出生于意大利北部的维罗纳（Verona），家境殷实，受过良好教育。青年时代移居罗马，并很快以诗才跻身上流社会。现存的诗歌有 113 首，格律、风格、体裁各异，有不少是抒情短诗，表达诗人对于一个被诗人称作莱斯比娅（Lesbia）的女子的执着热烈的爱情。莱斯比娅有可能就是西塞罗笔下的惯于勾引年轻人的罗马贵妇克劳狄娅（Clodia）。卡图卢斯钦佩希腊莱斯博斯（Lesbos）岛的女诗人萨福，所以把恋人称为莱斯比娅。卡图卢斯《诗集》的第 51 首"在我看来，那人犹如神明"即改自萨福的一首名诗。卡图卢斯擅长表现内心感受，或痛苦煎熬，或轻快欢乐，或炙热浓烈，无不能打动读者。周作人、王焕生、张竹明等都曾选译过卡图卢斯的诗歌，目前有李永毅的拉汉对照全译本（中国青年出版社，2008 年；电子版见"迪金森古典学在线"[https://dco.dickinson.edu/catullus/1]）。卡图卢斯的西文研究著作非常丰富，这可以从近年来"卡图卢斯指南"（布莱克威尔出版公司，2010 年；剑桥大学出版社，2021 年）所汇总的成果和书目中窥见规模。李永毅的《卡图卢斯研究》（中国青年出版社，2009 年）是重要的中文研究专著。

贺拉斯（Quintus Horatius Flaccus，英文作 Horace，前 65—前 8）是著名的拉丁诗人。生于维努西阿（Venusia）城，释奴之子。其父为了让贺拉斯得以出头，带他到罗马受教育，与达官贵人的子孙同学。贺拉斯的诗中对父亲的感激与怀念感人至深。贺拉斯后曾赴雅典求学。公元前 44 年恺撒被刺后，贺拉斯曾参加腓力比战役与屋大维一方作战。共和派失利后，贺拉斯为后三头所赦免。其诗名为维吉尔所赏识，并经维吉尔介绍给奥古斯都的密友麦凯纳斯（Maecenas），后从麦凯纳斯

---

① Stuart Gillespie and Philip Hardie (eds.), *The Cambridge Companion to Lucretius*. Cambridge: Cambridge University Press, 2007.

那里获得一片农庄。著有多种题材的韵文，包括抒情诗、颂歌、杂咏（Satura，或译为讽刺诗）及书简集，有众多警句名句传世。比如 Dulce et decorum est pro patria mori（为国捐躯甜蜜而光荣），carpe diem（把握每一天，或"及时行乐"），Graecia capta ferum victorem cepit et artes intulit agresti Latio（被俘的希腊俘虏了粗野的征服者，给鄙陋的拉丁姆带来了艺术），Exegi monumentum aere perennium（我用诗所立的丰碑比铜还要持久），等等。其早期的诗歌常较苦闷，但后期的杂咏和书简则较多轻松诙谐并洋溢着哲学思考，题材广泛，描画罗马社会的方方面面。《世纪之歌》(Carmen Seculare)是受奥古斯都之命，为公元前17年罗马的世纪庆典（saeculum）（每110年或100年庆祝一次）而作，讴歌繁荣盛世。贺拉斯的书简中则包括不少文艺评论，强调"寓教于乐"，其中《诗艺》(Ars Poetica)等对后世的文学理论影响很大。近年来，国内对贺拉斯诗作的译注与研究有了长足进展，李永毅《贺拉斯诗全集：拉中对照详注本》（中国青年出版社，2017年）是有关贺拉斯的必读中文书。李永毅贺拉斯诗选的拉中对照以及简注的电子版，见"迪金森古典学在线"（https://dco.dickinson.edu/horatius-carmina/carminum-1-1）。2021年，刘皓明《贺拉斯〈赞歌集〉会笺义证》不但包括对贺拉斯《赞歌集》(Carmina)的译注，还包括了中西比较。对于中文读者而言，有李永毅译本和刘皓明译本互为参照是一桩幸事，可以看到对于同样的拉丁文本，不同的翻译策略、不同的选词原则会产生非常不一样的意境或风格，或平实或古朴，或清越或凝重。

维吉尔（Publius Vergilius Maro，英文作 Virgil 或 Vergil，前70—前19）是罗马史乃至西方文学史上最有影响的诗人之一，他创造性地运用希腊诗歌的手法和体裁写作，著有《牧歌集》(Eclogae，中译本：《牧歌》，杨宪益译，人民文学出版社，1957年初版；上海人民出版社，2009年，2015年；党晟译，广西师范大学出版社，2017年；《牧歌集》，翟文韬译，"迪金森古典学在线"[Dickinson Classics Online: https://dco.dickinson.edu/vergil/vergil-eclogues-i]）；《农事诗》（目前尚无完整中译本）及长篇史诗《埃涅阿斯纪》（中译本：《埃涅阿斯纪》，杨周翰译，人民文学出版社，1984年，2000年；译林出版社，1999年，2018年；《埃涅阿斯纪·特洛亚妇女》，上海人民文学出版社，2016年。杨周翰译本仍然是经典译本。据英文译出另有两个版本：曹鸿昭译，吉林出版集团，2010年；《哈佛百年经典第25卷：埃涅阿斯纪》，田孟鑫、李真译，北京理工大学出版社，2014年；近来有翟文韬的选译[据拉丁文译出]，"迪金森古典学在线"[Dickinson Classics Online: https://dco.dickinson.edu/vergil/vergil-aeneid-iv-1-30])。在罗马帝国时代和中世纪，维吉尔的作品都被视为拉丁语言文学的典范。其中《埃涅阿斯纪》被广泛用于拉丁语教学。史诗的基本线索与情节如下：特洛伊人中了木马计之后遭到屠城的命运，埃涅阿斯肩背老父、手牵幼子逃离被烈火吞噬的特洛伊城。其间与发妻失散。为了寻找意大利，建立特洛伊新城，埃涅阿斯开始了海上漂泊。经过一番飘零，他登上了迦太基的土地，邂逅迦太基貌如女神狄安娜（Diana）的女王狄多。女神尤诺和维纳斯出于不同的目的，密谋让两人坠入情网，以便让埃涅阿斯结束漂流、永留迦太基。在天神的作弄下，狄多陷入热恋不能自拔。然而，埃涅阿斯是肩负使命的人物，他在迦太基的逗留促使主神尤比特采取行动，降神使墨丘利（Mercury）警示埃涅阿斯。埃涅阿斯义无反顾地决定离开，狄多感觉到动静，哀求、质问埃涅阿斯，并以死相胁。这一切都挽不回埃涅阿斯，看着他扬帆而去，狄多绝望自杀，死前留下诅咒：迦太基与埃涅阿斯的后代永世为仇，兵戎相见。埃涅阿斯在去意大利的途中曾到冥界一访，看到了罗马的未来。埃涅阿斯在意大利登陆之后，拉丁姆的王款待了他，并把女儿许配给他。这一来，触怒了本地鲁提利乌斯（Rutilius）人的首领图尔努斯（Turnus），在女神尤诺一再煽动之下，与埃涅阿斯一方交战，但最终诸神放弃了对图尔努斯的支持。史诗以埃涅阿斯杀死图尔努斯而告终。

对于史诗的基调和价值观，历来学者看法各有不一，有的认为这部史诗是对帝国的颂扬，罗马帝国是神选的，有的则认为这部史诗弥漫着悲观乃至批判的色彩，甚至认为维吉尔笔下的埃涅阿斯，并不是个英雄形象，而是个阴暗之人，史诗中的诸神也都十分不堪（详见本书第四章第三节"奥古斯都时代")。但无论如何解读，史诗所折射的奥古斯都时代对罗马历史、帝国的思考对历史研究者来说具有极大价值。他的史诗有对《荷马史诗》的仿效与独创，甚至颠覆，史诗中神话与现实，罗马的过去、现在及未来都错综交织。在后世的解读中，《埃涅阿斯纪》充满了对对立主题的探讨，命运与自由意志、个人幸福与职责、帝国的代价与荣耀之间的冲突弥漫于全诗。正是因为层面众多，《埃涅阿斯纪》自问世以来声名经久不衰，各种语言的译本层出不穷。1513—1697 年，维吉尔著作仅英译本就至少有 68 种；1553—2006 年，《埃涅阿斯纪》全文英译本至少有 66 部，其中包括 1697 年桂冠诗人德莱顿（John Dryden）英雄双行体译本，该译本本身也成了英诗经典。[1] 近年来，各种语言、各种体裁的新译本依然持续出现，萨拉·鲁登（Sarah Ruden）的译本初次出版于 2008 年（耶鲁大学出版社），译文清朗、节奏明快，无累赘、繁重之感，广受好评。2021 年，鲁登的译本经更新之后再次出版。鲁登的译本受到关注的原因除了译文的高质量之外，另一个原因是她是英文世界第一位翻译《埃涅阿斯纪》的女性，这本身具有一定的历史意义，因为史诗翻译历来几乎为男性所垄断。2021 年，兰登书屋（Random House）出版了另一位女性译者、芝加哥大学古典学家沙迪·巴奇（Shadi Bartsch）的译本。

普罗佩提乌斯（Sextus Propertius，前 50—前 16）是奥古斯都时代著名的爱情哀歌（elegiae）诗人，深受亚历山大里亚诗歌影响。哀歌体的格律为双行体，一句为六步格，紧接的下一行为五步格，如此反复。每首诗的长度不一。普罗佩提乌斯的哀歌中，有数行之短的，也有长至一百多行的。其诗歌大量使用神话，咏叹爱情所带来的煎熬、

---

[1] William Frost, "Translating Virgil, Douglas to Dryden: Some General Considerations," in George deForest Lord and Maynard Mack (eds.), *Poetic Traditions of the English Renaissance*, New Haven: Yale University Press, 1982, pp. 271-286; Colin Burrow, "Virgil in English Translation," in Charles Martindale (ed.), *The Cambridge Companion to Virgil*, Cambridge: Cambridge University Press, 1997, pp. 21-37; Peter France, *The Oxford Guide to Literature in English Translation*. Oxford: Oxford University Press, 2007, pp. 522-523; Tanya M. Caldwell, *Virgil Made English: The Decline of Classical Authority*, New York: Palgrave MacMillan, 2008.

忧伤、忧虑及甜蜜。在很长一段时间里，普罗佩提乌斯都只是专家研究的对象，而缺乏较为普遍的关注。这种状况近年有所改变。其《哀歌集》有王焕生的中拉对照译本（华东师范大学出版社，修订版，2010年）。

奥维德（Publius Ovidius Naso，前43—约17）为奥古斯都时代著名诗人，他本人博览群书，对他之前的古希腊罗马文学史有着系统而全面的把握，诗作深受荷马史诗、希腊悲剧以及卡利马科斯、维吉尔、普罗佩提乌斯等诗人作品的影响，是研究古典文化的重要文献。奥维德的诗作对后世西方文化也影响甚巨，是中世纪以来众多西方文学艺术作品的创作源泉。而他诗中广泛的话题，包括两性关系、帝国、流放等，让他一直具有现代性乃至争议性。作为诗人，奥维德技艺高超，手法多样，擅长使用交叉字序（chiasmus，形式为ABBA）、互锁字序（ABAB）、黄金句（即动词居一行之中，两侧字序对称）、比喻等等。奥维德自视甚高，对自己的诗才毫不谦虚，并把自己视为伽卢斯、提布卢斯、普罗佩提乌斯之后第4位哀歌诗人。

据奥维德自己的作品所提供的线索，他于公元8年被奥古斯都流放到位于黑海边的托米斯（Tomis，今罗马尼亚康斯坦察），于17年左右客死他乡。在流放之前，奥维德的作品包括《恋歌》（*Amores*）、《女杰书简》（*Heroides*）、《爱的艺术》（又译《爱经》，*Ars amatoria*）、《情伤良方》（*Remedium amoris*）、《变形记》（*Metamorphoses*，中译本：《变形记·诗艺》，杨周翰译，上海人民出版社，2016年）、《岁时记》（*Fasti*）等。在流放之后，奥维德撰五卷本的《哀怨集》，请求原谅。《黑海诗简》中也多处表达对流放生活的不满。但奥古斯都始终没有回心转意，一直没有召回奥维德。关于奥维德是因何原因而遭流放的，诗人自己在《哀怨集》2.207给出了一个非常模糊的解释，即著名的"一部诗歌和一个错误"（carmen et error）。所谓的"诗歌"一般认为是奥维德在公元2年前后发表的《爱的艺术》这部作品，或是该诗集中的某些诗歌，也许是因为情色内容有悖于奥古斯都整顿世风、强调婚姻家庭的主旨，从而招致奥古斯都的不满；至于所谓"错误"究竟指什么，奥维德从未给出清晰的说法。这也引起后世各种各样的猜测。

在奥维德研究中，历来的重点之一是诗人与奥古斯都之间的关系。以往解读通常采用奥维德是反奥古斯都的还是支持奥古斯都这样二元对立的框架，比如戴维斯在 2006 年《奥维德与奥古斯都：奥维德情色诗的政治解读》[①]一书中认为奥维德确实是反奥古斯都的。但近年来的研究已不再受这一框架束缚，而更多地把奥维德看作一个过渡时代文化建设的参与者。奥维德作品中《恋歌》和《爱的艺术》中译本众多，其中《爱的艺术》为戴望舒首译，并名为《爱经》。[②]

马尔提阿利斯（Marcus Valerius Martialis，英文作 Martial，生于约 40 年）来自西班牙的比尔比利斯（Bilbilis），出身并不富裕，但后有诗名。虽一生未婚，但在弗拉维朝被授予"三子权"。时人小普林尼对他评价甚高，听到他的死讯后在一封信中写道："他是文思敏锐的天才，他的作品充满了机智、讽刺与率直。"主要作品有《奇观集》（*Liber spectaculorum*），为庆祝公元 80 年罗马斗兽场启用而作。另有 12 卷本的诗集《铭辞》（*Epigrammata*，也常意译为《讽刺短诗集》，这里采用了王焕生《古罗马文学史》中的译法，也符合 epigrammata 的字面意思），以诙谐、精练、机警而辛辣的语句评判世间人生百态。

斯塔提乌斯（Statius，约 45—96）是所谓白银时代的史诗诗人。著有《阿喀琉斯之歌》（*Achilleid*）、《诗草集》（*Silvae*）、《忒拜战纪》（*Thebaid*）（这三部诗作的中译沿用了王焕生在《古罗马文学史》[第 424—428 页]中所采用的译名）。斯塔提乌斯在中世纪影响颇深，是中世纪读者接触荷马史诗故事的途径之一。斯塔提乌斯和维吉尔、奥维德一样也都属于影响了但丁《神曲》创作的古罗马诗人。

尤文纳尔（Decimus Iunius Iuvenalis，英文通用 Juvenal）是 1 世纪

[①] P. J. Davis, *Ovid and Augustus: A Political Reading of Ovid's Erotic Poems*. London: Duckworth, 2006.

[②] 近年来，奥维德在中文学界的关注度得到加强。李永毅的译文由中国青年出版社陆续出版，见本书"附录一"。关于奥维德在世界各地的研究史和译注史，可参阅刘津瑜、康凯、李尚君、熊莹：《奥维德在西方和中国的译注史和学术史概述》，《世界历史评论》2016 年第 5 辑，第 26—94 页；刘津瑜主编：《全球视野下的古罗马诗人奥维德研究前沿》（上下卷），北京大学出版社，2021 年。

后期及 2 世纪初的讽刺诗人，生平不详。现存 16 篇讽刺诗，充满对社会不平的辛辣嘲讽和无情鞭笞。他抱怨在罗马城中深受恶劣生活环境之苦，比如忍受马车在路上驶过的噪音、马夫的吆喝声等等，令人无法入睡。而他最广为人知的名言来自《讽刺诗》（或译《杂咏》）10.79-81："如今他们（指罗马平民）洋洋自满，只满心盼望两桩事：面包与马戏。"

（二）散文作家

波利比乌斯（Polybius，或译波利比阿，约前 204—前 122）生于阿卡迪亚的迈加洛波利斯（Megalopolis），其父为亚该亚同盟（Achaean League）中显要政治人物之一，曾代表联盟出使罗马及埃及。波利比乌斯青年从政，在外交、军事领域多有阅历，后任联盟的重要长官之一。在一个罗马步步紧逼的时代，亚该亚同盟和许多地中海世界的许多邦国一样在夹缝中求生存，在依附罗马和寻求自主的两难境地中挣扎。同盟内部对罗马的态度也各有不同，而罗马对同盟的猜忌在第三次马其顿战争结束之后不再加以掩饰。前 165 年，同盟的千名领导人物被解送罗马听候发落，波利比乌斯也在其列，一滞留就是 17 年。幸运的是，波利比乌斯被故人延请去给小西庇阿授业，这一良机不但使得波利比乌斯得以保全自身，并且能够周旋于罗马上流社会，观察罗马政治。在小西庇阿成为第三次布匿战争的统帅之后，波利比乌斯更得以亲临罗马与迦太基的战场，目睹迦太基的毁灭。波利比乌斯用希腊语撰写的《历史》是为了探索罗马为什么能在短期内成为地中海世界的霸主。在第 6 卷中，波利比乌斯阐述了其关于罗马宪政的著名理论。他认为罗马政体为混合政体，执政官、人民和元老院之间互相制衡，造成君主制、贵族制和民主制之间的平衡。在他看来，这正是罗马的独特与优越之处。这部充满了思索和丰富一手资料的史作是了解罗马共和时代最重要的权威材料，也被后世罗马作家如奥古斯都时代的大史家李维等广为征引。以《罗马帝国的崛起》为名的中文节译本出版于 2012 年；据洛布古典丛书英文译文的中文全译本于 2021 年出版。① 依据希腊原文翻译的全译本仍亟待出现。在波利比乌斯是否完全推崇罗马还是对罗马持批评态度上，学界的意见不一。目前的趋势认为波利比乌斯对罗马的态度颇为复杂。

老加图（Marcus Porcius Cato，前234—前149）出身并不高贵，在罗马政坛上是个"新人"，但是在政治、军事领域业绩出众，是公元前2世纪最有影响的政治人物之一。他以严苛、节俭、反对希腊文化对罗马的"侵蚀"而著名，被后世的罗马人视为传统美德的代表。其同名曾孙是公元前1世纪共和国末年坚持共和理想的重要人物之一，史称小加图以别于曾祖父。老加图是拉丁文学奠基人之一，曾著有关罗马史的《起源记》。老加图的史观淡化个人的重要性而强调罗马人民的集体性。传世之作是一部论罗马农庄经济的《农业志》，是研究罗马共和时期奴隶制经济、农业经营方式和理念、生产规模以及作物种类等不可多得的资料。中文有马香雪、王阁森的译本（商务印书馆，1986年）。

西塞罗（Marcus Tullius Cicero，前106—前43）是罗马史上最出色的雄辩家之一，更是共和末年罗马政坛上的核心人物之一。出身意大利山间小镇阿尔皮努姆一个富裕的骑士家庭，凭借杰出的演说才能进身元老阶层，并官至执政官。一生多产，留下的法庭辩护词、演说、政治散文、有关哲学和法律的论文、书信，多达数百篇，是研究动荡的共和末年不可或缺的宝贵史料。西塞罗文风绵密，遣词造句匠心独运，运用大量从句、圆周句、及多种修辞手法，追求感染力，是拉丁文学的最高代表之一，在罗马文学史上起着继往开来的作用。其作品中的《反喀提林》演说（*In Catilinam*，喀提林为罗马贵族，曾密谋以武力方式夺取罗马政权，西塞罗曾因揭露喀提林阴谋而获得"祖国之父"的至高荣誉称号），以及模仿希腊民主派演说家德摩斯梯尼（Demosthenes）而作、抨击安东尼的《菲力匹克》（*Philippicae*）演说14篇都是文学史上的经典篇章。在"后三头"时期，西塞罗名列公敌

---

① 翁嘉声译，广场文化出版事业有限公司，2012年；上海三联书店，2013年。波利比乌斯：《通史》，杨之涵译，上海三联书店，2021年。

宣告之首，死于一个冬日（12月7日），在普鲁塔克的版本中，西塞罗被斩首割手。首级和双手被送到罗马后公开展览。中译本版本众多，包括王以铸、崔妙因译《反喀提林演说四篇》（附于商务印书馆1994年版《喀提林阴谋 朱古达战争》之中），王焕生译《西塞罗文集（政治学卷）》（中央编译出版社，2010年）、《论共和国》、《论法律》（上海人民出版社，2006年）、《论义务》（中国政法大学出版社，1999年）、《论灵魂》（西安出版社，1998年）等等。

恺撒（Gaius Iulius Caesar）不仅是罗马共和末期站在风口浪尖的政治家，也是有名的演说家及文学家，著有《高卢战记》(*De bello Gallico*) 及《内战记》(*De bello civili*)。以文风而论，这两部散文作品行文通达平正，在拉丁语文学史上占有一席之地。以内容而论，两部著作虽然都是关于战争的，但涉及范围极广，不但是研究公元前1世纪罗马政治、军事、外交不可或缺的资料，也是了解罗马征服之前高卢地区的地形地貌、风土人情的宝贵文献。这两部战记在撰写上还有其独特之处，题材上类似目击者报告文学，但是通篇以第三人称的口气叙述，看似客观，实则主观。从方方面面来说，这两部战记既不是纯粹的史学著作，也不是地道的兵书，而带有浓厚的恺撒个人宣传印记以及政治性，着眼于为恺撒制造舆论，以影响当世及后世对其功过的评价。这两部战记都有商务印书馆出版的中文译本。

瓦罗（Marcus Terentius Varro，前116—前27）可称得上是博学家，著作浩瀚，但传世的并不多。著有《拉丁语研究》(*De lingua Latina*)，25卷中如今只有6卷存留下来。在罗马历史上影响很大，是公元1世纪的作家老普林尼（Pliny the elder）撰写《博物志》的重要资料来源之一。瓦罗也是罗马的农学家之一，有《论农业》传世（中文译本为王家绥译，商务印书馆，1981年）。

撒路斯提乌斯（Gaius Sallustius Crispus，前86—前34，英文作Sallust，常用的中文译名也包括撒路斯特、萨鲁斯特、萨卢斯特等等）出身平民氏族，公元前52年任保民官，在政治生涯中与恺撒站在同一阵营。曾任新阿非利加行省（Africa Nova，前努米底亚）总督，并因此暴富，卸任后从政治生活中隐退，专心著述。重要著作有《朱古达战争》（*Bellum Iugurthinum*）和《喀提林阴谋》。后世对撒路斯提乌斯的文风评价不一，欣赏者视其凝重与快捷并驱，高古与简洁齐备，昆体良称赞他行文带有"不朽的迅捷"（《演说术》10.1.102：immortalis velocitas）。但小塞内加对撒路斯提乌斯颇不以为然，抱怨其行文"观点断裂、语句于不期处割断、简短到不明其详"（《书信集》114.17：amputatae sententiae et verba ante exspectatum cadentia et obscura brevitas）。撒路斯提乌斯在罗马文学史上的影响不可低估，他作为史家和散文作家的名声一直显赫到公元 4 世纪以后。中文有王以铸、崔妙因的译本（《喀提林阴谋　朱古达战争》，商务印书馆，1995 年）。

和老加图的撰史方式所不同的是，撒路斯提乌斯将个人置于历史舞台的中心，深入刻画这些历史演员为各自的动机及其驱使之下的行为。撒路斯提乌斯笔下的喀提林，既是处于病态中的罗马国家的产物，也是罗马衰落与病态的缘由。《喀提林阴谋》中包括了恺撒和小加图在元老院的发言，他们的意见完全相左，恺撒认为遵循祖先先例，应当宽大处置喀提林及其同党，将他们流放而非判处死刑；而小加图则持强硬态度，强调必须将他们处以死刑，因为他们威胁了罗马人的自由与生命。虽然撒路斯提乌斯一般被称为恺撒的同党，但就恺撒和小加图的发言而论，撒路斯提乌斯并没有采取明显倾向恺撒的立场。至于朱古达战争，王以铸在中文版序言中评道："朱古达战争虽然旷日持久，但并不算是一场大规模的、关系罗马生死存亡的战争。战争的过程也并不太曲折复杂。朱古达即使精明能干，但他终归不是罗马人的对手，而且罗马人本来也不需要这样久才解决努米底亚的问题。而撒路斯提乌斯所以选定这样一个题材，除了他熟悉作战地点这个原因之外，更主要的是为了暴露当时元老贵族寡头的腐化堕落，这是贯穿他全部著作的一个重要的内容，而且朱古达之所以敢于这样耍弄罗马贵族统治寡头，也正是因为他看清楚，当时的罗马是一个无论什么都能出卖的、最黑暗的、最无耻的城市。"塞姆的经典研究 Ronald Syme, *Sallust*. Berkeley, Los Angeles, London: University of California Press, 1964

已有中译本[1]。近期出版的入门读物可见 Andrew Feldherr and William W. Batstone, *Sallust*. Oxford: Oxford University Press, 2020; Andrew Feldherr, *After the Past: Sallust on History and Writing History*. Chichester: Wiley Blackwell, 2021。

维特鲁威（Marcus Vitruvius Pollio，前 1 世纪）撰有 10 卷本的《论建筑》（*De architectura*，又译为《建筑十书》），对于研究希腊、罗马建筑理念和理论价值不菲。他认为建筑师不但应当具有专业知识，而且应当拥有很高的文化素养，应当是个哲学家。比如，建筑剧院需要有声学知识，设计建筑的采光需要有光学知识，建筑师在为建筑物选址时需要考虑健康因素，所以必须还要有医学知识。中文有以 Ingrid D. Rowland, Thomas N. Howe, and Michael Dewar, *Vitruvius: Ten Books on Architecture*. Cambridge: Cambridge University Press, 1999 年英译本为底本的译注本。[2]

李维（Titus Livius，英文作 Livy，前 59—17）是罗马史上最负盛名的史家之一。生于现今意大利北部的帕多瓦（现名 Padua，罗马时代名为 Patavium），这个城市的自由民在恺撒时代获得了公民权。李维经历了奥古斯都时代罗马从共和制向帝制的转变，其传世之作为长篇巨著《建城以来史》（*Ab Urbe Condita*），是保留至今为数不多的详尽记载古罗马早期历史的拉丁语著作，有着特殊的史学价值。原书共有 142 卷，现存的只有 35 卷。一些缺失的卷本可以通过古代读者所作的内容摘要（*Periochae*）知道大概。近三十几年内在埃及又新发现一些纸草残篇。英文译本有多种，除了洛布（Loeb）、人人丛书、企鹅丛书的译本外，还有"牛津世界经典丛书"最近几年出版的全新注译本，包括《罗马的兴起》（第 1—5 卷）、《罗马的意大利战争》（第 6—10 卷）、《汉尼拔战争》（第 21—30 卷）、《罗马帝国的曙光》（第 31—40 卷）及《罗

---

[1] 《萨卢斯特》，荆鹏译，生活·读书·新知三联书店，2020 年。
[2] 《建筑十书》，陈平译，北京大学出版社，2012 年。

马的地中海帝国》（第 40—45 卷及摘要）。① 李维的著作目前还没有完整的译自拉丁文的中文译本，但有日知古典丛书中穆启乐（Fritz-Heiner Mutschler）、张强、付永乐、王丽英所译的《建城以来史：前言·卷一》（拉中对照，上海人民出版社，2005 年）。

李维的史料来源非常丰富，选择性地引用了在他以前许多编年史家的著作。对于夸大其实的史料，李维持批判态度，比如在 22.7.4 一节，李维批评了许多作者夸大己方和敌方死伤数的作法，他认为这是许多撰史者的陋习。又如，他在 5.21.9 一节讲了一个故事：在罗马人和维爱人的一次战斗中，罗马士兵听到敌方的预言师（haruspices）预言说拿到牺牲的内脏者便可赢得胜利，于是冲破堡垒抢走了牺牲的内脏拿去给他们的长官。李维评道：对这个故事既没必要去证实也没必要去驳斥，这个故事适于在舞台上展出而不可信，舞台更适于玄妙的奇迹故事。但是李维在利用史料方面也并不是全无瑕疵。比如，波利比乌斯的作品是李维写布匿战争的主要史料来源。但是，有学者把李维有关章节和波利比乌斯的希腊文原作进行了对比，发现在不少地方李维进行了删节，并有不少错误的翻译。李维撰史的目的是通过"范例"（exempla）来进行道德教谕，在史料安排上经常并不按照年代顺序进行组织。在很大程度上，李维的《建城以来史》并不是早期罗马历史的客观记载，而是反映了经历多次再加工的历史轶事。李维推崇勇敢、服从、虔敬、爱国等美德。遗憾的是，李维关于共和晚期的章节已经佚失，他对于帝制以及奥古斯都的态度也随之散佚。但据塔西佗《编年史》4.34 记载，奥古斯都称李维为"庞培派"。或许他确实是个共和同情者。

西西里的狄奥多罗斯（Diodorus Siculus，前 1 世纪）生于西西里岛，撰有《历史丛书》（*Bibliotheca Historica*），用希腊语讲述从神话时代到

---

① 以下都出自牛津大学出版社：T. J. Luce, *The Rise of Rome (Books 1-5)*, 1998; John Yardley and B D. Hoyos, *Rome's Italian Wars (Books 6-10)*, 2013; John Yardley and B D. Hoyos, *Livy: Hannibal's War (Books 21-30)*, 2006; John Yardley and Waldemar Heckel, *The Dawn of the Roman Empire (Books 31-40)*, 2000; Jane Chaplin, *Rome's Mediterranean Empire: Books 41-45 and the Periochae*. Oxford: Oxford University Press, 2007; 2009。

恺撒的高卢战争这段时期的"世界历史"。40卷中的只有15卷完整保留。《历史丛书》是研究希腊化时代以及罗马与希腊化世界相接触历程的宝贵资料。

斯特拉波（Strabo，约前60—29）生于小亚细亚的本都省，广为游历，曾在罗马暂住。撰有47卷本的《历史》，也已失传。现存的作品是17卷本的《地理志》（*Geographica*），是研究罗马帝国境内各地区的地理形态、资源分布、习俗以及民族风尚的重要文献。中译本为《地理学》，李铁匠译，上海三联书店，2014年。

哈利卡纳索斯的狄奥尼修斯（Dionysius Halicarnassus）生于小亚细亚的哈利卡纳索斯，于前30年—前8年左右在罗马生活，教授修辞。用希腊语撰写《罗马古事纪》（*Roman Antiquities*），以旁观者的眼光来看罗马社会和习俗，讲述罗马自起源至第一次布匿战争时期（前264—前241）的历史。20卷中的前11卷存留下来，是研究早期罗马社会的宝贵资料。

帕特库鲁斯（Gaius Velleius Paterculus，前19—约30）生于意大利的坎帕尼亚（Campania），在提比略统治期间撰写了两卷本的《罗马史》（*Historiae Romanae*），提供了与塔西佗和苏维托尼乌斯完全不同的视角。在他的笔下，提比略英明神武，截然不同于其他作家所塑造的虚伪、阴险、荒淫、冷酷形象。帕特库鲁斯曾被罗纳德·塞姆蔑称为阿谀奉承者。但也正是因为帕特库鲁斯的"不同"，他的《罗马史》具有独特的价值。①

瓦勒里乌斯·马克西姆斯（Valerius Maximus）在提比略统治期间（14—37）撰写了9卷本的《名事名言录》（或译《言行铭录》，*Facta et dicta memorabilia*），在文艺复兴时期颇为风行。这个作品的目的在于提供一本实用的手册，瓦勒里乌斯在每一章中集中讨论某一种德行或恶行、宗教仪式、传统习俗，富有趣味，对研究罗马价值观颇有助益。

---

① 参阅 A. J. Woodman. *The Tiberian Narrative, 2.94-131*. Cambridge: Cambridge University Press, 2004（注释本）; Eleanor Cowan, and Edward Bispham. *Velleius Paterculus: Making History*. Swansea: Classical Press of Wales, 2011.

塞内加（Lucius Annaeus Seneca Minor，前 4—65，又译塞涅卡）生于西班牙的科尔杜巴（今科尔多瓦），是修辞学家老塞内加之子，自幼随双亲到罗马。曾被流放到科西嘉岛长达 8 年。公元 49 年被小阿格里皮娜（Agrippina）召回作为尼禄的教师。尼禄执政后，塞内加一度地位显赫，富甲一方。公元 65 年，塞内加牵连在刺杀尼禄的政变中被判死刑，自己选择自杀而死。塞内加是斯多葛哲学的重要代表人物之一，也是有影响的演说家和悲剧作家，著作丰富。主要作品有《书简集》（*Ad Lucilium Epistulae Morales*）、《论天命》（*De Providentia*）、《论心灵的平和》（*De Tranquillitate Animi*）、《论忿怒》（*De Ira*）、《论人生的短促》（*De Brevitate Vitae*）、《论仁慈》（*De Clementia*）、《论慈善》（*De Beneficiis*）、《自然问题》（*Naturales Quaestiones*）等。文学作品包括《美狄亚》在内的 9 部悲剧，其中三篇收入杨宪益、王焕生译《古罗马戏剧选》（人民文学出版社，2000 年）。据狄奥·卡西乌斯《罗马史》61.35 节称，讽刺散文《（克劳狄）变瓜记》（*Apocolocyntosis*）也是他的作品。

科路美拉（Lucius Iunius Moderatus Columella，1 世纪中期）出生于西班牙，后从军，并在意大利拥有地产。他的《农业志》（*De re rustica*）是了解早期帝国农业经济、农田管理和经营的宝贵史料。在古代希腊、罗马，农业被认为是最高贵的产业。所以老加图、瓦罗和科路美拉的农学著作都有道德训谕的意图。

老普林尼（Gaius Plinius Secundus，英文作 Pliny the elder，23—79）生于科蒙（Comum，今意大利北部的科莫），曾在罗马担任多个公职。但兴趣在博物学方面，博闻强识，著述甚丰。据他的养子小普林尼记载，公元 79 年维苏威火山（Vesuvius）爆发时，老普林尼正任驻在附近米塞努姆（Misenum）的罗马舰队的长官，为抢救灾民及观测火山而遇难。老普林尼的传世著作是 37 卷本的百科全书《博物志》（*Naturalis Historia*），涵盖了天文地理、风土人情、矿物医药、建筑碑文、历史艺术等诸多话题，是研究罗马世界的重要文献。

弗隆提努斯（Sextus Iulius Frontinus，约 30—104）于 70 年任大法官，73 年获得副执政官身份。在皇帝涅尔瓦和图拉真治下曾任水利总监。

著有4卷本军事题材的《谋略篇》(Strategemata)（袁坚译）以及2卷本有关罗马水利供应的《罗马水道》(De Aquaeductu Urbis Romae)。后者对研究罗马的城市设施、行政管理等很有价值。

约瑟夫斯（Flavius Josephus，37—约100）出身犹太贵族。曾参加犹太人的反罗马战争，67年被罗马人俘虏并被带到罗马，但与后来成为皇帝的罗马将军韦斯帕芗结成相知。约瑟夫斯被授予罗马公民权并终老于罗马。著有《犹太战争》（王丽丽等译，山东大学出版社，2007年）及《犹太古事纪》。《犹太战争》先用阿拉米语写成，后译成希腊语。关于约瑟夫斯究竟是犹太人的叛徒、罗马人的"走狗"还是忠诚于犹太人及犹太文化一向有所争议。现有的观点倾向于认为约瑟夫斯虽然站在罗马人一边，奉劝犹太人不要贸然违抗罗马帝国的统治，但仍致力维护犹太文化传统，并努力通过用希腊语写作来向罗马当政者和希腊人解释、介绍犹太文化。

昆体良（Marcus Fabius Quintilianus，生于35或40年）生于西班牙，是第一个被韦斯帕芗皇帝任命的有俸禄的修辞学教授。著有《演说术》(Institutio oratoria)。有中文节译本，名为《雄辩术原理》[任钟印译，人民教育出版社，2001年]。

费斯图斯（Sextus Pompeius Festus，2世纪）的生平我们所知甚少。他可能来自高卢，活跃于2世纪下半期。现存的作品只有其20卷本百科全书的残篇，内容纷杂，涵盖词源、语法、罗马神话传说、历史轶事、宗教习俗、社会结构等方方面面。词条大体上按字母顺序排列，但也常按主题、资料来源等来组织。费斯图斯的残篇在了解早期拉丁语的语法以及罗马早期文化方面的价值不可低估。此外，费斯图斯的材料主要来自**维瑞乌斯·弗拉库斯**（Marcus Verrius Flaccus）所编的《词语的意义》(De Verborum Significatu)。后者是奥古斯都时代有名的学者，被奥古斯都钦点为自己养子的老师。从费斯图斯的摘抄中可以看出当年维瑞乌斯著作的规模和奥古斯都时代对于编纂罗马世界历史文化大全的兴趣。

普鲁塔克（Mestrius Plutarchus，英文作Plutarch，45—125）希腊传

记家、道德家和哲学家，出生于希腊的克罗尼亚（Chaeronea），曾在故乡任公职，而且曾在德尔菲的阿波罗神庙任祭司。并曾在雅典学习哲学。作为饱学之士，普鲁塔克一生著述颇丰。流传下来的作品有用阿提卡希腊语写成的《道德教谕》（Moralia），包括78篇小论文，探讨婚姻、女性的美德、儿童教育、灵肉关系（如灵魂是永恒的，在肉体死后解放出去）等诸多话题。但普鲁塔克在历史上最有影响的作品是《希腊罗马名人平行传记》，选取了古代希腊、罗马历史上的名人配对作传，属意于表现伟大人物的性格，以示后世。普鲁塔克的著作中洋溢着对希腊文化和历史的自豪，以及强烈的公民意识。此外，他的作品中充满了人文主义的气息。文艺复兴早期，正是普鲁塔克的《希腊罗马名人平行传记》的重新"发现"激活了时人对古典学的广泛兴趣。中文有陆永庭、吴彭鹏等译《希腊罗马名人传》（商务印书馆，1990年）及席代岳译蒲鲁塔克《希腊罗马英豪列传》（台湾联经出版公司，2009年；安徽人民出版社，2012年），后者译文相对更为自由。近年来，由于对"文化身份认同"（cultural identity）这个研究领域的发展，普鲁塔克的《罗马问题》（Roman Questions）引起重视，常被引来探讨帝国时代希腊人如何看待罗马统治这样的文化问题。

塔西佗（Cornelius Tacitus，约54—117）可称为笔锋最犀利的罗马史家。出身于高卢的一个显贵骑士家庭，后跻身元老阶层，并于97年官至执政官，112年出任亚细亚行省总督。与小普林尼等"名流"交往。传世的作品有《编年史》（Annales）、《历史》（Historiae）、《阿古利可拉传》（Agricola）、《日耳曼尼亚志》（Germania），都有中文译本。从风格上来说，他行文深邃，用词精练，惯用春秋笔法，微言大义。正因为如此，塔西佗的拉丁语难以传神翻译。而他之所以被称为最伟大的罗马史学家，则是因为他作品中所展示的敏锐的政治洞察力、对暴君的犀利批评、对帝国实质的精辟看法，以及对谄媚自保者针针见血的讽刺。

尽管塔西佗自称在写作时遵循"不怒不喜"（sine ira et studio）的原则，但是他的史作具有浓厚的戏剧性色彩，在人物的刻画上入木三分，形象鲜明。笔下的提比略城府颇深、阴险残暴，卡利古拉（Caligula）病态癫狂，尼禄则轻佻荒淫，完全没有道德底线。这些都成为罗马史上的经典形象，影响后世对这些统治者的评价至深。与此同时，书中并不缺乏对完美的形象的塑造。比如提比略的侄子和养子日耳曼尼库斯（Germanicus）就被刻画成理想的王储，但不幸成为提比略统治下的牺牲品。在塔西佗的笔下，他的岳父、曾任不列颠行省总督的阿古利可拉尽忠职守、任劳任怨、卑谦忍让，而当时的元首图密善（Domitianus）则被塑造成完全相反的形象。尼禄时代则有元老特拉塞阿·派图斯（Thrasea Paetus），刚正不阿、恃才放旷。在塔西佗的眼中，在道德沦丧的大背景下，这些忠臣良才正是帝国的道德支柱。

塔西佗的作品中弥漫着悲观主义，但同时也充满了清醒的认识。塔西佗对暴君、昏君的鞭策并不代表他一心反对帝制，是一个单纯的共和主义者。正相反，塔西佗很清楚地看到"恢复共和"只是一个荒谬的幻想。塔西佗以元老院的一员来撰史，元老（院）和元首之间的关系是其史作中的重要线索之一。对于元老院，塔西佗"怒其不争，哀其不幸"。在他看来，暴君得势在很大程度上可归因于元老院的懦弱和趋炎附势，所以元老院难辞其咎。

塔西佗借书中人物就帝国的建设性和破坏性进行的争辩，来表达对帝国本质的看法。塔西佗在多处对被征服的土地和人民表示同情，也多次感叹罗马和平的代价以及强权即公理的残酷现实，然而本质上他并不是反对征服和帝国的武功，而更多的是旁敲侧击批评罗马行省官员的腐败无能。他很清楚，帝国建立在征服之上，也要依靠武力来维持，理想的君主应负责积极保卫帝国，而不是坐守其成。塔西佗作品中有大量民族志的成分，如《阿古利可拉传》有对不列颠部落的描述，《日耳曼尼亚志》则详细叙述各日耳曼部落、分支的习俗和"文明"程度。与其说是要客观地了解这些民族，不如说是借题发挥，表述他的政治理想：塔西佗在这些"蛮族"中看到罗马已失去的纯朴和勇武的品质。

小普林尼在一封致塔西佗的信中曾说过："你的史作一定会经久不

衰。"(《书信集》9.33)然而，塔西佗作品在其身后的经历却并非一帆风顺。效仿其风格体例的拉丁语作品并不多，4世纪的阿米安是已知的唯一例外。由于塔西佗对基督教和犹太人都没有好言相加，因此在4世纪以后受到基督教作家的抨击。中世纪时塔西佗的作品鲜为人知，直到1360年，《编年史》11—16卷的抄本被带到佛罗伦萨（Firenze，Florence），他才重新引起注意。学者、政客、当权者对塔西佗各有各的读法，以至于有人称塔西佗的作品是把双刃剑："塔西佗教导生活在暴君之下的人们生活、处世之道，也教给暴君如何去做暴君。"① 塞姆的《塔西佗》仍是研究塔西佗的经典之作。② 《日耳曼尼亚志》一书的接受史也颇值得注意。意大利古典学家年莫米利亚诺（Arnaldo Momigliano）曾将该书列在人类100本最危险的书之前列。之所以称它为"危险"的书，是因为纳粹利用它来做洗脑的工具，构建日耳曼民族的身份，特别是所谓血统的纯正性。③

小普林尼（Gaius Plinius Caecilius Secundus，约61/63—112）是学者老普林尼的外甥兼养子，曾任公元100年执政官，并于约111—113年任比西尼亚及本都（在今土耳其）总督，是当时的要人，和塔西佗有交往。主要作品是10卷本的《书信集》以及写给图拉真的长篇《颂词》（*Panegyricus*）。后世对小普林尼的文学风格和成就评价不算高。但是他的作品是了解2世纪初期的罗马社会史以及贵族心态不可多得的文字资料，比如他在《书信集》中对奴隶、婚姻、庆典活动、元老阶层的文学追求等等，都有自己明确的态度。《书信集》的第10卷绝大部分是小普林尼在比西尼亚及本都任总督时和皇帝图拉真的通信录，对于研究罗马行省管理及生活价值不菲。

---

① Ronald Mellor, *Tacitus*. New York: Routledge, 1993, p. 140.
② Ronald Syme, *Tacitus*. Oxford: Clarendon Press, 1958.
③ Christopher B. Krebs, "A Dangerous Book: the Reception of the *Germania*," in A. J. Woodman (ed.), *The Cambridge Companion to Tacitus*. Cambridge: Cambridge University Press, pp. 280-299; idem, *A Most Dangerous Book: Tacitus's Germania from the Roman Empire to the Third Reich*. New York: W.W. Norton, 2012（中译本：克里斯托夫·B. 克里布斯：《一本最危险的书：塔西佗〈日耳曼尼亚志〉——从罗马帝国到第三帝国》，荆鹏译，焦崇伟校，江西人民出版社，2015年）。

苏维托尼乌斯（Gaius Suetonius Tranquillus，约 70—140），出身罗马骑士等级，曾教授修辞，后曾任皇帝的文化事务助手（a studiis），图书馆总监（a bibliothecis），以及公文枢密（ab epistulis），成为皇帝哈德良的侍从秘书，与当时的名人小普林尼是朋友。由于职务和交游的便利，苏维托尼乌斯得以获悉不少"内部"资料。苏维托尼乌斯著有《罗马十二恺撒传》（De Vita Duodecim Caesarum，或译《罗马十二帝王传》），恺撒在这里是帝王、君主之意，包括从恺撒到图密善十二位统治者的传记。中文有商务版张竹明的译本。苏维托尼乌斯传记的写法更加类似野史，关注的是宫廷秘闻、皇室的私生活、统治者的性格特征和缺陷以及传闻轶事。121 年左右，苏维托尼乌斯可能因为冒犯皇室人员而被解职。退隐著述而终。

爱比克泰德（Epictetus，约 55—135）曾为奴隶，后来得到释放恢复自由身份。是斯多葛哲学的重要代表人物之一。曾在罗马教授哲学，89 年，皇帝图密善驱逐哲学家，爱比克泰德（Epictetus）被迫离开罗马，后在希腊地区讲学。他的讲义由门生阿里安（Arrian）收集发表在《哲学谈话录》（Epicteti dissertationes，或 Discourses）和《语录》（Encheiridion，或 Manual）中，后者类似前者的摘要，都用希腊文白话（koine）写成。其追随苏格拉底和第奥根尼的思想，强调人不应去预料或改变事件的发展，而应该顺其自然，维持平静的心灵。在讨论哲学人生方面，爱比克泰德探讨了如何对待友谊、疾病、恐惧、贫穷、愤怒、外表等诸多问题。爱比克泰德对后世的斯多葛哲学家比如马可·奥勒留等有很大影响。中文译本有多种，大多关注爱比克泰德对于处世之道的教谕。爱比克泰德最早传入中国是利玛窦基于《语录》所译述的《二十五言》，学术性较强的译作有王文华译《爱比克泰德论说集》（商务印书馆，2009 年）。

佛罗鲁斯（Florus，约 70—约 140）生于阿非利加，后到罗马，曾在帝国的希腊语地区广为游历，在哈德良统治时期著有一部《史略》（Epitome）。《史略》的前半部以李维的著作为主要史料，侧重罗马扩张史。可在一定程度上补充李维《建城以来史》中缺失的部分。佛罗鲁斯的《史略》在罗马帝国晚期及中世纪十分流行，直到19世纪还为欧洲的中小学生广为阅读。

阿庇安（Appian，约95—165）是埃及亚历山大里亚人。用希腊语撰写了《罗马史》和《内战史》。中文有谢德风的译本。恩格斯对阿庇安的史作评价甚高，指出："在关于罗马共和国内部斗争的古代史料中，只有阿庇安一人清楚明白地告诉我们，这一斗争归根到底是为什么进行的，即为土地所有权进行的。"阿庇安将斯巴达克斯奴隶战争也归入内战史。

马可·奥勒留（Marcus Aurelius）是公元2世纪所谓"五贤君"的最后一位，161—180年在位。马可·奥勒留也是斯多葛哲学的重要代表人物之一。在位期间，帝国内外多有不宁。在戎马倥偬之际，马可·奥勒留以精练的文笔用希腊语写下哲学思考的笔记，寻求内心的宁静，顺应自然的召唤，表达对于世俗荣誉和死亡的轻蔑。这些个人的笔记本无意发表，但终以《沉思录》（王焕生译，上海三联书店，2010年）之名传世。马可·奥勒留与其业师之一马尔库斯·科尔奈利乌斯·弗隆托（Marcus Cornelius Fronto，死于公元166年）的拉丁语通信也是了解公元2世纪政治、文化的宝贵资料。

阿里斯蒂德斯（Aelius Aristides，约117—189）是2世纪第二智者时期重要的希腊修辞学家和演说家，曾在小亚细亚、埃及、意大利游历讲学。作品体裁多样，现存55篇演说辞，包括《罗马颂》，以及多篇有关希腊医神阿斯克勒庇俄斯（Asklepios）的散文。阿里斯蒂德斯的作品对于研究罗马盛世时期行省贵族对罗马统治的看法有着十分重要的价值。

阿普列乌斯（Lucius Apuleius，生于124年）出生于罗马努米底亚的马多罗斯（Madauros），卒年不详。曾在雅典和迦太基求学并广为游历，是北非享有盛名的哲学家和修辞学家。其代表作为《金驴记》（又名《变形记》[*Metamophoses*]），有多个中文译本。《金驴记》讲述名为路奇乌斯（Lucius）的青年遭魔法变成驴后，历经磨难，最后在伊西斯女神的救助下回复人形。这部小说在欧洲文学史上影响深远，并对了解罗马时代的宗教仪式、风土人情有很大的价值。此外，阿普列乌斯还著有《英华集》(*Florida*)、《申辩篇》(*Apologia*),以及《论柏拉图及其理论》。其中《申辩篇》是阿普列乌斯的自我辩护,成功反驳他所面临的用魔法娶回富孀并谋杀继子的指控。

奥路斯·盖利乌斯(Aulus Gellius,生于约 125 年,卒年说法不一)大部分时间生活在罗马,做过律师和法官,但偏好收集历史轶事。流传下来的作品有 20 卷本的读书笔记《阿提卡之夜》(*Noctes Atticae*),记有大量奇闻轶事,并保留一些较早罗马作家如老加图等人著作的片段。

盖伦(Galenus,英文通用 Galen,129—约 199)为小亚细亚的帕加马(Pergamum)人,对希波克拉底的医学理论推崇备至。盖伦有大量医学著作传世,以希腊语书写,涉及解剖学、病理学、心理学、生理学以及临床等诸多领域。2 世纪 60 年代,他在罗马开业并大获声名,得到皇帝马可·奥勒留的青睐。在安东尼疫灾期间,他对病人及病情的观察记录是后世了解那场瘟疫的宝贵史料。

卡西乌斯·狄奥(Cassius Dio)155 年生于小亚细亚的比提尼亚(Bithynia)。出身元老阶层,十六七岁时来到罗马,其父任西里西亚(Cilicia)行省总督其间随行。仕途较为顺利,194 年任大法官,202/203—208 年间,为皇帝塞韦鲁的顾问之一。历经康茂德、佩蒂纳克斯(Pertinax)、塞维鲁、卡拉卡拉、埃拉伽巴尔、塞维鲁·亚历山大(Severus Alexander)等诸帝,223 年后历任阿非利加、达尔马提亚、上潘诺尼亚(Pannonia Superior)诸行省的总督。曾两任执政官,初任执政官的年代颇有争议,米勒认为约在 205—206 年间。第二任执政官在 229 年,与皇帝同任执政官。卡西乌斯·狄奥虽然官居显要,但在政治上并无显著影响。撰有 80 卷的《罗马史》,叙述从罗马起源到 229 年的历史。现存的只有第 36—60 卷以及第 79 卷。拜占庭作家如左那拉斯(Ioannes Zonaras)等保留了一些摘要和简本。和其他用希腊语写作的作家比如阿庇安和阿里安相比,卡西乌斯·狄奥更认同于"罗马人",以罗马人而不是行省人的角度来撰写历史。卡西乌斯·狄奥作为史家的眼界不能算远,读者很难从他的《罗马史》中看出罗马历史发展的趋势。当时帝国面临的一些问题,比如基督教的发展以及北方蛮族压境等等，只有寥寥数语。卡西乌斯·狄奥研究的权威当数米勒的《卡西乌斯·狄奥研究》，此书自1964年初版以来近半个世纪仍是权威著作。①

赫罗狄阿努斯（Herodianus，约170—240），叙利亚安条克（Antioch）人，英文作Herodian，所以也常译为赫罗狄安。用希腊语撰写了一部自马可·奥勒留过世之后的《罗马帝国史》，大量篇幅着墨于公元3世纪的罗马皇帝及皇权更替。长期以来，学术界对作为史家的赫罗狄阿努斯的可信度持怀疑态度，近年来则有较多正面评价，认为他虽然欠缺批判性，但史料丰富，并且较少偏见。

（三）晚期古代作家

罗何巴克尔（David Rohrbacher）在《晚期古代的史家》一书中将晚期古代的史家分为四类：古典化史家（classicizing historians）、简史作家（breviaria）、教会史家（ecclesiastical or church historians）以及辩护史家（apologetic historians）。② 4世纪以后，由于基督教取得合法地位以及与异教之间的争锋，不少史作的立意以及对历史事件的分析导向等明显受作家的宗教倾向的影响。重要的基督教作家包括尤西比乌斯、奥古斯丁、奥罗修斯等，异教作家则以阿米安为代表。但并非所有的史作或其他文学作品都带有基督教或异教的明显印记，也不能说具有基督徒身份的作家的作品就一定明显地带有基督教色彩。比如《罗马君王史》（*Historia Augusta*）以及马克罗比乌斯（Macrobius）的著作就不太容易看出宗教倾向，也没有独立的史料印证作者的宗教倾向。4世纪时文学领域的另一特色是《简史》（*Breviaria*）或《摘要》（*Epitomae*）性质的罗马通史的流行。此类著作多记事简约，鲜有细节或长篇剖析。其通行可能出于当政者和军事将领快餐式教育的需要。其宗教印记也相对不明显。本节以宗教印记是否明显为准绳分三类来简介有关

---

① Fergus Millar, *A Study of Cassius Dio*. Oxford: Clarendon Press, 1964.
② David Rohrbacher, *The Historians of Late Antiquity*. London: Routledge, 2002, p. 11.

作家及其著作。因篇幅的限制，不能包括所有作家。上述罗何巴克尔的《晚期古代的史家》一书可作为了解这一时期史家的入门读物。阿兰·卡梅隆（Alan Cameron）的《罗马最后的异教徒》亦不可错过。①另有众多早期教父及其著作，收录在《基督教尼西亚及后尼西亚教父选集》中（注：第一次尼西亚会议为公元325年召开的基督教公会议，确定了以"三位一体"为核心内容的尼西亚信条）。②

1. 基督教印记明显的作家和著作

拉克坦提乌斯（Lactantius，约240—320）曾任过君士坦丁的长子克利斯普斯（Crispus）的老师。流传下来的主要作品有两部：一部为《上帝的建制》（*Divinae Institutiones*），全书共7卷，先破后立。前3卷嘲弄多神教的荒谬，贬其为伪教。后4卷论证基督教为真正的宗教。在他看来，希腊、罗马的所谓哲学，都不是真正的智慧。人们因为短视以及对世俗的贪恋而堕落到愚蠢与邪恶的境地，还无自知之明。该书引用了大量罗马历史、文学资料，虽是反驳希腊罗马传统信仰之作，却对后世研究罗马的宗教、文学颇有助益。其行文颇有西塞罗之风，杰罗姆曾称拉克坦提乌斯为他同时代人中最能言善辩之人。英文译注本有 Lactantius, Anthony Bowen, and Peter Garnsey. *Lactantius: Divine Institutes*. Liverpool: Liverpool University Press, 2003; 拉克坦提乌斯的另一部作品《论迫害者之死》（*De Mortibus Persecutorum*）列数了罗马史上曾迫害过基督教的皇帝及其死状。

尤西比乌斯（Eusebius, 264—340）开教会史之先河。曾任巴勒斯坦的恺撒里亚（Caesarea）的主教，在4世纪上半叶的教会斗争中颇为活跃。尤西比乌斯同情奥利金的思想，因此常被认为是属于被尼西亚公会（325）谴责的阿里乌斯派异端。主要著作包括用希腊语撰写的《教会史》（*Historia Ecclesiastica*，瞿旭彤译，生活·读书·新知

---

① Alan Cameron, *The Last Pagans of Rome*. New York, N.Y.: Oxford University Press, 2011.

② Philip Schaff, and Henry Wace. *A Select Library of Nicene and Post-Nicene Fathers of the Christian Church: Second Series*. New York: The Christian literature company,1886-1900.

三联书店，2009年）和《君士坦丁传》(Vita Constantini)。尤西比乌斯的《君士坦丁传》属于颂词（panegyric）性质，对君士坦丁大帝多有溢美之辞，体例类似后来流行的基督教圣徒传（hagiography），强调神迹，不能完全作为忠实的人物传记来看。英文译注本见 Averil Cameron, Stuart G. Hall, *Eusebius' Life of Constantine. Introduction, Translation and Commentary*. Oxford: Oxford University Press, 1999。中译本为尤西比乌斯：《君士坦丁传》，林中泽译，商务印书馆，2015年。

奥古斯丁（Aurelius Augustinus，或 St. Augustine，354—430）生于罗马努米底亚的塔加斯特（Thagaste，今阿尔及利亚境内），为基督教的最著名的早期教父、神学家之一。早年曾有过放浪生活并曾崇奉摩尼教。熟读撒路斯提乌斯、西塞罗、维吉尔等古典作家的作品，受新柏拉图主义影响颇深，但不谙希腊文，只用拉丁语写作。曾在米兰教授修辞。387年正式受洗皈依基督教，次年返回努米底亚。395年始任希波城的主教，430年在汪达尔人围攻希波城时逝去。奥古斯丁一生著作甚丰，最有影响的著作有自传性的《忏悔录》(*Confessiones*)，以及为基督教辩护的《上帝之城》(*De Civitate Dei*)（有多个中译本）。《上帝之城》作于413—426年，是为应对阿拉里克洗劫罗马之事而作。奥古斯丁谴责异教徒是灾难的根源，罗马国家的失败在于对"荣耀"（gloria）而非"正义"（iustitia）的追求，异教诸神无法保护罗马世界免遭灾祸、腐败和道德沦丧，异教罗马史无非是一部灾难接着灾难的历史。真正的和平和幸福只存在于"上帝之城"。这部著作对原罪、救赎、末日审判等基本神学问题都有阐述，对中世纪早期的神学发展有极大的影响。

和奥古斯丁熟识的**奥罗修斯**（Paulus Orosius，约385—420）为辩护史（apologetic history）代表人物之一，著有7卷本的《驳异教史》(*Historiarum Adversum Paganos Libri VII*)，是一部从基督徒的角度来叙述罗马历史、传说、地理、外交关系的拉丁文著作。将罗马史纳入了"普遍史"或世界通史（universal history）的轨迹。《驳异教史》的前4卷并不直接进入罗马史正题，而是先回顾巴比伦、马其顿、迦太基的命运,以及罗马与这些前任帝国之间的关系。和《上帝之城》一样,《驳异教史》是对410年罗马之劫的一个回应,论证罗马的遭难并非起源于帝国接受了基督教:早在基督教被接受之前,人类经历了更多更甚的灾难;这便是奥罗修斯为基督教而辩的角度。

2. 非基督教作家

阿米安(Ammianus Marcellinus,阿米阿努斯·马凯利努斯,这里采用了中文常用的译名"阿米安")是罗马帝国最后一位大史家,可能出生于叙利亚的安条克,生年不详,但其作品中提到357年时他正值青年,卒于395年。虽然安条克是以希腊文化为主导的城市,但因为是晚期帝国重要的行政和军事中心之一,所以拉丁语也占有重要地位。而阿米安的《史记》(*Res Gestae* 或 *Rerum gestarum libri*)正是用拉丁文写成。在风格和文体上,阿米安以塔西佗为范例,并以塔西佗《历史》的终点为自己《史记》的起点。在《史记》的结尾,阿米安写道:"我是个军人,也是个希腊人,尽我所能写下了自涅尔瓦至瓦伦斯(Valens)之死的事迹,从未刻意删略篡改史料。"从多种意义上来说,这部著作体现了希腊和拉丁文化的交融。现存的《史记》只有第14—31卷,涵盖了353年至378年晚期帝国的历史。由于阿米安历经君士坦提乌斯二世、尤利阿奴斯、约维阿努斯(Iovianus)、瓦伦提尼努斯(Valentinianus)、瓦伦斯、狄奥多西六帝,其著作包括了对诸多(基督教以及非基督教)皇帝的评价。由于阿米安并非基督教徒,所以他的著作也是了解异教贵族对帝国基督教化的反应的宝贵资料。"背教者"尤利阿奴斯皇帝是阿米安心目中的英雄,阿米安对其着墨最多,用了整整5卷(卷20—25)浓墨重彩地勾画尤利阿奴斯短短数年的皇帝生涯。此外,因为阿米安有实战经验,所以著作中有大量关于攻城略地、军事装备、战争场面、敌情侦查、外交交涉的细节描写。有关萨珊波斯的阿米达(Amida)之战、尤利阿奴斯波斯远征的失利、亚德里亚堡(Hadrianopolis)之役的描述等等是研究军事史和欧洲民族史的重要史料。研究阿米安的重要专著有马修斯(John Matthews)所著《阿米安的罗马帝国》，① 国内有晚期古代专家叶民著《最后的古典：阿米安和他笔下的晚期罗马帝国》（天津人民出版社，2004年）。

尤利阿奴斯（Iulianus，332—363，也常译为"朱利安"）虽然受过基督教教育，但为更传统的多神教以及新柏拉图主义所吸引。361年，尤利阿奴斯成为唯一的皇帝之后，便公开支持异教。阿米安所仰慕的这位皇帝本身也是位多产的作家。尤利阿奴斯学识渊博，一心光大希腊文化，用希腊语这个哲人的语言写作，其流传下来的作品不拘题材，包括颂文、辩文、神学论文、讽刺散文、书信集等等。著有《反基督徒》（*Adversus Christianos*），虽不曾传世，但可以在亚历山大里亚的西里尔（Cyril）的驳文中见到其核心论证。尤利阿奴斯的著作是了解4世纪下半叶异教与基督教关系、皇帝与城市之间的关系，以及罗马政治文化的宝贵史料。

利巴尼乌斯（Libanius，314年—约393）为叙利亚的安条克人，推崇尤利阿奴斯皇帝，但对基督教持同情态度。利巴尼乌斯在当时是远近闻名的学者，交游广泛，其朋友和门生中既有异教徒也有基督教徒。利巴尼乌斯是位多产的作家，现存的作品包括64篇演说词，1600篇通信，是研究4世纪帝国东部城市，尤其是精英阶层社会、文化、政治生活的重要资料。

佐西莫斯（Zosimus，5世纪晚期）用希腊语撰写了6卷本的罗马帝国史，称为《新史》（*Historia Nova*），始于奥古斯都，终于410年西哥特人的罗马之劫。是研究395—410这段多事之秋的重要史料。佐西莫斯痛惜帝国衰落。作为非基督教徒，他将帝国的灾难归咎于对于传统"异教"神祇的冷落。已有中译本：《罗马新史》，谢品巍译，上海人民出版社，2013年。

3. 宗教印记不明显的著作

Historia Augusta 字面的意思是《皇史》，也常称为 *Scriptores Historiae*

---

① John Matthews, *The Roman Empire of Ammianus*. Baltimore: Johns Hopkins University Press, 1989.

Augustae，这两个标题都来自后世，原文并没有标题。从表面上看，这是一部从皇帝哈德良（117—138 在位）到卡里努斯（Carinus，283—285 年在位）的罗马皇帝（包括篡位者）的传记集。内容分为两组：第一组献给戴克里先（284—305 年在位），有 4 位作者；第二组献给君士坦丁一世，有 2 位作者。但近现代的学者对《皇史》的作者、成书年代及目的多有争议，对其史料价值多持怀疑态度。1889 年，德国学者赫尔曼·德绍（Hermann Dessau）撰文论证《皇史》实际上为同一作者所著，所谓的 6 位作者纯属虚构。① 近来利用计算机对该书所进行的拉丁语文字风格分析也得出相同的结论。② 《皇史》发明了 mythistoricus 一词，意思是在神话与历史之间，混杂着虚构故事的历史。这部作品，尤其是后半部分，作为人物传记极不可靠，包括了许多杜撰生造的信息，杜撰了大量官方文件和皇帝书信，并无中生有地虚构了多位执政官。此外，年代多有错乱，一些 4 世纪的人物与事件竟出现在 3 世纪。资料来源包括马利乌斯·马克西姆斯（Marius Maximus）、赫罗狄阿努斯等的史作以及一些已失传的传记及帝国历史。③ 对有些学者如爱德华·吉本而言，《皇史》是对苏维托尼乌斯《罗马十二恺撒传》的拙劣模仿，充斥奇闻轶事，而缺乏历史的灼见。从文笔上说，《皇史》行文平淡，文学价值不高。20 世纪中期以来，罗纳德·塞姆等学者强调这部作品的玩笑讽喻性，认为它主要目的在于娱乐。④ 另有学者认为《皇史》的目的在于攻击基督教：尽管该书第二部分献给支持基督教的君士坦丁一世，但该书对传统多神教元老贵族持同情态度。至于该书的成书年代，学者意见仍不统一，但多倾向于认为其成书于 4 世纪晚期而非 4 世纪早期。中译本埃利乌斯·斯巴提亚努斯等：《罗马君王传》，谢品巍译，浙江大学出版社，2017 年。

---

① H. Dessau, "Über Zeit und Persönlichkeit der S.H.A.," *Hermes* 24 (1889), pp. 337-392.

② I. Marriott, "The Authorship of the Historia Augusta: Two Computer Studies," *JRS* 69 (1979), pp. 51-64; D. Sansone, "The Computer and the Historia Augusta: a Note on Marriott," *JRS* 80 (1990), pp. 174-177.

③ T. D. Barnes, *The Sources of the Historia Augusta*, Collection Latomus vol.155, Brussels, 1978.

④ Ronald Syme, *Historia Augusta Papers*. Oxford: Clarendon, 1983.

尤特罗庇乌斯（Eutropius，约320—387）的《罗马国史大纲》（*Breviarium ab urbe condita*，或称 *Breviarium historiae Romanae*），可能是受命于皇帝瓦伦斯而作，简述自罗马建城至364年皇帝约维阿努斯之死的罗马政治、军事史。其主要史料来源包括李维的《建城以来史》以及一部失传的所谓《皇史》，即所谓的"恩曼皇史"（Enmann's Kaisergeschichte），因由德国学者恩曼（Alexander Enmann）所提出而得名。1884年，恩曼对包括奥勒留·维克多的著作、尤特罗庇乌斯的著作以及《皇史》在内的多部晚期古代的历史著作进行了比较，并发现它们存在的非常多的相似之处，恩曼据此推测它们可能使用了同一部著作为主要史料来源。可因（A. Cohn）也独立得出类似结论。① 这个观点为大部分的罗马史学家所接受，但古代作家都没有提到过这部著作。塞姆认为这部所谓《皇史》一定质量不高，因为奥勒留·维克多和尤特罗庇乌斯都"沿袭"了它的许多错误。

虽然尤特罗庇乌斯并非出身元老阶层，但他的《罗马国史大纲》对元老阶层持同情态度。这部著作虽然原创性不是很强，但影响不可低估。这部用拉丁文写成的作品在其成书后不久就被译成希腊文，而且对后来的"异教"罗马史家如阿米安以及教会史家，如圣杰罗姆、圣奥古斯丁以及比德（Bede）等，都有影响。其文字虽无西塞罗的华丽风采，但简约明朗，在中世纪的拉丁语教育中，《罗马国史大纲》被采用为教科书。中文有谢品巍的译本（上海人民出版社，2011年）。

奥勒留·维克多（Aurelius Victor，约320—390）著有一部简短的《罗马皇帝》（*de Caesaribus*），叙述从奥古斯都到尤利阿奴斯的罗马史。奥勒留·维克多强调历史的"垂训"功能。在文风上多效仿撒路斯提乌斯和塔西佗，文笔常流于雕琢和晦涩，并因此而流传不广，远不如上述尤特罗庇乌斯的《罗马国史大纲》受欢迎。

马克罗比乌斯（Macrobius，生于约390）著有对西塞罗的评论，以

---

① 关于"恩曼皇史"的来龙去脉的综述，可见 David Rohrbacher, "Enmann's 'Kaisergeschichte' from Augustus to Domitian," *Latomus* 68.3 (2009), pp. 709-719。

及《农神节对话》(*Saturnalia*)，后者包括一系列关于宗教、哲学、幽默以及诗人维吉尔的对话。学者们对马克罗比乌斯是异教徒还是基督教徒看法不一。

希多尼乌斯·阿波里那里斯（Sidonius Apollinaris，约430—485）生于高卢的Lugdunum（今法国里昂），曾在罗马担任多个公职，包括罗马城督（*praefectus urbi*）等。470年任克莱蒙（Clermont）主教。现存有24首诗，以及8卷本的书简。不但是研究公元5世纪的宝贵资料也是研究罗马文学发展史的重要资料。他虽然是基督徒，但作品中包括大量和早期罗马文学的互文，维持着相当高的文学水准。

二 文书史料

除了古代作家所留下的文学史料之外，罗马研究还利用大量的铭文（inscriptions）、纸草文献（papyri）、钱币、法律以及考古资料，这一节简要介绍这些文书史料（documentary sources）的特征、价值和参考书目。铭文学（epigraphy）、纸草学（papyrology）、钱币学（numismatics）常被称为辅助学科（ancillary disciplines），但是这些史料的价值远远不止于"辅助"我们对罗马史的了解，作为罗马文化、政治、宗教的媒介乃至重要的参与手段，碑铭、纸草文书、钱币本身就是罗马史的有机组成部分。

（一）铭文

铭文指刻在石材、金属等耐用材料上的文字，所以研究铭文的学科在中文里也常被称为金石学。罗马世界留下了大量的各类铭文，其内容极其广泛，包括法律文书、皇帝圣谕、元老院决议、行省总督的敕令、年历及各类年表（fasti，如执政官年表《Fasti consulares》、凯旋年表）、来自官方或私人的歌功颂德的文字（honorific inscriptions）、许愿还愿的记录（votive inscriptions）、修建建筑物的记载、里程碑、士兵退役证书，以及长短、风格各异的墓志铭。希腊、拉丁铭文研究的重点总的来说不在其书法的审美情趣或艺术价值方面，而多集中在铭文整体（包括文字、碑形、发现地点等）作为史料的价值。罗马城市发展史、社会关系、家庭婚姻史、族谱学（prosopography）、姓名学、军事史、经济形态及下层人士的生活等诸多领域的发展都依赖于铭文所提供的宝贵资料。

一些重要的历史文件，比如奥古斯都的《功业录》（Res Gestae，也常称为奥古斯都《自传》）以及戴克里先所颁布的《最高限价敕令》仅以铭文形式得以保存。而有些铭文和文学史料形成对比。比如1528年出土于高卢的一块铜碑（Tabula Lugdunensis）①，记载了皇帝克劳狄在元老院中的发言，当时讨论的议题是高卢人是否有资格进入元老院，克劳狄持支持的态度。这场辩论发生在公元48年，塔西佗《编年史》11.23-24中也描述了元老院中对这个议题的讨论，并且包括了克劳狄的"发言"。然而，对照里昂铜碑上的文字和塔西佗笔下的克劳狄的演说，虽然两者在支持行省公民进入元老院这一点上是共同的，但是我们可以明显地看到这两个版本在表述上、所使用的例证，以及论证过程有许多不同之处。假如只有塔西佗的版本存世，我们会以为那就是克劳狄的实际发言，然而里昂铜碑让我们看到塔西佗按照自己的理解来塑造人物的需求，大幅改动了克劳狄的发言，虽然总的结论未变，但克劳狄发言的遣词造句、整体节奏、论证的过程和例证等等，都被修改了（亦见本章"文学史料概况"一节）。② 这并不是因为塔西佗没有见过原文，因为作为元老院成员，他可以读到元老院会议记录。而他的改动正是在克劳狄发言的基础上所进行的：塔西佗的版本更为精练，更接近自己的风格，而克劳狄却更为学究气，从罗马的王政时代开始论证罗马一直吸纳外人，有些王甚至是外邦人；克劳狄多处提到和自己有关的人物，证明非意大利人也有优秀之人，比如他的代理人路奇乌斯·维斯提努斯（Lucius Vestinus），来自（今法国东南的）维埃纳，塔西佗的版本中把这些人物去除了。类似的改动还有不少。这些对比不

---

① *CIL* XIII 1668 = *ILS* 212.

② K. Wellesley, "Can You Trust Tacitus?" *G &R* 1.1 (1954), pp. 13-33; N. P. Miller, "The Claudian Tablet and Tacitus: a Reconsideration," *Rh. Mus.* 99.4 (1956), pp. 304-315; M. T. Griffin, "The Lyons Tablet and Tacitean Hindsight," *CQ* 32.2 (1982), pp. 404-418.

但让研究者更清楚地洞悉塔西佗的撰史策略，也给研究者提供了一个不可多得的案例，来探讨历史学家所处时代政治生活如何影响他对过去的叙述和构建。塔西佗的创作期是在2世纪图拉真和哈德良统治时期，而图拉真是第一位出身行省、来自西班牙的皇帝。正如塞姆所说："塔西佗撰史的时候，来自说拉丁语的（帝国）西部的殖民者和行省人占据着皇帝的位置。"[①] 所以塔西佗的版本和半个多世纪之前克劳狄的原版在构建"我们"和"他们"之间的关系上切入点有不同，很大程度上或许也是因为他们的受众发生了变化。塔西佗的版本重点在罗马历史上，曾经的敌人和被征服的族群获得了罗马公民权，并通过风俗、文化和婚姻关系与"我们"混合了。[②] 这一条是克劳狄原版中没有明确指出的，也就是说风俗、文化和婚姻让所谓的"他们"变成"我们"。

出土于西班牙的几部弗拉维时代的《市政法》残篇为理解行省的城市行政管理提供了独特的视角。其中1981年出土的伊尔尼法（*Lex Irnitana*，公元91年），20世纪90年代初同样出土于西班牙的《元老院关于老皮索的决议》（*Senatus Consultum de Cn. Pisone Patre*，公元20年）则促使罗马史学家重新审视塔西佗的相关记载，推进了对于早期元首制的理解。[③]

除了这些具有独特史料价值的重要铭文之外，地中海世界数目最多的一类铭文是墓志铭，虽然大部分看上去简短、单调重复，但有助于社会下层、家庭关系、婚姻状况、人口构成、年龄结构等人口学、社会学方面的专题研究，极大地补充了文学史料的不足。在行省、地方城市、军事、社会经济研究方面，铭文至关重要。诸如以弗所税碑

---

① Ronald Syme, *Tacitus*. Oxford: Clarendon Press, 1958, vol. 2, p. 624.

② Alexander Yakobson, "Us and them: Empire, memory and identity in Claudius' speech on bringing Gauls into the Roman Senate," in D. Mendels (ed.), *On Memory. An Interdisciplinary Approach*. Oxford: Peter Lang, 2007, pp. 19-36.

③ 关于这个铭文的有关书目及分析，参见熊莹：《"除名毁忆"与罗马元首制初期的政治文化——以公元20年的皮索案为例》，《历史研究》2009年第3期；《罗马〈审判老皮索的元老院法令〉译注》，《古代文明》2012年第2期；John B. Lott, *Death and Dynasty in Early Imperial Rome: Key Sources, with Text, Translation, and Commentary*. Cambridge: Cambridge University Press, 2012。

(*Monumentum Ephesenum*)这样的资料,对于了解行省和整个地中海世界的货物流通、贸易成本等都是不可多得的史料。①

需要特别指出的是有一些铭文的文字文学性很强,有的铭文以韵文写成,和文学作品之间存在着互动,②根据铭文中所引用的诗行还可以帮助校订古代诗作的文本。③

自蒙森编纂《拉丁铭文大全》(*Corpus Inscriptionum Latinarum*)以来,拉丁铭文学已成为罗马研究中的重要组成部分。然而,铭文的作用也绝非仅仅为研究提供辅助资料,它们本身也是参与罗马世界政治、文化构建的重要方式。比如,双语或多语铭文是身份构筑的重要方式。铭文的价值也逐渐为国内学者所重视。比如宋立宏指出,铭文为研究罗马史提供了"更宽广的视角","作为非文献材料的重要组成部分,铭文有自己形式上的特点。铭文主要是给公众看的,因而具有公共性,这使它有别于纸草,后者主要是私人书信和契据的载体。为了吸引公众目光,铭文讲究表达方式,以致有学者主张用文献考证的方法将铭文放在当时的语境中细加审视。④此外,铭文还讲究视觉呈现形式,它们或依附于宏伟壮观的纪念性建筑,或在周围饰以图纹和带有特定含义的文化符号。这样,铭文又构成考古背景的一部分,兼具文字性和纪念性的特点,是沟通文献和考古遗迹的桥梁。可见,较之其他非文献材料,铭文的研究价值是显而易见的。"⑤

---

① M. Cottier, Michael H. Crawford, C. V. Crowther, J.-L. Ferrary, Barbara Levick, O. Salomies, and M. Wörrle (eds.), *The Customs Law of Asia*. Oxford: Oxford University Press, 2008.

② Peter P. Liddel and Polly Low (eds.), *Inscriptions and Their Uses in Greek and Latin Literature*. Oxford: Oxford University Press, 2014.

③ 比如,吉安马可·比安基尼(Gianmarco Bianchini)追踪铭文中的奥维德诗句引文来协助判定校勘本中的奥维德文本是否确切,比如《奥维德文本的碑铭传承:初探两例》,曾毅译,见刘津瑜主编:《全球视野下的古罗马诗人奥维德研究前沿》(上卷),北京大学出版社,2021年。

④ Fergus Millar, *Rome, The Greek World, and The East*, vol.1: The Roman Republic and the Augustan Revolution. Chapel Hill: The University of North Carolina Press. 2002, pp. 39-81.

⑤ 中文学界对碑铭的重视和运用程度近20年来明显增加,综述性的文章见宋立宏:《古代的犹太铭文》,《历史研究》2005年第6期,第147—159页;吴靖远:《简谈西方古典学铭刻研究的若干发展与挑战》,《古典与中世纪研究》2020年第2辑。近期研究型的文章,见熊莹:《从庞贝新发现墓志铭看庞贝城最后岁月里的地方政治》,《世界历史》2020年第4期,第115—133页。

铭文学是一门专业性、技术性很强的罗马研究分支,在解读铭文方面,难点或者重点有以下 4 点:

1. 技术上的难点

(1)铭文中大量使用缩略语,有不少缩略语的意思已经有清楚的解释,但是还有不少存在着争论。比如,不少铭文以 DM 开头,是 Dis Manibus(致死者亡灵)的缩写,后面常接死者名字的属格或予格,这是典型的墓志铭标志,甚至在基督教时代也曾继续沿用。墓碑上的常用缩写还包括:TTLS(Terra tibi levis sit),"愿泥土将你轻埋";VF(vivus fecit),"生前所建";TFI(Testamentum fieri iussit),"遵遗嘱而建"(字面的意思是"遗嘱命建");等等。但并不是所有的缩略语的解读都有定论。(2)不少铭文都有损毁,铭文残篇的修复有的很简单,但更多的需要费时费力。铭文没有标点符号,学者们在如何断句上经常观点不一。(3)许多拉丁铭文都没有年代,所以在断代上十分不易,学者们依据石碑的风格、拼写及语法、习惯用语、姓名学等估计年代,但常常无法精确到 100 年内。这是铭文学领域最大的挑战之一。

2. 铭文作为史料也有其自身的局限性

(1)树碑刻字需要花费,并不是任何人都能负担所需的费用。铭文里所展示的世界虽然比文学、文献史料广阔得多,但是同样排除穷人。(2)铭文作为一种文化现象有其盛衰起落,麦克莫兰的重要论文《铭文习俗》("Epigraphic Habit")对此有详细阐述。总的来说,1 世纪以前的铭文数量较少,2—3 世纪铭文的数量达到了高峰期。也就是说,假如某一种历史现象在 2—3 世纪时在铭文中有许多记录,而在 1 世纪或 4 世纪时只有很少的铭文记录,研究者并不能据此就得出结论说这种历史现象在 1 世纪或 4 世纪时不重要。[1]

---

[1] S. Mrozek, "A propos de la répartition chronologique des inscriptions latines dans le Haut-Empire," *Epigraphica* 35 (1973), pp. 113-118; Ramsey MacMullen, "The Epigraphic Habit in the Roman Empire," *AJP* 103 (1982), pp. 233-246.

铭文的使用作为一种有意识的文化选择，相继发表在《罗马研究杂志》上的三篇论文深化并拓展了这一观点。① "铭文文化""铭文意识"不但具有时间分配上的不均衡性，在不同地区、不同阶层间也存在着数量不均的情况，表现形式也不尽相同。此外，晚期古代的铭文现象与早期罗马的铭文习俗有相当大的区别，在所谓的"铭文的第三时代"（la terza età dell'epigrafia / the third age of epigraphy），② 铭文的地区性变化十分不均，在帝国西部和小亚细亚，铭文的产出明显减少，然而在近东地区，铭文的数量却呈上升趋势；与此同时，一个十分普遍的现象则是对早期帝国铭文的再利用。无论是用新的铭文覆盖旧铭文，还是迁碑，都对碑铭研究者造成挑战；铭文展示的地点也经历了转变，教堂内部成为铭文展示的重要场所。

3. 解读上的难点

铭文不仅仅是信息载体，也是塑造公众形象的媒介，因此铭文倾向于展示最"正面"的形象，而掩盖或忽略不希望为人知的一面。从这个方面来说，铭文并不比文学史料更加客观，而是有其自身的片面性和主观性。碑中所列举某人的美德是不是他（她）的真实写照？这个问题我们通常无法回答，因为成千上万铭文中所出现的人物只存在于这些铭文中，再无其他史料可用来交叉求证。

4. 铭文的发表有选择性和延迟性

地中海许多国家的博物馆和私人收藏品中还有大量未编辑未发表的铭文，所以任何以铭文为主要史料的研究都很容易"过时"。不但如

---

① J. C. Mann, "Epigraphic Consciousness," *JRS* 75 (1985), pp. 204-206; Elizabeth A. Meyer, "Explaining the Epigraphic Habit in the Roman Empire: The Evidence of Epitaphs," *JRS* 80 (1990), pp. 74-96; Greg Woolf, "Monumental Writing and the Expansion of Roman Society in the Early Empire," *JRS* 86 (1996), pp. 22-39; Henrik Mouritsen,. "Freedmen and Decurions: Epitaphs and Social History in Imperial Italy," *JRS* 95 (2005), pp. 38-63.

② Angela Donati, *La Terza Età Dell'epigrafia*. Faenza: Lega, 1988; Katharina Bolle, Carlos Machado, Christian Witschel (eds.), *The Epigraphic Cultures of Late Antiquity. Heidelberger Althistorische Beiträge und Epigraphische Studien 60*. Stuttgart: Franz Steiner Verlag, 2017.

此，不少早期的重要出版物，比如《拉丁铭文大全》等，厚重庞大，虽然"索引"非常详细、丰富，但搜索和查询十分费时费力，而且没有图片，有不少石碑出处不明或记载不祥，从而对学术研究造成了一定的困难，值得庆幸的是这些不足正在逐渐得到纠正，新发表的铭文集和数据库通常附有高清晰度的图片，并且可以模糊搜索（见本书附录一）。

有关铭文学的入门读物主要有如下几种：戈登夫妇（Arthur E. Gordon and Joyce S. Gordon）所著的《有纪年的铭文图片集》（4卷本）及《拉丁铭文图解介绍》。① 这两套书都附有大量图片，特别适于练习阅读铭文。戈登夫妇对刻字的技术和风格很有研究，所以他们的讲解对于理解拉丁铭文的字形、风格变化助益匪浅。凯毕（L. Keppie）所著的《理解铭文》以及博戴尔（J. Bodel）所编的《铭文证据》则更侧重如何有效使用铭文来进行历史研究，在使用铭文方面需要注意哪些问题。② 较新的大全式参考书为2012年出版的《剑桥拉丁碑铭手册》以及2015年的《牛津罗马碑铭指南》。③

（二）纸草文书

纸草（又称为莎草纸、草纸）文书指书写在纸草这种材料上的文字，分艺文经籍类和文书类。艺文经籍类经常贡献新的古希腊罗马文学残篇，可以纠正或比照传世的文学著作。文书类则包括诸如各种法令、文告、契约、书信、诉状、账单、收据等等，涵盖政府管理、官司诉讼、乡亲邻里、婚姻家庭、饮食起居等社会生活的方方面面，为

---

① Arthur E. Gordon and Joyce S. Gordon, *Album of Dated Latin Inscriptions*. 4 vols. Berkeley: University of California Press, 1958-1965; *An Illustrated Introduction to Latin Epigraphy*. Berkeley: University of California Press, 1983.

② L. Keppie, *Understanding Roman Inscriptions*, Baltimore: University of Johns Hopkins Press, 1991; J. Bodel, *Epigraphic Evidence. Ancient History from Inscriptions*, Routledge, 2001; 中文介绍性的文章，参见冯定雄：《拉丁铭文与罗马史研究》，《求索》2007年第5期，第224—227页。

③ Alison Cooley, *The Cambridge Manual of Latin Epigraphy*. Cambridge: Cambridge University Press, 2012; Christer Brunn, and J C. Edmondson (eds), *The Oxford Handbook of Roman Epigraphy*. Oxford University Press, 2015.

了解古代社会提供难得的资料。研究纸草文书的学科称为纸草学。由美国学者罗杰·巴格诺尔所著，宋立宏、郑阳翻译的《阅读纸草，书写古史》（上海三联书店，2007年）一书系统介绍纸草学的历史发展以及在历史研究方面的重要性，是纸草学的入门读本。除了巴格诺尔的原文之外，宋立宏还附有老普林尼关于纸草制作过程的介绍。此外，宋立宏在《博览群书》2006年第12期曾发表译后记《说纸草》，对"纸草"的起源及历史意义做了介绍性阐述。巴格诺尔所编纂的《牛津纸草学手册》则汇集了目前世界上最重要的一批纸草学家，每人各负责一个专题。① 共收27篇文章，向读者介绍纸草文书的发现、维护、内容范围及解读使用方法等等。其中有3篇文章专门介绍如何解读文书中常用的缩略语、纪年、货币单位、度量衡、人物志，以及现有纸草文书的档案分类状况。虽然大部分纸草文书来自干燥的埃及，但西亚和意大利也发现许多相当重要的纸草材料。书中有专门一章介绍赫库兰尼姆（Herculaneum）的纸草材料。这个城市位于意大利南部，和庞贝城一样在公元前79年由于维苏威火山爆发而毁于一旦。另有其他章节介绍近东所发现的纸草文书。

现存的纸草文献以埃及最为丰富。这就为罗马史学家带来了一个问题，即我们从纸草文书中得到的信息是只适用于埃及还是可以用以类推来了解整个罗马帝国呢？这也就涉及埃及作为一个罗马行省的独特性及典型性的问题。在历史背景、行政律法、语言文化传统和社会经济方面，埃及确实具有一定的特殊性。在击败安东尼和克娄巴特拉之后，奥古斯都保留了埃及的许多文化特征，比如宗教神祇以及希腊语作为主导官方语言的地位，并对亚历山大里亚表示仰慕尊重。埃及人口众多，又是出产粮食的重地，奥古斯都既垂涎埃及的资源，又害怕它被别有用心的人所利用，因此对埃及的行政与经济进行了严格的控制。埃及的地位彻底地发生了变化，从一个独立王国变成了奥古

---

① Roger Bagnall (ed.), *The Oxford handbook of papyrology*, Oxford: Oxford University Press, 2009. 有关纸草学家的介绍，请参见 Mario Capasso (ed.), *Hermae: Scholars and Scholarship in Papyrology*，目前已出两卷（Vol. I & II, Pisa/Roma, 2007 & 2010）。

斯都的"私产",之所以这么说,是因为奥古斯都牢牢地控制了埃及行省总督的任命权,总督只能来自骑士阶层。非但如此,据卡西乌斯·狄奥《罗马史》第51卷第17节记载,奥古斯都规定,未经他的允许,任何元老不得踏足埃及土地,而任何埃及人也不得晋升罗马元老。在财政经济方面,奥古斯都延续了托勒密时代的"皇家私库"(idios logos,也写作 Idioslogos),这个部门的主管也由骑士担当,直接对皇帝负责,不隶属于行省总督,主要负责除税收以外的其他归皇室的收入,比如罚金、充公的财产、无主的财产等。2世纪的一份纸草文书收集了历年来的规定,是研究罗马时代埃及的重要史料。在社会结构方面,罗马人的到来改变了原先的等级划分。在罗马帝国初期,埃及居民按法律地位分为四种:罗马人指罗马公民,希腊人指四个城市的公民,犹太人得到区别对待,除这些人以外的人都是"埃及人"。这就意味着在托勒密王朝时代享有特权的一些群体风光不再。刘易斯(Naphtali Lewis)在讨论罗马治下埃及社会对各色人等的重新定位时引用李维的精练评价:"马其顿人如今已堕落到'埃及人'的地位上了。"[①] 罗马在埃及的官方基本政策是高低上下有序,并限制各族群、各等级之间的经济、婚姻往来。这一点在《皇家私库管理规章》的一些条款中反映得很清楚:

>(第8条)如果在罗马遗嘱中加入"我用希腊语所作的任何遗赠都是有效的"这样的条款,这是无效的,因为罗马人不得用希腊语写遗嘱。
>
>(第18条)先皇维斯帕芗规定:希腊人委托给罗马人的遗产,或罗马人委托给希腊人的遗产都必须充公。告发此类遗赠的人赏财产的一半。
>
>(第23条)罗马人不得与他们的姐妹、姨母或姑母通婚,但可与兄弟的女儿结婚。前任的一位长官帕尔达拉斯(**Pardalas**),没收了姐弟兄妹通婚者的财产。

---

① Naphtali Lewis, *Life in Egypt under Roman Rule*, Oxford: Clarendon Press, 1983, p. 31.

（第 38 条）母亲是希腊人的人身份为埃及人，但可以继承父母双方。

（第 39 条）如果罗马人与城市希腊人或埃及人结婚，子女身份随父母身份较低的一方。

（第 52 条）罗马人与埃及人不得通婚。

（第 56 条）如果有士兵在退役之前冒充罗马人，罚交四分之一的财产。①

正因为埃及作为一个行省具有其独特性，学者们在埃及纸草文书所提供的信息是否具有普遍性上多有争议。近年来，以多米尼克·拉斯伯恩（Dominic Rathbone）及罗杰·巴格诺尔等为代表的古代史学家倾向于认为不能过分强调埃及的特殊性，埃及纸草文书可以帮助我们了解罗马帝国在行政、社会和经济领域的一些普遍原则。

值得注意的是用来制造纸草的水生植物也绝非埃及独有。西西里岛的叙拉古城有一个小型纸草博物馆。纸草文书上的语言也并不局限于希腊文。埃及语俗体（demotic）、科普特语（coptic）、拉丁语、希伯来语以及阿拉米语的纸草文书也不容忽视。美、法、德、意、荷、比、英、埃及、以色列等国都有研究纸草学的基地，各国研究机构及学者间相互之间紧密合作，并积极采用计算机技术及信息系统。纸草学研究的技术日新月异，比如，用光学散射原理及借助专门的仪器，学者们现在可以研读以前用肉眼无法识读的纸草文书。

常与纸草归入一类的文献还有陶片②、（羊）皮纸及木板文书，这几类文书有相对统一的编目体系，详见《希腊、拉丁、俗体、科普特纸草、陶片以及木板文书清单》。③ 这个清单列有所有合集的书目，并推

---

① Naphtali Lewis, *Life in Egypt under Roman Rule*, pp. 32-33; Naphtali Lewis and M. Reinhold, *Roman Civilization*: vol. II: Selected Readings, The Empire. Third edition, New York: Columbia University Press, 1990, pp. 298-302.

② Caputo Clementina and Julia Lougovaya (eds.), *Using ostraca in the ancient world: New discoveries and methodologies*. Materiale Textkulturen, 32. Berlin; Boston: De Gruyter, 2020.

③ *Checklist of Greek, Latin, Demotic and Coptic Papyri, Ostraca and Tablets*: http://scriptorium.lib.duke.edu/papyrus/texts/clist.html.

行标准化的简称。比如，P. 和 O. 分别代表纸草和陶片文书。密歇根大学所收藏的纸草发表于《密歇根纸草集》（*Michigan Papyri*）中，英文缩略为 *P.Mich.*，其第一卷第一篇为 *P.Mich.* I.1，其他依此类推。

（三）罗马法

罗马法保留在古代作家的摘引、罗马法学家的专著、法典、铭文以及纸草文书之中。罗马最早的成文法为公元前5世纪的《十二表法》，但原文已散失，一些条文或残篇保留在古代作家的文章及《查士丁尼民法大全》中。西塞罗的《论题术》（*Topica*）收编过罗马历史上的法律条文和观点。但真正意义上的法学家的全盛时期在2—3世纪。法学家的影响不仅仅在学术上，他们的观点可以通过不同途径直接变成法律。有些法学家是皇帝的顾问，对皇帝的判决有直接影响。最有权威的法学家包括帕皮尼安（这是常用的译名，据英文名 Papinian 而来；拉丁原名为 Papinianus，帕皮尼亚努斯）、保罗（Paulus）、盖尤斯（Gaius）、乌尔皮安（据英文名 Ulpian 而来；拉丁原名为 Ulpianus，乌尔庇阿努斯）以及莫代斯蒂努斯（Modestinus）。法学家盖尤斯活跃于2世纪60年代，传世之作是《法学阶梯》（*Institutiones*），是一部介绍性的教科书。[①] 盖尤斯对法律的分类为后世所遵循。426年的法律援引法（*lex responsis prudentium*）肯定了这些法学家的权威，并澄清在使用法学家观点方面的基本原则：如果这几位法学家的观点一致，则遵循他们的观点；假如意见不同，则以帕皮尼安为准。这些法学家所引用的其他法学家的观点也同样有权威。假如对这些法学家某一案例没有发表过意见，法官判案时可自行决定。

数百年间，罗马并没有编纂法典的传统。《十二表法》本身并不是严格意义上的法典，而是习惯法的记录。[②] 在《十二表法》之后直到3世纪末4世纪初后才有真正意义上的法典出现。公民大会所通过

---

① 中文有黄风的译本（中国政法大学出版社，1996年）。

② 徐国栋：《〈十二表法〉研究》，商务印书馆，2019年。

的法律、(帝国时代)元老院决议、法学家的观点、皇帝的谕令、大法官的决定等都是法律来源，数目庞大，观点纷杂，难以查阅，所以罗马法在实际运行上充满挑战。值得注意的是在212年"卡拉卡拉敕令"之前，罗马法的很多方面并不适用于整个罗马世界，许多城市和地区，尤其是罗马公民不占主导的地区，保留了自己的传统。法典的编纂则出现于罗马公民权普遍授予罗马世界的居民之后。已知的最早法典《格里高利法典》(*Codex Gregorianus*) 和《赫莫根尼法典》(*Codex Hermogenianus*)可能编纂于戴克里先时代，一直沿用到查士丁尼时代，但原典已不复存在。① 现存的罗马法典有两大部：《狄奥多西法典》和查士丁尼的《民法大全》。429年，罗马皇帝狄奥多西二世下令汇编君士坦丁大帝以来的罗马皇帝敕令。起初的目的是为了便利学术研究，所以即使是废弃了的法令也可被选入法典。这项浩大的工程历经10年左右完成，其间在资料选取编辑方面多有讨论，但总的来说以选取具有普遍性的法律为取舍准则。438年正式发表的《狄奥多西法典》包括了3500篇法律条文，现存2700篇。此时的罗马帝国，基督教成为国教已经40余年。值得注意的是，《法典》本身虽有相当一部分关于摒除"异教"的条文，但整体的基调并非基督教。由于当时东、西罗马处于分治状态，这部法典具有浓厚的政治意义，即汇合帝国东、西两部分的法律体系。值得注意的是，有不少条文经过删减，背景不清，日期也经常有差池。尽管存在着这些缺陷，《狄奥多西法典》对研究4世纪至5世纪上半叶罗马法的发展、帝国的行政管理以及帝国基督教化有着极大的价值。6世纪上半叶，罗马帝国皇帝查士丁尼指派了一个由法学家组成的编委会负责整理汇编仍然有效的法律条文，陆续发表了三部汇编：《查士丁尼法典》(*Codex Iustinianus*) 收集了皇帝敕令；《学说汇纂》(*Digesta*, 又译《法理会要》)包括各种法律以及历代罗马法学家的观点选摘；②

---

① 较新的研究有 Serena Connolly, *Lives Behind the Laws: the World of the Codex Hermogenianus*. Bloomington, Ind: Indiana University Press, 2010。

② 英译本有 Alan Watson 主编的 *The Digest of Justinian*. Philadelphia: University of Pennsylvania Press, 1985（拉英对照本）以及1998年无拉丁文的英文修订本。

《法学阶梯》(*Institutiones*)为罗马法教材。① 查士丁尼死后，法学家们将他在位时未收入法典的敕令汇编成《新律》。这四部法典合称为《民法大全》(*Corpus Iuris Civilis*)。《民法大全》不但是后来欧洲各国民法的源泉，更是研究罗马社会不可多得的宝贵资料。

罗马法是特定历史时期，特定政治、社会、经济结构的产物，所以有相当多的基本概念只适用于罗马社会。但罗马法中一些基本原则和对法律运作的思考则为后世的法律发展奠定了基础。比如，未经审判不得定罪，对犯罪知情但无法阻止者无罪，诚信原则等等都可追溯到罗马法。罗马法的全面复兴时期始于11—12世纪，起初集中在意大利的比萨（Pisa）、佛罗伦萨、博洛尼亚（Bologna）、帕维亚（Pavia）等城市。13世纪，研究罗马法的中心转移到法国南部的奥尔良。其后，罗马法原则被引入教会法庭。1495—1505年，罗马法审判程序被引入德意志城市的法庭。16—19世纪欧洲法学的发展，以及人文主义法学派、自然法学派等的兴起都是建立在对罗马法的研究、拓申以及选择之上。法国《拿破仑法典》(1804)、奥地利《民法》(1811)、德国《民法》(1900)中都有罗马法的影子。有关罗马法的课程，由研究法律的专家来教授和由历史学家来教授，侧重点会各有不同。有为数不多的学者兼跨法学及罗马研究两界。密歇根大学的布鲁斯·福莱尔（Bruce Frier）就是一例。他所编纂的《罗马侵权法案例选》《罗马合同法案例选》，② 以及他与门生托马斯·麦金（Thomas McGinn）所编的《罗马家庭法案例选》③ 都兼顾罗马法的具体案例、法学家及长官断案原则，以及罗马史历史背景。

对于罗马史学家来说，最关心的问题当然是如何透过罗马法来看

---

① 中文版有徐国栋的评注本，《优士丁尼〈法学阶梯〉评注》，北京大学出版社，2011年。优士丁尼：《法学阶梯》（拉汉对照），徐国栋译，中国政法大学出版社，2005年（第二版）；商务印书馆，2021年（第三版）。

② Bruce Frier, *A Casebook on the Roman Law of Delict*. Atlanta, Ga: Scholars Press, 1989; *A Casebook on the Roman Law of Conracts*. Oxford: Oxford University Press, 2021.

③ Bruce Frier and Thomas McGinn, *A Casebook on Roman Family Law*. Oxford: Oxford University Press, 2004.

罗马社会。但这并不是一个简单的问题，相反，在方法论上面临不少挑战。有学者指出，罗马时代的法律并不直接反映人们的行为，而只是行为的可能性。我们不能设想所有的罗马人都理性地以法律为行为准则。此外，罗马社会最终有法典之前，积累了大量的案例、判断、讨论，纷繁庞杂，不易应用。此外，律法条文的保存各地有差异，抄本有出入，这些都增加了法律实际操作方面的困难。在具体问题上，并非所有官员都能精确知道运用哪些法律条文。特别是在罗马法和地方习俗之间，是遵循罗马法还是遵照地方成规这个问题上，罗马管理阶层的做法并不完全一致，有时是因人而异，有时是因事而异，在公法和私法领域，做法也是有不同。比如，父亲亡故后，母亲是否能作为孩子的监护人，在这个问题上，罗马帝国境内不同地区，不同族群之间的做法有所不同。犹太人的规定是如果亡夫生前曾委任其妻为监护人，那么遗孀可以担任孩子的监护人。埃及和小亚细亚的纸草文书和铭文也有证据表明孩子的父亲去世后，母亲成为监护人并管理属于孩子的财产。[①] 罗马法学家帕皮尼亚努斯认为父亲用遗嘱来指派其妻为监护人是不为罗马法所接受的。《学说汇纂》26.2.26"前言"引了他的一段评议："假如行省总督因为经验不足（imperitia）而错把父亲的遗嘱判为有效，他的继任者应当纠正这个裁定，我们的法律（leges nostrae）不接受这种裁定。"在这段文字中，"经验不足"被列为误判的原因。但即使是经验丰富、勤勉、行事谨慎的行省总督，也不见得明了所有的法规。有时，甚至在查阅了案例和相关规定之后，总督也还是不能决断，小普林尼和图拉真的通信很能说明这一点。

不仅如此，罗马的"政府"官员数量极少，没有足够的人力来贯彻和推行法律，所以在执法的实际操作上漏洞很多。在琼斯（A. H. M. Jones）看来，法律条文作为史料的主要价值在于它们证明中央政府知道了这些条文所针对的问题。从法律条文中，我们可以看到帝国所需要解决的种种问题以及帝国解决这些问题的意向。但律法的存在并不

---

① Judith Evans Grubbs, "Promoting *Pietas* through Roman Law," in Beryl Rawson (ed.), *A Companion to Families in the Greek and Roman Worlds.*, Malden, MA: Wiley-Blackwell, 2011, p. 388.

表明政府成功地解决了这些问题。

由于我们所知的罗马法条文很多来自 5 世纪和 6 世纪的两部法典，在研究罗马法的演变发展方面，资料的断层和缺失很多。比如法典编纂之后，废弃的法律、旧文件、旧著作等不少遭到毁灭，即便是这些法典中所保留的条文，也并不完全反映原始规定。比如《查士丁尼法典》中所选取的条文通常略去原文的上下文，非但如此，《法典》的编纂者还对许多条文进行文字上的修（篡）改和编辑。这就造成了后世学者在如何理解具体规定上争论不休的局面。

近年间，多位学者跳出纯技术性的讨论，转而关注罗马法的社会功能。奥诺雷（Tony Honoré）、马修斯、哈里斯（Jill Harries）等学者强调，法律条文（包括皇帝的批文和回信）和法学家的论述不能作为纯粹的律法文献来看，而也是文学创作的一种流派。它们是罗马贵族价值观的产物，和中国古代的文人士大夫一样，罗马贵族兼任着文化精英的角色，而罗马文化的重要核心则是文字功底和修辞能力。法律教育是罗马的贵族教育的重要组成部分；而贵族所接受的演讲术训练既可用于政治生活，也可用于法庭辩护和法庭审判。因此，研究法律条文和法学家的著作必须关注它们的文字表述和修辞风格。罗马法的许多信息正包含在其修辞表述之中。比如《狄奥多西法典》不少条文具有夸张冗赘的风格，措辞颇具恐吓性，以此让臣民产生恐惧之感而敬畏皇权。可以说，晚期古代的律法带有极强的政治宣传意图和道德警讯的色彩，不能只从文字上看其实际操作和效果。①

---

① 《狄奥多西法典》的英文本见 Clyde Pharr, *The Theodosian Code and Novels: And the Sirmondian Constitutions*. Princeton: Princeton University Press, 1952. 研究该法典的著作过去二十年来有 Jill Harries and I. N. Wood. *The Theodosian Code*. Ithaca, N.Y: Cornell University Press, 1993; Tony Honoré, *Law in the Crisis of Empire, 379-455 AD: The Theodosian Dynasty and Its Quaestors with a Palingenesia of Laws of the Dynasty*. Oxford: Clarendon Press, 1998; John Matthews, *Laying Down the Law: A Study of the Theodosian Code*. New Haven: Yale University Press, 2000; Tony Honoré, and Adriaan J. B. Sirks. *Aspects of Law in Late Antiquity: Dedicated to A.m. Honoré on the Occasion of the Sixtieth Year of His Teaching in Oxford*. Oxford: All Souls College, Oxford University, 2008; Adriaan J. B. Sirks, and J A. Ankum. *The Theodosian Code: A Study*. Friedrichsdorf: Éditions Tortuga, 2007。

三 实物史料

古罗马城市遗址、古建筑的残骸、室内装饰、纪念碑、坟墓及随葬品、钱币、餐具、劳动工具、生物残骸、食物遗留物等都是罗马研究的重要实物史料。实物史料的发掘、维护及阐释与考古科学密切相连。这一节主要介绍考古在罗马研究中的地位和作用。

罗马遗址散布于地中海周边各国。有关19世纪、20世纪的古典考古史，可参阅斯蒂芬·L.戴森（Stephen L. Dyson）所著的《求索过去》。[1] 一个国家对考古的人力物力投入取决于经济力量和政治权力。殖民地时代，西方各列强在世界多个文明古国搜刮了大量文物艺术品。英国考古学以及不列颠博物馆的发展、兴盛与英帝国的命运息息相关。而古典考古学的发展又极大地受到英国考古学的影响。设在希腊的雅典不列颠学院（The British School at Athens）和设在土耳其的安卡拉不列颠考古学院（The British Institute of Archaeology at Ankara）都培养出许多活跃的古典考古学家。1974年，安东尼·汉斯（Anthony Hands）和戴维·沃尔克（David Walker）创建《英国考古报告》系列（BAR），旨在快速出版英国考古学成果。短短三十几年间出版的书目就远超千篇，迄今仍在不断推介新的考古研究论著和报告。

而国际合作则是近半个世纪以来的显著趋势。联合国教科文组织（UNESCO）旗下便有一系列多国参与的考古项目，比如1970年代迦太基考古项目（Carthage excavations）、1980—1990年代的利比亚谷地勘察等。虽然与地中海世界有一洋之隔，美国的许多大学和研究机构积极参与地中海世界的考古项目。在小亚细亚、埃及、希腊、意大利、叙利亚、保加利亚的考古项目都有美国的考古人员或考古队的参与。[2]

城市及城市化历来是罗马考古的重心。庞贝城的持续发掘则是罗

---

[1] Stephen L. Dyson, *In Pursuit of Ancient Pasts: A History of Classical Archaeology in the Nineteenth and Twentieth Centuries*, New Haven: Yale University Press, 2006.

[2] Stephen L. Dyson, *Ancient Marbles to American Shores: Classical Archaeology in the United States*, Philadelphia: University of Pennsylvania Press, 1998.

马研究史上最著名、影响最为深远的考古项目之一。庞贝城位于那不勒斯湾,其历史渊源可追溯到伊特鲁里亚人和希腊人,但在罗马征服之前,庞贝是一个以萨莫奈人为主导的奥斯坎城市。这就不难理解为什么庞贝在意大利同盟战争时,站在与罗马敌对的一边。同盟战争之后,罗马将领苏拉在庞贝安置了不少自己的老兵,把庞贝城转变成罗马殖民地。其后的一百多年间,庞贝在政治上影响有限,但一直是一个拥挤忙碌而相对繁荣的中等城市。然而,公元62年,该地区发生地震,城市遭到损毁。79年,维苏威火山爆发,数个罗马城市毁于一旦。庞贝城是其中最著名的一个。此外,周围的赫库兰尼姆、斯塔比埃(Stabiae)、奥普隆提斯(Oplontis)也都遭到吞没。庞贝城遗址到1748年才重见天日。历经数百年发掘和研究,庞贝城为研究罗马帝国早期的城市生活提供了宝贵的模板。相关的通俗出版物和学术著作不计其数,较早的综合性权威著作是茂武(A. Mau)的《庞贝的生活与艺术》。①较新的综合性著作是道宾(John J. Dobbins)和福斯(Pedar W. Foss)所编的《庞贝的世界》。② 道宾和福斯都是考古学家出身,前者是"庞贝广场考古计划"(Pompeii Forum Project)的负责人。这部著作附有光盘,内容包括彩色地图,详尽标志街道、城门、塔楼等,包括许多难以包括在印刷版中的数据。玛丽·比尔德的《庞贝:一座罗马城市的生与死》生动地描述了庞贝的日常生活、街道房屋、宗教神祇等等,目前已有中译本,可作为了解庞贝的入门读物。③

庞贝城的废墟中保留了大量建筑物,从中不但可以看到罗马帝国早期公共建筑物以及民宅的基本结构,还可以透析建筑物的风格变化与庞贝城历史变迁之间的丝丝相连。必读书目包括哈德利尔(Andrew

---

① A. Mau, *Pompeii: Its life and Art*. F. W. Kelsey trans., New York; London: Macmillan, rev. and corrected, 1907.
② John J. Dobbins and Pedar W. Foss (eds.), *The World of Pompeii*. New York: Routledge, 2007.
③ Mary Beard, *Pompeii: The Life of a Roman Town*. London: Profile Books, 2008.(中译本见玛丽·比尔德:《庞贝:一座罗马城市的生与死》,熊宸译,王晨校,民主与建设出版社,2019年。)

Wallace-Hadrill）的《庞贝与赫库兰尼乌姆的住宅与社会》[1] 以及赞可（Paul Zanker）的《庞贝的公共与私人生活》。[2] 后者着重探索庞贝城的建筑风格变化发展背后的历史、文化、社会背景，着眼于罗马势力和文化的渗透与希腊化时代风格相互交织与碰撞的过程。这两种文化在庞贝的碰撞在前2世纪初初露端倪。一方面，庞贝积极追求希腊化文化，这体现在剧场和角力场等的修建之上；另一方面，庞贝也主动进行了"罗马化"。证据主要是朱庇特神庙的修建以及拉丁语的扩展。然而，赞可的分析并不为所有的学者所接受。争论的焦点在于朱庇特神庙的断代。有学者认为该神庙有可能建于庞贝已成为罗马殖民地之后，也就是说庞贝城的罗马化晚于赞可的推断。

由于庞贝城有大量保存完好的壁画、镶嵌画等，这一遗址在艺术史上也有相当重要的价值。壁画（fresco）和马赛克镶嵌画（mosaics）收集在 Caratelli and Baldassarre（eds.）, *Pompeii: Pitture e Mosaici*（Romea: Istituto della Enciclopedia Italiana, 1990）一书中。为了便于维护，大部分的原件都不在庞贝遗址，而在那不勒斯国家考古博物馆展出。庞贝城最著名的艺术品之一是被称为"亚历山大马赛克"的大幅镶嵌画作品，描绘亚历山大大帝和波斯国王大流士三世（Darius III）两军交锋的战争场面。作品色彩丰富、形象生动，人物面部表情极具张力，可能是前4世纪希腊化时代杰作的翻版。庞贝的富人私宅中布满了主题手法各异的壁画。艺术史学家通常把庞贝的壁画分为四种风格。庞贝一式风格（约前200—前80）以模仿大理石的质感为特色。庞贝二式风格（约前80—14）擅长制造"透视"效果，远近层次分明，让人产生空间的纵深被拓展的错觉。绘画的主题多样，从人物、花园，到城市风景不一而足。庞贝三式风格（14—62）则侧重平面装饰，通常以单色系作背景。小幅镜框式的绘画在这个阶段也十分流行。庞贝四式风格（62—79）发

---

[1] Andrew Wallace-Hadrill, *Houses and Society in Pompeii and Herculaneum*. Princeton, N.J: Princeton University Press, 1994.

[2] Paul Zanker, *Pompeii: Public and Private Life*, trans. by Deborah Lucas Schneider, Cambridge, MA: Harvard University Press, 1999，译自德文本。

展于庞贝城经历了一场大地震之后，比前三式更为繁复绚丽，擅长表现打开的门窗、阳台等，但是静物画也是四式的重要主题。艺术史家和考古学家常用庞贝壁画的风格来帮助断代年代不详的罗马壁画。

庞贝城遗址所保留的另一宝贵史料是大量的公共铭文、墓碑，以及墙上的题铭与涂鸦。这些涂在或刻在墙上的文字，内容缤纷，从竞选标语、孩童的随手涂鸦（graffiti）、斗兽角斗表演广告、房屋租赁广告、商品价目表、失恋告白到巫毒诅咒，不一而足，不但对于研究庞贝城的各阶层尤其是释奴阶层的社会生活百态有极大的价值，[①] 而且也为研究拉丁语白话提供了宝贵的资料。沃勒斯（Rex Wallace）的《庞贝与赫库兰尼乌姆墙面铭文简介》可作为研究庞贝城铭文的入门读物。[②] 对于罗马城市研究而言，庞贝城的一个独特贡献是墙上所留下的大量"助选标语"（programmata）。这些所谓的"助选标语"，内容和格式相对统一，一般包括如下信息："某人（通常是普通民众）支持某候选人担任某官职（执政官或市政官）"或"某人（通常是普通民众）呼吁某人（通常是普通民众）支持某候选人担任某官职（执政官或市政官）"。初看起来，这些"助选标语"似乎昭示了罗马帝国初年城市政治生活的活跃以及民众在城市选举中的重要性。代表性的早期研究为卡斯特兰（Paavo Castrén）的《庞贝的统治者与民众：罗马庞贝的政治与社会》。[③] 但也有学者对这种诠释表示质疑。慕瑞森（Henrik Mouristen）在《选举、长官及地方贵族：庞贝城铭文研究》一书以及《庞贝城的竞选》[④] 一文中指出，这些"助选标语"是由候选人的竞选班子组织的，只是一种

[①] 庞贝城的考古发掘依然在持续进行，新的铭文和涂鸦仍然在出土，丰富我们对罗马城市、社会生活的理解，见熊莹：《从庞贝新发现墓志铭看庞贝城最后岁月里的地方政治》，《世界历史》2020 年第 4 期，第 118—133 页。

[②] Rex Wallace, *An Introduction to Wall Inscriptions from Pompeii and Herculaneum*. Wauconda, Ill: Bolchazy-Carducci Publishers, 2005.

[③] Paavo Castrén, *Ordo Populusque Pompeianus: Polity and Society in Roman Pompeii*. Roma: Bardi, 1975.

[④] Henrik Mouristen, *Elections, Magistrates and Municipal Elite. Studies in Pompeian Epigraphy*, Analecta Romana Instituti Danici, Rome: L'Erma di Bretschneider, 1988; *Idem*, "Electoral Campaigning in Pompeii: a reconsideration," *Athenaeum* 87 (1999), pp. 515-523.

"社会仪式",对竞选结果并无实质影响。慕瑞森的主要依据有两条:其一,这些"助选标语"在全城的分布有一定的规律,集中在候选人的住宅附近;其二,从每年的选举结果来看,在低于地方执政官一级的大法官以及营造官选举中,并没有差额选举,也就是说参选人总是能被选上。慕瑞森的阐释引出几个问题,即罗马帝国时代各城市的"选举"到底是什么性质?是真正的选举还是一场表演?如果只是作秀,其必要性在哪里?这些问题仍需进一步探讨。

庞贝城遗址的价值不仅仅在于它是研究罗马史和罗马社会的活化石,更重要的是来自庞贝城的遗迹时时引发新的问题,让学者们重新思考和审视原有的观点和理论。上述对"助选标语"的不同理解即是一例。另一重要例子是如何理解庞贝城的经济结构和性质。莫勒(Walter Moeller)在其 1976 年的《古代庞贝的羊毛贸易》[1]一书中曾乐观地认为,庞贝城的纺织业是大规模的产业,并强调浆洗业在庞贝城纺织业中的龙头作用。基于这样的观点,莫勒认为位于广场附近一幢规模较大的建筑物应当是浆洗业的行会会馆。这个建筑物内有浆洗业从业者(fullones)献给一位上层妇女尤马奇阿(Eumachia)的碑铭。荣曼(Willem Jongman)在 1988 年出版的《庞贝城的经济与社会》[2]一书中则重新审视相应证据,驳斥了莫勒的论据和论点,以证明庞贝城并不是一个以出口生产为主导的商业城市,而以前的观点多有夸张和误导。2018 年出版的《庞贝的经济》论文合集则汇集了许多新的研究手法,包括骨骼分析、地理信息系统(GIS)等等,细致地探讨了庞贝城人口的生活质量、社会关系网络、地理上与外界的连接等等。[3]

庞贝城对历史研究的价值及其旅游经济价值有目共睹,而庞贝城的考古的成就对欧洲各地考古活动有着直接的刺激。罗马古城遗址众多,其考古发掘在地中海周边国家不断取得新的发现。除庞贝及其附

---

[1] Walter Moeller, *The Wool Trade of Ancient Pompeii*. Leiden: Brill, 1976.

[2] Willem Jongman, *The Economy and Society of Pompeii*. Amsterdam: J. C. Gieben, 1988.

[3] Miko Flohr Andrew Wilson, *The Economy of Pompeii*. Oxford studies on the Roman economy. Oxford; New York: Oxford University Press, 2017.

近的古城遗址之外,其他重要的考古遗址有意大利的奥斯提亚、匈牙利境内的阿昆库姆(Aquincum,今布达佩斯)、突尼斯境内的杜伽(Dougga)、罗马尼亚的阿普卢姆(Apulum),叙利亚境内的则有杜拉欧罗波斯(Dura Europos)、帕尔米拉,以及土耳其境内的阿弗罗狄西阿斯(Aphrodisias),等等,不胜枚举。杜拉欧罗波斯常被比作"叙利亚沙漠中的庞贝城"。该遗址的考古活动始于 20 世纪 20 年代,早期挖掘起初由法国人主持,后转由耶鲁大学接手,在罗斯托夫采夫的指导下硕果累累。二战期间和战后有间断,20 世纪 80 年代恢复发掘并持续至今。欧罗波斯(Europos)俯瞰幼发拉底河,三面为峭壁所护,杜拉(Dura)意为堡垒。该城的历史始于前 300 年左右,为马其顿人所建,前 1 世纪左右成为帕提亚帝国的一部分,160 年后为罗马人吞并,成为帝国重要的军事基地,250 年被新兴的萨珊波斯帝国毁灭。杜拉欧罗波斯位于罗马帝国的边缘地带,处于多文化多种族影响之下,对于研究罗马边疆地带行省城市生活有极大的价值。此外,在欧罗波斯,多神教、犹太会堂与基督教家庭教会与洗礼堂并存,对于我们理解帝国边缘地带多神教与一神教的关系,以及早期基督教的处境有新的启示。源于杜拉欧罗波斯的众多文物展于耶鲁大学艺术馆。霍普金斯(Clark Hopkins)与戈尔德曼(Bernard Goldman)的《杜拉欧罗波斯的发现》一书可作为这一重要遗址的入门读物。①

近几十年来,除城市遗址研究之外,罗马帝国的乡村地带的考古发掘也得到前所未有的重视。联合国教科文组织的利比亚河谷勘测项目(Libyan Valleys survey)得出的结论表明,古代利比亚的气候和现在并无大的区别,但是罗马帝国时期利比亚的农业活动远比现在活跃。考古勘察发现这归功于罗马时代当地居民所采用的一套复杂的蓄水系统。

钱币是重要的实物史料之一。钱币学与考古学及历史学息息相

---

① Clark Hopkins and Bernard Goldman, *The Discovery of Dura-Europos*. New Haven: Yale University Press, 1979.

关,但又是一个自成一体的学科分支。钱币学家对于造币本身的制作过程尤为关注。古罗马早期钱币的制作以浇铸为主,生产的铜币较为粗笨。共和中期以后,罗马硬币的制作则主要以冲压为主。造币的形状为圆形,图案和文字事先刻在模子上,然后通过人工或简单机械,用模子冲压预先准备好的金、银、青铜等材料制成的金属毛坯,在正反两面印上不同的图案和文字,所以打造钱币在拉丁文中所用的动词是percutio, cudo这一类基本意思是"打击"的词。由于制作方法简单原始,罗马造币常有厚薄不均、对焦不准、边缘粗糙的问题,精美的造币并不多见。在罗马研究当中,钱币作为史料的价值主要体现在如下几个方面:

其一,在共和时代,铭文上刻有负责锻造者的名字;罗马帝国的币值虽然并不统一,但造币上都刻有纪年。无论共和时期还是帝国时期的造币都有协助断代的作用,不过,帝国时代的造币断代不一定能精确到年,比如"虔敬的"安东尼努斯·比乌斯担任过4次执政官,所以刻有他头像的钱币(和碑铭)在断代上有困难,因为从公元145年到161年都有可能。

其二,帝国时期罗马造币上通常一面印有在位皇帝的头像,另一面印有与时事(战争、皇位继承、皇帝美德、铺路修庙等)有关的图像及简短铭文,那么在选择图像和文字上,谁是决策者?这事关另一个问题,即这些铭文和图像是否可以起到舆论宣传的作用,如何发挥宣传作用?学者意见不一,比如萨瑟兰(C. II. V. Sutherland)认为钱币上图像和文字的选择绝非随意,而由都城罗马牢牢控制,代表来自皇城的理念和意旨;然而琼斯(A. H. M. Jones)却认为钱币并没有什么宣传功能。[①] 在1982年发表的《宣传与帝国的货币系统》一文中,芭芭拉·利维克(Barbara Levick)认为罗马帝国时代钱币上的图像是由负

[①] C. H. V. Sutherland, *Coinage in Roman Imperial Policy*. London: Methuen, 1951; idem, *The Emperor and the Coinage. Julio-Claudian Studies*. London: Spink, 1976; A. H. M. Jones, "Numismatics and History," in R. A. G. Carson & C. H. V. Sutherland (eds.), *Essays in Roman Coinage Presented to Harold Mattingly*. Oxford: Oxford University Press, 1956, pp. 13-33.

责造币的官员选出来向皇帝致敬的，皇帝的头像占据着钱币的正面，图像和文字都是皇帝自己愿意看到的，呈现的是过去的成就而不是将来的命运。① 安德鲁·梅多斯（Andrew Meadows）和乔纳森·威廉姆斯（Jonathan Williams）在 2001 年发表于《罗马研究杂志》中的文章中论证钱币不是用来进行宣传的，而是用来提醒、纪念的，是沟通的媒介。② 无论如何，钱币肖像和铭文可助罗马史学家研究皇权之下的"形象塑造"。卡洛斯·诺瑞尼亚（Carlos Noreña）对钱币上表达罗马皇帝美德的词汇以及一些抽象主题进行了量化统计，其中一些重要的美德词汇包括"公正"（aequitas）、"尽职"（pietas）、"勇武"（virtus）、"慷慨"（liberalitas）、"远见"（providentia）等，抽象主题则包括"胜利"（victoria）、"和平"（pax）、"和谐"（concordia）、"幸运"（fortuna）以及"安康"（salus）等。据诺瑞尼亚的统计，不同皇帝统治时期"慷慨"在钱币上的出现率和各位皇帝发放"赏赐"（congiaria）的频率存在着基本对应的关系。而 2 世纪末期之后，统治理念上的裂变也反映到了钱币上，比如"英武至极"（fortissimus）、"不可战胜"（inuictus）等等军事色彩浓厚的词汇以及"主人/君主"（dominus）这样的表达更为广泛。③

其三，从共和国到早期帝国再到晚期帝国，罗马造币的币种、进制、重量、成色等都发生过转变，这些转变和内外的环境有关。比如，3 世纪的"通货膨胀"和造币成色的不断降低形成恶性循环。因此研究造币也是研究罗马帝国的经济"政策"不可或缺的一个环节。

其四，造币随经济活动而流动，通过一个地区的货币流通状况及

---

① Barbara Levick, "Propaganda and the Imperial Coinage," *Antichthon* 16 (1982), pp. 104-116; 反对意见见 C. H. V. Sutherland, "Compliment or Complement? Dr Levick on Imperial Coin Types," *The Numismatic Chronicle* 146 (1986), pp. 85-93。

② Andrew Meadows and Jonathan Williams, "Moneta and the Monuments: Coinage and Politics in Republican Rome," *JRS* 91 (2001), pp. 27-49.

③ Carlos F. Noreña, "The Communication of the Emperor's Virtues," *JRS* 91 (2001): 146-68; idem, *Imperial Ideals in the Roman West: Representation, Circulation, Power*. Cambridge: Cambridge University Press, 2011；亦见 Nathan T. Elkins, "Coinage Programs and Panegyric in the Reign of Trajan: Imagery, Audience, and Agency," *MAAR* 63/64 (2018), pp. 169-201。

外来币种的多样程度,可管窥该地区贸易范围的大小。

其五,考古学家所发掘出的钱币,有些是散币,有些属于较大的储藏的货币群(hoard)的一部分。所谓储藏的货币群,是古人以各种形式、出于各种原因储藏的钱币,比如用于在墓葬中、神庙中许愿,未必数额巨大或者价值昂贵,常常是放在陶罐当中,也有置于金属器皿中的。这些储藏,因其构成、大小、发现地、时代等的不同而具有不同的史料价值。① 比如,洛克耶(Kris Lockyear)通过分析在达奇亚所发现的钱财储藏,得出罗马的银币早在前70年代就已经涌入达奇亚的重要结论,虽然达奇亚直到2世纪初才最终被罗马征服而成为行省。②

另外,罗马帝国境内各地造币所采用的图案文字,甚至纪年方式各有不同,对于研究各地区的文化传承与变迁十分有价值。这一点在研究以希腊语为主的行省和地区方面表现得尤为明显。

钱币学家郝哥格(C. J. Howgego)的《钱币上的古代史》介绍如何利用钱币研究历史,可作为这一领域的入门读物。③ 共和时代与帝国时代钱币学研究的经典之作分别为《罗马共和时代的钱币》(RRC)及马丁利等所编的《罗马帝国时代的钱币》(RIC),④ 包括详尽的钱币目录,按年代和地区列出钱币的铭文、图像,并深入解读钱币上的铭文(通常为缩写)及其政治含义,这两部工具书在共和及帝国时代的历史、政治研究中的参考价值不可低估。(更多书目见本书附录二"学术资源"。)

罗马文物散见于欧洲、北非、西亚及美国的众多博物馆中。藏品较为丰富与集中的博物馆当数梵蒂冈博物馆、巴黎的卢浮宫、不列颠博物馆(英国伦敦)、大都会博物馆(美国纽约),以及意大利的数

---

① 罗马帝国储藏的财宝数据库,见 The Coin Hoards of the Roman Empire Project: https://chre.ashmus.ox.ac.uk/。

② K. Locklear, "The Late Iron Age Background to Roman Dacia," in Hanson and Haynes (eds.), *Roman Dacia*. Portsmouth, RI: Journal of Roman Archaeology, 2004.

③ C. J. Howgego, *Ancient History from Coins*. London: Routledge, 1995.

④ Michael H. Crawford, *Roman Republican Coinage*. London: Cambridge University Press, 1974; Harold Mattingly, Edward A. Sydenham, C H. V. Sutherland and R A. G. Carson, *The Roman Imperial Coinage*. London: Spink, 1923-1994.

个国家博物馆：罗马的戴克里先浴室国家博物馆、那不勒斯考古博物馆、阿奎利亚国家考古博物馆等。除此之外，意大利、法国、英国、希腊、德国、奥地利、罗马尼亚等国家的许多城市都有地方上的考古博物馆。法国里昂、意大利西西里岛上的叙拉古等诸多城市的博物馆无论从规模还是展品质量来说，都属上乘。一个较为独特的博物馆是位于罗马郊区（EUR）的"罗马文明博物馆"（Museo della Civiltà Romana）。这个博物馆建于墨索里尼时代，其展品多为罗马帝国境内重要建筑和文物的复制品，包括图拉真记功柱、马可·奥勒留浮雕的拓本、大量重要铜表及石碑的仿制品、罗马城的大型模型等。

古代的建筑物（如神庙、纪念碑、陵墓、民宅宫殿等）及艺术品不仅只具有审美和艺术价值，[①] 还具有宝贵的史料价值。因此考古学和艺术史之间存在着紧密相连的关系，有不少学者身兼考古学家与艺术史学家。欧美的大学学科中通常设有艺术史专业。重要的专门学术研究机构有纽约大学的艺术研究院（Institute of Fine Arts, New York University）等。在识字率较低、书本流通量远不及今日的前工业化社会里，记忆的存储很大程度上以口述以及视觉传输方式来进行。从这个角度来说，在古代世界，建筑与艺术是信息与记忆的重要乃至主要载体。建筑物及艺术品是另一种形式的"文本"，它们不但为人所用，而且为人所"读"。艺术史正是研究艺术创作历史文化内涵、风格流派、延续变迁的一门重要学科。对它们在古代社会中的地位和作用应从古人的视角来看。20世纪影响较为深远的艺术史学家是德国的赞可以及赫尔舍（Tonio Hölscher），着重对雕像、城市布局、房屋构造等进行历史剖析，解读艺术品或建筑物所包含的历史、政治、人文及文化信息含量。他们的代表作均有英文译本，是罗马艺术史领域的必读书

---

① Ray Laurence, "The Uneasy Dialogue between Ancient History and Archaeology", in E. W. Sauer (ed.) *Archaeology and Ancient History. Breaking Down the Boundaries*, New York: Routledge, 2004, pp. 99-113; Elena Isayev, "Archaeology ≠ object as history ≠ text: nudging the special relationship into the post-ironic", *World Archaeology* 38(4), pp. 599-610.

目。① 由于罗马艺术深受希腊艺术影响，罗马艺术史家所探讨的一个重要问题就是罗马人如何选择性地利用希腊化艺术风格及模型来表现罗马的观念、理想，或制造舆论。中文作品中从艺术史的角度来看待罗马史的专著有待增加，主要的著作有朱龙华先生的《罗马文化》（上海社会科学院出版社，2003 年）。由郭长刚、王蕾翻译的，南希·H. 雷梅治（Nancy H. Ramage）、安德鲁·雷梅治（Andrew Ramage）的《罗马艺术：从罗慕路斯到君士坦丁》（广西师范大学出版社，2005 年）也可作为入门读物。

文物作为史料的价值很大程度上依赖于其所处的历史背景。值得注意的是，并非所有的文物都是通过正当、合法的渠道发掘、流通的。由非专业人士所进行的挖掘通常会造成对古代遗址及文物的破坏，而来自非法渠道的文物通常缺失有关发掘地及地层等重要学术信息。对于学术研究来说，这些信息的缺失是不可弥补的损失。据纽约州立大学布法罗分校（University at Buffalo）的考古学家斯蒂芬·戴森（Stephen Dyson）估计，1990 年市面上约 80% 的文物都是非法挖掘或出口的。北美知名博物馆中通过非正当渠道获取的文物也不在少数。2006 年，波士顿的艺术博物馆（The Museum of Fine Arts）、加州的保罗·盖蒂博物馆（The J. Paul Getty Museum）、纽约的大都会博物馆等同意向意大利政府归还文物。各国有关文物的立法各有不同。英国 1996 年的《珍宝法案》规定，如果有人发现金银物件及多枚硬币，并且这些物件有 300 年以上的历史，那么发现者必须进行报告。近年来，学术界对文物交易规则、考古学家与艺术史家的职业道德、博物馆的功能等问题进

---

① Paul Zanker, *The Power of Images in the Age of Augustus*, Jerome lectures, 16th ser., trans., Alan Shapiro, Ann Arbor: University of Michigan Press, 1988（德文本初版于 1987 年）; Idem., *Pompeii: Public and Private Life*, trans., Deborah Lucas Schneider, Cambridge, MA: Harvard University Press, 1999（德文本初版于 1988）; Idem, *The Mask of Socrates: The Image of the Intellectual in Antiquity*, trans., Alan Shapiro, Berkeley: University of California Press, 1996（德文本初版于 1995 年）; Tonio Hölscher, *The Language of Images in Roman Art*, trans., Anthony Snodgrass and Annemarie Künzl-Snodgrass, intro., Jas Elsner, New York and Cambridge, UK: Cambridge University Press, 2004（德文本初版于 1987 年）。

行了严肃的思考和讨论,"谁拥有过去?"成为目前的热点问题之一。①但从法律、历史等各个层面来说,这个问题都没有一个简单而直接的答案。由于这个问题的普遍性以及我国作为文物流失国的实际情况,其业已引起国内学者及有关部门的重视,国家文物局博物馆与社会文物司(科技司)组织翻译了约翰·亨利·梅里曼编的《帝国主义、艺术与文物返还》(译林出版社,2012年)。②

---

① Neil Brodie and Kathryn Walker Tubb, *Illicit Antiquities: The Theft of Culture and the Extinction of Archaeology*, One world archaeology 42, London: Routledge, 2002; Larry J. Zimmerman, Karen D. Vitelli and Julie Hollowell-Zimmer, *Ethical Issues in Archaeology*, Society for American Archaeology, Walnut Creek (CA), Oxford (UK): AltaMira, 2003; E.Robson, L.Treadwell and L.Gosden, eds., *Who Owns Objects? The Ethics and Politics of Collecting Cultural Artifacts*, Oxford, 2006; David W. J. Gill and Christopher Chippindale, "From Boston to Rome: Reflections on Returning Antiquities," *International Journal of Cultural Property* 13 (2006), pp. 311-331; Ana Fiipa Vrdoljak, *International Law, Museums and the Return of Cultural Objects*, Cambridge: Cambridge University Press, 2006.

② John H. Merryman, *Imperialism, Art and Restitution*. Cambridge: Cambridge University Press, 2006.

第三章　研究史概述 ①

　　罗马的文人学者用诗歌、史作、地理志、人物传记等多种形式承载对罗马历史与文化的构建与思考。从老加图的《罗马起源记》、李维

---

① 有关古典学学术史的综合性著作，见 Alfred Gudeman, *Outlines of the History of Classical Philology*. Boston: Ginn & Co., 1897; Harry Thurston Peck, *A History of Classical Philology from the Seventh Century, B.C. to the Twentieth Century, A.D.* New York: The Macmillan Company, 1911; John Edwin Sandys, *A History of Classical Scholarship: From the Sixth Century B.C. to the End of the Middle Ages*. Cambridge: Cambridge University Press, 1903; 2nd edition, 1906; New York: Hafner Pub. Co, 1958（约翰·埃德温·桑兹：《西方古典学术史》，张治译，上海人民出版社，第一卷，2010年；第二卷，2021年；第一卷中文版书评见高峰枫：《翻一翻西方学术的家底》，原载《上海书评》，收入《古典的回声》，浙江大学出版社，2012年）; Ulrich von Wilamowitz-Moellendorff and Hugh Lloyd-Jones, *History of Classical Scholarship*. Baltimore: Johns Hopkins University Press, 1982（维拉莫威兹：《古典学的历史》，陈恒译，生活·读书·新知三联书店，2008年）; Gilbert Highet. *The Classical Tradition: Greek and Roman Influences of Western Literature*, with a Preface by Harold Bloom. New York: Oxford University Press, 2015（吉尔伯特·海厄特，《古典传统：希腊-罗马对西方文学的影响》，王晨译，北京联合出版公司，2015年）; Chester G. Starr, "The History of the Roman Empire 1911-1960," *The Journal of Roman Studies* 50 (1960), pp. 149-160; Rudolf Pfeiffer, *History of Classical Scholarship: From the Beginnings to the End of the Hellenistic Age; From 1300 to 1850*. Oxford: Clarendon Press, 1968-1976（鲁道夫·普法伊费：《古典学术史》[上下卷]，刘军、张弨译，北京大学出版社，2015年）; Hugh Lloyd-Jones, *Classical Survivals: The Classics in the Modern World*. London: Duckworth, 1982; Ward W. Briggs and William M. Calder, *Classical Scholarship: A Biographical Encyclopedia*. New York: Garland Pub, 1990; . D. Reynolds and N. G. Wilson, *Scribes and Scholars: A Guide to the Transmission of Greek and Latin Literature*. 3rd edition. Oxford University Press, 1991（雷诺兹、威尔逊：《抄工与学者：希腊、拉丁文献传播史》，苏杰译，北京大学出版社，2015年）; H. D. Jocelyn (ed.), *Aspects of Nineteenth-Century British Classical Scholarship*. Liverpool Classical Papers No. 5. Liverpool: Liverpool Classical Monthly, 1996; Carol G. Thomas, Stanley M. Burstein, Ramsay MacMullen, Kurt A. Raaflaub and Allen W. Ward, *Ancient History: Recent Work and New Directions*. Publications of the Association of Ancient Historians, 5. Claremont, CA: Regina Books, 1997。有关文艺复兴时期的古典学术，可参阅布克哈特：《意大利文艺复兴时期的文化》（何新译，商务印书馆，1997年）的第三部分。拉丁文著作的传抄、发现、翻译及研究史，可见多卷本 Paul Kristeller, F. E. Cranz, and Virginia Brown, *Catalogus Translationum Et Commentariorum: Mediaeval and Renaissance Latin Translations and Commentaries: Annotated Lists and Guides*. Washington: Catholic University of America Press, 1960-2011。晏绍祥：《古典历史研究史》（修订版，上下两卷，北京大学出版社，2013年）为中文著作中大全式的综述。本章篇幅有限，着重简介文艺复兴以后的罗马研究的成就与发展方向。遗漏的部分请参阅以上著作。关于西方古典学渊源的中文综述，见张弨：《溯源与辟新——略论中国的西方古典学学科建设》，《古代文明》2016年第1期，第2—9页。

《建城以来史》、塔西佗的《历史》和《编年史》、卡西乌斯·狄奥的《罗马史》,到阿米安的《史记》,罗马作家们给我们留下了一系列脉络较为清晰的政治军事史。此外,瓦罗著作浩瀚,对罗马的生活风俗、语言文字、自然地理、历史变迁都广为涉猎,当得上博学家的称号。普鲁塔克用希腊语所撰写的《希腊罗马名人平行传记》,则体现了一个罗马帝国治下的希腊文人对帝国以及希腊历史文化的反思。而斯特拉波的《地理志》和老普林尼的《博物志》则探讨了罗马帝国在物产资源、风土人情等诸多方面的地方差异。这些"异教"作家多出身于元老或骑士阶层,以统治阶层成员的身份和视角来记述罗马的成败得失以及罗马皇帝的业绩功过。

公元330年以后,基督教的合法化和迅速发展带来新的世界观和史学观的扩散。由优西比乌斯所开创的"教会史",以基督教的诞生、发展、磨难、胜利及内部斗争为轴心,在看待罗马帝国时完全转换了视角,从被压迫者的角度来书写公元1—3世纪罗马帝国的宗教政策,衡量罗马统治的功过,并从一神教的角度来口诛笔伐多神教的荒谬。然而罗马帝国的基督教化、帝国的最终分裂以及中世纪的到来并不意味着古典传统的全军覆没。基督教与古典文化之间的关系是个复杂的问题,难以简单地归纳为敌视和摈弃。①

早期基督教杰出的作家、学者和有影响的教父,如德尔图良(Tertullianus,通用英文名为Tertullian,约160—240)、亚历山大的克雷芒(Clement of Alexandria,约150—215)、奥利金(Origenes, Origen为英文通用名,约185—254)、杰罗姆(Eusebius Sophronius Hieronymus, Jerome为英文通用名,340—420)以及奥古斯丁等,都拥有古典文化教育的背景。君士坦丁堡牧首金嘴约翰(Ioannes Chrysostomos; John Chrysostom,约347—407)、小亚细亚卡帕多西亚(Cappadocia)的三大

---

① 关于这个问题的讨论,可参阅 Peter Brown, *Augustine of Hippo: A Biography*. Berkeley: University of California Press, 1967, 2000(彼得·布朗:《希波的奥古斯丁》,钱金飞、沈小龙译,中国社会科学出版社,2013年);高峰枫:《奥古斯丁与维吉尔》,《外国文学评论》2003年第3期,第81—91页。

教父之二巴西略（Basileios，英文通用名为 Basil，约 329—379）以及尼撒的格里高利（Gregory of Nyssa，约 335—394）皆出自并非基督徒的硕学鸿儒利巴尼乌斯（Libanius）门下。一方面，这些早期教父熟读希腊拉丁经典[①]，懂得欣赏文学，更重要的是，他们熟悉修辞论辩的手法和运用语言的艺术，可以借广博的学识以及华彩的文笔与"异教徒"论战并阐述自己的神学思想。另一方面，因为古典文学是异教文化的载体，早期教父对古典文学的心态又不无矛盾，希望从古典文化的旧壳里脱身出来，要与古典作品里的诸神划清界限，并在批判古典文学的过程中来定义并提升基督教。公元4—5世纪，基督教与"异教"的知识阶层之间经历了一个冲撞与激辩的过程。基督教的神职人员走在这些冲突的最前锋，但也是他们选择性地保留和延续了古典文化。

在中世纪西欧，拉丁语是教廷的通用语言，也是撰写文学、法学、医学、神学、其他学术著作及官方文件的工具语言。与古典拉丁语相比，中世纪的拉丁语语法更为简化，句法更为平铺直叙。但在中世纪拉丁语的教学中，罗马时代的作品仍占据着一定的地位。在整个中世纪，罗马大诗人维吉尔仍占据着崇高与特殊的地位。维吉尔的作品被奉为拉丁文学语言的典范。因在《牧歌集》第4首歌颂一个带来黄金时代的新生儿，维吉尔甚至被视为预言耶稣诞生的先知。除维吉尔之外，罗马诗人贺拉斯和斯塔提乌斯也仍享有盛名。斯塔提乌斯的史诗《阿喀琉斯之歌》，讲述荷马史诗中特洛伊战争的主角，希腊联军的大英雄阿喀琉斯青年时代的故事，是拉丁语课程中的重要读物。虽然古希腊语在中世纪西欧消失殆尽，但维吉尔和斯塔提乌斯的作品为其读者提供了通往希腊神话、荷马史诗以及古代戏剧的门户。虽然中世纪教育与学术的中坚是天主教教士，但这并不妨碍他们欣赏古典作品。12世纪的英国史学家、曾任亨廷顿（Huntingdon）助祭长（Archdeacon）的亨利（约1088—约1155）在其所撰写的《英吉利史》(*Historia Anglorum*)开篇便写道：磨难的甜蜜解脱和忧伤的最佳安慰几乎全在

[①] 但圣奥古斯丁几乎不谙希腊语。

学习文学之中。① 亨利的拉丁语文句中自如地嵌入了不少来自贺拉斯和斯塔提乌斯的表达法。除诗歌外，老普林尼的《博物志》、佛罗鲁斯的《罗马史略》与尤特罗庇乌斯的《罗马国史大纲》在中世纪也被广为使用。其中《罗马国史大纲》不但有了数个扩充本，更成为通用的拉丁语教材之一。比德的《英吉利教会史》(*Historia ecclesiastica gentis Anglorum*)、亨利的《英吉利史》等都大量引用尤特罗庇乌斯。就知识界而言，在很大程度上，对古典尤其是罗马历史和文化的耳濡目染从未间断过。罗马时代的文学、历史、哲学、法律著作以及译作更经中世纪僧侣抄录得以保存。13世纪起，大学加入了抄录和保存古典文献的行列。虽然中世纪被启蒙学者称为"黑暗时代"，但是抹杀中世纪在传承古典文化上的作用却是不可取的。

一　从文艺复兴到启蒙运动

13世纪以降，对希腊罗马文学艺术的崇尚与模仿、对罗马研究的兴趣成为知识界的潮流，催生了欧洲的人文主义，引领西欧进入文艺复兴和启蒙时代。西方历史上最伟大的诗人之一、文艺复兴的先驱但丁（Dante，1265—1321）虽然以意大利托斯卡纳方言写作，开创了用民族语言取代拉丁语进行文学创作的先河，但他深受拉丁文学及经拉丁语所翻译的古希腊文学的影响。但丁最喜爱的古典诗人包括维吉尔、贺拉斯、奥维德、卢坎以及斯塔提乌斯，在散文方面，他所效仿的对象则是西塞罗、李维、普林尼、弗隆提努斯以及奥罗修斯。罗马史上的人物点缀着但丁的传世长诗《神曲》：炼狱山的守卫者角色分配给了在内战中对抗恺撒最终自尽的罗马名士小加图，罗马诗人维吉尔是但丁的向导，斯塔提乌斯则陪伴他们共游炼狱山；在《天堂篇》中，象征罗马帝国的飞鹰对诗人讲述罗马帝国的辉煌历史，罗马皇帝君士坦丁和查士丁尼依次出场，而查士丁尼因为维系政教合一的国家而受

---

①　...in omni fere literarum studio dulce laboris lenimen et summum doloris solamen. 古典拉丁文中 studium 的基本意思是（对事物的）热情和喜爱。

到诗人的推崇。尽管但丁所从事的并非学术性研究,但他的作品中对古代"异教"人物的提升,以及与古代罗马距离的拉近,为人文主义铺垫了道路。

但丁本人并不懂希腊文,薄伽丘(Boccaccio,1313—1375)是意大利文艺复兴时代在古希腊语方面取得一定造诣的第一人。在其友人彼得拉克(Petrarch,1307—1374)的鼓励之下,薄伽丘不但自己勤学古希腊语,而且积极推动古希腊语的教育。他所创建的"研究室"(Studio,佛罗伦萨大学的前身)招募了修道士彼拉多(Leonzio Pilato)在内的学者。彼拉多不但是欧洲第一位古希腊语"教授",还成为将"荷马史诗"从古希腊语译成拉丁文的第一人。[①] 然而,在文艺复兴的初期,古希腊语言文学复兴的势头却远不如拉丁语言文学。14世纪初,意大利的古典学术积累已经达到相当的程度,初步具备学术批判的能力。如意大利北部维罗纳的乔万尼·德·马托奇(Giovanni de Matociis)撰文论证《博物志》的作者普林尼和《书信集》(*Epistulae*)的作者普林尼是完全不同的两个历史人物,纠正了长期以来两位作者身份混淆不清的大错。此外,乔万尼·德·马托奇还撰写过一部罗马皇帝的历史(*Historia imperialis*)。薄伽丘本人则用拉丁文撰写过长篇《异教神谱》(*Genealogia deorum gentilium*)。

被称为"人文主义之父"的彼得拉克,对包括托马斯·阿奎纳(Thomas Aquinas)在内的中世纪神学家以及经院哲学充满了不屑,而推崇罗马时代的文人学者和英雄人物。彼得拉克饱读罗马作家撒路斯提乌斯、瓦罗、李维的著作,并以西塞罗、诗人维吉尔和哲学家塞内加作为他的文学楷模。在诗作和书信中,彼得拉克经常援引罗马史上的典故。他甚至写道:"除了对罗马的赞誉之外,历史还有什么?"彼得拉克既是诗人又是学者。他在欧洲的修道院和图书馆广加寻觅罗马作家的作品,赋予沉寂的抄写本以新的生命。他曾发现大量已不见流传的西塞罗作品的抄本,对它们有第一手的研究,他甚至以西塞罗和维吉尔同

---

① Victoria Kirkham, Michael Sherberg, and Janet Levarie Smarr, *Boccaccio: A Critical Guide to the Complete Works*. Chicago; London : The University of Chicago Press, 2013.

时代人的杜撰身份和语气，用古典拉丁语撰写了致他们的书信。在这些穿越古今的书信中，彼得拉克倾谈罗马文学、政治、历史和内战，同情站在共和一方的布鲁图斯。彼得拉克仰慕维吉尔作为诗人的成就，曾效仿维吉尔创作拉丁语史诗，题为《阿非利加》(Africa)，取材于罗马与迦太基的争霸战，称颂在第二次布匿战争中击败汉尼拔的罗马统帅西庇阿。彼得拉克还撰写了多部罗马名人的传记，包括《恺撒传》。值得一提的是，彼得拉克不仅到古罗马"异教"人物和作家那里寻求灵感及范例，也向奥古斯丁等早期基督教教父处寻求智慧与内心的宁静。彼得拉克从未忘记自己基督徒的身份。在彼得拉克的眼中，奥古斯丁集修士与文士于一身，兼跨古代世界与基督教世界，正是理想的导师。将古典文化和基督教进行调和，也正是欧洲人文主义的特质之一。

意大利人文主义学者劳伦佐·瓦拉（Lorenzo Valla，拉丁名 Laurentius Valla，约1406—1457）在文艺复兴时期古典学学术史上的影响不可低估。瓦拉是拉丁语语言的硕学大家，兼谙希腊语。在古代罗马的作家中，瓦拉尤为推崇修辞学家昆体良。在纯学术的领域，瓦拉的声名建立在他的专著《拉丁语的雅致》(*Elegantiae linguae Latinae*，1440年出版，1471年印刷出版）之上。这部著作是自晚期古代以来第一部拉丁语语法手册，旨在净化所谓不纯正、非古典的拉丁语用法。其更深层的用意则在于通过恢复词语的历史意义，更好地理解过去。这部著作迅速风靡欧洲。书中包括了大量法律术语的注解，瓦拉也因此成为最早的对罗马法进行评注的先驱，以及法学研究的奠基人之一。瓦拉将语言学和历史学批评的技巧应用于分析古代典籍，辨识出多部伪作，包括所谓保罗和哲学家塞内加之间的通信集。其中最有名的成就之一是1440年证明《君士坦丁赠礼》为伪诏。① 瓦拉的论证主要包括以下三条：没有其他史料作为佐证，孤证不成立；语言学内证证明诏令不可能成文于4世纪，文件中多处语法和用词都不符合4世纪

---

① 所谓的《君士坦丁赠礼》称，公元330年，罗马皇帝君士坦丁把罗马城、意大利和帝国西部诸行省赠给了教皇。

拉丁语的规则与习惯，并运用了许多甚至只是到公元 8 世纪才出现的词汇；该诏令赠地的举措不合逻辑，与君士坦丁作为皇帝维护领土完整的职责相冲突。① 瓦拉的证伪缘起其"恩主"那不勒斯国王与教皇的争端，在很大程度上是古典学术应景于政治的例子，并不代表瓦拉对教廷的反抗。瓦拉和教廷的关系也并没有因为这篇文章而水火不容。正相反，瓦拉为有人文主义倾向的教皇尼古拉斯五世（Nicholas V，1447—1455 年在位）和继任教皇卡里斯图斯三世（Callistus III，1455—1458 年在位）所赏识，不但被指派去罗马大学任教，还应教皇之请翻译希腊史家修昔底德的《伯罗奔尼撒战争史》和希罗多德的《历史》，死后更获得迁葬于罗马拉特兰大教堂的殊荣。

瓦拉的仰慕者包括出生于荷兰鹿特丹的大人文主义学者伊拉斯谟（Erasmus，1466—1536）。伊拉斯谟是杰出的拉丁语言文学学者，拉丁文达到出神入化的地步。伊拉斯谟对瓦拉的《拉丁语的雅致》深为折服。而瓦拉对《新约》希腊文原文和杰罗姆所译的拉丁文本的对照研究直接影响了伊拉斯谟的《圣经》研究。1505 年，伊拉斯谟发现了瓦拉对《新约》的评注并将其公之于世。1516 年，伊拉斯谟所编订的希腊文《新约》版本问世，并伴有新的拉丁文翻译及注解。无论对瓦拉还是伊拉斯谟来说，精通古典语言既是通往学识也是通往基督教真知的阶梯。伊拉斯谟毕生致力于古典文献的整理、校勘和出版，并对拉丁语的教育有着重要的贡献。伊拉斯谟强调语法在教育中的重要性，他所编著的文法书，取代了单调古板的中世纪文法书，在古典语言教育方面带来一股清新之风。伊拉斯谟尽管推崇西塞罗，但是强调不能一力模仿西塞罗的散文风格和遣词造句（参见 *Ciceronianus*，1528）。伊拉斯谟意识到希腊文化对罗马文化的影响，在他看来，如果没有希腊语的

---

① Christopher B. Coleman，*The Treatise of Lorenzo Valla on the Donation of Constantine*. New Haven: Yale University Press，1922; G. W. Bowersock，*Lorenzo Valla, On the Donation of Constantine*. Cambridge, MA: Harvard University Press, 2007. 吕大年：《瓦拉和"君士坦丁赠礼"》，《国外文学》2002 年第 4 期，第 36—45 页；米辰峰：《瓦拉批驳〈君士坦丁赠礼〉的学术得失》，《史学月刊》2006 年第 3 期，第 98—103 页。

知识，就不可能透彻了解拉丁语和拉丁文学。伊拉斯谟因此不倦地学习希腊语，把西奥多·加沙（Theodorus Gaza）的希腊语语法书译成拉丁文，并将卢奇安（Lucianus，旧译琉善）的28篇对话以及普鲁塔克的《道德篇》（Moralia）译成拉丁文。

古代文献的整理是文艺复兴时期学术研究的重头戏，人文主义学者热衷于到处搜寻古代作品的抄写本。但罗马研究并不局限于文本编辑和校注，对古代钱币、建筑、废墟、艺术、碑铭的收藏和研究兴趣也在不断增加，催生了一批古物学家（antiquarians）。他们在欧洲各国寻访古迹、搜集古物、抄录铭文，丰富了研究罗马历史的史料，促使人们思考收集事实和解释事实之间的区别，并推动了历史研究方法的变革。① 15世纪最著名的历史学家和古物学家之一弗拉维奥·比昂多可谓文艺复兴时期考古、历史、地理研究的先驱人物。比昂多创作了一系列有影响的百科全书式著作。其《复原罗马》（Roma Instaurata，1446）一书描述罗马城的地貌以及古代建筑；《凯旋罗马》（Roma Triumphans，1457—1459）不以年代顺序来组织材料，而按5个主题，即宗教、政治制度、军事、习俗、凯旋庆祝，来叙述古罗马的各项制度，提供了一幅罗马巅峰时期全景式的历史图景；《意大利地理志》（Italia illustrata，写于1448—1458年，1474年初版）描述意大利各地区的地理历史，大量引征古罗马作家。② 比昂多最重要的著作之一《自罗马帝国衰落以来的历史》（写于1439—1453年，1483年初版）把罗马帝国衰落的起点定在公元410年的罗马之劫，并首次使用了"中世纪"这个表达法，指从罗马帝国灭亡到15世纪上千年的历史时段。比昂多生命的最后两年，正当教皇庇护二世（Pius II）颁布谕令保护罗马遗迹之时，该举措推动了1470—1525年间对古典艺术和建筑的兴趣的长

---

① Arnaldo Momigliano, "Ancient History and the Antiquarian," *Journal of the Warburg and Courtauld Institutes* 13.3/4 (1950), pp. 285-315.

② Catherine J. Castner (ed.), *Biondo Flavio's Italia Illustrata: Text, Translation, and Commentary*. Binghamton, NY: Global Academic Publishing, Volume 1: Northern Italy; Volume 2: Central and Southern Italy, 2011.

足发展。古物学家安德烈亚斯·富尔维奥（Andreas Fulvio，约1470—1527）活跃于这一背景之下。与比昂多相比，富尔维奥更多地利用古钱币与插图，而不仅仅依赖文字描述来呈现古代世界。富尔维奥于1517年出版《名人肖像集》(Illustrium imagines)，印刷以罗马钱币上的人物肖像为原型的木刻肖像。包括雅努斯、亚历山大大帝、罗马共和时代的重要政治人物（既包括男性，也包括富尔维娅、克娄巴特拉等女性）、罗马皇帝及一些皇室成员（王储、妻女），以及一些中世纪君主在内共108位人物，并用拉丁文逐一附上简短说明。该书既是人物谱，也是开创了古钱币研究先河的著作。1527年出版的《罗马城的古迹》(Antiquitates Urbis Romae)则研究罗马城的地貌、地形、城市格局、古代遗迹及其原貌。16世纪的艺术家、建筑家及古物学家皮罗·利戈里奥（Pirro Ligorio，1513—1583）视古罗马为当代社会和艺术的典范。利戈里奥所涉猎的范围极广，从地图、绘画、建筑设计、考古挖掘，到铭文，不一而足。利戈里奥搜录了大量的碑铭，虽然很多都是罗马时代的真品，但其中也包括了为数众多的赝品伪作，鱼龙混杂。利戈里奥作为古物学家的名声也因此而受损。[1] 蒙森所编的《拉丁铭文大全》所采取的处理方法是，所有出自利戈里奥集子的铭文，如果没有其他佐证，一概存疑。

16世纪也是罗马历史年代学得到大发展的世纪。1546—1547年，罗马执政官年表（Fasti consu lares）在罗马出土，共有30块大理石残片。卡洛罗·西戈尼奥（Carolo Sigonio，约1524—1584）不但整理出了铭文，而且还将年表和李维的编年叙述相对照，为建立罗马史编年序列（即年代学）奠定了基础。[2] 西戈尼奥于1555年出版了李维《建城以来史》的校注本。西戈尼奥对罗马公民以及意大利与行省居民的

---

[1] F. F. Abbott, "Some Spurious Inscriptions and Their Authors," *CPh* 3 (1908), pp. 22-30; G. Vagenheim, "Pirro Ligorio e le false iscrizioni della collezione di antichità del cardinale Roldolfo Pio di Carpi," *Alberto III e Rodolfo Pio da Carpi, collezionisti e mecenati*, Udine, 2004, pp. 109-121.

[2] William McCuaig, *Carlo Sigonio: The Changing World of the Late Renaissance*. Princeton: Princeton University Press, 1989.

法律权利、罗马人名及罗马法庭等都颇有研究,并撰写了一部从戴克里先到西罗马帝国终结的历史。1583 年,西戈尼奥编辑并出版了《慰藉篇》(Consolatio),归于西塞罗名下。西塞罗确曾因失女而作《慰藉篇》,但全文早已失传,仅有残篇传世。西戈尼奥的版本历来被疑为伪作,1999 年有学者通过量化分析西塞罗和西戈尼奥的行文风格、用词造句等,证实该文拉丁文行文风格确实不类西塞罗,而有可能为西戈尼奥本人的杜撰。① 16 世纪最杰出的学者之一、法国胡格诺派的斯卡利泽(Joseph Justus Scaliger,1540—1609)强调古典学知识的整体性。他的学术贡献包括文本校勘,也包括年代学。他所校注的罗马作家也包罗万象,从博物学家瓦罗,拉丁诗人奥索尼乌斯、卡图卢斯、提布卢斯、普罗佩提乌斯,到费斯图斯,再到 1 世纪创作天象诗的诗人曼尼利乌斯(Manilius),不一而足。在教皇格里高利进行了历法改革(1582)后不久,斯卡利泽发表《论日期的校正》(De emendatione temporum,1583),其 1606 年出版的《年代学词典》(Thesaurus temporum)更是奠定了古典世界年代学体系的基础。

　　文艺复兴时期及其后的学者和思想者们热衷于从罗马史上寻找历史发展的规律和政治体制成功与失败的范例,思考君主制与共和制孰优孰劣。罗马从王政到共和再到帝制的历史演变为文艺复兴到启蒙时期的学者和思想家们提供了绝佳的研究对象,他们虽然熟读古典文献,但并不以拉丁文写作,而以民族语言写作,面向更广大的读者群以及新兴的民族国家,而有关罗马兴亡的探讨成为焦点之焦点。② 这些著作并非严格意义上的历史研究著作,而更多是以历史个案为载体探索治国之道和历史兴衰更替的原因。典型的著作当数 16 世纪马基雅维里(Machiavelli)的《论李维的前十书》(Discorsi sopra la prima deca di

---

① R. S. Forsyth, D. Holmes, and E. Tse, "Cicero, Sigonio, and Burrows: Investigating the Authenticity of the Consolatio," *Literary and Linguistic Computing* 14 (1999), pp. 375-400.

② 有关从中世纪到英国革命期间对罗马共和制的讨论,参阅 A. W. Lintott, *The Constitution of the Roman Republic*. Oxford: Clarendon Press, 1999, pp. 235-256。(中译本见安德鲁·林托特:《罗马共和国政制》,晏绍祥译,商务印书馆,2014 年。)

Tito Livio)、18 世纪孟德斯鸠的《罗马盛衰原因论》以及吉本的《罗马帝国衰亡史》。

马基雅维里（1469—1527）尊崇实干家，提倡效仿古人尤其是罗马人的德行及其所树立的典范。这些观点在他的《论李维的前十书》中得到充分的表述。① 李维是罗马从共和向帝制转型时期的历史学家，著有《建城以来史》，记述罗马从起源到公元前 1 世纪的文治武功。书中充满对历史人物德行情操与功绩的赞美和对劣行的谴责，是一部寓教于例的"训谕"式的史作。马基雅维里的《论李维的前十书》并不是一部就史论史的学术著作，而着意于针砭时弊，寻求拯救佛罗伦萨和统一意大利之道。马基雅维里借李维书中正面和负面的例子来阐述自己的政治思想，强调民众而非权贵是自由更可靠的保障；共和制优于君主制，因为前者能看到共同利益，所以拥有更强盛的活力，更能够持久存在；和君主相比，人民有更好的判断力，平民合则强，分则弱；君主不应抱怨其治下的民众所犯的错误，因为这些错误皆由君主的玩忽职守或自身的缺点所致。马基雅维里强调宗教在维持国家"幸福"和统一中的重要性，谴责基督教国家和罗马教廷没有像罗马人那样尊崇宗教，而罗马教廷正是意大利四分五裂的根源。

法国启蒙思想的代表人物孟德斯鸠（1689—1755）在《罗马盛衰原因论》② 中以罗马的历史发展为个案研究，阐述自己的政治理论。以罗马的起源、扩张、腐化堕落、从共和到帝制的转型、衰落、分裂、西罗马帝国灭亡以及东罗马帝国的残喘整个历史过程为案例，论证一个国家的兴衰取决于政治制度的优劣和人民道德风尚（moeurs）的善恶，并昭示扩张的危险后果以及独裁制度的本质。孟德斯鸠认为，罗马人一向尚武好战；早期罗马，特别是罗马共和时期在军事上的成功是因为民风淳朴，人民严格遵守法律，军队精良，坚毅而勇武，人民关心祖国并乐于为国牺牲。早期罗马内部虽时有冲突，但在面临外敌的时

---

① 有冯克利译本，上海人民出版社，2005 年。
② 这部著作于 1734 年匿名发表于荷兰，权威的版本是 1748 年的修订本。中文版有婉玲的译本（商务印书馆，1962 年）。

候能够同仇敌忾。在对待被征服地区方面，罗马的高明之处在于没有强制改变各地的法律和风俗。然而，罗马在海外军事扩张的成功、财富和权力的集中，逐渐改变了共和制度，也导致公民精神逐渐丧失。法纪受到破坏，将领和士兵腐化，对财富和权力的贪欲取代了对祖国的热爱。孟德斯鸠毫不掩饰对绝对权力的批判：人越是有权力，就越是拼命想取得权力；正是因为他已经有了许多，所以要求占有一切。在共和制被帝王专制取代之后，军队继续羸弱下去，军纪逐渐丧失殆尽，西罗马帝国最终在多个"蛮族"的进攻下灭亡。而东罗马帝国得以残喘多因为偶然的因素。罗马的兴衰对于热衷征服世界的国家和君主来说是个警示。这些观点在孟德斯鸠的代表作《论法的精神》（1748）中继续得到阐发。[①] 孟德斯鸠还常以罗马、迦太基和斯巴达为例来讨论三权分立的好处及如何操作的问题。孟德斯鸠在罗马法方面有相当的造诣，在《论法的精神》中讨论了大量的古罗马法律法规，并以此来说明法律不可能是用之四海而皆准的，而必须以气候、经济、传统、宗教、行为方式等诸多因素而转移，立法者不可无视这些因素。

启蒙时代的领袖人物伏尔泰（1694—1778）对罗马盛衰原因的看法与孟德斯鸠不尽相同。在《英国书信集》中的《论议会》一篇中，伏尔泰将罗马和英国进行了比较，指出罗马无宗教战争，罗马的内战并非宗教教派之争，也并非为了争夺教权；罗马的内战以奴役而告终，而英国内战的结果则是自由。在英国，国王的权力得到限制，上院和下院分享立法权。相比之下，罗马人并无此种平衡，罗马的贵族和平民总是互相争斗，元老院把平民排斥在政府事务之外，让他们不停地从事对外战争；元老院认为人民是野兽，为防止他们进攻主人而放任他们去进攻罗马的邻邦。罗马之所以能成为世界的主人，正是因为其内部的平贵矛盾，也正是这个矛盾最终使他们失去了自由。

无论是马基雅维里、孟德斯鸠还是伏尔泰，对罗马历史都没有第

[①] 中文版有张雁深的译本（1959）以及许明龙译本（2012），皆出自商务印书馆；彭盛译本，当代世界出版社，2008。

一手的研究，只依赖以李维著作为主的非常有限的史料，而且几无史料批判。就他们的目的而言，罗马本身也不是终极研究对象，而只是提供借鉴的案例。有影响的通史性著作当数法国蒂耶蒙（Louis-Sébastien Le Nain de Tillemont，1637—1698）撰写的基督教教会最初 6 个世纪的历史，以及《罗马皇帝史》（Histoire des empereurs）。《罗马皇帝史》运用大量古代罗马的文献，以其精准与博学著称，后为吉本广为征引。蒙森称蒂耶蒙为"行家里手"（peritissimus）。① 其他比较重要的通史性的著作还有剑桥出身的劳伦斯·艾卡德（Laurence Echard）的两部罗马史，② 有法语和意大利语等译本；以及法国耶稣会士噶图（F. Catrou）和胡伊（P. Rouillé）的《罗马史》（Histoire Romaine，1725 年初版），一经出版就很快被译成意大利文和英文。然而，就学术价值以及对罗马研究的贡献而言，比他们略晚一些的英国大史家爱德华·吉本（1737—1794）远远超越了前人。吉本对罗马文学与历史的兴趣始于青少年时代。在瑞士的洛桑学习期间（1753 年 7 月—1755 年 3 月），他的拉丁文和希腊文修养得到强化。吉本训练自己的方式之一是将古典作品（如西塞罗的作品）译成法语再转译成拉丁语。他在自传中写道："阅读罗马经典既是我的练习，也是我的奖赏。"③ 吉本熟读古代及当代的各种《埃涅阿斯纪》注释本，并曾于 1770 年匿名发表文章《埃涅阿斯纪第六卷分析》（"Critical Observations on the Sixth Book of the Aeneid"），批驳了把埃涅阿斯和厄琉息斯秘仪（Eleusinian mysteries）联系在一起的权威观点。该文因文字优雅、论辩有力及见识渊博赢得赞誉，展示了吉本作为学者的潜质。这些潜质后来在他的代表作《罗马帝国衰亡史》中得到

---

① 伯里特别点出蒂耶蒙对吉本的影响，以及蒙森对蒂耶蒙的高度评价，见 Edward Gibbon, The History of the Decline and Fall of the Roman Empire. Edited with Introduction, Notes, and Appendices by J. B. Bury. London: Methuen & Co., first published in 1896, xliii。

② 第一部覆盖自罗马起源至奥古斯都的历史（Roman History from the Building of the City to the Perfect Settlement of the Empire by Augustus，1695 年初版），第二部记述从奥古斯都到君士坦丁统治终结的帝国史（The History from the Settlement of the Empire by Augustus Caesar to the Removal of the Imperial Seat of Constantine the Great，1698 年初版）。这两部作品都多次再版修订。

③ 《吉本自传》有戴子钦的中译本（三联书店，1989 年初版；上海译文出版社，2013 年）。

充分的发挥。[1] 作为其教育的一部分，吉本于 1763 年前往欧洲大陆旅行。这种被称为"壮游"（Grand Tour）的游历在英国贵族青年中甚为流行，游历的主要目的地为意大利。目的主要是体验古代和文艺复兴时期的文化遗产，以及结交欧洲大陆的贵族社会。罗马以及新的考古遗址——赫库兰尼姆（1738）和庞贝（1748），都是吉本那个时代壮游的重要组成部分。正是罗马的废墟触动了吉本怀古之幽思，让他产生书写这座城市的衰亡史的念头。

吉本的《罗马帝国衰亡史》覆盖了从公元 2 世纪到 1453 年君士坦丁堡被攻陷这一千多年的历史，从动笔到出版完毕，前后花费近 20 年的时间。[2] 这部鸿篇巨制文字优美、笔锋犀利、史料丰富、见解独到、论辩有力，枝节虽多但条理清晰，不但是罗马研究和史学史上的一个里程碑，也在文学史上彪炳留名。其中第 44 章对罗马私法的阐释，第 66 章末对希腊文化复兴的描述，无论在史料运用还是文笔上，都堪称古典学历史上的辉煌篇章。但这部著作中最引人注目也最具争议的是有关早期基督教的部分，特别是第 15 章和 16 章。对吉本来说，公元 2 世纪所谓的"安东尼努斯王朝"是罗马帝国的黄金时代，是人类历史上最幸福的时代。帝国统一、和谐而富裕，对各种宗教都比较宽容。在吉本看来，帝国的基督教化则是历史的倒退，对于罗马帝国的衰败基督教难逃其咎："务实的美德"（active virtues，字面的意思是"积极的美德"）被抑制，教会和教士分散了帝国的资源，教派纷争分散了教会和国家的精力，皇帝的注意力从兵营转到了教会，帝国的防务日益空虚。无论对异教还是异端，基督教都是不宽容的，"罗马世界被一种新形式的暴君所压制，而那些被迫害的教派成了国家的秘密敌人"（第 38 章）。吉本多处以嘲讽的语气来谈论基督教的教义、神迹、禁欲主义及

---

[1] 关于吉本的生平，可参阅 Edward Gibbon, *Memoirs of My Life and Writings*。此书多次再版，新近有 Dodo Pr. Gardners Books, 2007 年的版本；Rosamond McKitterick, and Roland E. Quinault, *Edward Gibbon and Empire*. New York：Cambridge University Press, 1997; J. G. A.Pocock, *Barbarism and Religion*. Cambridge, U.K.：Cambridge University Press, 1999-2005。

[2] 中文版有席代岳译全译本（吉林出版集团，2011 年；修订版，2014 年；浙江大学出版社，2018 年），另有黄宜思和黄雨石的节译本（上下册，商务印书馆，1997—2002 年）。

教士，并对来自基督教作家的史料持批判和怀疑的态度，不轻信如尤西比乌斯及拉克坦提乌斯关于君士坦丁转投基督教的记述。在吉本看来，君士坦丁之所以支持基督教，并非出自信仰，而只是"把教会的祭坛当成通往帝位的踏脚板"。虽然吉本并不将帝国的衰亡仅仅归因于基督教的崛起，但在吉本看来，如果没有基督教，帝国的发展方向也许会非常不同，以至于他自己如此来概括全书的主旨："我描述了野蛮主义和宗教的胜利。"《罗马帝国衰亡史》整部著作深深地带着理性时代的烙印。对这部著作的进一步分析，可见本书第四章第十节"罗马帝国的衰亡？"。

《罗马帝国衰亡史》出版完毕之后3年，苏格兰学者亚历山大·亚当（Alexander Adam，1741—1809）的《罗马古代》（*Roman Antiquities*，1791）问世。这部著作的核心不在叙述罗马历史的演变，而在于讨论罗马社会的方方面面。亚当强调罗马背景知识对研习法律的重要性，因此花了近一半的篇幅来叙述罗马的政治和法律制度，其余的篇幅则分给了宗教、军事、娱乐、风俗、度量衡、公共建筑等等。这部著作在欧洲广受欢迎，被长期使用，并译成德文。1789年法国大革命发生之后，英国一些政治家和学者为了理解法国大革命的性质而纷纷到罗马史中去寻找类似的事件以及可循的范例。比如，对法国大革命持批判态度的英国政治家和政论家埃德蒙·柏克（Edmund Burke）把法国大革命类比于罗马共和晚期的喀提林阴谋。而威廉·葛德文（William Godwin）与之相反，强调法国大革命的积极意义，认为穆奇乌斯·斯凯沃拉（G. Mucius Scaevola）[①]等罗马人身上所显示的无私精神只是限于精英集团，而如今通过教育和知识的传播，这些美德可以扩散到各阶层。

[①] 故事发生在罗马与埃特鲁里亚克卢西乌姆的王波尔西纳交战期间，斯凯沃拉（Scaevola）的意思是"左手的"，穆奇乌斯之所以获得这个绰号，是因为穆奇乌斯只身赴敌营刺杀波尔西纳，但因为错杀了他人被当场捕获。为了展示自己的勇敢和决心，他把自己的右手放到燃烧的祭坛上焚烧，所以只剩下了左手。见李维 2.12-13。

二　19 世纪到 20 世纪初西欧的罗马史研究

在 19 世纪的罗马史研究领域，德语著作所取得的成就最为醒目，引领罗马研究乃至整个史学史进入近代史学。德国学者发展了"古典科学（或古代研究）"（Altertumswissenschaft）这一概念，强调研究古代社会必须综合语言、文学、历史、考古、宗教等各领域的知识，只有通过这样全方位的研究，才能透彻地分析与理解古代文本或历史问题。1839 年开始陆续出版的《古典科学百科全书》（*Realencyclopädie der classischen Altertumswissenschaft*）洋洋大观，包罗古典学领域的方方面面。每个词条都考证详尽，见证了德语世界学者在古典学术方面的建树。19 世纪下半叶，历史学职业化的进程加速。1850 年后，专业杂志大量涌现，大学和研究机构在学术研究中的重要性日益凸显，博士论文和专著的发表蔚为大观。相对于 18 世纪而言，19 世纪的古典科学中古希腊史研究占据了主导地位，但罗马史领域，特别是在研究方法上，也是成就斐然。本节着重介绍罗马史研究的三大巨擘，尼布尔、布克哈特及蒙森。

政治家、外交家及罗马史学家尼布尔（Barthold Georg Niebuhr，1776—1831）生于丹麦，但活跃于普鲁士的政坛和学术界，精通多种语言，且游历甚广。英国史学家古奇《19 世纪的历史和历史学家》（G. P. Gooch, *History and Historians in the Nineteenth Century*）一书的第一章便是对尼布尔的评价与总结。古奇把尼布尔称为近代史学史中第一个权威人物，正是尼布尔把处于从属地位的史学提高为一门独立科学，使之获得新的尊严。尼布尔憎恨暴力革命，对法国大革命难以接受，而欣赏英国渐进式的和平变革，这些观点影响了他对罗马史的解析。作为政治家的尼布尔对罗马历史上的土地制度和平贵斗争问题尤为关注。1803—1806 年尼布尔著《论罗马土地制度的历史》（*Zur Geschichte der Römischen Staatsländereien*），为他的代表作《罗马史》（*Römische Geschichte*）做了前期准备工作。《罗马史》是尼布尔在柏林大学讲稿的合集，前两卷初版于 1811—1812 年，阐述古意大利的民族、王政时期古罗马国家的成长过程以及早期共和时代罗马政治制度的发展。1823年，尼布尔成为波恩大学的教授。1827—1828年，《罗马史》前两卷经修改重新出版。第3卷1832年出版，截至第一次布匿战争。尼布尔在波恩授课演讲的笔记也被学生整理并正式出版，题为《罗马史演讲录》(Lectures on the History of Rome)，不但包括了王政及共和时代的历史，也延伸到罗马帝国时代。①

尼布尔对罗马研究的贡献集中在3个方面。

第一，尼布尔对早期罗马的叙述，侧重在制度史方面，把罗马国家的成长作为一个有机体来剖析，摆脱了英雄人物传、事件史和道德训谕的窠臼。

第二，史料批判是尼布尔治史的核心。在尼布尔之前，罗马早期历史是否值得信赖这一问题已经引起激烈争论。佩里佐尼乌斯的《历史研究》(Perizonius, *Animadversiones Historicae*, 1685)把歌谣(*carmina*)视为获取有关早期罗马历史信息的渠道之一。1722年，法国铭文与文学学院的学者浦伊利(Pouilly)提出皮洛士之前的任何历史都是不确定的。尼古拉·弗雷列(Nicolas Fréret)采取了折中观点，认为信史和传说经常是混杂的。波福著《论罗马历史最初五个世纪的不可靠》(Louis de Beaufort, 1738)则回到浦伊利的观点，全面质疑早期罗马历史的确切性。尼布尔对古代的传说和传统同样持怀疑和批判的态度，但他的核心看法和研究方法基本上是独立发展出来的。同时，尼布尔比上面所提到的这些学者更进一步，认为作为史学家，不能满足于"破"，还必须学会"立"，也就是说历史学家必须学会从虚构中剔出真实，在史料的废墟上重构历史。佩里佐尼乌斯的"民谣理论"(ballad theory)在

---

① 英文版 Leonhard Schmitz, *Lectures on the History of Rome* (2nd ed., 3 vols., 1849-1850) 以及 *Lectures on Ancient History* (3 vols., 1852). 有关尼布尔的史学观念、方法及影响，参阅 Arnaldo Momigliano, "Perizonius, Niebuhr and the Character of Early Roman Tradition," *JRS* 47 (1957), pp. 104-114; G. P. Gooch, *History and Historians in the Nineteenth Century*. With a New Introduction by the Author. Boston: Beacon Press, 1959;胡玉娟：《关于古罗马早期文献传统的史料价值的争论》，《史学理论研究》1999年第2期，第137—145页；陈启能主编：《西方历史学名著提要》（江西人民出版社，2001年）中的"尼布尔《罗马史演讲录》(1846—1848年)"一节（胡玉娟撰）。

尼布尔手中得到进一步发展。尼布尔认为早期罗马历史通过歌谣得以流传，这些歌谣保留在后世作家的著述之中。在这一点上，尼布尔和意大利思想家维柯（Giambattista Vico，1668—1744）比较接近。维柯在《新科学》（1725）①中把人类历史分为神的时代、英雄时代以及人的时代，每个民族起初都是诗化的，所以可以通过重建和重现诗化的真实来发现民族的起源和发展。尼布尔把这些歌谣视为平民的声音，认为从中可以管窥早期罗马农民的思想。他强调区分神话、诗化叙述和历史，认为罗慕路斯和努马属于神话传说的范畴；从图鲁斯·霍斯提利乌斯（Tullus Hostilius）到平民的第一次撤离则部分是史实。在方法论上，尼布尔擅长对比各种史料间以及同一史料内部的相互矛盾，并以此来去伪存真。尼布尔多次指出，李维的《建城以来史》中许多情节都只能算是历史小说，而西塞罗笔下的历史更是错误连篇。此外，尼布尔认为，所有民族的历史发展都具有相似性，因此经常引用斯堪的纳维亚、希腊、苏格兰、爱尔兰、英格兰、印度以及丹麦的历史来弥补罗马史上的空白或澄清不明朗之处。

第三，对罗马共和时代的土地法及贵族与平民之间关系的研究是《罗马史》和《罗马史演讲录》的重要组成部分。尼布尔系统地讨论了平民的起源、"公地"的概念、拥有土地和"占有"（possessio）土地的区别、平贵斗争的实质及对罗马国家发展的影响等问题。公地来自被征服的地区。和以前的观点所不同的是，尼布尔不认为罗马早期历史上的土地法是对私有财产的侵犯。尽管罗马公民可以"占有"公地，但这些公地为罗马国家所有，国家有权干涉公地的分配和使用。尼布尔认为，最初，只有最古老的三个部落的罗马公民，也就是贵族，才有公地占有权。但是作为罗马军事力量的核心组成部分，平民也要求分享军事胜利的成果。平民与贵族的斗争起源于外来人与原有罗马公民间的冲突。起初，平民的斗争对于罗马社会的发展是有利的，平贵之间经过斗争所形成的平衡关系是最完美的状态，然而平贵的融合却造

---

① 中文版有朱光潜的译本（人民文学出版社，1986年；商务印书馆，1989年）。

成了罗马原有制度的瓦解。

无论生前身后,尼布尔的成就都得到过高度赞誉。批评之声间有,如英国史学家刘易斯(George Lewis)在两卷本的《早期罗马历史可信度考》(1855年英文版,1858年德文版)中一方面肯定尼布尔史料批判的积极意义,另一方面批评尼布尔所重建的罗马史过于大胆,流于臆测。但尼布尔对后世罗马研究的影响不可低估。马克思和恩格斯都曾引用过尼布尔。此外,在维罗纳大教堂的图书馆里,尼布尔发现了失传的(后来证明出自)罗马法学家盖尤斯的《法学阶梯》,后来为法学大家萨维尼(Karl von Savigny, 1779—1861)所用,成为萨维尼最重要的著作《中世纪罗马法史》(1831—1850)的重要资料之一。《中世纪罗马法史》探讨公元500年至1500年间的罗马法的渊源、学说和教学的历史,强调罗马法在中世纪一直存活着。

雅各布·布克哈特(Jacob Burckhardt, 1818—1897)的《君士坦丁大帝时代》(*Die Zeit Constantins des Grossen*)初版于1853年,可谓19世纪声名最为显赫的学术著作之一,[①] 布克哈特在有生之年就看到了第二版(1880年)的发行。和吉本一样,布克哈特认为君士坦丁之所以正式认可并提升基督教的地位,并非因为信仰,而纯粹出于政治考量,旨在建立和维护他的统治。但这部著作所关注的并不仅仅是君士坦丁的信仰、政策或政治历程。实际上,君士坦丁这个人物只是这部著作中的一小部分。布克哈特虽受业于19世纪的史学大家兰克,但并不拘泥于所谓以"如实直书"为标志的兰克史学。正相反,布克哈特对于那种微观琐碎而缺少想象力的所谓"科学"历史十分不屑。他的撰史之道在于展现时代的整体景象和精神,并且不惧于让想象力张开翅膀。作为一个过渡时代,君士坦丁统治时期对于布克哈特具有特别的吸引力。《君士坦丁大帝时代》不是一部按年代顺序叙述事件的编年史,而旨在"捕捉这个过渡时代重要而基本的种种特征,把它们塑造成明白易懂的整体"。布克哈特认为在君士坦丁独掌帝国之前,帝国就已日

---

① 中文版有宋立宏、熊莹等的译本(上海三联书店,2006)。

薄西山，垂垂老矣，基督教并不对此负责，但也并未能给帝国注入新的生命力。和19世纪其他有影响的罗马史学家相比，布克哈特拥有广博的文化史视野，强调希腊文化在罗马帝国的延续，关注行省文化与艺术，这些都是他慧眼独到之处。布克哈特对罗马帝国时期历史的关注程度超乎寻常，这也使得他有别于尼布尔和蒙森等罗马史大家，后两者的研究焦点都在罗马王政或共和时代。但在史料运用上，布克哈特的局限性很明显，极度依赖文学史料，特别是《皇史》这样有争议而且不可靠的史料（见本书第二章），而未能充分利用考古、铭文、法律、钱币学等其他类型的资料。

德国学者特奥多尔·蒙森为古典学研究树立了一块丰碑。作为罗马研究之集大成者，蒙森对古典学的贡献是多方面的，在罗马法、罗马政治制度、拉丁铭文及行省研究等方面贡献尤为卓著。蒙森是一位前瞻性的学者，他的博士论文研究罗马史上的结社现象（collegia），这个题目在20世纪下半叶获得长足发展。他对行省的关注也远超同时代的其他古典学家。而蒙森的法学背景使得他尤其注重对于罗马宪政的研究。蒙森一生著述无数，其代表作《罗马史》（Römische Geschichte）[①]是一部艺术性与科学性紧密结合的著作，他也因此获得了1902年诺贝尔文学奖。《罗马史》前3卷出版于1854—1856年，构成一个连续的整体，讲述意大利早期历史、罗马统一意大利的历程、海外扩张、罗马内政的变化，在时间跨度上截至公元前46年恺撒对共和派的胜利。1885年所出的第5卷与前3卷在主题方面迥异，研究从恺撒到戴克里先时代罗马行省的历史。蒙森在世时从未出版过第4卷，这个空白在一定程度上为其晚年所出的《罗马公法》（Römisches Staatsrecht，1871—1888）以及1992年出版《罗马帝国史》（Römische Kaisergeschichte）所弥补。《罗马帝国史》根据蒙森笔记和讲稿整理而成，以德文出版后4年即被译成英文，论述罗马的衰亡不是出于外因，而是病自体内。其3卷本的《罗马公法》研究从共和到帝国时期的罗马

---

① 中文版有李稼年译本（商务印书馆，1994年）。

公法和政治制度，阐释罗马皇帝政治权力的宪政依据。蒙森对早期帝国政治制度的理解体现在他的"双头制"（Dyarchy）理论上。所谓"双头制"，也就是元首和元老院之间的妥协和权力共享。在蒙森看来，种种权力共享正是奥古斯都所创立的政治体系的核心。这个理论在欧美影响深远。由牛津大学罗马研究的权威休·拉斯特（Hugh Last，1894—1957）主编的《剑桥古代史》第一版的罗马史各卷都明显地带着蒙森的印记。拉斯特的学生，后在哈佛任教的梅森·哈蒙德（Mason Hammond，1903—2002）的博士论文《尤利乌斯-克劳狄朝时期元首制的理论与现实》(*The Augustan Principate in Theory and Practice during the Julio-Claudian Period*) 明显地建立在蒙森"双头制"理论的基础之上。蒙森对罗马共和体制没落的看法与他个人的政治经历和观点息息相关。蒙森本人是德意志进步党（Deutsche Fortschrittspartei）的创始人之一，与保守的普鲁士贵族针锋相对。蒙森认同于罗马共和时期的平民派（populares），而在他看来，贵族派（optimates）代表了罗马的保守势力。对于蒙森来说，作为平民派领袖的恺撒是个扫除腐败的英雄人物，完美的开明君主；他的军事独裁阻止了罗马的堕落，他在政治、军事、道德和文化上都给罗马国家带来了新生。在蒙森的著作中我们可以清晰地看到他对统一的民族国家的向往。蒙森对恺撒的理想化实际上反映了他渴望强有力的人物来统一和挽救德国。

　　蒙森并不是一个在象牙塔中孤独摸索的学者，正相反，蒙森组织了大量的人力和物力资源进行大规模的资料编纂和学术合作。在蒙森看来，学术有其社会性的一面，大规模的学术合作是文化革命的必要因素。① 在蒙森的领导下编撰的《拉丁铭文大全》在该领域的奠基意义和对罗马史研究的推动价值无可估量。蒙森整理出了公元6世纪查士丁尼《民法大全》中的《学说汇纂》以及公元5世纪的《狄奥多西法典》。这些基础性的工作为后来的学者提供了极大的方便。除此之外，

---

① Ward W. Briggs and William M. Calder, *Classical Scholarship: A Biographical Encyclopedia*. New York: Garland Pub, 1990, p. 300.

蒙森还撰写过罗马钱币的历史，并积极倡导汇编古钱币和纸草大全。编纂罗马史人物谱的滥觞也可追溯到蒙森。蒙森的学术生涯推动并见证了史学史从侧重文学性向科学性的转变；在德国古典学界偏爱古希腊研究的背景之下，蒙森提升了罗马研究的地位，使得古典学得到更加平衡的发展。一百多年过去了，蒙森的许多观点如今已并不再广为接受：比如他强调罗马宪政建立在人民主权之上，以及对恺撒的赞誉等等。但正如他的女婿、杰出的古典学家维拉莫威兹在《古典学的历史》一书中所做的评价那样："我们尤其要感谢蒙森，正是因为他，我们对于从罗慕路斯到恺撒的罗马史的理解与他自己的叙述大相径庭。"①

三 20 世纪西方的罗马史研究

19 世纪末 20 世纪初，罗马史研究的一个显著特征是族谱学的运用与发展，而德语古典学界站在族谱学研究的前沿。德国学者保罗·德·罗登（Paul de Rhoden）以及赫尔曼·德绍（Hermann Dessau）主持的《罗马帝国人物志》（*Prosopographia Imperii Romani*）第一版完成于 1898 年，是部里程碑式的工具书，按家族名的字母顺序列出所有曾任公职的罗马人的姓名、仕途、所依据的史料来源（包括文字史料、钱币、铭文、纸草等）等。《罗马帝国人物志》与《古典科学百科全书》中的人物词条同为族谱学研究最基本的参考工具，在此基础上产生了格尔泽（Matthias Gelzer）的两部简短而重要的著作：《罗马共和时期的显贵》（*Die Nobilität der römischen Republik*，1912）以及《罗马帝国时期的显贵》（*Die Nobilität der Kaiserzeit*，1915）。② 格尔泽把"显贵"（nobiles）定义为曾担任过最高公职（包括独裁官 [dictator]、执政官，

---

① Ulrich von Wilamowitz-Moellendorff, *History of Classical Scholarship*, translated by Alan Harris, edited with introduction and notes by Hugh Lloyd-Jones. Baltimore, MD: Johns Hopkins University Press, 1982, p. 158.

② 英文版《罗马显贵》（*The Roman Nobility*，Oxford：Blackwell，1969，Robin Seager 翻译并作序），把两部著作合在了一起。

以及有执政官权力的军政官 [Tribuni militum consulari potestate，英文常作 consular tribunes]）的罗马人的后代的总体。自公元前 366 年之后，这个群体构成罗马的贵族，把持着罗马共和国的权力。格尔泽细致地研究了曾担任过公职，特别是曾任执政官一职的罗马人的家庭背景。其数据显示，300 多年间只有 15 位新人成功当选执政官。这些数据凸显了显贵家族在政治上的主导地位。格尔泽认为，就选举拉票而言，候选人并不依靠有组织的党派，而是依赖个人的社会关系网，这个网络由亲戚、政治盟友、同部落成员、邻居、门客（clientela）、债务人等等组成。族谱学研究的一个重要目的就是揭示这种关系网的构成与操作方式。

闵采尔（Friedrich Münzer）的《罗马贵族派系及家族》较格尔泽的研究更为详尽。[①] 闵采尔曾为《古典科学百科全书》撰写数千人物词条，为他研究罗马政治生活打下了基础。闵采尔所揭示的是罗马政治中各派别之间无休止的权力斗争。这些派别由重要的罗马氏族组成，家族间以及个人间的政治联盟和合作通过血缘、同僚、联姻以及收养等关系来维系。在闵采尔看来，罗马共和时期政治派别之间斗争的终极和唯一的目的就是争夺执政官职位，所以执政官年表就是政治竞争中"胜利者"的名单，也是研究罗马共和时期统治阶层的最纯粹、最佳的史料。名字的组合揭示家族间的敌友关系以及这些关系的消长及重组，通过研究名单上的新名字、重复出现的名字，以及消失的名字，可以追踪家族或上升或繁盛或衰落的政治命运。《罗马贵族派系及家族》提供了对埃米利乌斯家族（Aemilii）、塞尔维利乌斯家族（Servilii）、费边家族（Fabii）、西庇阿家族（Scipiones）、弗尔维乌斯家族（Fulvii）等重要罗马家族错综复杂的关系网极为详尽的研究。

格尔泽和闵采尔展示了族谱学作为一种研究手法在罗马史研究中的潜力，并影响了其后几十年有关罗马共和时期政治的研究。在他们

[①] 德文版名为 *Römische Adelsparteien und Adelsfamilien*. Stuttgart: J. B. Metzler, 1920, 1963。英文版：*Roman Aristocratic Parties and Families*, translated by Thérèse Ridley. Baltimore: Johns Hopkins University Press, 1999。

特别是闵采尔的影响之下,罗纳德·塞姆把族谱学研究推向了一个新的高度。出生于新西兰的罗纳德·塞姆是20世纪最伟大的罗马史学家之一,受业于牛津大学,并从1949年起担任牛津布拉斯诺斯学院(Brasnose College)古代史卡姆登讲座教授。他的杰作《罗马革命》(*Die römische Revolution*, 1939)①结合了德国学术成就以及英语叙事史学(narrative historiography)的传统。塞姆所关注的问题是:哪些人在控制土地和官职?这些人又如何把权力把持在自己的小团体内?对这些问题的研究取代了对蒙森所强调的宪政问题的过度关注。在塞姆看来,所谓宪政不过是表象和烟幕,一切罗马政体的本质都是寡头政治;奥古斯都不过是个通过内战夺取权力的暴徒和冷酷无情的"恐怖分子",由于精于操纵派系斗争而得以维持其权力。塞姆这些观点的形成与1930年代法西斯势力抬头的历史背景有着密切的关系:奥古斯都的罗马有如墨索里尼的意大利和希特勒的德国。正如塞姆自己所概括的那样,《罗马革命》的基调"悲观而冷酷"。同样的基调也弥漫在塞姆的另一部重要著作《塔西佗》中,这是关于罗马史家塔西佗的全面而深邃的著作,迄今仍是罗马史学史的必读书目之一。②在《塔西佗》一书中,塞姆仍然强调,无论是在共和时代还是帝国时代,即便构成有变,寡头制是贯穿罗马史的经久不变的事实。关于塞姆的观点,亦见本书第四章第二节"从共和到帝制"。

20世纪族谱学作为一种研究手法主要应用于精英阶层,比如行政长官、元老院成员、祭司③等等,这是它的局限性之一。此外,关系网和行为动机之间的关系是个复杂的问题。莫米利亚诺在对塞姆《罗马革命》的书评中表达了对族谱学的质疑,他认为族谱学"不能解释个人的物质与精神需求:它只是预设了它们(指这些需求)","如果说不少族谱学研究之缄默的假设是人们为个人或家族的野心所驱动,

---

① 中译本:罗纳德·塞姆:《罗马革命》,吕厚量译,商务印书馆,2016年、2018年。
② Ronald Syme, *Tacitus*. Oxford: Clarendon Press, 1958.
③ G. J. Szemler, "Religio, Priesthoods and Magistracies in the Roman Republic," *Numen* 18.2 (1971), pp. 103-131.

这一假设不仅仅是片面的,(而且)用普遍的趋势替代了具体的情形"。①

在政治史占主导的史学潮流中,撰写出的罗马史都是统治阶层的历史,奴隶、小农、手工业者及城市平民并无一席之地。这种状况在 20 世纪逐渐发生改观。罗斯托夫采夫(Michael Ivanovitch Rostovtzeff, 1870—1952)则是推动这一变化的先驱人物。

出生于沙皇俄国的罗斯托夫采夫受业于基辅大学和圣彼得堡大学;1895—1898 年,在欧洲和西亚访学。1910 年,罗斯托夫采夫用德语发表的《罗马土地制度历史研究》(*Studien zur Geschichte des römischen Kolonates*),在研究纸草文书的基础上探讨托勒密和罗马时代埃及的土地制度,一经出版便在欧美得到好评,迅速成为这个领域的权威著作,并初步奠定了罗斯托夫采夫在国际学术界的地位。俄国革命爆发以后,作为自由派的罗斯托夫采夫,态度从最初的支持转变为极度反对;1918 年,他流亡到英国,就职于牛津大学。1920 年,在争取牛津的卡姆登古代史讲座教授席位未果之后,罗斯托夫采夫离开英国来到美国,先后任教于威斯康星大学和耶鲁大学。自 1925 年至 1944 年,罗斯托夫采夫在耶鲁大学任古代史及古典考古学教授、考古研究指导、古代艺术主管人(curator)。晚年更领导了杜拉欧罗波斯的考古发掘,亲自主编了《杜拉欧罗波斯考古报告》,并撰有《杜拉欧罗波斯及帕提亚艺术问题》及《杜拉欧罗波斯及其艺术》等重要学术报告,为后人留下了研究该遗址的宝贵资料。② 他的两部代表作,《罗马帝国社

---

① Arnaldo Momigliano, "Review of The Roman Revolution, by R. Syme," *JRS* 30(1940), pp. 75-80, 引文来自第 77—78 页;关于"族谱学"的一些反思、总结和前瞻,可见 T. F. Carney, "Prosopography: Payoffs and Pitfalls," *Phoenix* 27. 2 (1973), pp. 156-179, 特别是第 165 页; Katharine S. B. Keats-Rohan, (ed.), *Prosopography Approaches and Applications: A Handbook*. Oxford: Unit for Prosopographical Research, Linacre College, University of Oxford, 2007; Averil Cameron (ed.), *Fifty Years of Prospography: The Later Roman Empire, Byzantium and Beyond*. Oxford: Oxford University Press, 2012. 关于族谱学的工具书,见本书附录二中"人物志"部分。

② Michael Rostovtzeff, *The Excavations at Dura Europos Conducted by Yale University and the French Academy of Inscriptions and Letters*. New Haven: Yale University Press, 1929-1952; *Dura and Problems of Parthian Art*. New Haven: Yale University Press, 1935; *Dura-Europos and Its Art*. Oxford, 1938.

会经济史》(1926年初版，1957年第二版)①和《希腊化世界社会经济史》(1941年初版)也都完成于耶鲁。这两部著作无论在研究视角和方法还是在阐释古代社会经济的发展方面都有别于前人。②首先，在罗斯托夫采夫的笔下，农夫和元老一样值得研究。他所写的历史不是仅仅关于大人物的历史。其次，罗斯托夫采夫在罗马研究领域开了综合研究的先河。他在纸草学、铭文学、考古学、钱币学、艺术史方面都有很深的造诣，能够充分有效地综合利用多种史料。罗斯托夫采夫视考古资料为独立的历史信息，不把它作为文字史料的附属资料。他认为历史学家必须学会利用考古资料来书写历史。其代表作《罗马帝国社会经济史》中就广泛地利用了庞贝城的考古发现。最后，更重要的是，在罗斯托夫采夫看来，要理解古代经济，必须将其置于当时的社会关系之下。罗斯托夫采夫在这三方面的贡献比他对罗马帝国盛衰原因的解释影响更加持久。

罗斯托夫采夫接受马克思主义关于阶级斗争是历史的主要动因的理论，但不能接受无产阶级压倒"布尔乔亚"。在罗斯托夫采夫的定义中，"布尔乔亚"，也就是城市资产阶级，是商人或靠利息、租金等为生的普通市民，他们的经济状况相对比较优越但并非极端富有。他们既有别于基于出身和财富的贵族，也有别于靠体力劳动为生的无产阶级。在罗斯托夫采夫的社会经济史分析框架中，古史被现代化，"布尔乔亚"这个阶级被理想化，他们的盛与衰维系着文明的盛衰。罗斯托夫

---

① 该书的德文和意大利文译本分别于1931年、1933年出版，每个译本都包括了新的修订。1957年，彼得·弗雷泽（Peter Fraser）的新的英文版本收入了德意译本中的增补和修订。中文版有马雍、厉以宁的译本（商务印书馆，1986年）。

② 关于罗斯托夫采夫的个人经历及评价，可参阅 A. H. M. Jones, "Michael Ivanovitch Rostovtzeff." *Proceedings of the British Academy* 38 (1952), pp. 347-361; G. W. Bowersock, "'The Social and Economic History of the Roman Empire' by Michael Ivanovitch Rostovtzeff." *Daedalus* 103.1, Twentieth-Century Classics Revisited (1974), pp. 15-23; Wes Marinus, "Michael Rostovtzeff: Historian in Exile." *Historia* 65 (1990), pp. 50-58; "The Russian Background of the Young Michael Rostovtzeff." *Historia* 37 (1988), pp. 207-221; Arnaldo Momigliano, *Studies in Historiography*. Garland Publishing, Inc. NY & London. 1985; Brent Shaw, "Under Russian Eyes," *JRS* 82 (1992), pp. 216-228（书评文章）；晏绍祥：《罗斯托夫采夫及其史学》，《世界历史》1999年第2期，第107—112页。

采夫认为，在早期罗马帝国，布尔乔亚是社会经济的领头军，皇帝支持这个阶层的利益，皇帝的权力所依靠的也正是这个阶级。农村无产阶级敌视城市布尔乔亚，公元3世纪，军队成为主要的政治力量，而军队的主要来源正是农村无产阶级。农村无产阶级和军队联手摧毁了城市资产阶级，导致了公元4—5世纪帝国向"东方专制主义"转变，而这种专制则建立在庞大的官僚机构、军队以及农民基础之上。文化、艺术、精神方面的变迁和社会经济生活领域的变迁相呼应，最终导致帝国崩溃，古代文明消亡。在《希腊化世界社会经济史》中，罗斯托夫采夫同样强调城市布尔乔亚在维系希腊文明中的重要性，认为他们是领导希腊化世界城市争取自由的生力军。希腊各邦的纷争、追求独立的欲望、嫉妒、恃强凌弱，既是希腊创造力的源泉，也是削弱希腊化世界的因素，这些因素为罗马的进犯开启了大门，希腊化时代的经济发展，银行、工业技术上的发展及农业革新，被罗马的征服所中断。罗马和希腊化世界的衰落都源于城市和城市资产阶级的式微。罗斯托夫采夫的这些理论，弥漫着俄国革命的影子。正如莫米利亚诺所指出的，罗斯托夫采夫有关罗马军队的看法源于他自己在俄国革命中的经历和立场，把罗马的军队等同于摧毁了沙皇俄国的红军。

  罗斯托夫采夫把古史现代化的做法在20世纪上半叶引起不少批评，在20世纪下半叶则被完全抛弃。除了"时代错乱"的问题之外，罗斯托夫采夫对军队的组成、性质和作用的理解也存在着较大的缺陷。琼斯（A. H. M. Jones）指出，罗斯托夫采夫关于军队与农民联手摧毁城市资产阶级的说法不能成立：3世纪军队以世袭为主，不仅破坏城市也殃及农村及农民。与城市居民相比，农民遭殃更甚，在农民和军队之间并不存在罗斯托夫采夫所认为的团结。鲍埃索克（G. W. Bowersock）及其他学者指出，罗斯托夫采夫理论中的另一较大薄弱环节，是假设罗马帝国的"资本主义经济"比农业更为重要。罗斯托夫采夫把视角集中在城市和城市"中产阶级"，对农村的社会结构和罗马世界的农业未能充分阐述。尽管存在着这些并不算小的软肋，但《罗马帝国社会经济史》所展示的渊博学识、综合性的研究方法却使它在学术界获得了独特的地位。美国罗马史学家弗兰克（Tenney Frank, 1876—1939）高度评价罗斯托夫采夫的《罗马帝国社会经济史》，认为罗斯托夫采夫的成就可比拟吉本、蒙森以及希腊史大家格罗特（Grote, 1794—1871）。

弗兰克本身对罗马经济史研究的贡献也值得一提。1920年，弗兰克出版了《罗马经济史》（Economic History of Rome），阐述罗马共和时代罗马和意大利的农业、土地制度、工业、商业、公共财政及货币制度等等。1927年，在罗斯托夫采夫的《罗马帝国社会经济史》出版后不久，弗兰克出版了《罗马经济史》的增补修订本[①]，新添了格拉古兄弟改革之后的新的行省政策以及政治生活中的经济利益两章，并增加了帝国时代经济史的内容，分5章讨论帝国的最初几十年、作为帝国行省的埃及、早期帝国时期的意大利、哈德良统治时期的行省以及农奴制的滥觞。1933—1940年，弗兰克主编了一套《古代罗马经济研究》（An Economic Survey of Ancient Rome）。该书共分6卷，其中第6卷为前5卷的索引，其余各卷分别组织专家撰写罗马帝国各个地区的经济史，其中弗兰克撰写了第1卷（共和时代的罗马和意大利）和第5卷（帝国时代的罗马和意大利）。第2卷关于至戴克里先时期的罗马埃及，由约翰逊（A. C. Johnson）撰写；第3卷，罗马不列颠、西班牙、西西里及高卢，分别由柯林武德（R. G. Collingwood）、诺斯特兰（J. J. Van Nostrand）、斯科拉姆扎（V. M. Scramuzza）、格兰尼（A. Grenier）撰写；第四卷，罗马阿非利加、叙利亚、希腊及亚细亚，分别由海伍德（R. M. Haywood）、海希尔海姆（F. M. Heichelheim）、拉尔森（J. A. O. Larsen）及布劳顿（T. R. S. Broughton）撰写。每一卷都包括分析性论文、书目和大量译成英文（或法文）的原始史料，尤其是铭文和纸草文书。这套经济史的主旨在于强调去理论化，并回归史料。也正是因为各卷所包含的丰富材料，《古代罗马经济研究》在长时间内被学者广泛征引。然而，20世纪后半叶以来，《古代罗马经济研究》的局限性也日益彰显。

---

① 中文版有王桂玲、杨金龙译本，上海三联书店，2013年。

首先，史料需要更新，不但新的史料不断产生，旧史料也在不断地被重新研究，带来新译和新解；其次，正如剑桥大学的查尔斯沃斯（M. P. Charlesworth）在其对《古代罗马经济研究》的书评中所提到的，该书没能包括帝国的北方行省、日耳曼行省、潘诺尼亚、默西亚、达奇亚及色雷斯等地区。① 对这些行省经济生活的研究迄今为止仍落后于对罗马意大利、北非及小亚细亚的研究。这曾一度和这些行省文字史料的欠缺相关，铭文资料的整理也相对滞后，但随着对这些地区考古的发展、铭文集成及数据库的成熟，对相应行省的研究进展也在加速。

20世纪后半叶是罗马社会、经济史研究大发展的时代，无论在深度和广度上都有很大的拓展，在研究方法上引入了人类学、社会学、政治学、人口学以及经济学的理论模式和分析方法。欧美罗马史学界，特别是英国、美国、德国、荷兰、比利时，走在这个大趋势的前列。

布朗特（Peter Brunt，1917—2005）的《意大利人力资源》② 研究从汉尼拔战争到奥古斯都之死这近250年间罗马和意大利的人口数量，把人口学对罗马史研究的重要意义推到了前沿。布朗特并不是第一位研究罗马人口的学者，早在1886年，出生于德国、执教于意大利的贝洛赫（Karl Julius Beloch, 1854—1929）就在《希腊罗马世界的人口》③ 一书中详细地探讨过这个专题，可算是古代人口学的奠基人。贝洛赫认为人口的规模与其生活的土地所能提供的资源密切相关，而历史上重要文明的兴起都有强大的人口基础。然而，贝洛赫的研究为包括蒙森、奥托·泽克（Otto Seeck）及维拉莫威兹在内的罗马史权威所贬抑，长期以来在国际学术界未得到应有的重视。书中的一些争议性问题直到布朗特的《意大利人力资源》才得以澄清。布朗特是英国罗马史学界

---

① M. P. Charlesworth, "Review of *An Economic Survey of Ancient Rome*, by Tenney Frank," *Classical Review* 55.1 (1941), pp. 46-48.

② Peter Brunt, *Italian Manpower, 225 B.C.-A.D.14*. London：Oxford University Press，1971.

③ Karl Julius Beloch, *Die Bevölkerung der griechisch-römischen Welt*. Leipzig：Duncker & Humblot, 1886.

的权威，1970—1982年，继塞姆之后担任牛津大学古代史卡姆登讲座教授，1980—1983年担任"罗马研究促进会"（Society for the Promotion of Roman Studies）的主席，仅在《罗马研究杂志》便发表过17篇文章和书评。洋洋洒洒700多页的《意大利人力资源》是布朗特最重要的学术贡献之一，被芬利赞为杰作（magnum opus）。① 研究人口问题与研究罗马的扩张、罗马公民权的扩散、人口的移动、奴隶制的发展等问题紧密相连。② 布朗特的主要依据是史料中记载的20个人口普查数据。但问题的困难之处在于，这些所谓人口普查数据，其统计范围并不清楚：是仅仅包括男性公民，还是包括所有的自由民人口？这些数据并不记录城市和农村居民各占人口比重多少，至于奴隶的数量就更难估量。布朗特的结论是，公元前225年，意大利的自由民人数为300万，奴隶人数为60万。此时的意大利不包括从比萨到里米尼（Rimini）一线以北的地区；公元14年，包括北部意大利在内的整个意大利，自由民人数增至450万，奴隶人数按最高估计增至300万。自由民人口增长的主要来源不是人口的自然增长，而是罗马的地域扩张以及获释奴隶的增加。

古代世界的人口普查数据存留下来的不多。但因为大量纸草文书的保存，埃及是个例外。1994年，密歇根大学古典系和法学院的教授布鲁斯·福莱尔及当时任哥伦比亚大学古代史和古典学教授的罗杰·巴格诺尔合作发表了《罗马埃及人口学》，进一步发展了罗马人口研究。③ 该书的主要原始史料是300份保留在纸草卷上的人口调查资料。这些人口调查资料记录了尼罗河河谷普通人家的家庭成员、暂住

---

① M. I. Finley, "Review of *Italian Manpower 225 B.C.-A.D. 14.*, by P. A. Brunt," *Population Studies* 26.3 (1972)，p. 516.

② 在这些领域，布朗特同样有权威的著述，如《罗马共和时代的社会冲突》（*Social Conflicts in the Roman Republic*. Chatto & Windus, London 1971）、《罗马共和国的覆灭及相关论文》（*The Fall of the Roman Republic and Related Essays*. Oxford: Clarendon Press，1988）、《罗马帝国主题》（*Roman Imperial Themes*. Oxford: Clarendon Press, 1990）。

③ Roger Bagnall and Bruce Frier, *The Demography of Roman Egypt*. Cambridge: Cambridge University Press，1994.

人口及奴隶。在批判运用这些原始数据的基础上，巴格诺尔和福莱尔借用了现代人口学方法和模型来重建公元1—3世纪埃及人口的年龄结构、性别结构、死亡率、婚姻模式、家庭结构、生育率以及人口流动的模式。结论是，罗马时期埃及的人口不但是稳定的，而且是典型的"地中海式"人口模式。比如，人口（从出生算起）的平均预期寿命为24岁。沃尔特·沙伊德尔（Walter Scheidel）在《尼罗河上的死亡：疾病与罗马埃及的人口学》一书中进一步研究了疾病与死亡对人口结构的影响。[①] 根据墓志铭材料（包括木乃伊上的文字），沙伊德尔研究了死亡率最高的年龄段（分别是0—9岁和20—29岁）及月份和季节（5月和8月是20岁以下青年人死亡最多的月份，冬季是成年人死亡最多发的季节）。通过利用19世纪的埃及为参照系，沙伊德尔认为在罗马时代的埃及，回归热、肝炎、疟疾以及呼吸道疾病是造成人口死亡的主要原因。沙伊德尔还比较了死亡率的城乡差别，得出在罗马时代的埃及城市生活环境比乡村更不健康的结论。在这部著作中，沙伊德尔还对巴格诺尔和福莱尔的分析方法进行了批评。沙伊德尔认为，他们过度依赖模型生命表（model life tables），没有充分考虑一些变数。比如，高死亡率的模型生命表通常高估婴儿和幼儿死亡率而低估成年人的死亡率。此外，地区、环境差异没能充分地反映在模型生命表中，而这些差异对死亡率和死亡年龄等有明显影响。

在20世纪罗马史学研究方法的推陈出新上，剑桥大学已故的古代史教授霍普金斯（Keith Hopkins，1934—2004）是个重要人物。他的古罗马历史社会学研究第1卷和第2卷，即《征服者与奴隶》[②]和《死亡与更新》[③]，把社会学研究方法在古史研究中的运用推到了新的高度。霍普金斯认为古代史（包括罗马史）研究和其他历史研究之间的差距

[①] Walter Scheidel, *Death on the Nile: Disease and the Demography of Roman Egypt*. Leiden: Brill, 2001.

[②] Keith Hopkins, *Conquerors and Slaves*. Cambridge: Cambridge University Press, 1978.（《征服者与奴隶》，闫瑞生译，陕西人民教育出版社，1993年。）

[③] Keith Hopkins, *Death and Renewal*. Cambridge: Cambridge University Press, 1983.

在拉大，古代史学家倾向于把自己隔离于现代研究手法和理论之外。而《征服者与奴隶》以及《死亡与更新》的主要目的就在于在罗马史研究与现代概念和理论之间架起桥梁。这两部著作包括了对多个专题的讨论，包括罗马和意大利奴隶制的发展和影响、在奴役与自由之间（以德尔菲[Delphi]的释奴记录为例）、宦官在（晚期）罗马帝国的地位及影响、帝王崇拜和皇帝作为政治统一的象征意义、角斗表演、罗马贵族的更替，以及罗马城的丧葬文化。和传统古代史研究所不同的是，霍普金斯在讨论这些问题时不强调个人或单个的行为者（individual actors），而将社会作为一个整体来看待，探索社会结构及其运作方式与历史发展各因素之间的动态关系。比如，《征服者与奴隶》的第一章和第二章描述了罗马奴隶制发展的动态过程，强调对粮食需求的增长、农业发展以及奴隶制发展之间的因果关系：随着罗马在地中海世界的征服，大量战利品和税收涌入罗马；罗马和意大利的贵族通过在城市里炫耀和消费这些财富来展示自己的地位。这些开支为自由民和奴隶都提供了新的"就业"形式，并因此增加了城市对食物的需求。而这些新增的需求通过两个途径来满足，一是以税收形式从行省引进的粮食，二是意大利新增长出的余粮。余粮来自农业的追加投资，而这些投资还是来源于日益富裕的罗马贵族。至于罗马的大土地所有者为什么更倾向于使用奴隶而不是自由民，霍普金斯并不完全同意以前学者的看法。霍普金斯认为，奴隶其实并不便宜，而奴隶主如果要获得利润，就必须迫使奴隶比自由民工作时间长一倍。剥削奴隶使得罗马上层既能扩充财富，又能避免公开地剥削具有自由身份的公民。这个过程就像一个怪圈，许多自认"世界征服者"的罗马公民被从他们自己的土地上排挤了出去，被他们所征服和奴役的人所取代。这些失地的公民涌入城市，进一步增加城市对粮食的需要。霍普金斯擅长批判性地使用数据。在《死亡与更新》的第二章和第三章中，霍普金斯和伯顿（Graham Burton）合作用统计数据研究罗马共和末期和帝国早期元老贵族的消长，并用 27 个表格概括出这些数据——比如首席元老的年龄构成、元老的寿命和担任各级职位（财务官、大法官和执政官）的最低年龄限制（分别是25岁、30岁和40岁）的对照表、公元140年在行省任职的元老统计表等等。在这些数据的基础上，霍普金斯指出其实只有一小撮贵族家族能够成功地将权力和地位维持好几代，而大约三分之二的元老阶层成员只是昙花一现或者从未上升到执政官的位置。造成这种状况的原因并不是元老阶层的低生育率，而是高死亡率、政治生活的高成本，以及财产继承分割制。在帝国时期，另一重要原因是皇帝不愿意看到贵族家族的延续。①

另一成功引入社会学分析方法的古典学家是法国的保罗·韦纳（Paul Veyne）。其代表作《面包与马戏：历史社会学和政治多元主义》②运用大量社会学的分析来阐释在希腊、希腊化和罗马社会中，由国王、皇帝或富人免费发放或低价出售食物（"面包"）、免费提供娱乐演出（"马戏"）等现象背后的动机，花样繁多的表现形式及它们在社会经济领域的影响。韦纳发展了"公益捐助"这一概念，来概括"面包与马戏"的性质。韦纳指出公益捐助的实质并不旨在讨好某个阶层，而是在于显示和炫耀富有阶层高高在上的地位。用韦纳的原话来说："任一种优越感都会自我表现出来，并不是由于某种马基雅维里式的心计，而是优越感自然膨胀的结果。"③但是行公益者（euergetes）也受制于社会期待，处于公众视线的注视之下。这就决定了公益捐助复杂及独特的性质，它既是自发自愿的，也是迫于社会压力的。如果只有限制，那么这些"恩惠"就成了税收或强制性的公共服务。如果完全自发，那么所谓的行公益者就无异于随心所欲的大客户或大买家，没有任何道德上的义务。韦纳同时指出，从本质上来说，这些"恩惠"并非福利或财富再分配，也不是贫民救济。从动机上来说，"施恩"以不改变社会结构为前提，并且不以解决社会问题为出发点，而是游离在社

---

① 关于元老院的研究，1980年代的另一部重要著作是Richard Talbert, *The Senate of Imperial Rome*, Princeton University Press, 1984。

② 法文版题为 *Le pain et le cirque: historique d'un pluralisme politique*. Paris, 1976。英文版 *Bread and Circuses: Historical Sociology and Political Pluralism*, translated by Oswyn Murray and Brian Pearce. London: A. Lane, the Penguin Press, 1990, 对原书进行了大幅度的删节。

③ Paul Veyne, *Bread and Circuses: Historical Sociology and Political Pluralism*, p. 104.

会问题之外。小恩小惠或许可以小范围地临时"解渴",但不可能长远地、根本性地解决社会分配不公的问题。从原则上来说,公益捐助植根于希腊罗马公民文化之中,受惠人最主要的标准是公民身份,并非一定是"穷人"。至于公益捐助为什么在古代社会如此流行,韦纳提供了社会学的解释,认为公益捐助保持了公民平等的表象,不与公民在法律面前权利平等这样的大概念相冲突。①

和公益捐助相关但又不同的一个课题是荫庇制度(patronage),也可译为恩主制度。法国古史学家库朗热(Fustel de Coulanges)首先认识到荫庇制度在罗马社会和政治文化中的重要性。美国罗马史学家萨勒(Richard Saller)引用社会学研究方法详尽研究了荫庇的概念、表现方式和影响。萨勒及其追随者将荫庇关系定义为剥削、利用型(exploitative)关系,具备持续性(durable)、非对等性(asymmetrical)和自愿性(voluntary)。萨勒认为"恩主"(patronus)及"门客"(单数 cliens,复数 clientes)等字眼并不是荫庇关系是否存在最可靠的表征;罗马人常用 amicitia(友谊)、beneficium(恩惠)等更为体面、客气或模糊的字眼来表述或掩盖事实上的荫庇关系。② 萨勒用大量的证据表明帝国的政治生活中充满了庇护网络,权势人物的推荐在个人的仕途升迁中扮演着重要的角色。推荐者与被推荐者之间的关系就是一种荫庇关系。这种分析方法的突破之处在于它不停留在拉丁语和希腊语中一些关键词语的字面意思,而探索和揭示它们背后的社会现实。但近年来,萨勒对荫庇的定义也遭到挑战,其缺陷主要在于笼统性,把许多社会行为

---

① "公益捐助"和公民政治之间的关系持续获得古典学界关注,近年来中文学界对这一问题的兴趣有所升温,比如温珊珊以"共餐捐助"的受益人为案例阐述了罗马帝国城市内公民之间的分层,以及公民与非公民之间的界限,见《公元1—3世纪罗马帝国西部的城市捐助人——以共餐捐助为中心的考察》,《世界历史》2017年第6期,第126—140页;《罗马帝国早期西部地方城市社会结构探析——以共餐捐助铭文为中心》,《史林》2020年第2期,第1—12页。西方学界近年来的相关书目,也可参阅这两篇文章。

② Richard Saller, *Personal Patronage under the Early Empire*. Cambridge: Cambridge University Press, 1982; Andrew Wallace-Hadrill, (ed.), *Patronage in Ancient Society*. London; New York: Routledge, 1989.

和关系都纳入了荫庇关系。比如，大卫·科斯坦（David Kostan）反对把"友谊"（philia/amicitia）和荫庇关系混为一谈。① 克劳德·艾勒斯（Claude Eilers）则强调对个人的荫庇（personal patronage）和对集体的荫庇（collective patronage）之间的区别。比如，相比对个人的荫庇而言，城市的恩主和城市之间的关系更为正式，更注重形式上的因素：恩主是被正式选举出来的，会被授予"恩主牌"（tabula patronatus），通常为铜质，上刻有城市的决议和恩主的美德等等。② 在荫庇关系的研究中，一个重要问题是荫庇关系是威胁和削弱了罗马国家的有效运作，还是维系了罗马社会、政治关系的"正常"运作。对此学者观点各异。达蒙（Cynthia Damon）分析了荫庇关系所造成的不安和摩擦，以及理想的荫庇关系和其现实操作之间的差距。③

在罗马经济史研究方面，从方法论上来说，20世纪后期一个显著趋势是大量采用量化研究。④ 代表性的学者之一为剑桥大学的邓肯-琼斯（Richard Duncan-Jones）。自20世纪70年代始，邓肯-琼斯出版了一系列有影响的著作，主要有以下三部：第一部《罗马帝国的经济：量化研究》（1974）通过研究元老家庭的财政收支、农业投资与获利等来探讨帝国财富的来源及分配，并通过综合分析建筑物的成本、雕像和墓碑的费用、捐赠及新官上任认捐（summae honorariae）的规模等数据来研究行省和意大利的物价水平；第二部《罗马经济的结构及规模》（1990）的研究重点转移到物流方式、运输速度、贸易、人口结构与规模、粮食价格、城市经济、税收结构等影响罗马帝国宏观经济的因素

---

① David Konstan, *Friendship in the Classical World*. Cambridge: Cambridge University Press, 1996.

② Claude Eilers, *Roman Patrons of Greek Cities*. Oxford: Oxford University Press, 2002.

③ Cynthia Damon, *The Mask of the Parasite: A Pathology of Roman Patronage*. Ann Arbor: University of Michigan Press, 1997.

④ Richard Duncan-Jones, *The Economy of the Roman Empire: Quantitative Studies*. Cambridge: Cambridge University Press, 1st ed, 1974; 2nd ed, 1982; *Structure and Scale in the Roman Economy*. Cambridge: Cambridge University Press, 1990; *Money and Government in the Roman Empire*. Cambridge: Cambridge University Press, 1994.

之上；第三部《罗马帝国的钱币与统治》（1994）以货币供给和流通为核心来研究帝国财政。据邓肯-琼斯估算，公元 2 世纪中期，罗马帝国的年度公共开支在 8.32 亿和 9.83 亿塞斯特斯（sesterces）之间，但公元 215 年左右，上涨到 14.62 亿到 16.13 亿塞斯特斯之间。根据来自纸草和铭文的数据，邓肯-琼斯认为公元 100 年至 200 年间，物价增长了 170%，而这和造币的增长量相一致。

在社会经济学领域借助新的研究方法获得长足进展的同时，罗马政治史研究领域也在发生变化，研究重点不再停留在个别政治人物的生平仕途和关系网，而更关注政治机构的实际运作方式以及罗马政治文化中的主导价值观等问题。比如，就共和时代而言，弗兰克的门生泰勒（Lily Ross Taylor）在 1960 年出版的《罗马共和国时期的投票区》①一书中澄清了罗马部落的起源、部落成员的登记，以及随着罗马的扩张新公民在部落中的分配情况。在 1966 年出版的《罗马有投票权的公民大会》②一书中，泰勒探讨罗马的百人队大会、部落大会和平民会议如何进行投票，在程序和具体操作上的不同体现在哪些方面，以及这些大会集会的地点，等等。

就帝国时代而言，弗格斯·米勒于 1977 年出版的重要著作《罗马世界的皇帝：公元前 31 年至公元 337 年》截然不同于过去人物传记式的皇帝史，没有把视线集中在皇帝的性格缺陷、个人爱好、宫廷丑闻等等之上，而是探讨罗马皇帝的日常工作、人事制度、财富与资源以及统治风格，以此来透析罗马帝国的运作。③这部著作一以贯之的原则是"皇帝即其所做所为"（"The emperor was what the emperor did"），所以书中用大量的细节铺叙罗马皇帝的日常工作，包括接见臣属和使节、判案、处理上访、回复信件等等。米勒笔下的罗马皇帝十分忙

---

① Lily Ross Taylor, *The Voting Districts of the Roman Republic: The Thirty-Five Urban and Rural Tribes*. Rome: American Academy, 1960.

② Lily Ross Taylor, *Roman Voting Assemblies from the Hannibalic War to the Dictatorship of Caesar*. Ann Arbor: University of Michigan Press, 1966.

③ Fergus Millar, *The Emperor in the Roman World, 31 BC-AD 337*. Ithaca: Cornell University Press, 1977.

碌，然而米勒并不认为皇帝的角色是积极主动的，相反，通过近 700 页论述，他用"本质上是被动的"（essentially passive）来概括罗马皇帝的角色，与此直接相关的又有两条重要结论：一是罗马皇帝的统治风格基本上是回应式或应对式（reactive）而非主动式或预见式（proactive）的，皇帝的工作可以用"申诉与回应"（"Petition and Response"）来总结，也就是说皇帝并不主动去发现问题或者制定政策，而是等着下面递上申诉并进行针对性的回应；二是在这样的统治方式之下，罗马"政府"非常有限并且机构简单。

《罗马世界的皇帝》出版以后引发了大量回应、争议，乃至尖锐的批判。比如，基思·霍普金斯以《证据的规则》为题，在《罗马研究杂志》上发表了一篇批评性的书评，[1] 集中讨论这部著作的缺陷，尤其是书中略过的问题，比如，米勒完全没有涉及罗马皇帝的军事角色和活动，并且对"权力"这一概念及其实际影响避而不谈，对影响决策的因素语焉不详。霍普金斯还指出米勒对史料的处理批判性不足。比如，霍普金斯认为米勒所说的"皇帝即其所做所为"就是一个很成问题的说法，因为它把皇帝的所做所为等同于现存史料中所记载的皇帝所做的事。霍普金斯解构了几个他认为比较有问题的例证。比如，米勒写道："维斯帕芗把（接见使节）视为皇帝的一个首要职责。"（第 211 页）他用的证据来自苏维托尼乌斯的《维斯帕芗传》（第 24 页）。霍普金斯指出，苏维托尼乌斯在那一段中写的其实是维斯帕芗晚年尽管肠胃有恙，仍然继续履行他作为皇帝的职责，甚至躺着接见使节。霍普金斯认为对苏维托尼乌斯笔下的对维斯帕芗的这些描述可以有不同的理解，米勒的解释虽然有其合理性，但绝非定论，或许苏维托尼乌斯说维斯帕芗甚至接见使节，有可能意味着实际上很少有其他皇帝接见使节。

在霍普金斯看来，米勒书中证据不足之处还有不少。比如，米勒称"纸草文书证据……无可争议地显示，有些申诉书每天得到回复"

---

[1] Keith Hopkins, "Rules of Evidence, Review of *The Emperor in the Roman World, 31 B.C.-A.D. 337* by Fergus Millar," *JRS* 68 (1978), pp. 178-186.

(第 211 页),然而他的证据仅仅来自公元 200 年 3 月 14 日、15 日、16 日、19 日、20 日的记录。另外,霍普金斯还指出,米勒在讨论有关奥古斯都的一个案例时,用的证据来自马克罗比乌斯,但这距离奥古斯都已经 400 多年了。而且米勒也没有讨论马克罗比乌斯作品中的半虚构性,以及附加到程式化模式上的戏剧化故事,比如负面故事容易叠加到卡里古拉、尼禄、皇家释奴身上,正面的故事则添加到图拉真或塞维鲁·亚历山大身上。

尽管《罗马世界的皇帝》问世伊始就面临了各种各样的批评和质疑,但其中的基本结论,也就是罗马皇帝"应对式"的统治方式对 80 年代以后的罗马帝国政治史及行省等研究产生了深远的影响,"申诉与回应"这一模式被延伸到理解行省总督的行政原则、罗马与行省的关系等诸多相关问题之上。直到 21 世纪才出现对这个模式比较系统的、有说服力的挑战。芝加哥大学古典学教授克利福德·安藤(Clifford Ando)在《申诉与回应,秩序与遵从:罗马政府的范式》中质疑"申诉与回应"模式是流于表面的理解,应以"命令与服从"("order and obey")模式取而代之,原因之一是罗马通过法律、条例等规范性(normative)机制和框架来约束地方的行为。①

20 世纪中叶以前的罗马政治史研究较少利用实物史料,更鲜有学者发掘罗马艺术在罗马研究中的史料价值。罗斯托夫采夫可算例外。而 A. H. M. 琼斯的两卷本巨著《晚期罗马帝国》②,全书无一插图。在塞姆的《罗马革命》一书中,对实物史料特别是艺术的涉及也少之又少,而这部著作所研究的共和向帝制的转变时期以及奥古斯都时代都是实物史料极为丰富的时代。奥古斯都时代的建筑、雕像、造币及其他实物史料对于了解该时代的价值直到 20 世纪 80 年代才被充分发掘。德国艺术史大家保罗·赞可的代表作《奥古斯都及图像的力量》指出视

---

① Clifford Ando, "Petition and Response, Order and Obey: Contemporary Models of Roman Government," Michael Jursa and Stephan Prochazka, (eds.), *Governing Ancient Empires. Proceedings of the 3rd to 5th International Conferences of the Research Network Imperium and Officium*, Vienna: Verlag der Österreichischen Akademie der Wissenschaften, forthcoming.

② A. H. M. Jones, *The later Roman Empire*. Oxford: Blackwell, 1964.

觉艺术并不仅仅是审美的对象，更是社会的镜子，折射着时代的价值观。① 这种折射在危机和过渡时期表现得尤为突出。奥古斯都时代就是一个转折过渡的时期，新的政治理念催生了新的视觉语汇。赞可跳出艺术史学科常用的纯艺术审美分析的路线，并且不是简单地将政治史作为艺术的历史背景，而是将雕塑、建筑等作为政治史的积极参与因素以及表述语言进行分析，充分拓展了艺术作为史料的潜力，也同时从纵向和横向延展了我们对奥古斯都时代的了解。赞可对具体案例的分析，见本书第四章第三节"奥古斯都时代"。

社会学和人类学的分析方法与概念也在20世纪下半叶被广泛、有效地引入罗马政治文化研究之中。其中，荣誉和耻感在罗马政治文化中的定义和角色成为关注的重点之一，这些和罗马共和时代的"纪念文化"（memorial culture）息息相关，而这个纪念文化又是共和时代的"贵族"身份的构建的核心机制之一。在这方面做出重要贡献的学者包括埃贡·弗莱格（Egon Flaig）、哈丽耶特·弗劳尔（Harriet Flower）、托尼奥·霍尔舍（Tonio Hölscher）、卡尔-约阿希姆·霍尔克斯坎普（Karl-Joachim Hölkeskamp）等等。

哈丽耶特·弗劳尔在她的两部重要著作《罗马文化中的祖先面具与贵族权力》（1996）② 以及《忘却的艺术：罗马政治文化中的毁誉及毁忆》（2006）中阐释了罗马显贵文化中集体记忆的保存及其政治象征意义。③ 元老家族记忆的保留采取祖先（蜡制）面具、肖像等具体化的符号以及出殡游行（pompa funebris）和葬礼演说（laudatio）等公开仪式。这些面具日常陈列在显贵府邸的前厅（atrium），为来往的家人、访客所见；祖先面具也是贵族葬仪的重要部分，展示家族的荣耀。这些面具和肖像的存在价值由罗马显贵阶层所共享的荣辱观所决定，反过来又强化

---

① Paul Zanker, *Augustus und die Macht der Bilder*. München：C. H. Beck，1987；英文版，*The Power of Images in the Age of Augustus*. Ann Arbor: University of Michigan Press, 1988。

② Harriet Flower, *Ancestor Masks and Aristocratic Power in Roman Culture*. Oxford: Clarendon Press，1996.

③ Harriet Flower, *The Art of Forgetting: Disgrace and Oblivion in Roman Political Culture*. Chapel Hill：University of North Carolina Press，2006.

和定义着名誉与地位。和保存记忆相对的是自然淡忘和人为"毁忆"。罗马史学家常常用 damnatio memoriae 这个术语来指"除名毁忆"或"除名毁誉",但是这个术语在罗马时代的文献中并不存在。弗劳尔因此回避了这个术语。

"毁忆"的方式多种多样,并随罗马历史的发展而有所变化。在苏拉时代,除了用捣毁房屋、禁止展示祖先面具等传统手段来摧毁政敌之外,还用公敌宣告的手段来彻底消灭政敌。"毁忆"也是"毁誉"。"毁忆"行为代表着当权者对过去的控制和更改,但它并不仅仅是一个政治手段,还充当着政治变迁的动因。罗马上层政治人物的住宅不仅仅是构建和展示家族记忆的场所,也是冲突与争执的场所,这些住宅所建立的叙事不是一种静态的存在,而是动态的,会遭受质疑、反驳、放弃和重续。①

在 1997 年出版的《荣誉帝国:罗马世界的统治艺术》②一书中,弗吉尼亚大学的罗马史学家兰登(J. E. Lendon)和许多学者一样,认为罗马统治的目的是很有限的,主要是收税、抚军、维稳。在理解庞大而多元的罗马帝国如何维持其统治这个问题上,他强调"荣誉(声誉、名誉)"机制是个关键问题。荣誉的交换是帝国运转的关键因素。地位高者通过赞扬或批评可以影响地位低者的声誉。而因为名誉的重要性,地位本身就具有一种控制力。然而,另一方面,地位高者,包括皇帝,也需要来自民众的、仪式化的公共荣誉以维持其威望。

不但政治史研究方面出现了新的角度,罗马军事史研究也逐渐脱离了传统上以战役或军事将领为主线的研究方法,更注重全方位地探讨军队及军事与罗马政治、经济、社会之间的关联。近年来,军事史研究主要集中在以下几个方面:罗马军事扩张的动力、决策过程等(详

---

① L. Jones, "Memory, Nostalgia and the Roman House," in M. García Morcillo, J. H. Richardson and F. Santangelo (eds), *Ruin or Renewal? Places and the Transformation of Memory in the City of Rome*. Rome: Edizioni Quasar, 2016, pp. 183-207.

② J. E. Lendon, *Empire of Honour: The Art of Government in the Roman World*. Oxford: Clarendon Press, 1997.

见第四章"罗马'帝国主义'"一节);罗马军队的组织及功能变迁;在役和退役士兵的年龄构成、权利、待遇、地位及婚姻状况等;共和时期和帝制下罗马军队在政治、经济、文化生活中的影响;军队在罗马化中的作用;军队的武器装备及军事训练。军事史学家多关注军队部署及兵法战略,军队中军官的地位、作用及晋升途径,士兵的兵器、训练及粮饷等。而罗马军队作为集中的消费力量,有关罗马军队军需、饮食供给等诸多方面对军营附近地区,以及对帝国境内贸易和经济所产生的影响则广为社会经济史家所关注。军队供给问题不但事关对军队运作的理解,而且对于理解罗马经济的结构和本质有重要的价值。[1] 几个关键问题如下:军队供给的运作是掌握在军队手中还是通过契约形式承包给平民?军队供给是由政府来组织还是由平民身份的商人来组织?军需物资中有多大比例来自驻军所在地,有多少来自远程贸易?军需物资的结算是用现金还是用实物形式?军需物资是以税收的形式征收上来的,还是从市场上购买而来?帝国边境以外的"蛮族人"是否与罗马军队有贸易往来,从而促使边境内外形成经济上的共生关系?对这些问题的回答仍有争议,但浮现出一些共识,比如:在公元4世纪之前,军需供应以从市场购买或征用为主,而并非以实物税或"国有工厂"为主要的供应渠道。

在术业有专攻、学科分支繁杂精细的20世纪,培养学贯希腊、罗马的大家并不是学术训练的主要方向,但这里不得不提的一位大家是个人经历极其丰富,并在思想史、史学史、宗教史领域有着重要学术贡献的莫米利亚诺(1908—1987)。

出生于意大利的莫米利亚诺,早年学术生涯一帆风顺,1936年便成为都灵大学的罗马史教授。1939年,莫米利亚诺的犹太背景迫使他在法西斯当政时期离开都灵大学,避身于牛津大学。战后,莫米利亚

---

[1] Paul Erdkamp (ed.), *The Roman Army and the Economy*. Amsterdam: J. C. Gieben, 2002; Impact of Empire (Organization), Lukas de Blois, Elio Lo Cascio, Olivier Hekster, and Gerda de Kleijn, *The Impact of the Roman Army (200 BC-AD 476): Economic, Social, Political, Religious, and Cultural Aspects*. Leiden: Brill, 2007; Paul Erdkamp (ed.), *A Companion to the Roman Army*. Malden, MA: Blackwell, 2007.

诺继续留在英国任教，但声名远播欧洲大陆和美国，曾在布里斯托尔大学、伦敦大学学院、巴黎高等师范学院、芝加哥大学、哈佛大学、加州大学伯克利分校、布林莫尔学院（Bryn Mawr College）、希伯来联合学院（Hebrew Union College）、密歇根大学以及比萨高级师范学院等众多院校从事研究和教学。莫米利亚诺精通拉丁语、古希腊语、希伯来语以及多种现代欧洲语言，一生发表过 700 多篇著述，涉猎广泛，在希腊化时代、罗马早期共和、早期罗马帝国、晚期古代，以及古代史学史等诸多研究领域都有显著贡献。① 但其毕生学术的主题在于探索不同文化之间、不同宗教之间的接触与交流，尤其是东方、希伯来、希腊、罗马文化之间的互动，犹太教、基督教与多神教之间的关联。莫米利亚诺自己曾不无风趣地说过："从某种意义上来说，在我的学术生涯中，我所做的不外乎努力理解我所成长的犹太家庭以及我出生的基督教-罗马-凯尔特村子所赋予我的东西。"②

莫米利亚诺在 1937 年的《关于罗马帝国的现代史学史的形成》中追踪从蒂耶蒙到兰克笔下的罗马帝国，指出他们都有把罗马帝国的世俗历史和基督教以及教会的历史绝对分割的取向，这种分割显示了现有学术的狭隘性。③ 在莫米利亚诺看来，世俗历史和教会历史是同一个历史过程的不同组成部分，对它们之间的交互关系必须给予充分的考虑。莫米利亚诺倡导打破学科之间的壁垒，强调撰写《圣经》的历史和撰写其他历史之间并没有根本的区别，力倡古典学家和《圣经》学者之间的合作与交流。莫米利亚诺撰写了一系列的文章来详细阐释这些观点，收在 1963 年的合集《公元 4 世纪异教与基督教的冲突》④

---

① 参阅阿纳尔多·莫米利亚诺：《论古代与近代的历史学》，晏绍祥、黄洋译，北京大学出版社，2015 年；《历史学研究》，王晨译，北京大学出版社，2020 年。

② Karl Christ, "Arnaldo Momigliano and the History of Historiography," *History and Theory* 30.4, Supplement (Beiheft) 30: *The Presence of the Historian: Essays in Memory of Arnaldo Momigliano* (1991), p. 5.

③ Arnaldo Momigliano, *La formazione della moderna storiografia sull'Impero romano*. Turin: G. B. Paravia & c., 1937.

④ Arnaldo Momigliano, *The Conflict between Paganism and Christianity in the Fourth Century*. Oxford: Clarendon Press, 1963.

以及 1987 年的论文集《论异教徒、犹太人及基督徒》[①] 中。莫米利亚诺对不同文化之间的关系的兴趣也体现在他的史学史著作中。比如，在《现代史学的古典基础》[②] 中，莫米利亚诺将希腊史学和犹太史学进行了比较，并探讨了希腊史学在罗马的经历与影响，以及不同史学传统（希腊史学、希伯来史学与波斯史学）之间的渊源。

莫米利亚诺强调基督教文明和古典文明之间的关系不是断裂性的。这一点在其门生布朗（Peter Brown, 1935—　）处得到进一步发展。作为"晚期古代"（Late Antiquity）这个概念和研究领域的灵魂人物，布朗在一系列有影响的专著和数篇发表于《罗马研究杂志》的文章中，致力于扭转传统上将 3 世纪到 8 世纪这个历史时段视为古代文明走向衰落的时期的观点。布朗所涉猎的议题十分广泛，从奥古斯丁的生平与思想、罗马元老阶层的基督教化、禁欲主义、基督教徒对性及性别的看法，到苦行僧的社会功能，不一而足，展示了一个色彩斑斓、充满革新的世界。布朗文笔优美，思维敏锐，其作品感染力极强。但总的来说布朗的研究角度集中在宗教和文化领域，对法律、军事等方面的探讨相对薄弱。关于"晚期古代"以及布朗的代表性观点，详见本书第四章"罗马帝国的衰亡？"一节。

四　21 世纪学术研究动向

进入 21 世纪的罗马研究仍蓬勃发展，尽管新发现的史料相对有限，但在研究方法方面可以明显看到 7 种比较明显的趋势，简略概括如下：

第一，自 20 世纪后半叶以来，从研究和教学方法来说，越来越多的罗马史学家和古典系强调多学科（multi-disciplinary）或跨学科（inter-

---

[①] Arnaldo Momigliano, *On Pagans, Jews, and Christians*. Middletown. Conn：Wesleyan University Press，1987.

[②] Arnaldo Momigliano, *The Classical Foundations of Modern Historiography*. Berkeley: University of California Press, 1990.（中文版有冯洁音译本，华东师范大学出版社，2009 年。）

disciplinary）的分析方法。这种分析方法包含两个方面：一是强调古典学内部各分支（语言学、文学史、史学、史学史、纸草学、铭文学、艺术史、罗马法等等）的交叉和综合运用；二是鼓励引入社会学、人类学、经济学、心理学、政治学、人口学等其他学科的理论和模型来研究罗马史上的新旧问题。这种打破学科分支之间以及学科之间壁垒的研究方法从 20 世纪最后二十几年以来得到古典学界的鼓励，在大学和研究院的课程设置上也得到明显反映。随着研究方法和角度的拓展，罗马研究不断获得新的生命力，研究领域和课题继续拓宽，洗浴文化、识字率、情感、梦、墙上的涂鸦、性文化、残疾等大量非传统的课题得到长足发展。比如，2017 年，吉尔·伦贝格的《入梦之所：希腊—罗马世界宿庙求梦的圣所》综合了对希腊罗马世界宿庙求梦（见附录一"关键词"）现象的探讨、宗教研究、考古发现、铭文分析，获得了 2018 年古典学会（Society of Classical Studies）的查尔斯·J. 古德温功绩奖（Charles J. Goodwin Award of Merit）。[①] 再比如，在对罗马社会经济研究方面，新制度经济学、社会网络分析法（social network analysis）的应用等等，都在极大地改变研究者处理史料的手法，相应的是新的诠释和新的问题。比如，在传统研究中，古代社团中常见的饮宴、宗教等集体活动只是被视为社交活动，而现在的分析却侧重于探讨这些活动是否是手工业者、商人在反复的交往中互证诚信、排除不可靠者和搭便车者的机制。而诚信如果能够通过这些社会活动得以建立与传播，有可能会降低交易成本（包括信息成本、交易时间的损失、毁约的损失等等），从而便利经济活动。[②] 而近年来的学术会议上，一个明显的趋势是行为经济学正在取代新制度经济学成为罗马经济研究中借鉴

---

① Gil H. Renberg, *Where Dreams May Come: Incubation Sanctuaries in the Greco-Roman World (2 vols.) Religions in the Graeco-Roman World, 184.* Leiden; Boston: Brill, 2017.

② 比如，Cameron Hawkins, "Manufacturing," in Walter Scheidel (ed.), *The Cambridge Companion to the Roman Economy.* Cambridge: Cambridge University Press, 2012, pp. 175–194；对此类分析的回顾与批判性分析，见 Jinyu Liu, "Group Membership, Trust Networks, and Social Capital: A Critical Analysis," in: C. Laes and K. Verboven (eds.), *Work, Labour, and Professions in the Roman World. Impact of Empire* 23. Leiden; Bosten: Brill, 2016: pp. 203-226。

较多的分析角度，这可以使研究者更有效地摆脱诸如古人做经济决策时是理性的还是非理性的这样的问题。

第二，传统研究将精力集中在罗马的上层社会，并且多用自上而下的角度审视罗马历史及社会。史料的局限性是造成这种状况的主要原因之一，但绝不是唯一的原因。古代流传下来的文学和文献史料多为上层作家所创作，其视角是占人口不到1%的"精英"阶层的视角。在这些史料中，占罗马世界人口绝大多数的人群被边缘化，甚至被抹杀了声音。这些人群包括中下层妇女、奴隶、释奴、普通自由民、行省的下层民众等等。自20世纪下半叶以来，研究视线更多地投向了普通民众，对这些边缘人群的声音、视角的探寻与重建一时间蔚然成风。2007年，在劳特利奇出版的《罗马社会史史料集》的引言中，两位编者如此解释这种现象的原因："罗马世界不再被视为效仿的理想，而是众多人类社会中特别有趣的一个。"[1] 这一趋势与铭文、纸草文书、考古发现等史料的广泛运用以及解读方式的更新相辅相成。普通民众以何为生、收入几何，他们的衣食住行、生老病死、社会关系等研究课题进一步登堂入室。从1992年的《古罗马的工作、身份及法律地位：职业铭文研究》，到2009年的《帝国西部的纺织业行会》、2012年的《在古罗马城购物：晚期共和和元首制时代的零售业》、2013年的《浆洗者的世界：罗马时代意大利的工作、经济及社会》，再到2016年的《行业与禁忌：罗马地中海的不体面行业》，等等，对于古罗马手工业者、小商贩的研究一方面在细化和深化，另一方面在全面改变我们对古罗马社会经济结构的理解[2]。加州大学伯克利分校退休教授罗伯特·纳普的

---

[1] Tim G. Parkin and Arthur John Pomeroy, *Roman Social History: A Sourcebook*. Routledge Sourcebooks for the Ancient World. London：Routledge，2007, 1.

[2] Sandra R. Joshel, *Work, Identity, and Legal Status at Rome: A Study of the Occupational Inscriptions*. Norman: University of Oklahoma Press, 1992; Jinyu Liu, *Collegia Centonariorum: The Guilds of Textile Dealers in the Roman West*. Leiden: Brill, 2009; Claire Holleran, *Shopping in Ancient Rome: The Retail Trade in the Late Republic and the Principate*. Oxford: Oxford University Press, 2012; Miko Flohr, *The World of the Fullo: Work, Economy, and Society in Roman Italy*. Oxford: Oxford University Press, 2013; Sarah E. Bond, *Trade and Taboo: Disreputable Professions in the Roman Mediterranean*. Ann Arbor: University of Michigan Press, 2016.

新作《隐身的罗马人》,① 附有一个长长的副题:"妓女、罪犯、奴隶、角斗士、普通男女……那些历史所遗忘的罗马人"。该书可作为自下而上看罗马的入门读物。同样值得注意的是,在传统的史学研究中,关注点在成年男女,或者说是他/她们政治、社会、经济活动最活跃的时间段,而对孩童、老年这些人生阶段关注相对较少,这种情况在进入21世纪以来已经发生了很大的转变。②

第三,1990年以来,集体创作进入繁荣阶段。新版的《剑桥古代史》,集结了罗马研究中的中坚力量,是集体创作的最佳代表之一。此外,牛津大学出版社、剑桥大学出版社、布莱克威尔(Blackwell)出版社以及总部位于荷兰的博睿(Brill)出版社等有较大影响的学术出版社争相出版各种指南型或手册型合集或罗马史专题系列,对罗马研究已有的成就进行综述和反思,并展望未来的发展。这些合集既有大全式的,比如《罗马帝国指南》③,也有专题性的,比如《罗马军队指南》《古代希腊罗马的运动与娱乐》《牛津罗马世界社会关系手册》等等。④ 这些书籍所针对的读者群较为广泛,努力做到既照顾专家学者的需求,也顾及学生和普通读者。这些指南和手册汇集了罗马研究的宿将新锐,总结过去数百年间罗马研究所积淀的耀眼成果,而更重要的是这种总汇与反思,为新的研究阶段的到来提供了一个智囊库和冲刺的平台。

第四,全球环境意识的高涨也反映到罗马研究中。具体表现有两方面。

---

① Robert C. Knapp, *Invisible Romans*. Cambridge, MA: Harvard University Press, 2011.

② 相关书目正在增多,比如:Tim G. Parkin, *Old Age in the Roman World: A Cultural and Social History*. Baltimore: Johns Hopkins University Press, 2003; Christian Laes, *Children in the Roman Empire: Outsiders Within*. Cambridge: Cambridge University Press, 2011; Judith Evans Grubbs and Tim Parkin (eds.), *The Oxford Handbook of Childhood and Education in the Classical World*. Oxford; New York: Oxford University Press, 2013。

③ David Potter (ed.), *A Companion to the Roman Empire*. Oxford:Blackwell Publishing, 2006.

④ Paul Erdkamp (ed.), *A Companion to the Roman Army*. Blackwell Companions to the Ancient World. Malden, MA:Blackwell Publishing, 2007; Paul Christesen and Donald G. Kyle, *A Companion to Sport and Spectacle in Greek and Roman Antiquity*. Wiley Blackwell, 2014; Michael Peachin (ed.), *The Oxford Handbook of Social Relations in the Roman World*. Oxford: Oxford University Press 2011.

其一，研究者更为关注罗马帝国的环境问题以及帝国时期人与环境的关系是否具有可持续性。研讨和评估罗马对矿产资源、水利资源、野生动物、森林资源的利用情况的论文和专著显著增加。① 考古学更加有意识地关注人与环境的互动以及环境与政治、社会变化之间的相互关联。比如，联合国教科文组织的利比亚谷地勘测计划（The UNESCO Libyan Valleys survey）重在探索罗马统治下的人口变迁、土地所有权的变化，以及农业生产效率等与古代利比亚自然条件及环境变化之间的关系。研究文学史的古典学者也更有兴趣进一步研究希腊、罗马文学作品中书写人与环境的文学手法和惯例。② 而罗马史上的自然灾害，罗马人对地震、洪水、火山喷发的了解，罗马人减灾抗灾的机制（缺乏或有限），以及罗马史上天灾与人祸的关系等等在 21 世纪初成为迅速发展的课题。2006 年出版的《古罗马台伯河的泛滥》、2012 年出版的《河流与古罗马权势》以及 2013 年出版的《罗马的灾难》都是这个背景下代表性的学术产物。③ 但它们观点各有不同，有学者强调罗马人对自然的干预和破坏，有学者则侧重罗马人对河神等自然神祇的敬畏。而越来越多的学者开始关注城市健康与卫生，对罗马的饮食营养状况、居住条件、排水系统、骨骸、厕所、寄生虫等等的研究，提醒大家不能把罗马城市想象成光鲜干净的场所，相反，城市的肮脏、寄

---

① Alfred Michael Hirt, *Imperial Mines and Quarries in the Roman World: Organizational Aspects, 27 BC-AD 235*. Oxford: Oxford University Press, 2010; J. Donald Hughes, *Pan's Travail: Environmental Problems of the Ancient Greeks and Romans*. Baltimore: Johns Hopkins University, 1994; idem, *Environmental Problems of the Greeks and Romans: Ecology in the Ancient Mediterranean*. 2nd edition. Baltimore: Johns Hopkins University Press, 2014; Graham Shipley and J. B. Salmon, *Human Landscapes in Classical Antiquity*, London：Routledge 1996; Michael Williams, *Deforesting the Earth: from Prehistory to Global Crisis*. Chicago: University of Chicago Press, 2003; W. Liebeschuetz, "Unsustainable Development: The Origin of Ruined Landscapes in the Roman Empire," in L. de Blois and J. Rich (eds.), *The Transformation of Economic Life under the Roman Empire*. Amsterdam: Gieben, 2002.

② 比如 Timothy Saunders, *Bucolic Ecology: Virgil's Eclogues and the Environmental Literary Tradition*. London: Duckworth, 2008。

③ Gregory S. Aldrete, *Floods of the Tiber in Ancient Rome*. Baltimore: Johns Hopkins University Press, 2006; J. B. Campbell, *Rivers and the Power of Ancient Rome*. Chapel Hill: University of North Carolina Press, 2012; Jerry Toner, *Roman Disasters*. Cambridge and Malden, MA: Polity Press, 2013.

生虫的猖獗有可能超出我们原来的印象,并且寄生虫和病菌随着罗马的扩张、交通的便利而传播。①

其二,在书写历史的方式上,环境意识体现在不以历史事件或人物为线索来撰写历史,而将古代地中海历史(包括罗马史)纳入生态史、自然史的大范畴之中。这个角度并非全新的创造。早在20世纪中叶,法国年鉴学派就曾致力于将地理因素纳入历史研究。年鉴学派著名历史学家布罗代尔(Fernand Braudel, 1902—1985)在其代表作《菲利普二世时代的地中海和地中海世界》中花了大量的篇幅描述地中海的地理环境。② 在布罗代尔的笔下,地中海世界的自然环境很难算得上优良而甚至有些残酷,造就了人类文明发展的桎梏与障碍,而所谓文明的定义恰恰就是人类与这天然的限制之间创造性的斗争。在布罗代尔的历史时空理论中,时间分三个层次:地理时间、社会时间和个人时间。在这三个层次中,布罗代尔更强调地理时间,它相对静止,比起个人时间来说要慢得多,但"静水流深,我们不能被表面的涟漪所误导"。为了理解16世纪的地中海,布罗代尔将历史追溯到古代。他在多部著作中推广"长时段"(longue durée)的概念。布罗代尔的历史观虽广为称道,他书写历史的方法却鲜有人效尤。他的影响到21世纪时

---

① 比如, A. Scobie, "Slums, Sanitation and Mortality in the Roman World," *Klio* 68 (1986), pp. 399-433; Rebecca L. Gowland and Peter Garnsey, "Skeletal Evidence for Health, Nutritional Status and Malaria," in Hella Eckardt (ed.), *Roman Diasporas: Archaeological Approaches to Mobility and Diversity in the Roman Empire*. *JRA* Supplement 78 (2010), pp. 131-156; Walter Scheidel, "Germs for Rome," in C. Edwards and G. Woolf (ed.), *Rome the Cosmopolis*, Cambridge: Cambridge University Press, 2003, pp. 158-176; idem, "*Rome the Cosmopolis*, 'Germs for Rome' 10 years after," in C. Apicella, M.-L. Haack, and F. Lerouxel. (ed.), *Les affaires de Monsieur Andreau: économie et société du monde romain*, Bordeaux: Ausonius Éditions, 2014, pp. 281-291; Ann O. Koloski-Ostrow, *The Archaeology of Sanitation in Roman Italy: Toilets, Sewers, and Water Systems*, Chapel Hill: The University of North Carolina Press, 2015; Piers D. Mitchell, "Human Parasites in the Roman World: Health Consequences of Conquering an Empire," *Parasitology* (2016), pp. 1-11。

② 法文版: Fernand Braudel, *La Méditerranée et le monde méditerranéen à l'époque de Philippe II*. Paris: Colin, 1949年初版, 1966年修订版(第二版); 英文版: *The Mediterranean and the Mediterranean World in the Age of Philip II*, translated by Siân Reynolds. 1972; 中译本由唐家龙、吴模信翻译, 商务印书馆, 1996年出版。

却重新得到了审视。牛津大学罗马史学家尼古拉斯·珀塞尔（Nicholas Purcell）及伦敦大学皇家霍洛威学院（Royal Holloway, University of London）的中世纪史学家佩里格林·霍登（Peregrine Horden）联手撰写的《堕落之海》（2000）①，长达761页，洋洋洒洒，将古代地中海历史解构成无数个微生态环境的组合。该书绝不单一强调人类对环境的负面影响，而致力于勾勒地中海世界万花筒似的环境。该书认为正是自然条件、生态、物产、天灾等造成的多样性和空间差异，促生和维持了各地之间的交流与相互依赖。在珀塞尔和霍登看来，突变并不值得大书特书，环境是相对稳定的，自然灾害大多是地方性的，造成自然灾害的原因也是多样的，而人类对环境的反应具有多变性、投机性和适应性。这一切都让珀塞尔和霍登相信人类与环境之间存在着相对稳定的共生关系（symbiosis），但环境并不在人类历史上扮演决定性的角色。在这样的认知指导下，珀塞尔和霍登认为要研究地中海的整体史，应当着眼于人与物的流动。但这部著作并不仅仅看到物质世界，而是专门辟了两章探讨宗教与环境的关系，以及人类学对于了解地中海文明的用途和局限性。比如，珀塞尔和霍登认为所谓地中海世界的"羞耻"与"荣誉"文化很难说与其近邻的名誉文化大相径庭。所谓地中海文明的价值观念总体上来说与人类学家所描述的伊朗、阿拉伯半岛、索马里、苏丹、印度等地的文化价值体系也没有什么特别醒目的区别。但是两位作者也指出，问题的复杂性在于，当具体到某一细节问题时，很难说同一个地域或同"一种"文化所提供的答案或解决方案是单一的，同一地域之内或者文化内部存在着复杂性。

虽然《堕落之海》放眼古地中海世界的整体历史而不仅仅关注于罗马史，但书中引用了大量罗马时代的资料，珀塞尔本身就是有影响的罗马史学家，再加上这整部著作在理论层面上的制高点，《堕落之海》

---

① *The Corrupting Sea: A Study of Mediterranean History.* Blackwell, 2000（中译本：《堕落之海》，吕厚亮译，中信出版社，2018年）。另见 A. T. Grove and Oliver Rackham, *The Nature of Mediterranean Europe: An Ecological History*. New Haven, Conn., and London: Yale University Press, 2001。

一经出版就在罗马研究学界（乃至整个古代史学界）掀起了不小的浪潮，成为广为引用的热点著作。建设性的批评之声也伴随着对该书的赞誉。较大的批评集中在两点：其一，该书对"城市"的作用与角色关注不足；其二，该书认为不同条件的地区之间的交流与互相依赖是理所当然的。但有学者指出，即便是地区之间存在差异，我们也不能假设交流、贸易等会自然发生。也就是说，珀塞尔和霍登的分析框架存在着过度强调"连通"（connectivity）的问题。

在解释一些经典命题，比如罗马帝国的变迁与"衰亡"时，环境变化和疾病等等因素也日益被提到显著的位置，凯尔·哈珀2017年的大部头著作《罗马的命运：气候、疾病和帝国的终结》[①]便是重要一例。这部著作内容十分丰富，但核心内容是把罗马帝国的发展史置于自然环境和瘟疫流传等等大背景下来考察，比如罗马的兴起和繁荣与合适的气候期相关：地中海温暖而且多雨，适合农作物生长，这段时间是公元前200年到公元150年。但这之后气候发生变化，给瘟疫的传播创造了条件；而晚期古代因为火山喷发造成的小冰期对帝国造成了进一步打击。这本书提醒我们在整体历史中人类之渺小，除了帝王将相之外，历史的变迁还有更宏大的力量，这些力量超出人类可控的范畴。

第五，如何有效运用日新月异的科技发展为人文学科服务，让诸如罗马史等古老的学科焕发新的生机，这也是近年来罗马研究的重要方向之一。数字人文的发展依赖于学科之间的合作并促进了跨学科合作，目前的形式和平台都多种多样，常见的为以下几类：

（1）解读遭受严重损毁的古代文献：牛津大学在这方面走在前列，发起"电子科学与古代文件"（E-Science and Ancient Documents）项目，建立纸草与木板文书的数据库，利用先进信息技术对古代文书进行图像处理，协助纸草学家和铭文学家解密和复原遭到损害的古代文书。其中图像技术与古代文件（Imaging Technology and Ancient Documents）

---

① Kyle Harper,. *The Fate of Rome: Climate, Disease, and the End of an Empire.* Princeton University Press, 2017.（中译本：凯尔·哈珀：《罗马的命运：气候、疾病和帝国的终结》，李一帆译，北京联合出版公司，2019年。）

等项目招收博士研究生。

（2）虚拟实景：弗吉尼亚大学的人文科学高级技术研究所（The Institute for Advanced Technology in the Humanities at the University of Virginia）是古代实景虚拟的一个重要研究中心，以用电脑技术建立城市、建筑物的三维模型为主，其最重要的成就之一就是"罗马再现"（Rome Reborn）。该项目1996年从加州大学洛杉矶分校起步，带头人为伯纳德·弗里舍（Bernard Frischer），先以弗吉尼亚大学、后以印第安纳大学为基地，组织多国考古学家、建筑专家、计算机专家进行国际合作。目前的"罗马再现"版本可用电脑模拟再现4世纪罗马的城市布局。使用者可以自由移动画面，并可虚拟"进入"罗马元老院、斗兽场或维纳斯神庙及其他罗马神庙等大型建筑物"畅游"，立体地感受古代建筑，乃至时空穿梭，进行现在和过去的对比。

（3）提供新的分析工具和手法：比如，地理信息系统（Geographic Information System，缩略为GIS）在考古学上的广泛运用开创了考古研究的新篇章。GIS具有强有力的空间分析功能，便于叠置分析、矢量分析、三维数据生成和操作及资源共享，可以揭示许多传统考古研究方法所忽略或无法进行处理的信息，从而达到对不同时期的人地关系更为充分的理解。

（4）多媒体数据库：近20年来，铭文、纸草文书、钱币、词典、古典文本、地图、雕像等等的数据库数量增长极为迅速，这些数据库大多包括原文、参考资料、相关图片、地图等等，具有搜索功能，有相当数量的数据库还包括了译文，即便是没有拉丁文或希腊文基础的用户，也可以充分利用这些电子资源来进行学习和研究。电子资源有助于把城市布局、建筑等等形象化、具体化，有一些数据库还包括互动或计算功能，比如斯坦福大学古典系的沃尔特·沙伊德尔和数字人文专家以利亚·米克斯（Elijah Meeks）所创办的"斯坦福罗马世界地理网络模型"（ORBIS: The Stanford Geospatial Network Model of the Roman World: https://orbis.stanford.edu/），不但可以定位具体城市，还可以计算两地之间的路线，旅行所需的时间、能耗，等等。这样的网络模型可以帮助分析和理解在罗马世界"距离"是何种概念，尤其重要的一点是沙伊德尔所强调的"地理距离"不等于"连通距离"，有的地点在地图上看起来很近，但实际上未必很容易就到达，连通强度或密度未必高。而比如亚历山大里亚和罗马之间，或亚历山大里亚和小亚细亚的城市之间，虽然地理距离很远，但因为海运航线的发达等因素，它们之间的连通程度超过一些地理距离相对更近的地点。关于各类数据库更为详细的介绍请见本书附录二"学术资源"中的"综合性网络资源"一节。

第六，"接受史"成为迅速发展的新方向，不但书籍文章以令人惊讶的速度涌现，并已有全新的期刊，特别是：《古典接受杂志》（Classical Receptions Journal）①、《远征——古典传统与接受》（Anabases—Traditions et réceptions de l'Antiquité）②。接受史（history of reception; reception studies）的研究对象为古典文化、古典作家、古典思想与学说等等在历史上及当代的流传、回应、影响、挪用等，跨古典学、比较文学、区域（历史文化）研究等多学科，为突破型及扩展型研究领域。研究角度及专题众多。比如 2007 年出版的《古典文学及其接受选编》③一书追索希腊、拉丁诗歌对英国、爱尔兰、加勒比海地区文学创作，特别是诗歌创作的影响。安东尼·格拉夫敦等人所编的《古典传统》④长达 1000 多页，洋洋大观，采用词典形式，讲述和梳理古典文化的流传。比如"李维"这一词条简述了李维作品抄本的发现和翻译史、李维作为作家和史家对身后作家（包括卢坎、普鲁塔克、薄伽丘、比昂多等等）的影响、其文本在 17—18 世纪的际遇、19 世纪尼布尔对李维的轻视、目前关于李维的研究方向等等。该书的词条中还包括诸如 Carpe diem 等来自古典著作的名言短语，并枚举这些名言短语

---

① 访问地址：https://academic.oup.com/crj。

② 访问地址：https://journals.openedition.org/anabases/。

③ Robert DeMaria, and Robert D. Brown, *Classical Literature and Its Reception: An Anthology*. Malden, MA: Blackwell, 2007.

④ Anthony Grafton, Glenn W. Most, and Salvatore Settis, *The Classical Tradition*. Cambridge, Mass: Belknap Press of Harvard University Press, 2010.

在后世的引用情况。阅读这部著作不能不令人感慨古典文化在西方文化中无处不在的渗透和深远影响。古典文化的接受当然不限于欧美。印度裔古典学者瓦苏尼埃，毕业于斯坦福大学，相继任教于英国雷丁大学、伦敦大学学院，于 2013 出版《古典学与殖民时代的印度》①一书，详尽探讨随殖民者而来的古典文化如何与印度社会发生碰撞。讨论了荷马史诗与维吉尔的史诗在印度的不同际遇，古典文化与语言在英属印度官员选拔中所扮演的角色，印度政治家如何解读吉本的《罗马帝国衰亡史》等诸多论题。

21 世纪头 10 年以来，希腊罗马文化在中国的接受史成为欧美古典学界的一个显著关注点。在国内，李长林和陈德正两位学者在此领域已笔耕多年；在国际上，与东亚"接受史"相关的学术活动（尤其是国际会议）与出版明显升温，比如：2012 年，芝加哥大学、斯坦福大学以及北京大学在芝加哥大学北京中心合办题为"西方古代经典在中国"（Western Classics in China）国际会议；2013 年德国自由大学在柏林举办"希腊罗马古典在东亚"（Greek and Roman Classics in East Asia）国际会议，与会者有相当一部分来自中国、日本和韩国，会议的组织者阿尔穆特 – 芭芭拉·伦格尔（Almut-Barbara Renger）与范鑫合编了会议合集（包括另行邀约的论文）《东亚对希腊罗马古代的接受》，被重要的古典学家格伦·莫斯特（Glenn Most）称为希腊罗马古典传统接受史发展历程中一部里程碑式的著作②；2014 年北美古典学会（American Philological Association）年会上的小组讨论，主题为"古典学与回应：现代中国与古代西方的碰撞"（Classics and Reaction: Modern China Confronts the Ancient West），组织者为芝加哥大学的沙迪·巴奇以及斯坦福大学的沃尔特·沙伊德尔。组织者的开场引言揭示了西方学界为何对此题目如此感兴趣。巴奇提到，希腊罗马古典传统在西方如此深

---

① Phiroze Vasunia, *The Classics and Colonial India*. Oxford: Oxford University Press, 2013.

② Almut-Barbara Renger and Fan Xin (eds.), *Receptions of Greek and Roman Antiquity in East Asia*. Leiden: Brill, 2018, 其中包括古典学在中国的接受；关于这一议题，亦见《世界历史评论》2016 年第 5 期，"古典学在中国"专题。

入骨髓，西方人自己常常无法站在外部审视古典传统及其影响。而中国对西方古典传统的接受提供了一面镜子，可以让西方人从中国人如何看西方而发现自己视线中的盲点和想当然之处。在她看来，这一过程可以帮助大家追溯为什么中国和美国在个人主义、公民意识以及政府管理形式这些方面的观点大相径庭。

古典接受史和古典学全球化是相互关联的两个话题。2015 年柏林洪堡大学举办了以"全球化下的古典学"为题的一系列学术活动，所关注的议题皆是近年来持续讨论的问题，比如 2019 年古典学会会长约瑟夫·法雷尔组织的会长专题小组也以"Global Classics"为题，讨论包括：全球化如何影响人们对古希腊罗马世界的看法？在比较视角下，古希腊罗马世界与其他前现代社会有什么不同和共通之处？在传统西方视角中，古希腊罗马文化被视为文明的摇篮，是西方文化身份中的关键因素，那么全球化在多大程度上改变并挑战这一传统西方视角？非西方古典学对改变和挑战传统视角的贡献体现在哪些方面？在世界各地古典学研究是如何开展的？在不同的文化语境中其角色又是如何定位的？为什么非西方社会会对希腊罗马古典学感兴趣？有没有可能发展出适用于各种前现代社会的一体化的理论？比较研究是否会导致掩盖而非揭示不同前现代文化间的区别？古典学全球化如何影响这门学科的发展以及其课程设置？① 在这场柏林会议中，几位印度、中国、日本背景的学者讨论了在不同文化、不同历史节点西方古典在东亚文化中所产生的影响，其中一些普遍性的角度或探讨的问题包括：殖民地半殖民地社会如何通过西方古典来定义、思考和构建现代化与经典之间的关系？西方古典如何被用来作为批判现实的手段？

接受史的兴起和持续发展，是很多因素合流而造成的，但总的来说，它是古典学自身反思与革新的一个有机组成部分，这种反思正是古典学本身作为历史、文化、政治、教育的产物。而接受史的研究为

---

① 活动详细报道，见王忠孝、赵静一、刘津瑜：《国际古典学新动态——2015 年柏林"全球化下的古典学"学术活动报道》，《全球史评论》2016 年第 10 期，第 265—282 页。

古典学注入了新的力量，从时间和空间上都极大地拓宽了古典学的场域和前沿。

第七，跨文化（cross-cultural）研究无论在广度还是深度上都有明显增长的趋势。长期以来，中国学者对古罗马和古代中国的比较研究一直有兴趣，但研究焦点相对集中在生产方式之上。比如，马克垚的《罗马和汉代奴隶制比较研究》（《历史研究》1981年第3期），秦晖的《古典租佃制初探——汉代与罗马租佃制比较研究》（《中国经济史研究》1992年第4期）、《从唐律与罗马法的比较看唐代奴婢的身份》（《比较法研究》2002年第1期）。梁作干的《罗马帝国与汉晋帝国衰亡史》（广东高等教育出版社，1997年）虽然放眼宏观，但仍是站在奴隶制的衰落这个角度上来探讨两种文化的异同。在西方学术界，有一些学者历来关注罗马与古代中国的经济文化的交流与接触，但多附靠在"丝绸之路"研究之上。真正的比较研究最近几年才明显升温。2008—2009年，牛津大学接连出版了两部罗马与古代中国比较研究的合集，即穆启乐和闵道安（Achim Mittag）所编的《构想帝国：古代中国与古罗马比较研究》[1]及沃尔特·沙伊德尔所编的《罗马与中国：比较视角下的古代世界帝国》[2]。两部合集的角度和关注点各异，前者探讨中国古代和罗马史学、碑铭、艺术、建筑、地图等这些承载着象征意义的媒介如何定义、书写、宣传帝国，而后者则侧重于帝国的制度和实际运作，所讨论的题目集中于国家的形成、法律、军事组织及货币制度等。两部合集所追求的都不是单纯的异同比较，不是仅仅要以罗马为参照物来理解中国，或以中国为参照物来理解罗马，而是用古代中国和罗马为例来阐释世界帝国的形成、理念和运作这些更大的命题。这两部著作的内容都极为丰富，对今后的罗马与中国比较研究具有很强的启迪意义，尤其是两部合集都摆脱了对两种文明进行优劣

---

[1] F. H. Mutschler and A. Mittag (eds.), *Conceiving the Empire: China and Rome Compared*. Oxford: Oxford University Press, 2008.（中译本：李荣庆、刘宏照等译，李荣庆校，复旦大学出版社，2013年。）

[2] Walter Scheidel (ed.), *Rome and China: Comparative Perspectives on Ancient World Empires*. Oxford: Oxford University Press, 2009.（中译本：李平译，江苏人民出版社，2018年。）

比较的模式，着重探索人类文明发展中的变数。以下仅简单介绍其中的重点议题、研究角度和观点。

《构想帝国：古代中国与古罗马比较研究》是一部相当国际化的合集。其主编为德国古典学家穆启乐和汉学家闵道安，参与合集的学者有来自欧洲、美国和中国的汉学家以及来自欧洲和中国的古典学家。全书17篇文章，分为三部分，以古代中国和罗马的对比来揭示帝国之初、帝国成熟时期以及衰落时期这三个阶段政治思想中的帝国，史学在构思帝国概念中的作用以及帝国是如何通过象征手段来表述的。

"帝国"这个概念在拉丁语和古汉语中分别用 imperium 和 "天下"来表述。古汉语中的 "天下" 不但是个地域概念，而且意味着秩序井然的、和谐的世界，相比而言，拉丁语中的 imperium 一词中军事强权的意义更为强烈。黄洋和穆启乐指出，就罗马而言，帝国的概念并不先于帝国的现实而存在，而是随帝国的发展而发展。在罗马人的自我意识中，罗马在军事方面的优越性占据了很大成分，并且认为政治权力理所当然地伴随着军事上的优越性而来。在古代中国，"天下"和"天命"这两个概念与政治统治的关系在秦始皇实现统一之前就已经经历了很长时间的讨论。但无论古代中国还是罗马，其史作中所反映出的"帝国意识"有着共同之处，表现在四个方面：(1) 接受君主制；(2) 认为政府行政成就的最主要表现在于和平、秩序和繁荣；(3) 认为战争是对帝国边界制造麻烦者的惩罚性行为；(4) 在历史观上和历史创作上，强调延续与重复而不是变化与发展。

施寒微（Helwig Schmidt-Glintzer）和凯瑟琳·克拉克（Katherine Clarke）则分别撰文探讨古代中国和罗马是如何用语言和地图来对帝国进行空间表达的。施寒微指出古代中国的地图主要为了军事和行政管理的目的而制，在空间安排上将中国作为统一的王国占据地图的中央，四周围绕着其他地区。凯瑟琳·克拉克的文章则充分展示了地理描述的象征意义和政治功能。克拉克认为古罗马的地图不仅不遵循比例，甚至超越时空局限，集历史、神话、娱乐性、创造性于一身。但无论以图像还是语言形式表达出的帝国空间都传达着同样的信息，即帝国的无所不及、无可逃避，以及都城的中心地位。柯马丁（Martin Kern）和克里斯蒂安·维切尔（Christian Witschel）的文章分别讨论中国和罗马的第一位皇帝所立的碑铭，以此为例探索新生帝国以何种方式宣告帝国的统一、推广帝国意识形态。柯马丁的研究对象是秦始皇石刻。碑文以韵文写成，以权威性的口吻描述秦以前的战乱，歌颂秦始皇安邦定国的丰功伟绩。维切尔的文章则详细研究奥古斯都的《功业录》。维切尔指出《功业录》沿袭了罗马历来对军事扩张的强调，称颂自己对罗马传统价值的维护以及对帝国都城的美化。从碑刻的地点来说，柯马丁指出秦始皇的石刻碑立在秦帝国东部的新征服的领土，选址多在山顶，象征性地把新征服地区的历史纳入了秦朝的历史。奥古斯都的《功业录》碑则立在他的墓前，但其抄本和译本的碑刻遍布帝国城市，多立在崇奉奥古斯都与罗马女神的庙宇，象征性地结合了帝国和地方的历史。罗尔夫·迈克尔·施耐德（Rolf Michael Schneider）和毕梅雪（Michèle Pirazzoli-t'Serstevens）的两篇文章则对比了秦汉时期和罗马帝国时期皇帝图像的出现率。罗马皇帝的图像，特别是雕像，无所不在，这和秦汉正好相反。这种对比反映了不同的统治理念和公民观念。毕梅雪的分析认为秦汉皇帝像之所以阙如是因为中国皇帝无须"可见性"，因为皇帝受命于天，皇权是非人格化的权力。

这部合集充分展示了古典中国和罗马比较研究潜力无限，并建议了一些亟待开发的课题，包括宗教、庆典的功能、法律与立法、道德及政治权威、普世价值观等等。古代中国和罗马的家国观念、帝国性质的比较等也是未来值得关注的议题。合集作者之一、中国经学史和思想史专家朱维铮将秦帝国定义为"弱"帝国。所谓"弱"帝国指帝国在空间上和族群上来说都是不确定的，也就是说帝国并不附着于一个族群或一个共同的地域身份。朱维铮认为中国帝国维系长久的原因正在于这个"弱"帝国特征。我们现在还缺一篇从这个角度分析罗马帝国的文章。

沃尔特·沙伊德尔所编的《罗马与中国：比较视野下的古代世界帝

国》包括 7 篇文章，分别探讨罗马与中国的"大分流"、立法和法律的作用、宦官及妇女、贡赋与贸易、"礼"与慈善以及货币系统。全书没有亚洲学者参与，作者多为罗马史学家，在中国史方面多依赖二手著作，所做的罗马和中国之间的比较有时略显肤浅或缺乏新意。比如，特纳（K. Turner）在《帝国形成中的法律与惩罚》中提到和希腊罗马的立法目的相比，中国的法律不是为了保护权利和财产，而是用来维持既定精英阶层的统治秩序，这可能淡化了希腊罗马法律的"控制"功能。但从总体上来说，该书做到了微观与宏观并重，并重新审视了多个旧命题。比如，在罗马和古代中国官僚化程度这个问题上，传统上学者们强调罗马的低官僚化程度和古代中国官僚机构的庞大。但该书并不以此为起点，而多次指出尽管两个帝国的官僚化程度有所不一，但这对帝国发展大方向的影响相对有限。彼得·邦（Peter Bang）在《控制和消费世界：罗马和中国史上的帝国、贡赋及贸易》一文中指出两个帝国同为以农业为基础的朝贡帝国，其成功的秘诀在于它们都做到了低成本运作：官僚机构相对精简，税率相对较低而且稳定，地方贵族乐于与帝国合作，贡赋制度推动农业剩余产品的流通及远程贸易。值得注意的是该文中推测居多，而过硬的史料相对薄弱。在整部合集中，论述与史料最为详尽的当数沙伊德尔的《汉与罗马帝国的货币体制》一文。沙伊德尔认为，罗马帝国的货币经济以金币、银币为主导，而古代中国则以铜币为主导，辅之以未经锻造的贵金属；之所以有这样的区别主要有三个原因：第一，在征服地中海的过程中，罗马帝国的币制受到希腊化世界以金银为主的币制的直接影响，而在中国统一帝国的形成过程中，并不存在类似的先例；第二，与罗马帝国相比，古代中国相对缺乏贵金属；第三，军队的供给方式不同。就古代中国而言，从战国到西汉，军队的供给都不以货币报酬的形式而是以实物形式为主。如此一来，铜币就可以满足军队的不时之需。这就使得国家对金银货币的需求降低，这和罗马帝国的情况正相反。虽然说罗马和古代中国的货币体制有所不同，沙伊德尔却并不认为它们代表了两种截然不同的货币理论。学者们通常认为古代中国的铜币面值脱离其内在价值，而罗马造币的市值则取决于其对应的金属价值（再加人工）。沙伊德尔对这种观点提出了挑战。依据一系列的数据和对文字史料的批判性分析，沙伊德尔认为用货币金属论来概括罗马帝国的货币制度以及用货币唯名论来解释古代中国的货币制度均为不妥。实际上，无论在古代中国还是罗马，造币（包括铜币）的面值都和其内在价值有着直接的关联，而市场也依造币的成色对其价值做出相应的反应。在此基础之上，沙伊德尔进一步论证罗马帝国的经济货币化程度比古代中国有过之而无不及。

2015 年，沙伊德尔主编的第 2 部比较研究合集《古代中国与罗马的国家权力》出版。这部合集共包括 8 篇文章，从精英的形成、决策机制、官僚机构、国家财政收入、城市化、公共空间、宗教等方面来比较罗马与中国。沙伊德尔自己的文章集中讨论罗马和汉代中国的国家财政支出，指出在资源分配上，罗马侧重优先军事开支，而汉代中国则侧重行政官员的俸禄。沙伊德尔认为这反映了两个帝国组织与权力结构的差异。在城市化这个问题上，卡洛斯·诺瑞尼亚比较了两大帝国对城市化的影响，对城市的控制程度以及相应的后果。汉代中国对城市的控制较强，城市贵族的权力被剥夺，城市成为社会控制的媒介。罗马世界的城市数量增长远超汉代中国，城市自治程度也更高，但这造成的长期影响之一是对国家的碎片化，对统一的阻碍。[①]2016 年，商务印书馆出版了周繁文的专著《长安与罗马——公元前后三世纪欧亚大陆东西帝国的双城记》，但似乎这部专著和《古代中国与罗马的国家权力》之间并无互动。

沙伊德尔曾多次表示希望中国学者大力推动跨文化比较研究。之所以如此是基于以下考虑：沙伊德尔认为西方古代史研究已经到了边际效应递减的阶段，需要新的视角和灵感来推动这一学科的有效发展；而与此同时，中国古典学者的研究极少走出国界，多在中国国内内部

---

① Walter Scheidel (ed.), *State Power in Ancient China and Rome*. New York: Oxford University Press, 2015. (中译本：杨砚等译，生活·读书·新知三联书店，2020 年。)

"消费"。沙伊德尔因此建议中国学者进行比较研究可能益处更大。①2017 年沙伊德尔与穆启乐共同撰写了《比较之裨益：就比较研究古代文明的倡议》，枚举比较研究的益处，比如：比较研究有助于克服学科局限性、跳出熟悉的视角；比较研究能帮助我们区分历史上的共通现象和独特现象，并且帮助我们梳理独特的历史现象背后的决定因素；比较研究有可能对传统学术有破坏性，但这正是它对学术的推进之处；比较研究可以帮助回答一些历史上的大命题，比如为何罗马帝国灭亡之后从未得到重建，而在中华帝国，解体与重建则循环往复。②沙伊德尔和穆启乐认为中国学者在比较研究上有着先天的优势，比如熟悉中国语言、文化等，而西方的古典学家则面临着这些方面上的障碍。

近年来，比较研究仍存在着增长之势。③而随着 2021 年剑桥大学出版社"全球语境下的古代"（Antiquity in Global Context）丛书的启动，比较研究以及对古代世界互联的研究可望得到进一步发展。当然这并不意味着中国学者一定要以比较研究为优先任务，如果说英国出身的汉学家白芝（Cyril Birch）可以将汤显祖的《牡丹亭》译得那样雅致与韵味十足，美国培养的汉学家宇文所安（Stephen Owen）可以随口吟诵唐诗宋词，为什么中国不能去培养精通古希腊、拉丁语言文学的古典学者和罗马研究专家呢？④更何况如今研究方法的创新、学科壁垒的模糊以及资源的全球共享正给中国的罗马研究创造难得的契机。而

---

① Walter Scheidel, *Comparative History as Comparative Advantage: China's Potential Contribution to the Study of Ancient Mediterranean History*, Version 1.0, April 2006, Princeton/Stanford Working Papers in Classics: https://www.princeton.edu/~pswpc/pdfs/scheidel/040601.pdf.

② Fritz-Heiner Mutschler and Walter Scheidel, "The Benefits of Comparison: a Call for the Comparative Study of Ancient Civilizations," *JAC* 32 (2017), pp. 107-121.

③ 比如：Hyun Jin Kim, *Geopolitics in Late Antiquity: the Fate of Superpowers from China to Rome*. Abigndon; New York: Routledge, 2018；Randolph Ford, *Rome, China, and the Barbarians: Ethnographic Traditions and the Transformation of Empires*. Cambridge; New York: Cambridge University Press, 2020（可参阅 BMCR 2021.04.19 石晨叶的书评）。

④ Sven Günther, "Ad Diversas Historias Comparandas? A First, Short and Droysen-based Reply to Mutschler and Scheidel," *JAC* 32 (2017), pp. 123-126.

如果中国学者只是在西方罗马研究的成果上进行比较研究，实际上就是放弃了在罗马研究领域的话语权。[1] 然而沙伊德尔所期望的新的灵感和罗马研究的新局面则是所有学人的共同奋斗目标。进入21世纪以来，国内的罗马史人才培养以及在国外取得相关学位的研究者团体数量逐年增多，研究领域不断丰富，对原始史料的分析和批判水准迅速提升。在加强古典语言教育、学科建设和国际交流的基础上，中国学者一定能够多方位地为罗马研究注入新的活力，而比较研究是其中的途径之一。

---

[1] 关于1949年之后中国学者在罗马研究方面的成就和视角，请参阅陈启能主编：《建国以来世界史研究概述》，1991年；全国哲学社会科学规划办公室：《哲学社会科学各学科研究状况与发展趋势》，1997年；王三义：《二十年来国内罗马经济史研究述评》，《天水师院学报》（社会科学版）2000年第2期；李华程、王振霞：《古希腊罗马史研究概况（上）》，《世界通史教程参考资料古代卷》；《中西古典学和世界上古史研究综述》，《东北师范大学历史系史学研究（1949—2002）》，东北师范大学出版社，2002年，第1—8页；N. Wang, "A Survey of Roman Studies in China," *Kleos* 7 (2002), pp. 319-334; 李长林、杜平：《我国台湾学者邢义田先生对古代罗马史的研究》，《古代文明》2008年第2期，第102—109页；以及中国社会科学院世界史所每年的《中国世界古代中世纪史学科发展报告》。

第四章 重点学术问题

本章分专题介绍国内外罗马研究在重点学术问题上所取得的成就及进展情况。罗马研究的出版物卷帙浩繁,研究领域不断拓宽,选取研究热点殊为不易。本书第三章在叙述研究史的过程中已经涉及多个重要的学术问题。本章在专题的选取上不奢求面面俱到,而倾向于普遍性较强以及论辩较为激烈、持久的论题,但尽量涵盖政治、军事、经济、社会、宗教、文学艺术等历史研究诸领域,以期反映罗马研究的纵深。每一专题的着墨点在于学术观点以及研究方法和角度的变迁,以这些专题为案例展示罗马史研究中手法和视角的多样性。

一 共和时代的政治

罗马共和国在拉丁语中为 res publica,字面的意思是"公共事务"或"公共财产"。罗马国家的标准缩略语为 SPQR,代表罗马元老院与人民(Senatus Populusque Romanus)。从理论上说,罗马国家的主权在于罗马人民(populus Romanus),元老院只是人民的代表,既不是立法机构,也不是选举机构,只有民众大会才有立法和选举的权力。全民参加的大会主要有库里亚大会、部落大会和百人队大会。库里亚大会的投票单位是库里亚(复数 curiae),共有 30 个。对于这个大会的运作机制,我们所知甚少,但似乎立法权力有限。在所有的民众大会中,罗马成年男性公民都有投票权。部落大会的选票以部落为单位进行计算,而不是按一人一票的方式来计算。低级行政职位由部落大会产生,但高级行政职位如监察官、执政官、大法官以及贵族营造官由百人队大会产生。百人队大会也常译为森都里亚大会,以百人队(森都里亚 [centuria])为单位。罗马公民以财产资格的不同而分属于不同等级,每个等级划分为数目不等的百人队，每个百人队的人数不一，既是战斗单位也是投票单位。富人的等级人数较少但百人队数较多，所以在百人队大会上拥有更多的票数。另有平民大会，虽然只有平民才能参加，但自公元前287年之后其决议对全体公民都有效。从表面上看，共和制时期罗马政治建立在广泛的公民参与之上。公元前2世纪的作家波利比乌斯在其《历史》第6卷中对罗马的政治体制大唱赞歌，认为罗马的政治体制混合了民主制、君主制及贵族制的因素：公民大会是其中民主制的因素，执政官是君主制的因素，而元老院则是贵族制的因素。这些因素彼此达成有效制衡，从而造就了罗马的政治体制的优越性。在波利比乌斯看来，这正是罗马成功的秘诀所在。比波利比乌斯晚几个世纪的阿庇安称罗马最初由国王统治，在推翻君主制之后，罗马人建立了"民主制"（demokratia）。那么罗马共和时代的政治是否可以定性为民主制？共和政体下的政治框架是否可以容纳民主？这些问题历来都是罗马研究中的重要核心问题。但不同学者所给出的答案却大相径庭。①

以格尔泽的《罗马共和时期的显贵》和《罗马帝国时期的显贵》、闵采尔的《罗马贵族派系及家族》、塞姆的《罗马革命》② 以及斯卡拉德的《公元前220—前150年的罗马政治》③ 等为代表的传统研究方法把焦点集中在少数"政治精英"之上，认为共和时代的政治权力为极少数显贵家族所把持，而"新人"是罕见的现象。20世纪初以来，学者多沿用格尔泽关于显贵和新人的定义，也就是将显贵定义为执政官、独裁官，以及有执政官权力的军政官的后代的总体，新人则指家族中第一个获得官职的骑士阶层成员。族谱学是这些学者所采用主要

---

① 晏绍祥《显贵还是人民——20世纪初以来有关罗马共和国政治生活特点的争论》（《历史研究》2008年第5期，第137—151页）一文对西方的主要学说和研究动态提供了相当全面的综述。本节未详述之处，请参阅晏文。另外可参阅 Leonhard A. Burckhardt, "The Political Elite of the Roman Republic: Comments on Recent Discussion of the Concepts 'Nobilitas and Homo Novus'," *Historia* 39.1 (1990), pp. 77-99.

② 关于格尔泽、闵采尔及塞姆的主要观点，详见本书第三章"研究史概述"。

③ H. H. Scullard, *Roman Politics, 220-150 B. C.*, Oxford, 2nd ed., 1973.

研究手段，以精英的个人政治军事生涯、贵族家族之间错综复杂的联姻以及家族势力的消长为研究主线，主要目的在于论述少数显贵家族如何长时间地把权力掌握在自己手中。在传统的研究框架中，平民仅仅是依附于上层社会的门客，而精英家族通过门客网络控制平民，限制诸如部落大会或百人队大会等机构的影响。格尔泽强调金钱在罗马共和国选举政治及显贵之间的竞争中所扮演的重要角色。因候选人需要大量财力支持，所以通过借贷的方式也可笼络盟友。英国学者塞姆认为显贵家族有三样法宝：财富、家族和政治联盟，这些政治联盟在拉丁语中通常用"友谊"（amicitia）或"派系"（factio）来表达。"在所有时代，无论政府采取什么形式，用什么名称，是君主制也好，共和制也好，抑或是民主制，表象背后总是寡头制；无论是共和时代还是帝国时代的罗马史都是统治阶级的历史。"① 塞姆毫不留情地写道："罗马宪政只是个烟幕和假象。"从方法论上来说，塞姆引入了韦伯（Max Weber，1864—1920）的竞争式精英主义（competitive elitism）的概念来分析罗马共和国晚期的政治。在族谱研究的基础上，塞姆分离出几个贵族小集团，比如以卢卡鲁斯和克拉苏为核心的集团、加图的亲族、尤利乌斯氏族和马略的家族、庞培的亲族，以及屋大维氏族。所谓民众派和贵族派并非党派，其区别在于他们各自寻求合法性的渠道不同。贵族派认为元老院是合法性的源泉，而民众派则通过民众大会达到自己的目的。相互竞争的小集团自由使用这两种手段为自己服务。对于塞姆来说，罗马政治无非是显贵内部或个人或群体、或公开或秘密的争斗。泰勒的《恺撒时代的党派政治》② 延续了这种观点。在这种研究方向之下，20世纪上半叶有关罗马共和时代中晚期的专著中充满了家族谱系和人物关系的研究，形成了族谱学的高峰时代。

自20世纪60年代以来这种传统的研究角度受到挑战，梅耶（Christian Meier）、巴狄恩（Ernst Badian）、布朗特、格鲁恩，以及西格

---

① Ronald Syme, *The Roman Revolution*. Oxford: Clarendon press, 1939, p.7.

② Lily Ross Taylor, *Party Politics in the Age of Caesar*. Berkeley：University of California Press, 1949.

(Robin Seager)等有影响的罗马史学家都强调共和时期显贵家族之间的联盟或派系很少是长期、稳定的,即使家族内部也经常在重大问题上有所纷争。既然显贵的关系网充满了不确定性,族谱学作为研究工具的内在局限性便凸显了出来。布朗特还认为格尔泽对显贵的定义过于狭窄,相比之下,蒙森的定义更为可取。① 在布朗特看来,所谓显贵包括了所有拥有祖先肖像权(ius imaginum)的罗马人,也就是说,显贵包括所有曾担任过牙座官(curule magistrate)的罗马人,以及所有的世袭贵族(patricii)。而"新人"则是一个模糊的概念,出身骑士但成功晋升执政官的"新人"是极端的例子,但除了这种较为少见的情况之外,还有各种各样的新人,比如:出身骑士但当选担任官职的人,一个家族里第一个担任比前人更高官职的人,平民家族出身的执政官,等等。也就是说,格尔泽定义中的"新人"有可能属于布朗特定义中的"显贵",而格尔泽定义中不能称为"新人"的人有许多其实应该属于布朗特定义中的"新人"这个范畴。重新界定这些概念的意义在于表明共和时期罗马贵族的封闭和排他的程度不如格尔泽所认为的那么强。霍普金斯和伯顿则用数据来探讨罗马显贵的社会流动性,独立地得出了和布朗特类似的结论。② 霍普金斯和伯顿指出,只有62%的执政官来自显贵家族,40%的执政官父亲也是执政官,只有47%的家族能够连续两代产生执政官。在此基础上,霍普金斯和伯顿强调显贵家族之间竞争的激烈程度,以及罗马共和时期的社会流动性和政治生活的开放性都比以前所想象得要大。但是,以上所提到的学者的基本共识是罗马政治体制从根本上来说绝不是民主制,而是富人的寡头政治。

然而,最近二十几年的学术著作提出了新的问题,重新审视了以前的学术观点。由于有诸如米勒等名家参与,引起了不小的学术震荡。晚期共和时代动荡的时代背景下,政府的性质如何?选举如何操作?平民在选举中是否有决定作用?如果没有,那么为什么候选人还

---

① P. A. Brunt, "Nobilitas and Novitas," *Journal of Roman Studies* 72 (1982), pp. 1-17.

② Keith Hopkins, *Death and Renewal*. Sociological Studies in Roman History, V. 2, Cambridge: Cambridge University Press, 1983, pp. 31-120.

要想尽办法拉选票？罗马平民是被有野心的政治军事人物利用的暴民、工具，还是独立的力量？如何看待晚期共和时代选举中以及街头暴力的升级？史料并不缺乏，可资利用的有西塞罗的书信、辩护词和文章，比如《为穆雷纳辩护》(Pro Murena)和《为普兰奇乌斯辩护》(Pro Plancio)，以及昆图斯·西塞罗所谓的《竞选手册》(Commentariolum Petitionis)。但对这些史料的解释和使用却大有分歧。最大的问题在于原始史料是由罗马上层社会以自上而下的视角写出来的，在描述民众的行为方面是片面的、有选择性的，要拓展传统的分析模式必须跳出自上而下的视角。

1984年和1986年，米勒在《罗马研究杂志》分别发表《从公元前200年到前150年罗马共和国的政治特征》和《同盟战争之前的政治、说服及人民》两篇文章，[1]指出现有的学术讨论低估了罗马人民在政治生活中的作用。米勒认为学界对波利比乌斯关于罗马政治制度和权力制衡的看法应予以更多的重视，毕竟波利比乌斯是以当时人的视角来描述罗马政体。这些观点在1998年的《晚期罗马共和时期的民众》一书中得到进一步发展。[2]该书认为罗马的政治体制是民主制。罗马有投票权的公民在政治生活中扮演独立角色，在解释罗马政治体制从共和制向君主制的转化方面，米勒的侧重点不在强调有野心的个人或群体之间的竞争。相反，米勒寻求自下而上的解释，用大量的实例解释公民大会的作用。比如公元前52年，保民官立法支持恺撒缺席竞选执政官。米勒强调民众对公共事务的监督，而政治领袖依赖的是他们的演说说服力。其政治目标是通过说服的方式而非胁迫或庇护关系来达到目的。此外，米勒关注一些为前人所忽视的影响罗马政治实际操作的因素。这些因素包括罗马的市政格局和地形。米勒指出许多政治活动都在罗马广场（forum Romanum）这个狭小地带开展，政治领袖和民众

---

[1] Fergus Millar, "The Political Character of the Roman Republic, 200-150 B.C.," *JRS* 74, pp. 1-19; "Politics, Persuasion and the People before the Social War, 150-90 B.C.," *JRS* 76, pp. 1-11.

[2] Fergus Millar, *The Crowd in Rome in the Late Republic*. Ann Arbor: Michigan University Press, 1998.

之间的直接交流不可避免。总的来说,米勒认为,共和晚期的政治文化是一种能够反映舆论和民意的政治文化,公民大会作为有独立权力的实体支持有权势的将领,从而促成了元首制的建立,最终导致民众权力的丧失。

亚历山大·雅各布森的《罗马的选举和竞选:共和晚期政治体系之研究》[1]和米勒的思路相仿。雅各布森指出百人队大会体系并不能简单地归为"寡头"体系。不能假设富人的主导地位是自动的:贿选的肆虐表明来自相对不富裕的人的选票的重要性。另外,不能假设第一等级的成员是铁板一块,总是支持同样的候选人。事实上,候选人大多来自社会上层,自然会分散上层选民的选票。在个人关系网方面,雅各布森认为显贵自然是占优势的,但是不能想当然地认为显贵候选人就自然有"门客"和朋友(amici)的支持。事实上,候选人必须积极竞选才能网罗支持者进而获得选票。史料表明,罗马人自己很清楚选举大会难以预测。雅各布森认为这表明单靠门客和朋友并不能保证竞选成功,公众的支持不可或缺。

米勒和雅各布森都倾向于强调罗马政治中的"民主性"。这一观点有支持者也有反对者。慕瑞森的《罗马共和晚期的平民和政治》同样研究罗马民众的立法和选举权力。[2] 慕瑞森和米勒以及雅各布森一样不认为下层民众的投票行为为"荫庇体系"所主导。慕瑞森认为,罗马元老阶层的影响毋庸置疑,但他们并非依赖于流动性很大的门客群来维系影响。在晚期共和时代,有影响的政客更重要的是通过贿赂既有的社会群体,比如街区领袖以及各种社团等来影响选举。但在罗马民众是否构成独立的政治力量这个问题上,慕瑞森和米勒以及雅各布森的观点存在着本质上的分歧。慕瑞森指出,从理论上来说,罗马民众的投票权十分强大,但这并不代表共和时期罗马的政治体制就是民主制,

---

[1] Alexander Yakobson, *Elections and Electioneering in Rome: A Study in the Political System of the Late Republic*, Historia Einzelschriften 128, Stuttgart: Franz Steiner Verlag, 1999.

[2] Henrik Mouritsen, *Plebs and Politics in Late Republican Rome*. Cambridge: Cambridge University Press, 2001.

也不意味着罗马的选举大会就能发挥民众的权力。实际上，民众的权力很少得到全面发挥。比如，大部分的平民都必须养家糊口，并不总能费时费力费钱去参加选举大会。罗马政治的理想和现实之间存在很大差距。罗马广场可容纳1万人左右，但来投票的人却经常远低于这个数字。共和晚期，罗马城的投票处（Saepta）可容纳多达7万投票人，但是史料表明选举大会很少有超过1万与会者。慕瑞森强调显贵很少鼓励大批的投票人参与投票。显贵很少在百人队大会上花精力做手脚，是因为他们占了投票数量的优势（富人拥有更多的百人队，每队有一票，所以富人在票数上占优势）。但是在较难控制的部落大会和平民大会上，显贵会想方设法阻碍有投票权的公民参加会议，比如把集市日和选举日隔开，这样一来，住在城外的公民就不一定进城投票。慕瑞森指出，罗马的政治体制从理论上有"民主"的潜力，但是种种限制很容易使得罗马民众被排斥在政治活动之外。共和晚期，意大利的大部地区都已获得公民权，有权投票的人数增加了，但是这对罗马的竞选和投票行为的影响微乎其微。共和晚期贿选猖獗，有钱的政客不但发放现金，还举办各种表演和展示。这些活动在选前选后都有，甚至有中间人在选情明朗后给投票人兑现事先承诺的奖赏。这段时间不乏反对贿选的立法。但是这些立法的目的并不是要确保民主选举，而是旨在抑制一部分特别富裕的候选人，从而达到保护其他显贵的目的。此外，大会的召开并没有固定的日期，而是由长官决定的。会议的日程等也都由长官决定。罗马的普通民众处于被动地位。所以，在慕瑞森看来，理论与现实之间的距离是理解罗马共和时代政治生活的关键。罗马的政治体制有民主之理想和潜力，但无民主之实。民众无法通过合法和正式的途径参与政治，只能退而诉诸暴力。

那么存在所谓的"民意"或"公众意见"吗？如果存在，又是如何进行传达的呢？莫斯坦－马克斯的《罗马共和晚期的大众演讲以及政治权力》[1]一书探讨演说和政治对话在共和晚期权力分配中的影响，他

---

[1] Robert Morstein-Marx, *Mass Oratory and Political Power in the Late Roman Republic*. Cambridge: Cambridge University Press, 2004.

的研究重点之一是非正式无投票行为的集会（contio），认为这些会议是罗马政治生活的重要舞台，是元老院和民众面对面交流的合法场合（authorized locus）。莫斯坦-马克斯认为，政治领袖和民众之间确实存在互动，但是话语的主动权掌握在政治人物手中。政治人物演说能力在共和时代罗马的政治生活中扮演着举足轻重的角色，他们善于掩藏个人动机而把自己说成是为民众而牺牲的人。①

慕瑞森在 2017 年出版的《罗马共和时代的政治》②一书第二章"罗马共和时代的领袖与民众"中反对莫斯坦-马克斯对非正式集会的分析。慕瑞森指出就内容而言，非正式集会常常是例行发布信息的场合，参与者主要的功能是聆听，而来参与集会的人并不能和"人民"（populus）画等号，不能混为一谈。即便非正式集会有所谓"民意"表达，也未必是民意风向的可靠指针，并且并不存在单一、静止的民意。慕瑞森认为不同的非正式集会传递的信息不同，有可能互相抵消。而并没有任何证据表明，有任何立法因为非正式集会上的反对而被撤回或放弃。确实有很多提案遭到否决，然而原因是多样的，最常见的原因是保民官的否决和阻拦，而并不是非正式集会上的反对之声。慕瑞森强调，共和时代的各种人会可以理解为形式化、程序化的仪式，实际参与人数相当有限，与其把这些机构当作人民行使权力的场所，不如透过表面看本质，去探求罗马共和时代政治生活中象征性及带有表演性（performative）的方面。③

2017 年出版的另一本书，克里斯提娜·罗西略-洛佩斯所著的《晚期共和时代的公众意见和政治》④也和罗马共和制度下的公众意见有关，关注的是自下而上的信息传播。罗西略-洛佩斯强调信息的传递是政治生活中的决定性因素，流言的影响不可忽视，而在理解公众意

---

① James Tan, "Contiones in the Age of Cicero," *Cl. Ant.* 27.1 (2008), pp. 163-201.

② Henrik Mouritsen, *Politics in the Roman Republic*. Key Themes in Ancient History. Cambridge: Cambridge University Press, 2017.

③ Performative 意为"施为性""述行性"，但在此译为"表演性"更符合罗马语境。

④ Cristina Rosillo-López, *Public Opinion and Politics in the Late Roman Republic*. Cambridge: Cambridge University Press, 2017.

见的传递机制方面，我们不能忽视"人力媒介"所发挥的作用，比如剃头匠、浪荡汉、街头卖艺者、流动商贩、释奴、小店主等等。罗西略-洛佩斯引用了来自其他历史时段的比较材料，比如从古典时代的雅典到 16 世纪的威尼斯，在聚集信息并且推动信息的再流通这个链条上，剃头匠的角色不容忽视。而普鲁塔克也曾提到，在苏拉和马略内战期间，苏拉的探子是不经意间在理发店里听到某个地方是不设防的，这个信息成功为苏拉所用。[①]

二　从共和到帝制

公元前 2 世纪下半叶到前 1 世纪末叶，罗马社会经历了巨变，经过一系列内战之后，恺撒以终身独裁官的头衔以及大祭司的身份独揽大权。恺撒被刺之后，其养子屋大维在公元前 27 年被授予"奥古斯都"之名，并始称"元首"，建立了披着共和外衣的君主制。理解从共和到帝制的转变必然涉及对恺撒、奥古斯都等历史人物的评价问题。他们是与自由作对的暴君还是开明君主？是利欲熏心、机关算尽的野心家还是高瞻远瞩、有胆有识的创新者？是他们一手导致罗马共和国的终结抑或只是加速了集权统治这个不可避免的趋势？帝制的建立是进步还是倒退？奥古斯都的"帝制"是不是唯一的出路？

罗马人自己对这些问题就有不同看法。尼禄时代的诗人卢坎所作的政治长诗《法尔萨里亚》(*Pharsalia*，也常称为《内战记》)，以苍劲且极富渲染性的笔法描写恺撒与庞培的内战。在诗人笔下，这是罗马史上惨烈与阴暗的一页，诗人感慨自由的丧失，对小加图的殉道者形象渲染有加。公元 1 世纪下半叶，老普林尼在《博物志》中把恺撒的所作所为称为对人类的冒犯(iniuria)，但同时又认为这是必要的。帝国盛世持续到 3 世纪后，用希腊文写作的罗马元老卡西乌斯·狄奥则认为共和时代的制度意味着无序，君主统治则意味着"秩序"，是更上等的体

---

① Rosillo-López 2017, p.178.

制。在卡西乌斯·狄奥看来，奥古斯都的统治是君主制与民主制的混合。他在《罗马史》56.43.4中写道："通过君主制与民主制相结合，他（奥古斯都）在建立秩序与安全的同时保障了罗马人的自由。这使得罗马人感觉他们既免于民主制的张扬也免于暴君的狂傲，可以说他们生活在有节制的自由之中，并免于君主制的恐怖。他们是王室的臣民，但非奴隶；是民主制下的公民，但无内讧不和。"后世的史家、政治批评家和研究政治科学的学者对这些问题也历来有不同回答。下文对主要观点做一个简单的回顾。

罗马史学家蒙森是恺撒的崇拜者，他对恺撒这个历史人物所倾注的热情，甚至让他偏离了通常的冷静。在获得1902年诺贝尔文学奖的《罗马史》中，蒙森对恺撒称颂有加：恺撒是天才，是有情义之人；他自控力强，知道适可而止，比如在饮酒方面，他的自制力远胜亚历山大；恺撒虽然风流，但是不受女人控制；他是个拥有热情的人，而没有热情便谈不上天才，但他的热情从来没到他所不能控制的地步；他是现实主义者，漠视意识形态和一切虚妄之事；他是理性的，他的演说清晰、简约；在用兵上，靠迅捷而不是军队的规模制胜；恺撒有边界感，他竭力避免内斗，尽力争取以最少的流血争取胜利。[1]蒙森所勾勒的恺撒形象，可以说就是他心目中完美政治家的形象，他在恺撒身上看到了德意志当时所需要的领袖人物。对蒙森来说，恺撒是位英雄人物，他推翻了腐败的寡头统治者，终结了混乱。蒙森在恺撒的身上投射了他对普鲁士容克（大土地）贵族的不满。爱德华·梅耶（Eduard Meyer, 1855—1930）和热罗姆·卡尔科皮诺（Jérôme Carcopino, 1881—1970）则分别在《恺撒的君主制和庞培的元首制》（1918年初版；1919年第二版）[2]和《罗马史》（1936）[3]中对恺撒持较为否定的态度，指出恺撒自青年时代起就野心勃勃，企图建立东方式的君主制，并利

---

[1] Theodor Mommsen, *Römische Geschichte: Von Sullas Tode bis zur Schlacht von Thapsus, Volume 3*. Berlin: Weidmannsche Buchhandlung, 1856, esp. pp.428-436.

[2] Edward Meyer, *Caesars Monarchie und das Pinzipat des Pompejus*. 2nd ed. Stuttgart, 1919.

[3] Jérôme Carcopino, *Histoire Romaine*. Paris: Presses universitaires de France, 1936.

用民众达到这一目的。

格尔泽在《罗马共和时期的显贵》一书中则强调对恺撒的研究不能只看他个人的经历和政策,而必须把对他的理解放置于更广阔的社会背景中。格尔泽发明了"罗马革命"这一概念,不过这里的"革命"和我们通常所理解的革命并不是一个概念,而指的是统治层的重新"洗牌",其核心如下:罗马共和国的衰亡是一场社会革命,在追逐个人权力的斗争中,反对方或被清除或丧尽元气,最终只剩一位胜利者,而罗马显贵作为一个群体的主导地位则让位于绝对君主。在元首制之下,旧的罗马显贵仍维持着尊贵的地位,但维持社会地位需要巨大的财力,而经济的拮据等原因使得许多显贵家族难以逃脱衰败和消亡的命运,为新的寡头贵族所取代。与旧贵族所不同的是,新贵族来自意大利各地甚至是行省。

塞姆的名著《罗马革命》一书则使得"罗马革命"成为罗马史研究中的重要术语。该书1939年夏由牛津大学出版社出版,是20世纪最有影响的罗马研究著作之一。塞姆的主要目的是分析奥古斯都利用何种资源和方式完成上层建筑的变革。虽然塞姆集中阐释的仅仅是公元前60年到奥古斯都独揽大权短短半个世纪的罗马政治变迁,但涉及了对罗马政治本质的深层分析,所以对于罗马研究有广泛的意义。在塞姆看来,恺撒是现实主义者也是机会主义者。而他之所以与众不同,在于他获得了意大利以外的力量的支持。恺撒通过慷慨授予公民权笼络了非意大利人。至于奥古斯都,塞姆的评价是"冷酷而老练的恐怖主义者"。塞姆追溯屋大维发展个人关系网以及积累个人权力的历程,所用的手法是所谓族谱学(或"人物志")的分析方法,分析罗马政治生活中各种各样的"集团"。这些集团之间相互竞争,在这个过程中对手或被清除或失去力量,最终一个集团胜出,这个集团的头领就成了罗马唯一的统治者。在塞姆的笔下,屋大维/奥古斯都的成功是一部血腥史,充满了杀戮和抢掠,他靠着这些不光彩的手段养活了一帮支持者,又靠着这些支持者结束了内战,建立了集权专制,而所谓共和一去不返。在斗争的各方中很难说某一方比其他方更正义,寡头政治斗争中没有什么所谓"好"人，或者说都不是什么好人。罗马人用奴役换取了和平。塞姆在《罗马革命》中毫不留情地指出，"'恢复共和'不过是个伪君子上演的正经滑稽剧"。但是塞姆也并不哀悼共和时代，他认为罗马共和国的结构不能满足罗马统治的需要，不能保障安全和繁荣，恺撒和奥古斯都的所为只是顺应了历史的必然，恢复了秩序。《罗马革命》影响深远，时至今日仍是罗马研究的必读书之一。米勒和西格合编《恺撒·奥古斯都的七个方面》① 以纪念塞姆诞辰八十周年。拉夫劳伯和托赫所编的《在共和与帝国之间：阐释奥古斯都及其元首制》则是为了纪念塞姆《罗马革命》出版五十周年。② 这两部合集集中了欧美最有影响的一批罗马史学家，总体的结论是：奥古斯都的形象以及共和向帝制的过渡可能比塞姆所说的更为复杂，但对塞姆的基本观点并没有大幅修正的必要。

　　当然塞姆的观点并未被后来的罗马史学家全盘接受。格鲁恩的重要代表作《罗马共和国的最后一代》③ 反对其宿命论的看法。格鲁恩不认为罗马共和国的没落具有必然性，并在书中一再提醒不要用后事之明来看待罗马共和国的发展，而要通过那个时代当事人的角度来看待这段历史。在格鲁恩看来，直到公元前50年，罗马共和国仍然运转正常。比如，在选举方面，格鲁恩看到的是延续性，例如高级行政长官仍出于同样的旧家族。对晚期共和立法的研究是格鲁恩的分析重头之一。格鲁恩否认保民官是推动这些新法的主要力量，他指出在50多条立法中，由保民官所推动的只有三分之一。格鲁恩认为，晚期共和时代立法的繁多表明统治阶层试图通过立法途径解决面临的问题。格鲁恩的另一分析重点是刑事案件，从审判和结果分析各家族的政治立场及相互关系。格鲁恩的结论是这些案件和审判都不构成对现行体制的威胁。

---

① Fergus Millar, and Erich Segal (eds.), *Caesar Augustus: Seven Aspects*. Oxford: Clarendon Press, 1984.

② Kurt Raaflaub, and Mark Toher (eds.), *Between Republic and Empire.Interpretations of Augustus and His Principate*. Berkeley: University of California Press, 1990.

③ Erich Gruen, *The Last Generation of the Roman Republic*. Berkeley: University of California Press, 1974.

大部分学者在肯定格鲁恩的研究角度和大部分分析结果的同时，也指出几个重大的缺陷：格鲁恩对晚期共和国的暴力肆虐未给与足够的重视；在研究方法上，集中关注罗马的内部政治，而忽略了行省的影响与作用；在史料方面，完全依赖文献史料，忽略了钱币、铭文等实物史料，基础不够广泛。

如果说格鲁恩强调共和体系的延续性，弗劳尔在出版于2010年的《罗马共和国》①一书则强调"共和"不断的演进与变化。该书的英文书名为 *Roman Republics*，也就是说弗劳尔将罗马的"共和"复数化，强调罗马从不存在单一连续的共和史，而是前后经历了好几个阶段的"共和"，每一段都各有其特征。传统的观点认为共和时代从公元前509年一直延续到公元前31年（即屋大维决定性地击败安东尼及克娄巴特拉的那一年）或公元前27年（屋大维于该年获得奥古斯都的称号），并把这近五个世纪的历史进一步分为早期、中期、晚期。弗劳尔则挑战传统的分期，提出应当把这段历史细化并分为以下13个阶段。

（1）公元前509—前494年，王政结束以后的前共和时期（pre-republican period）；

（2）公元前494年—前451/前450年，共和国雏形期（proto-republic），以《十二表法》的颁布为下限；

（3）公元前450—367/前366年，共和国一期（Republic 1），共和体制试验阶段；

（4）公元前366—前300年，共和国二期（Republic 2），贵族与平民的共和国；

（5）公元前300—前180年，共和国三期（Republic 3）；

（6）公元前180—前139年，共和国四期（Republic 4）；

（7）公元前139—前88年，共和国五期（Republic 5）；

共和国三、四、五期为显贵共和国（The republic of the *nobiles*）；

（8）公元前88—前81年，过渡期，共和制度暂停运作；

---

① Harriet Flower, *Roman Republics*. Princeton: Princeton University Press, 2010.

（9）公元前81—前60年，共和国六期（Republic 6），苏拉政变至苏拉独裁；

（10）公元前59—前53年，三头政治（庞培、恺撒及克拉苏的统治）；

（11）公元前52—前49年，过渡期；

（12）公元前49—前44年，恺撒独裁（及其遇刺后的短暂过渡期）；

（13）公元前43—前33年，另一三头政治（屋大维、雷必达及安东尼的统治）。

在弗劳尔看来，所谓共和史并不是一部共和制兴起、成熟及衰落的历史，而是存在着不同的阶段。无论就其形式或内容而言，西塞罗的"共和国"显然已不同于老加图的"共和国"。同样重要的是，弗劳尔强调区分实际的共和国和罗马人想象中、记忆中的共和国。在这种分析框架之下，一系列旧观点都需要重新审议和阐释。比如，弗劳尔认为，与其说苏拉是个意在恢复元老院权威的改革者，不如说苏拉建立了一个新的共和国；通过一系列的改革，苏拉意在树立一个立法者、秩序缔造者的形象。从这个意义上来说，苏拉给后来的政治人物（包括奥古斯都在内）树立了一个先例。共和国在公元前59年就已经终结。既然所谓的罗马"共和"政权体系一直在不断的演进过程中，那么我们也需要重新审视奥古斯都元首制的建立与之前"共和"的联系。

学界对弗劳尔《罗马共和国》的反应基本分为两个方面：一方面，学界肯定弗劳尔对所谓单一共和历史的挑战；另一方面，约翰·里奇（John Rich）、亚历山大·雅各布森及克里斯托弗·马凯（Christopher Mackay）在分别发表于《罗马研究杂志》《北美古典杂志》及《凤凰》的书评中都认为弗劳尔的新分期在推进共和史研究方面的作用有限，她的分析也存在着不少缺陷。[①] 比如，里奇指出，该书的软肋之一是不够重视外在因素，特别是罗马的对外扩张对共和体系的影响。雅各布森和马凯都诟病该书所提出的分期不能够反映罗马人自己对共和史的

[①] *JRS* 102 (2012), pp. 306-307; *AJP* 132.1 (2011), pp. 153-156; *Phoenix* 65.3/4 (2011), pp. 412-414.

看法。此外，这两位共和史的专家者还认为，① 弗劳尔过度强调了苏拉对传统共和体系的背离程度。雅各布森特别指出，苏拉的改革其实增强了民众在政治生活中的影响力：他将财务官的人数从 12 人增加到 20 人，这些财务官卸任之后自动进入元老院，而财务官是由部落大会选举产生出来的。苏拉所要抑制的是保民官的影响而不是民众大会本身，从这一点上来说，苏拉的理念和以前的共和理念并无二致。

关于共和分期的讨论势必继续进行。值得指出的是，随着研究方法和视角的推进，进入 21 世纪，对恺撒这个人物的正面评价似乎占据了主流。2006 年和 2009 年的两部英文传记都把恺撒称为罗马的巨人；1999 年，卢恰诺·坎福拉（Luciano Canfora）以《人民的独裁官》为题撰写了恺撒的传记，已有意大利文、德文、英文、法文、罗马尼亚文版。在这些著作中，恺撒代表的是一种进步的力量，更为包容的力量。② 在共和向帝制转化这个问题上，近年来的研究不但注重史料的多元性，更强调拓宽视野，跳出局限于政治制度分析的窠臼。

奥斯古的《恺撒的遗产：内战和罗马帝国的兴起》③ 一书聚焦内战的经历，探索在这段动荡不安、人心惶惶的时期地中海世界的变迁：正是在这段充满暴力的年代，罗马人开始接受新的统治形式。奥斯古所采用的史料十分全面，包括诗歌、历史叙述、书简（尤其是西塞罗的通信）、传记、铭文、钱币、艺术及考古资料。在分析手法上侧重深入人们的心理以及不同身份、不同阶层罗马人对时局的反应，并如同电影拍摄一样，不时切换视角。比如，在解析公元前 44 年 4 月 15 日至 5

---

① 马凯本人著有《罗马共和国的崩溃：从寡头制到帝国》(Christopher S. Mackay, *The Breakdown of the Roman Republic: from Oligarchy to Empire*. Oxford, 2009）。

② Adrian Keith Goldsworthy, *Caesar: Life of a Colossus*. New Haven: Yale University Press, 2006; Richard A. Billows, *Julius Caesar: The Colossus of Rome*. London/New York: Routledge, 2009; Luciano Canfora, *Giulio Cesare. Il dittatore democratico*. Paris: Laterza, 1999；*Caesar: Der Demokratische Diktator : Eine Biographie*. München: C. H. Beck, 2004；英文版 *Julius Caesar : The People's Dictator*, trans. by Kevin Windle and Marian Hill. Edinburgh: Edinburgh University Press, 2007；法文版 *César: Le dictateur démocrate,* trans. by Corinne Paul Maïer and Sylvie Pittia. Paris: Flammarion, 2012 。

③ Josiah Osgood, *Caesar's Legacy: Civil War and the Emergence of the Roman Empire*. New York: Cambridge University Press, 2006.

月 24 日西塞罗与密友阿提库斯的通信上，奥斯古充分展示了西塞罗的焦虑，以西塞罗的眼光透视恺撒遇刺之后罗马的动荡。奥斯古随即又将视角切换到第四军团，以士兵的眼光讲述他们如何在混乱中择主：是追随安东尼还是屋大维？他们和同胞火拼的时候又是什么感受？他分析了包括在内战中被夺去了土地的人、政治"新人"，以及屋大维的视角，等等。如果说奥斯古用类似拍摄电影的手法探索罗马从共和向元首制过渡时期各阶层以及各种人物的心理活动，苏米的《仪式与权力：在罗马共和与帝国之间表演政治》[1]则聚焦过渡时期罗马政治生活中各种仪式的作用与意义。凯旋式、葬礼、庆典（ludi）、演出、宣战仪式、集会甚至是民众大会会议都是政治人物塑造公众形象、巩固权力及声望的重要场合和途径。政治人物在仪式的时间和地点、自己的着装选择上都大有考究。屋大维对仪式的功能明了于心，在利用仪式方面煞费苦心。比如，在对安东尼和克娄巴特拉宣战的时候，他使用了对敌国宣战的古老仪式。在仪式当天，元老院成员着军袍，列队到贝罗娜（Bellona，女战神）神庙。屋大维以费提阿利斯（fetialis，祭司）的身份主持仪式，程序包括诵读特定的宗教文本，依次征求每个元老对宣战的意见；在得到肯定的回答后，屋大维将一支带血的长矛仪式性地投到一片象征敌国领土的土地上。这个仪式的意义是多重的，既包含了宗教复古性，又将对安东尼的内战转化成了罗马与敌国（埃及）的战争，同时昭示了屋大维的领导地位。此类例子不胜枚举，而该书的最后一章则以"作为表演者的元首"（The Princeps as Performer）为题探讨屋大维／奥古斯都如何将共和时代的各种仪式转化为君主制中的有机组成部分。"共和"自此仪式性地存在于帝制之中。

三 奥古斯都时代

有关罗马第一位皇帝奥古斯都其人及其时代的史料非常丰富，从

---

[1] Geoffrey S. Sumi, *Ceremony and Power: Performing Politics in Rome between Republic and Empire*. Ann Arbor: University of Michigan Press, 2005.

铭文、纸草文书、钱币、纪念性建筑、诗歌、史记、传记到自述，不一而足。由于奥古斯都时代在罗马史上是个关键性的过渡时期，也由于史料的丰富，这个时代历来是罗马研究中的重点。研究的课题纷繁多样，包括：如何评价奥古斯都的历史功绩？奥古斯都时代如何重构罗马历史的叙事？如何定位"皇帝"的角色？奥古斯都时代罗马城的变迁、艺术与文学的作用、社会的转型、城市化和"殖民点"的创建、经济发展、帝国的行政管理、财政税收、皇帝与元老院之间的关系等等。① 20 世纪 90 年代之前，对奥古斯都时代的讨论时常受制于"反奥古斯都"和"顺奥古斯都"的二元对立的分析框架，但近 30 年来的讨论解构了这样的二分法，② 而将着力点放在奥古斯都时代作为一个过渡时代的复杂性和动态转变之上。本节选取奥古斯都时代的国家与家庭、视觉艺术、诗人与诗歌这三个不同的侧面来管窥奥古斯都时代的政策导向以及罗马帝制之初的政治文化和社会转型问题。关于屋大维/奥古斯都是如何走上权力之路的，见第一章"罗马史概述"。

（一）国家与家庭

帝制的建立不但意味着政治结构的变化，而且意味着罗马国家与家庭之间的关系得到全新定义，这得首先从奥古斯都时代的家庭婚姻法说起。这些法令主要针对的是跨阶层婚姻，以及贵族中盛行的独身和无子现象，具体内容主要包括如下几点：严格约束不同等级之间的通婚；严罚独身，对未婚男女征收重税；鼓励再婚；鼓励生育，奖赏多子。③ 公元前 18 年的《尤利乌斯法》规定包括寡妇和离婚的女性也

---

① 这些也是整个帝国时代的重要问题，本节聚焦奥古斯都时代，关于早期帝国这些问题的中文最新综述，尤其是政治视角，可见王忠孝：《从元首政制到王朝统治：罗马帝国早期政治史研究路径考察》，《世界历史》2020 年第 3 期，第 118—132 页。

② D. F. Kennedy, "'Augustan' and 'Anti-Augustan': Reflections on Terms of Reference," in A. Powell (ed.), *Roman Poetry and Propaganda in the Age of Augustus*. London: Bristol Classical Press, pp. 26-58.

③ 最新的中文综述（包括书目）和分析，见倪滕达：《从〈尤里乌斯法〉和〈帕披乌斯·波派乌斯法〉看奥古斯都的婚育政策》，《世界历史》2021 年第 2 期，第 135—147 页，作者认为这些立法的目的是为了鼓励生育，但并没有达到其目的。

需要尽快结婚，分别只有 1 年和 6 个月的宽限期。《尤利乌斯法》的推行遇到阻力，元老和骑士阶层对奥古斯都的婚姻立法十分抵制。罗马妇女与婚姻研究的重要学者朱迪丝·埃文斯·格拉布斯（Judith Evans Grubbs）分析道，他们的抵制并非因为反对生育，而至少部分是因为奥古斯都本人只有一个孩子，但还是许多遗产的受益者，他们因此质疑奥古斯都为何有资格来约束他人的生活方式和权利。① 在贵族的讨价还价之下，奥古斯都不得不做出让步，做出了延长不婚宽限期、增加对生育的奖赏等修正，公元 9 年的《帕皮乌斯－波派乌斯法》（Lex Papia Poppaea）就是用来冲淡他们的不满情绪的。② 奥古斯都在《功业录》第 8 章第 5 节不无自夸地写道："通过新的法律，我恢复了在我们这个时代日渐消失的诸多祖制，而且我自己为后世留下了可效仿的榜样。"但罗马人自己以及历代史家对这些立法的反应与评价就各不相同。狄奥尼修斯《罗马古事纪》(2.24.4) 本着男性社会父权夫权至上的观念，认为这些举措旨在保护家国，旨在把男人从由女人造成的种种弊病中解救出来。塔西佗则敏锐地意识到奥古斯都时代的婚姻家庭法醉翁之意不在酒，对奥古斯都的批评不留情面。塔西佗《编年史》3.24-28 认为奥古斯都的通奸法有悖于传统的仁慈政策（clementia maiorum），因为通奸是男女之间常犯的过失（culpa inter viros ad feminas vulgata），奥古斯都时代的严苛婚姻法给告密者增加了捕风捉影、陷害他人的机会。

在出版于 2003 年的《帝国之初的奥古斯都与家庭》③ 一书中，塞维瑞细致探讨了奥古斯都如何在政治领域巧妙运用罗马家庭观念，革新性地达到"家"与"国"的融合。塞维瑞强调奥古斯都的创新之处在于将"父家长"（pater familias）和"祖国之父"角色相结合：公元前 2 年，奥古斯都被授予"祖国之父"的称号。从这个角度来说，罗马社会被

---

① Judith Evans Grubbs, "Singles, Sex and Status in the Augustan Marriage Legislation," in Sabine R. Huebner and Christian Laes (eds.), *The Single Life in the Roman and Later Roman World*. Cambridge University Press, 2019，pp. 105-124.

② Suet. *Aug*. 34；Cassius Dio, 54.16.1-1.

③ Beth Severy, *Augustus and the Family at the Birth of the Roman Empire*. Routledge，2003.

视为一个大家庭，奥古斯都则转化成了这个大家庭的家长。李维娅和奥古斯都分别扮演着整个国家的母亲（mater）与父亲（pater）角色。在奥古斯都治下，"家"与"国"因此微妙地结合为一体。奥古斯都的继承人也并不仅仅只是他个人财产的继承人，而且也是奥古斯都这些公共角色的"继承人"。[1] 奥古斯都婚姻家庭法的初衷在于强化家庭伦常，但是他以立法的方式来达此目的则侵犯了家长的传统权力和责任。米尔诺则在《性别、家庭生活以及奥古斯都时代：私生活的发明》[2]一书中探讨罗马向帝制转型对妇女在公共生活中角色的影响。米尔诺认为，奥古斯都的许多做法，包括立法规范家庭婚姻、以及自身竭力树立"家庭人物"（domestic figure）形象的姿态，有助于重新界定公众生活领域和私人生活领域的界限，并把妇女推到了公共生活的前台，妇女被赋予更多更新的象征意义。米尔诺举了众多例子来支持这一论点。比如，奥古斯都用女性家人作为榜样；在世纪庆典上挑选了110名罗马主妇为代表；等等。

奥古斯都把自己的家庭作为公共平台来展示他的政治理念和他的所谓"美德"，特别是他作为丈夫的忠诚、作为弟弟对姐姐的维护和关爱以及作为"舅父"的责任心，这些都属于罗马美德之列。奥古斯都和第3任妻子李维娅的婚姻维持了52年。这是他的第3次婚姻，也是他最后一次婚姻，他努力树立一个顾家男人、模范丈夫的形象。奥古斯都和李维娅并没有生育子嗣，他唯一的孩子是女儿尤利娅。奥古斯都的姐姐屋大维娅，当年在屋大维和马可·安东尼缔结"后三头"联盟时被当作一个联姻工具，嫁给了安东尼。当屋大维和马可·安东尼行成对立之势时，屋大维在针对安东尼的宣传战中把屋大维娅塑造成忠贞、忍辱负重的罗马贤妻，和安东尼的情人兼盟友埃及统治者克娄

---

[1] 荣曼认为图拉真之所以在意大利推广儿童补助计划，也意在塑造"父"的形象。参见 Willem Jongman, "Beneficial Symbols: *Alimenta* and the Infantilization of the Roman Citizen" in: Willem Jongman and Marc Kleijwegt (eds.), *After the Past: Essays in Ancient History in Honour of H. W. Pleket*. Leiden: Brill, 2002, pp. 47-80。

[2] Kristina Milnor, *Gender, Domesticity, and the Age of Augustus: Inventing Private Life*. Oxford, 2005.

巴特拉七世形成鲜明对照，这种对照是罗马与异族/敌人的对照，而安东尼对屋大维娅的背弃，也就成了对罗马人、罗马国家和神明的背弃。在屋大维最终击败马可·安东尼和克娄巴特拉，导致他们的自杀之后，屋大维对他们的子嗣进行了选择性的铲除或保留。那么他除去了哪些人呢？首先是克娄巴特拉的儿子及共治者托勒密十五世，绰号恺撒里昂（即"小恺撒"）。虽然恺撒并没有公开承认过这个儿子，克娄巴特拉也不是罗马公民，因此没有和罗马公民缔结合法婚姻和生育合法子女的权利，但屋大维还是处决了托勒密十五世，这也就根除了埃及托勒密王朝。另外一个被处死的是安东尼和前妻富尔维娅的长子安提鲁斯（Antyllus），这位安提鲁斯还曾经和屋大维唯一的女儿尤利娅订婚，几乎成为屋大维的女婿，但安提鲁斯在与屋大维敌对的军中服役，这成为他被斩杀的理由（Cassius Dio, 51.6.1-2）。然而屋大维并没有处死安东尼和富尔维娅未成年的幼子尤鲁斯（Iullus），也放过了安东尼和克娄巴特拉的3个孩子，即一对孪生子女及他们的弟弟（Suet. *Aug.* 17.5）。

  他这么做的动机是什么呢？哈德斯在《以家为重的皇室之人：作为马可·安东尼子女们代理父亲的奥古斯都》一文中详细分析了这个问题。① 这篇文章指出，屋大维/奥古斯都很刻意地用几个层次定义了安东尼子女的地位和身份。比如在屋大维的亚克兴凯旋式上，安东尼和克娄巴特拉的一对孪生子女作为被俘埃及王室成员步行于屋大维凯旋战车之前，而屋大维的外甥马尔凯鲁斯和继子提比略陪同左右，这就形成一种胜利者与被征服者的对比，并划清了克娄巴特拉和安东尼的孪生子和屋大维之间的界线。然而，在凯旋式之后，安东尼和克娄巴特拉的3个子女和尤鲁斯一起交由屋大维娅抚养。这以后，屋大维娅的家里，除了这4个孩子之外，还有她的前夫的儿子马尔凯鲁斯以及两个女儿大、小马尔凯鲁娅，另外还有她和安东尼的两个女儿大安东尼娅和小安东尼娅，一共是9个孩子。这有助于塑造屋大维娅宽容的良母形

---

  ① Ann-Cathrin Harders, "An Imperial Family Man: Augustus as Surrogate Father to Marcus Antonius' Children," in Sabine R. Hübner and David M. Ratzan (eds.), *Growing Up Fatherless in Antiquity*. Cambridge: Cambridge University Press, 2009, pp. 217-240.

象：她接纳了"情敌"克娄巴特拉的孩子，[①] 让安东尼的子女成了屋大维娅家的一部分，而屋大维娅家又是屋大维家的一部分。用这种方式，屋大维/奥古斯都其实重新定义了这些孩子的身份，让他们重新进入了罗马社会。而屋大维/奥古斯都自己则扮演起了舅父这个角色，包括后来为这些孩子安排婚姻、在政治上提携他们。在罗马社会，对某些亲属角色存在着特定的期待值，对于"舅父"这个角色，哈德斯举了几个共和时代著名舅父的例子，比如马尔库斯·利维乌斯·德鲁苏斯照顾他寡居的姐姐和她的子女们，其中包括塞尔维利娅（Servilia），即后来恺撒的情人之一、马尔库斯·尤尼乌斯·布鲁图斯的母亲，以及塞尔维利娅同母异父的弟弟，后来有名的小加图。而后来，小加图对他的外甥布鲁图斯同样关爱有加。屋大维/奥古斯都做出了履行舅父职责的姿态和举动，给自己塑造了一个对家庭成员"尽职"的形象，以此展示自己是个尊重传统的好公民，在道德层面上占据制高点。除此之外，他让屋大维娅抚养安东尼子女的做法还有进一步的政治目的和意义，符合他所谓"恢复共和"（respublica restituta）的政治宣传，包含政治和解的信息，安抚了一部分依然忠诚于安东尼的贵族。哈德斯的分析让我们看到，总的来说，奥古斯都对安东尼子女们的态度是他把自己打造成"理想罗马人"的公关策略，是稳定自己统治的举措的一部分。

（二）对视觉艺术的利用和对"记忆"的重构

奥古斯都时代的艺术与建筑不但数量众多，而且在艺术手法和观念上都起着承前启后的作用，更是奥古斯都在政治上打造"黄金时代"最为直接和有力的手法，包括了对"过去"的重构以及对集体记忆的构建。而这种构建的媒介包括雕塑、造币上的图像和文字、建筑、仪式等等。遗憾的是，艺术和建筑在塞姆等学者的分析中都未引起足够重视，这个缺憾在20世纪60年代以后逐渐得到填补，其中影响最为广

[①] Plut. *Ant.* 57. 87; Prop. 3.18.14.

泛的专著是著名的德国艺术史学家赞可的《奥古斯都及图像的力量》。①赞可指出视觉艺术并不仅仅是审美的对象，更是社会的镜子，折射着时代的价值观。这种折射在危机和过渡时期表现得尤为突出。奥古斯都时代就是一个转折过渡的时期，它导致了新的视觉艺术表现方式的产生。自塞姆的《罗马革命》之后，奥古斯都无情而城府极深的集权人物形象在后来学者中影响至深。②而在赞可的笔下，奥古斯都却高贵、冷静、极具创新精神。赞可认为，在内战结束，特别是在屋大维成为奥古斯都之后，视觉艺术发生了明显变化。比如，奥古斯都的肖像变得更为沉静与精致，更加讲求比例和谐，也更加艺术化。这种新的风格塑造了全新的统治者形象：英俊唯美、永不衰老、体贴而又神秘，这些正是"奥古斯都"这个称号在艺术上的折射。无论是受过教育的罗马人还是不谙艺术传统的罗马人，从奥古斯都肖像上都可以明确无误地感受到这些信息。

赞可所讨论的艺术和建筑十分丰富，下面选取赞可对奥古斯都陵及奥古斯都广场的诠释为例来详细展示赞可切入问题的角度和结论。

所谓的奥古斯都陵（mausoleum Augusti）早在屋大维成为奥古斯都之前就开始构思和修建了。屋大维彼时不到中年，为什么这么早就开始修陵呢？有学者认为，这是因为有谣传说安东尼有意与克娄巴特拉在亚历山大里亚合葬，所以屋大维在罗马修陵以显示对罗马的忠诚，也就是说，这个陵的修建是屋大维心理宣传战的有机组成部分。赞可不反对这种看法，但他认为奥古斯都陵建成后所包含的意义远大于此，其方方面面都昭示着奥古斯都的威权。从规模上说，该陵（宽87米，高40米）远大于地中海世界的其他各色陵墓，当然也使罗马城附近的贵族陵墓黯然失色。陵的顶层种有常青树，最顶端则立着奥古斯都的铜像。这个铜像如今已不复存在，但从其基座来判断，铜像远

---

① Paul Zanker, *The Power of Images in the Age of Augustus*, Jerome lectures, 16th ser., trans., Alan Shapiro. Ann Arbor: University of Michigan Press, 1988. 这部著作最初以德文出版，名为《奥古斯都及图像的力量》(*Augustus und die Macht der Bilder*. München: C. H. Beck, 1987)。

② Jonathan Edmondson, *Augustus*. Edinburgh: Edinburgh University Press, 2009.

超真人大小。从外形设计上来说，该陵的圆形外观类似凯旋纪念建筑（tropaia）。陵墓入口处的两座埃及方尖形碑柱（obelisk）起着点题的作用，点出安东尼的失败和罗马对埃及的征服。虽然说奥古斯都用"恢复共和"来宣传自己的统治，但是诸如奥古斯都陵这样的大型建筑表明"恢复共和"并不意味着恭谦。

奥古斯都广场（forum Augusti 或 forum Augustum）更是密集地承载了这个时代的新信息。这个广场的主要组成部分之一是"复仇者"马尔斯（Mars Ultor）神庙。公元前 42 年在腓利比与刺杀恺撒者交战时，屋大维许诺如果战争胜利，就为"复仇者"马尔斯修建大庙。但是神庙的落成是公元前 40 年以后的事了，庙中供奉着奥古斯都从帕提亚人那里收回的罗马军旗，也就是当年克拉苏战败失落在帕提亚的军旗。神庙的意义则发生了巧妙的转换，从纪念屋大维为父复仇转变成了奥古斯都为罗马人民雪耻。不仅如此，这个神庙供奉着维纳斯、马尔斯以及恺撒的神像，以达到把恺撒的世系和罗马建城神话融为一体的目的。这一主题在广场的其他部分也得到充分表现。广场左右两侧有长方形的柱廊，西侧的柱廊陈列着尤利乌斯家族成员像，东侧的柱廊陈列着罗马名人（summi viri，或译"伟人"）像。两侧的柱廊之外又各附有半圆形门廊，一边陈列着阿尔巴龙伽（Alba Longa）诸王、埃涅阿斯以及尤利乌斯氏族先人的雕像；另一边，传说中的罗马建城者、马尔斯之子罗慕路斯像在正中间，与对面维纳斯之子、罗慕路斯的先祖埃涅阿斯像遥相呼应。而入选的罗马名人则包括马略、苏拉、庞培等把罗马推向帝国的名将。这样的安排不可不谓煞费苦心。在神话与历史、过去与现在的无缝衔接中，奥古斯都作为神圣恺撒之子、源于维纳斯的尤利乌斯氏族传人，以及帝国的维护者，其世系和形象得到全面提升。

在赞可之后，对奥古斯都广场的考古和研究继续推进，尤其是复原了广场的整体设计以及当年所陈列的雕像及其基座上的铭文：广场两侧半圆形门廊和柱廊中放置的名人雕像到底有哪些？该如何解读？约瑟夫·盖格尔在《第一个名人堂：奥古斯都广场雕像研究》

（2008）[1]中整理了所有的铭文和雕像残片，让我们明确看到收养奥古斯都的尤利乌斯氏族的显要地位：奥古斯都广场的雕像甚至包括了尤利乌斯氏族一些在罗马政治生活中并不算起眼的人物，比如恺撒之父，有可能一些女性也包括在内；而奥古斯都家族中，马尔凯鲁斯（奥古斯都的外甥和女婿）、大德鲁苏斯（李维娅之子，逝于公元前9年）、提比略（李维娅之子、奥古斯都的养子和女婿）、赛克斯图斯·阿普雷乌斯（奥古斯都同父异母的姐姐屋大维娅之子）、阿格里帕（辅佐奥古斯都多年，也是他的女婿）等和奥古斯都有直接血缘或姻缘关系的人都在展示之列。而共和时代的罗马名人的入选标准似乎是在罗马征服中有所贡献、庆祝过凯旋式的罗马人。按盖格尔的理解，确定名单的正是奥古斯都，而奥古斯都选择的名人不分派别，比如马略和苏拉虽然是对手，在内战中为交战双方，但都入选名人之列，似乎是在昭示，内战时期分裂的罗马已成过去，如今罗马已在奥古斯都的统一领导之下。但马可·安东尼等则不在展示之列。奥古斯都广场的雕像所构建的是一部权威版罗马史，整合过去，但更加面向未来。奥古斯都广场的雕像并非不再增添，但奥古斯都规定将来的雕像是铜质的而不再是大理石的。视觉上，这也形成了共和时代和元首制时期的历史分野。广场的一切都展示了奥古斯都的至高地位和权力：他的雕像占据广场中心，他是决定哪些名人得以入围的决策者，他在警示后人罗马史该如何书写。

对奥古斯都时代视觉艺术的研究大都围绕奥古斯都本人而进行，霍尔舍（Hölscher）则采用更为广角的镜头，不仅仅关注"元首"本人及其家庭和核心人员，也关注作为群体的元老院和罗马人民，还有元老、骑士阶层的个体成员。他得出的结论是：奥古斯都时期罗马城中比比皆是的建筑，它们彰显皇权的形式并不是自上而下的，而侧重自

---

[1] Joseph Geiger, *The First Hall of Fame: A Study of the Statues in the Forum Augustum*. Leiden: Brill, 2008；关于奥古斯都广场的研究，亦见 Vibeke Goldbeck, *Fora augusta. Das Augustusforum und seine Rezeption im Westen des Imperium Romanum. Eikoniká. Kunstwissenschaftliche Beiträge 5*. Regensburg: Schnell und Steiner, 2015.

下而上的"普遍共识"（consensus universorum）。霍尔舍认为，在罗马共和制根深蒂固的背景之下，这是君主制得以创建的唯一方式。①

纪念碑、建筑物不仅仅体现记忆，更是记忆构建的介入者、斡旋者。集体记忆具有选择性，"记忆的公共空间"（common spaces of memory）可以保留、修改、替代、简化记忆。② 而记忆与忘却是同一过程的两面。如何讲述罗马的过去，记住哪些、忘却哪些、重述哪些是奥古斯都政治的核心之一，和奥古斯都统治的合法性息息相关。菲利普·哈迪（Philip Hardie）指出奥古斯都寻求合法性的策略是所谓的对"永恒性"（ideology of timelessness）的言说："他宣称他一劳永逸地终结了无休无止的内战，让传说中罗马历史上稳定的社会与道德价值得以回归，简而言之，他把黄金时代带到了当下，（这黄金时代是）有史之前、有时间之前完美状态的梦想。"③

构筑奥古斯都"黄金时代"并不代表对共和时代的规避或抹杀，前文讨论奥古斯都广场的时候，我们已经看到共和时代的人物群像是奥古斯都广场的基本组成部分。正如阿兰·高英在《帝国与记忆：帝国文化中罗马共和时代的呈现》④中所强调的那样，奥古斯都时代对之前历史的引证和歌颂强度非常之大。高英认为这一点并不奇怪，因为关于历史与记忆的研究表明，历史上革命之后的重建阶段常常伴有强烈的回忆。然而奥古斯都时代存在一个悖论，即在号称延续共和的同时宣称新的开始。这是怎么做到的呢？高英如此来描述奥古斯都的策略：奥古斯都广场犹如"记忆之屋"（house of memory），在那里以及在奥古

---

① T. Hölscher, "Ubiquitär – totalitär? Die Präsenz des Augustus im Stadtbild Roms," in M. Flecker et al. (eds.), *Augustus ist tot – Lang lebe der Kaiser!*. Rahden, 2017, pp. 15–40.

② Josephine Shaya, "The Public Life of Monuments: The *Summi Viri* of the Forum of Augustus," *AJA* 117 (2013), pp. 83-110.

③ Philip Hardie, "Closure in Latin Epic," in D. H. Roberts, F. M. Dunn and D. Fowler (eds.), *Classical Closure: Reading the End in Greek and Latin Literature*. Princeton: Princeton University Press, 1997, pp. 139–162, esp. p. 141.

④ Alain M. Gowing, *Empire and Memory: The Representation of the Roman Republic in Imperial Culture*. Cambridge: Cambridge University Press, 2005.

斯都时代的文学中，共和时代被人为地和埃涅阿斯以及特洛伊相连，恺撒的继承人只不过是神意的工具，来把国家恢复到以往的道德与政治高度；共和国自前2世纪以来便一路下滑，奥古斯都拯救了坠落的共和国，一切都是神的计划。

建筑和艺术是有形的，但奥古斯都时代的重构当然不限于有形的方式和空间上的转变。他改变的还有城市生活的节奏，他创立了一套帝制下的时间系统。"共和制下的时间似乎仍然存在，但到了奥古斯都统治的末尾时，它们的象征力、图像表达和共鸣已经遭到了削弱并且被重新勾画了"，丹尼斯·菲尼在《恺撒的日历：古代的时间与历史的开始》一书中用了很大的篇幅来阐述这一点。① 奥古斯都自传性的《功业录》也是一种对集体记忆的重构，全面抹去了他还是屋大维时的所作所为，包括打内战、通过"公敌宣告"大肆杀戮和掠夺等。整篇《功业录》中完全没有提到布鲁图斯、安东尼的名字，而只是笼统地提到了杀害他父亲的人以及危害国家的"派系"（factio），而他自己则是为父复仇、为国伸张正义的形象。《功业录》也展示了奥古斯都为帝制所设计的一整套话语体系：他没有使用开创新时代这样的表述，相反，他倾向于使用诸如"恢复""重建"等概念，宣称自己重修了许多神庙、道路、水道、剧院；他"延续"了许多共和时代精英的美德，比如军功、慷慨、敬神等，他大量列举自己给士兵、平民、行省等的慷慨分赏，长篇累牍地枚举自己征服的外族，彰显自己是扩张帝国的有功之人；他强调自己之有别于其他人，在于他的"威权"（auctoritas）而非权力。②

---

① Denis C. Feeney, *Caesar's Calendar: Ancient Time and the Beginnings of History*. Berkeley: University of California Press, 2007, p. 182.

② 《功业录》各种语言的译本和评注本很多，近期的包括中文本：张楠、张强：《〈奥古斯都功德碑〉译注》，《古代文明》2007年第3期，第10—24页；法文本：John Scheid, *Res gestae divi Augusti = Hauts faits du divin Auguste*. Paris: Les Belles Lettres, 2007; 英文本：Alison E. Cooley, *Res gestae divi Augusti: Text, Translation and Commentary*. Cambridge and New York: Cambridge University Press, 2009; 意大利文本：Patrizia Arena, *Res Gestae: I miei atti*. Bari: Edipuglia, 2014。关于《功业录》，亦见本书第一章相关内容。

(三) 奥古斯都时代的诗人与诗歌

奥古斯都时代常被称为拉丁文学史上的黄金时代，相对于 1 世纪后期 2 世纪初期的白银时代而言。这个时代产生了罗马文学史上成就最高的数位诗人和散文作家，如贺拉斯、维吉尔、奥维德、普罗佩提乌斯、李维等。① 最重要的诗人当数维吉尔，其诗作包括《牧歌集》和所谓最具"时代特色"的长篇史诗《埃涅阿斯纪》，其情节见本书第二章"史料概述"中"文学史料概况"一节。《埃涅阿斯纪》的研究犹如中国的"红学"，自成一个专门的领域，学人众多，理论纷杂，有所谓的乐观解读和悲观解读，以及近年来超越这两种诠释的其他视角。② 至于维吉尔是不是奥古斯都的御用诗人，在奥古斯都的宣传机器中扮演什么角色，学者们的看法各有不同，也依对史诗乐观或悲观的解读而各异。

乐观解读主张正面诠释史诗的基调，是长期以来直至 20 世纪中叶的主导解读。其主要观点如下：从文学创作的角度来说，维吉尔革新性地吸收希腊文学，既沿用"荷马史诗"等希腊名著中的范例和结构，又有所创新，讲述了特洛伊英雄、罗马人的祖先埃涅阿斯的英雄经历，颂扬奥古斯都家族的荣耀，预言罗马"无边"帝国（imperium sine fine）的盛世前景。以主人公的情绪而论，"荷马史诗"中的《伊利亚特》缘起于主人公希腊英雄阿喀琉斯的愤怒。阿喀琉斯为争一个战俘女奴，出于自尊与希腊联军的统帅闹翻，拒不出战，造成希腊军队的重大损失。直到自己的密友战死之后，阿喀琉斯才为了复仇重返战场，杀死特洛伊人中最勇武的赫克托尔（Hector）。埃涅阿斯的形象与此形

---

① 关于这几位作家，详见本书第二章"史料概述"。

② 有关维吉尔研究的书目，汗牛充栋，不胜枚举。可参阅 Joseph Farrell and Michael Putnam, *A Companion to Vergil's* Aeneid *and Its Tradition*. New Jersey: Wiley-Blackwell, 2010 所列参考书。中文综述，参阅王承教：《维吉尔〈埃涅阿斯纪〉的解释传统》，《求是学刊》2010 年第 2 期，第 40—44 页。王承教选编《〈埃涅阿斯纪〉章义》（王承教、黄芙蓉等译，华夏出版社，2009 年）选了发表于 1913—2004 年的 15 篇英文论文；刘津瑜：《维吉尔在西方和中国：一个接受史的案例》，《世界历史评论》2014 年第 2 期，第 225—264 页。

成鲜明对照。埃涅阿斯在史诗中扮演父亲、儿子、丈夫以及首领的角色，被塑造成忠顺孝敬（pietas）美德的完美体现，以神意为重，恪尽职守、极少为个人情感左右或置自身于家族、群体之上。埃涅阿斯的曲折经历及磨难正昭示着罗马帝国的建立并非一朝之功，而是历经波折和艰辛之后的报偿（见《埃涅阿斯纪》1.33）。而埃涅阿斯与奥古斯都之间的相似在若隐若现之间。在史诗的第6卷，维吉尔高歌奥古斯都"把黄金时代带回了拉丁姆"。罗马帝国为天意注定，尤利乌斯家族为神选这些主题在维吉尔的史诗中昭然若揭。总而言之，乐观派认为维吉尔的这部史诗作为一座丰碑，纪念的是奥古斯都的成就、帝国的荣光，以及文明与秩序的价值。

然而，在20世纪30年代以后，对维吉尔作品的解读趋向复杂化和多样化。与乐观解读相对的悲观解读对《埃涅阿斯纪》进行了多方位的解构。1935年，斯福尔扎在《维吉尔问题》一文中强调诠释维吉尔作品时绝不能只停留在字面的意思，他认为维吉尔史诗中充满了对奥古斯都的批评，比如奥古斯都帝国的基础是破坏，包括对田园牧歌的破坏，奥古斯都把原先美丽的意大利变成了一种只能追忆的存在；而在《埃涅阿斯纪》中，维吉尔实际上把神祇、埃涅阿斯和他的儿子都写得十分不堪。斯福尔扎认为《埃涅阿斯纪》只能算是强权下的无奈之作，维吉尔本人对奥古斯都不可能有什么认同感或好感，因为他受伊壁鸠鲁反宗教思想的影响，所以无论在哲学和宗教思想上都迥异于奥古斯都。另外，维吉尔的好友伽卢斯还死于奥古斯都之手（见《牧歌集》第4首和第6首）。[①]

在美国20世纪五六十年代的反文化背景下，一批以哈佛大学为中心的学者进一步推进了悲观诠释，导致了"哈佛学派"的产生。这很容易令人误解所谓的"哈佛学派"是一个观点统一的学术派别，但实际上被归类为"哈佛学派"的学者们并不认同"哈佛学派"这种提

[①] Francesco Sforza, "The Problem of Virgil," *CR* 49(1935), pp.97-108.

法。① 总的来说，悲观解读认为《埃涅阿斯纪》的主旨不是埃涅阿斯的武功和帝国的荣耀，而是帝国的代价、残酷的战争和沉重的牺牲。这些学者更关注史诗中那些"失败者"（如迦太基女王狄多、意大利本地一部族的首领图尔努斯等）的声音，更多地看到胜利背后的牺牲、功业背后的暴力与死亡。他们从《埃涅阿斯纪》中所体会到的是悲观的基调，甚至"反战"的信息。即便是史诗中的英雄人物埃涅阿斯也是暴力和非理性的牺牲品。经典的文章是1963年亚当·帕里的《维吉尔〈埃涅阿斯纪〉中的两种声音》②。他提出维吉尔史诗的"两种声音论"，一种是公共的声音（public voice），赞扬秩序、帝国和奥古斯都；另一种是私人的声音（private voice），充满了悲伤、怜悯、遗憾之情。帕里发掘了《埃涅阿斯纪》的复杂性。而悲观派最具代表性的学者迈克尔·普特南在《埃涅阿斯纪》中看到一个自始至终扮演着破坏者（destroyer）角色的埃涅阿斯，他心狠手辣，正是奥古斯都形象的投射。③

近年来的学术研究对此进行了重新审视，跳出乐观或悲观两极分化的诠释框架。加林斯基在《奥古斯都文化》④中指出奥古斯都时代文学创作的灵感来自这个时代本身的复杂性。这一时代的诗歌总的来说存在着很多试验性的因素，是多视角的，并且很容易在读者中引起普遍共鸣。加林斯基以维吉尔笔下的狄多和埃涅阿斯为例剖析人物性格

---

① 格劳森认为所谓"哈佛学派"并非是60年代的产物，而是来自50年代的沉淀，见Wendell V. Clausen, "The 'Harvard School," in Nicholas M. Horsfall (ed.), *A Companion to the Study of Virgil*. Mnemosyne Supplement 151. Leiden. 1995, pp. 313-314.《伊涅阿斯纪》悲观学派近作的综述，见 Rowan A. Minson, *A Century of Extremes: Debunking the Myth of Harvard School Pessimism*, Iris (16-17) (2003-2004), pp. 46-53; Craig Kallendorf, *The Other Virgil: "pessimistic" Readings of the* Aeneid *in Early Modern Culture*. Oxford: Oxford University Press, 2007 的《前言》。

② Adam Parry, "The Two Voices of Virgil's *Aeneid*," *Arion* 2 (1963), pp. 66-80.

③ Michael Putnam, *The Poetry of the* Aeneid: *Four Studies in Imaginative Unity and Design*. Cambridge, Mass.: Harvard University Press, 1965; Michael C. J. Putnam, *The Humanness of Heroes: Studies in the Conclusion of Virgil's* Aeneid. Amsterdam: Amsterdam University Press, 2011.

④ Karl Galinsky, *Augustan Culture: An Interpretive Introduction*. Princeton，N.J.：Princeton University Press，1996.

的复杂性：狄多既伟大又有缺陷，既坚强又脆弱，既是迦太基人又显示出罗马人的品质，既是牺牲品又是造成事端的动因。而维吉尔笔下的埃涅阿斯甚至比狄多的形象层次更为丰富。《埃涅阿斯纪》的核心不在于埃涅阿斯的外部成就，而在于他的内在品质、所面临的困境，以及复杂的道德抉择。在加林斯基看来，维吉尔塑造埃涅阿斯形象的目的在于定义新的英雄主义和政治领袖所应有的素质：仅仅依靠武力这样的外部手段是不能建立和平秩序的，内在的自制力更为关键。《埃涅阿斯纪》是对人性和英雄主义的反思，绝不仅仅是舆论宣传。维吉尔对人性的反思也体现在他对命运、自由意志以及神意之间关系的处理。加林斯基指出，维吉尔的基本观点是命运并不独立于人的意志和努力之外（见《埃涅阿斯纪》10.111—113），这也就是在肯定人的自由与责任，只是这些处在主神朱庇特（Iupiter）的监督之下。正是这些对人类经历的思索使得奥古斯都时代的观念和思维具有跨越时空的永恒性。

时至今日，对《埃涅阿斯纪》的讨论仍不绝于书，比如约瑟夫·法雷尔在《朱诺的〈埃涅阿斯纪〉：英雄身份之争》[1]（2021）中把朱诺视为"叙述者"，从这一角度来重新思考这部史诗。法雷尔认为与其把埃涅阿斯曲折的行程看作对奥德修斯故事的模仿，不如说是对（荷马）史诗集群（epic cycle）的叠加。埃涅阿斯本人在诗中常常是一个"读者"的角色，并且从一开始的"沉思型读者"（reflective reader）转变成后来的"决断型读者"（decisive reader），也正是他在杀死图尔努斯的时候，为罗马立下了"暴力"立国这一原则。同样在 2021 年，沙迪·巴奇出版了《埃涅阿斯纪》的新译本[2]。她在序言中把维吉尔对埃涅阿斯的塑造比作奥古斯都对（其前身）屋大维的重构。在她看来，《埃涅阿斯纪》提供了许多关于"记忆"是如何形成、重建或被（选择性）遗弃的案例，比如，埃涅阿斯不"记得"他和狄多在山洞中"成婚"；朱庇特在预言罗马的未来时略去了雷穆斯被杀的情节；等等。构建集体记忆也意味

---

[1] Joseph Farrell, *Juno's Aeneid: A Battle for Heroic Identity*. Princeton University Press, 2021.

[2] Vergil, *The Aeneid*, translated by Shadi Bartsch. New York: The Modern Library, 2021.

着选择遗忘什么、如何遗忘。而"记忆"和"忘却"的重要性是全诗的筋骨。巴奇强调这部著作的复杂性,认为把《埃涅阿斯纪》作为奥古斯都的宣传文学来阅读完全背离了维吉尔的本意。正是这些不断推进的视角使我们得以反复体验奥古斯都这个过渡时代的复杂性和丰富性。①

四 罗马"帝国主义"

波利比乌斯、李维和普鲁塔克给后世留下了有关共和时代罗马扩张的丰富资料,也给学者们留下了许多问题。有关罗马扩张的争论在过去半个世纪持续发展,争论的焦点如下:罗马频繁的对外战争和扩张是形势使然,还是自身的侵略行为所致?罗马对外扩张的主要动机何在?如果罗马确实是侵略者,那么罗马的侵略行为是系统的、有规划的,还是相对"盲目的"、随机的?既然有关罗马扩张的史料基本是以罗马上层社会的视角为主导,多为罗马人的军事征服辩护,那么我们又如何来解构这些缺失了被征服地区与族群视角的史料呢?钱皮恩把诸多名家名篇集成合集,并附上直至 2004 年的书目大全,极大地便利了读者,是这一研究领域重要的参考书。② 俄斯金的《罗马帝国主义:古代史上的辩论与文献》③ 则简明扼要地总结了这个课题的相关史料、议题、名家见解。下文概括介绍这一领域的主要学者及其观点,没有涵盖的内容请参阅钱皮恩和俄斯金的读本。④

Imperium 是罗马政治文化中一个重要的概念,来源于动词 impero,imperare,意为命令、指挥。Imperium 的基本意思是指挥的权力,在此

---

① 中文著作中关于维吉尔史诗的研究,见高峰枫:《维吉尔史诗中的历史与政治》,北京大学出版社,2021 年。

② Craige B. Champion (ed.), *Roman Imperialism: Readings and Sources*. Oxford: Blackwell, 2004.

③ Andrew Erskine, *Roman Imperialism. Debates and Documents in Ancient History*. Edinburgh: Edinburgh University Press, 2010.

④ 亦见晏绍祥:《西方学术界关于罗马共和国帝国主义动力的讨论》,《全球史评论》2016 年第 1 期,第 103—153 页;熊宸:《19 世纪罗马"帝国主义"问题在西方学术界的缘起与发展》,《世界历史》2021 年第 2 期,第 123—134 页。

基础上引申指权力所及的地区。英文词 imperialism 即来源于 imperium，但是在罗马人的词汇中，却没有对应于 imperialism 的词汇。在中文中，imperialism 一词一般译为"帝国主义"，国内读者对这个词并不陌生，但我们比较熟系的"帝国主义"概念和罗马史研究中这个词的含义并不完全相同。在霍布森和列宁的分析框架中，帝国主义是工业革命时代后的国际政治形象，是资本主义发展到一定程度的产物，表现方式是以政府行为寻求资源和土地来输出资本和产品。对于霍布森和列宁来说，帝国主义是工业时代的产物，不适用于以农业经济为主的古代社会。但是经济学家熊彼特（Joseph Schumpeter）的《帝国主义的社会学》（1919）则认为当代大国的帝国主义是前工业时代侵略性、军事化社会结构的延续。[①] 帝国主义是资本主义和社会进步的反题。在他的分析中，古代帝国是战争机器，最初在战争的需要下产生，但一旦产生便会寻求新的战争。在很大程度上，罗马共和时代的扩张符合熊彼特的"战争机器模式"，但是罗马史学家也指出几点基本的不同。首先，罗马共和时代的对外战争并不一定占领领土，罗马人经常采取获得支配权的方式控制战败国家或地区。欧洲主要语言中的"帝国"和地域殖民帝国（territorial-colonial empires）影响下的"帝国主义"概念，和罗马人自己所理解的 imperium 并不完全吻合；其次，在奥古斯都时代以后，罗马进入一个基本上以守成为主的模式，扩张性的战争与共和时代相比大为减少，而尚武风气也有所平缓。"战争机器模式"对罗马帝国时代的情况并不适用。罗马史学家在使用"帝国主义"这个概念时，通常泛指不平等的国家关系。有些学者则倾向于使用霸权（hegemony）这一概念。[②]

[①] Joseph Schumpeter, "The Sociology of Imperialisms," in *Archiv für Sozialwissenshaft und Sozialpolitik*, 46 (1919). 英文译文收入合集 Joseph Schumpeter, *Imperialism and Social Classes*. New York: A.M. Kelly, 1951。

[②] Ernst Badian, *Roman Imperialism in the Late Republic*. Oxford: Basil Blackwell, 1st ed., 1967; 2nd ed., 1968.

对罗马"帝国主义"性质理解的争辩在20世纪初叶逐渐展开。①自蒙森以降，包括弗兰克②在内的一批有影响的学者都强调罗马扩张的防御性和自卫性，认为罗马的军事行动是为敌对邻族所逼，是对外在环境的回应。此类所谓"防御型帝国主义"（defensive imperialism）的观点在学术界一度占主导地位。赫柯尔（Waldemar Heckel）在出版于2000年的一部李维著作译本③中不但沿用这种观点，甚至认为罗马的扩张是"非自愿"的，世界霸权是罗马的"负担"。这不能不让人联想到殖民主义时代殖民地是"白人的负担"的论调。

与此相反，意大利学者加埃塔诺·德·桑克蒂斯（Gaetano De Sanctis）则认为罗马是个军事国家，其驱动力是永不满足的追求权力的欲望。20世纪70年代后，对罗马"帝国主义"的性质、动机和后果的研究掀起新的高潮。哥伦比亚大学的罗马史专家哈里斯（William Harris）在发表于1971年的文章《论公元前2世纪的战争与贪婪》④中强调，经济动机是罗马扩张不可忽视的动因，罗马的扩张行为是侵略性和习惯性的，为个人贪欲和利益所驱使。1979年，哈里斯出版《公元前327—前70年罗马共和时期的战争与帝国主义》⑤一书，深入发展这一论点，驳斥"防御性帝国主义"的理论。该书为其后的相关学术讨论提供了框架。支持者有之，反对者亦有之，但无论是支持还是反对，过去30多年有关罗马"帝国主义"的讨论在很大程度上是对哈里斯观点和史料分析的回应。与哈里斯持相似意见的包括曾在剑桥大学和伦敦大学学院（University College London）任教的罗马史学家迈克

---

① 20世纪之前西方对罗马"帝国主义"讨论的变迁，见熊宸：《19世纪罗马"帝国主义"问题在西方学术界的缘起与发展》，《世界历史》2021年第2期，第123—134页。

② Tenney Frank, *Roman Imperialism*. New York: Macmillan, 1914.（中译本：腾尼·弗兰克：《罗马帝国主义》，宫秀华译，上海三联书店，2008年。）

③ J. C. Yardley (trans.), *Livy: The Dawn of the Roman Empire (Books 31-40)*. With an introduction and notes by Waldemar Heckel. Oxford: Oxford University Press, 2000.

④ William Harris, "On War and Greed in the Second Century BC," *Amer. Hist. Rev.* 76.5 (1971), pp. 1371—1385.

⑤ William Harris, *War and Imperialism in Republican Rome, 327-70 B.C.* Oxford: Clarendon Press, 1979.

尔·克劳福德（Michael Crawford）和伦敦大学学院的约翰·诺斯（John North）。克劳弗在《罗马和希腊世界的经济关系》[1]一文中探讨了共和中期和晚期罗马的征服与扩张对希腊世界经济方面的影响。他指出，罗马的征服不但导致大量资源流出希腊地区，还导致当地小农被以使用奴隶为主的意大利大地主所排挤。加州大学伯克利分校的古代史教授格鲁恩却持和哈里斯相对的观点。在《物质回报和帝国扩张的动力》[2]一文中，格鲁恩论证道，经济上的回报固然随扩张而来，但绝非驱动扩张的首要动机。战利品并不是罗马财库的主要经济来源。商人当然希望通过战时合同等获利，但他们并不掌握对外关系的决策权。影响元老院决策的是政治因素而不是财政考量。格鲁恩强调罗马元老院决策的首要考虑是罗马的声誉、友邦的效忠以及"国际"秩序。[3] 至于罗马的侵略性，亚瑟·埃克斯坦在他2006年出版的专著《地中海的无序、国际战争和罗马的兴起》中强调，在地中海世界，罗马并非更具有侵略性，其他的国家同样好战，罗马只不过是一群好战国家中的一个。在2008年的《罗马进入希腊东方》一书中，埃克斯坦进一步发展了这些观点。[4]他强调罗马的好战、侵略并非例外，地中海的国际政治在多极无序性的框架下运作，各国很自然地使用武力来维护独立，无论它们使用何种话术来阐述其行为，它们的动机其实都是一样的，即竭力达到自我保存的目的。在这种战争和暴力为常态的状态之下，国际间的无序性仅由脆弱的权力平衡来维系，任何权力关系上的大变动都会造成危机、转型或者崩溃。妥协、合作在国际政治对话中

---

[1] Michael H. Crawford, "Rome and the Greek World: Economic Relationships," *The Economic History Review*, New Series, 30.1 (1977): pp. 42-52.

[2] Erich Gruen, "Material Rewards and the Drive for Empire," in William Harris, *The Imperialism of Mid-Republican Rome*. Rome, 1984, pp. 59-82.

[3] 亦见 Erich Gruen, *The Hellenistic World and the Coming of Rome*. Berkeley: University of California Press, 1986。

[4] Arthur M. Eckstein, *Mediterranean Anarchy, Interstate War, and the Rise of Rome*. Berkeley: University of California Press, 2006; idem, *Rome Enters the Greek East: From Anarchy to Hierarchy in the Hellenistic Mediterranean, 230-170 BC*. Malden, MA/Oxford: Blackwell Publishing, 2008; reprint, 2012.

没有什么位置。罗马是把希腊化世界的无序平衡转化成了在罗马领导下的等级秩序。而罗马之所以能做到这一点,是因为希腊世界自身的危机,约前 207 年上埃及反托勒密叛乱、前 204 年托勒密四世之死留下年幼的新王,马其顿和叙利亚乘机进攻埃及。这一"权力转移危机"促生了新的国际结构,担忧时局的希腊各邦纷纷向罗马请求干预,最终导致罗马改变原来对希腊世界冷淡疏离的政策。埃克斯坦的分析免不了有为罗马"脱罪"的嫌疑,然而他和格鲁恩把罗马在地中海的扩张置于国际关系背景下来考量,无疑丰富了这个问题的层次。

已故的剑桥大学古代史教授霍普金斯在《征服者与奴隶》一书中强调罗马"帝国主义"对罗马的反向影响。霍普金斯指出,罗马的对外战争对意大利的小农业主和农民造成了灾难性的打击,是导致内战及共和国终结的罪魁祸首。汤因比的《汉尼拔的遗产》和布朗特的名著《意大利人力资源》也持类似观点[①],他们认为:公元前 2 世纪时,罗马的奴隶数量增加,与之并行的是自由民农业人口的减少,这些都是罗马密集的军事行动所致;小农被征入伍,被迫离开土地,而大地主不但获得财富,还源源不断地获得奴隶。虽然这些分析看似符合史料留给现代读者的印象,[②] 但这些观点已经受到挑战。比如,罗森斯坦在《战时罗马:共和中期的田庄、家庭及死亡》[③] 一书中,通过研究罗马的对外扩张对人口结构和数量的影响,对罗马农业社会所经受的冲击和经历的转型进行了全新的分析。罗森斯坦认为,并没有证据表明士兵服役严重扰乱了农耕秩序。罗森斯坦从人口学的角度分析了罗马农业社会所需的劳力以及能够提供的士兵数量,他认为罗马家庭多有富余劳力。据罗森斯坦估计,公元前 2 世纪,至少 34%—40% 的士兵在役时死亡,但

---

① Arnold Toynbee, *Hannibal's Legacy: The Hannibalic War's Effects on Roman Life*. London: Oxford University Press, 1965; Peter Brunt, *Italian Manpower, 225 B.C.-A.D. 14*. London: Oxford University Press, 1971.

② Appian, *BC* 1.7-11; Plut. *Vit.Ti. Gracch.* 8.1-3。

③ Nathan Rosenstein, *Rome at War: Farms, Families, and Death in the Middle Republic*. Chapel Hill: University of North Carolina Press, 2004.

他认为这样高的死亡率并没有造成人口数量减少：由于大部分的士兵都是未婚的年轻男子，而年纪略长的士兵多在相对安全的岗位上，因此征兵对家庭结构和人口再生产的冲击并不强烈。大量涌入罗马的移民减少了农村的劳力，但是人口学上的变化反应在出生率的陡升，从每年0.9%上升到1.5%。这反而造成了人口过度膨胀，继之而来的是土地紧张，家庭资源减少。罗森斯坦认为格拉古兄弟改革所针对的就是这一现象。学术界对罗森斯坦的分析方法表示了很大兴趣，但对结论并没有完全认可。书中揭示的大量数据，包括罗马公元前168年的奴隶数量、服役的最低年龄限制，以及1世纪至2世纪罗马公民的阵亡数目等都十分见功力。

关于罗马帝国时代的对外军事行为和边疆政策，1976年，美国一位著名的战略理论家爱德华·勒特韦克出版了《罗马帝国的大战略：从公元1世纪至3世纪》[1]一书，认为罗马帝国有长远而系统的战略，从公元1世纪利用周边一系列附庸国做防卫，发展到2世纪的线性边疆，再到3世纪后的纵深防御，有计划有层次。这种说法在罗马军事史的研究中有相当的影响，但是反对的声音也十分强烈。不少罗马史学家认为勒特韦克的这种看法失之简单，所谓"静态的线性边疆"和罗马多次在边疆以外的战争不符，也没有充分考虑罗马帝国的政治文化特质。

和勒特韦克唱反调的一部重要著作是本杰明·亨利·艾萨克（Benjamin H. Isaac）的《帝国的边界：罗马军队在东方》[2]。艾萨克书中的最后一章"边疆政策——大战略？"总结了全书并明确对"大战略"的说法提出挑战。艾萨克驳斥了一些先入为主的预设，比如假设战争是理性考虑的结果，罗马作战是为了行省的安宁，我们能够从现存的

---

[1] Edward Luttwak, *The Grand Strategy of the Roman Empire: From the first Century CE to the Third*. Baltimore: Johns Hopkins University Press, 1976, rev.ed., 2016. （中译本：《罗马帝国的大战略》，时殷弘、惠黎文译，商务印书馆，2008年。）

[2] Benjamin H. Isaac, *The Limits of Empire: The Roman Army in the East*. Oxford: Clarendon Press, rev. ed., 1992. （中译本：《帝国的边界：罗马军队在东方》，欧阳旭东译，华东师范大学出版社，2018年。）

人工工事及其地点推导出罗马军队的战略战术，等等。艾萨克指出这些假设许多都是受现代战争、战术的影响，比如所谓"纵深防御"，其实是基于北大西洋公约（NATO）的理念，这种理念针对的情况是敌方有明确的进攻政策，并且有更强的兵力和火力。北约的所谓"纵深防御"要行得通，也需要快速的、大量的来自海外的支援，以及核武器的威慑。而这些因素完全不适用于罗马。从高层决策和战争目的来说，艾萨克认为，发动战争的决策只是由皇帝一人来做的，而给他提供咨询的人，并不是被选出来代表某些特定的利益集团的。艾萨克更倾向于相信古代文学史料中所说的皇帝发动征服战争仅仅出于野心，而罗马战争的目的常常是由随机因素决定的，比如尼禄派往东部的将领科尔布罗（Corbulo）在亚美尼亚开战是因为他认为把卢库鲁斯和庞培曾经征服的土地重新归于罗马人治下，符合罗马人的尊严（塔西佗《编年史》13.34.4）；而在卡拉卡和帕提亚作战，是因为他醉心于亚历山大（Cassius Dio, 77.7-8）。艾萨克不认同战争的目的是为了保卫边疆行省这种观点，他指出，其实在战争中，行省承受的灾难胜于获得的益处。艾萨克在全书中多次引用史料强调军队征调对行省人造成的沉重负担，比如向城市、平民征用车辆、物资等等。战争对军人来说是有利可图的，如约瑟夫斯《犹太战争》（6.6.1）称在提图斯攻陷耶路撒冷之后，军人满载掠夺来的东西，乃至于在叙利亚，黄金的价格都贬值到之前的一半。战争能够带来的荣耀、战利品、升迁对军人存在着诱惑。罗马帝国常备军的存在就是发动战争的潜在动因。战争胜利之后罗马士兵可以毫无顾忌地进行杀戮。艾萨克指出，罗马人衡量战争结果的方法是计算杀戮的人数，而不是战略上的收益。罗马作家在评论战争的时候，并不从战略的角度来考量。艾萨克用大量的资料证明罗马帝国在东部的部署缺乏谋划，甚至驻地的选择都带有随意性，并不存在勒特韦克所说的所谓"大战略"。

维塔克（C. R. Whittaker）同样认为对于罗马帝国来说，单一的大战略原则上是不可能的，因为帝国各地的地理和政治形式非常不同，东部和西部之间在很多方面（比如城市化程度、历史背景、敌方的情况等等）都大不相同。维塔克在《罗马帝国的边疆：社会与经济研究》①一书从社会经济史的角度展示边疆"内外"的商贸互动，力证边疆不是一条线、一堵墙，而是"不定区域"（zone of indeterminacy）；而总的来说，河流也不是天然边界，而是信息沟通以及物资运输的媒介。边疆也并非连贯的，比如在哈德良长城（今英国北部）之外 30 公里之遥还有 2 个罗马前沿哨所。维塔克认为，像哈德良长城或者阿非利加的线性边界（clausurae）这样的界限是控制流动的机制，而并非军事屏障。

耶鲁大学古代史学家麦克莫兰曾提出一系列的新问题来推进这个专题的研究，比如：在扩张决策方面，谁有权做决策？罗马人的意图何在：是不断扩张，还是旨在用军事力量确保非军事的目的？② 麦克莫兰的弟子马特恩（Susan Mattern）对这些问题的研究做出了重要贡献。她的《罗马与敌人：元首制下的帝国政策》③是一本研究罗马在对外政策方面决策机制的专著。马特恩的切入点建立在对贵族文化与心态的剖析之上。她指出参与决策的"精英"的教育背景在文学和修辞方面，他们的思维方式和现在的政治科学截然不同，决策的重心也迥异于现今的政策制定。对于这些罗马"精英"来说，影响他们决策的因素主要是荣誉感和贵族的行为准则。他们更多地考量"形象"，而不是军事扩张所需的代价或其政治经济军事后果。罗马帝国并没有一以贯之的扩张政策，帝国的边界并不是有计划、有预谋地精心策划的结果，而是随机形成的。

马特恩认为罗马人对自己敌人的了解也绝非全面。地理志与人种志是文学作品中的流派，罗马人对于异族以及所谓"蛮族"的认知受限于传统的公式化偏见。地形地理知识严重缺陷，漏洞百出。即使军事上所依赖的地理知识也是如此。换句话说，罗马人对于周围世界的

---

① C. R. Whittaker, *Frontiers of the Roman Empire: A Social and Economic Study*. Baltimore: Johns Hopkins University Press, 1994.

② Ramsay MacMullen, "The Roman Empire," in Burstein, Stanley M, and Carol G. Thomas, *Ancient History: Recent Work and New Directions*. Claremont, CA: Regina Books, 1997, p. 97.

③ Susan Mattern, *Rome and the Enemy. Imperial Strategy in the Principate*. Berkeley: University of California Press, 1999.

了解远非周全,更非精确。比如,罗马人以为"幸运阿拉伯"(Arabia Felix,今也门等地,中文也译为"阿拉伯福地")和意大利的形状类似、大小相仿;不列颠的总督阿格里古拉(Agricola)更错误地报告说爱尔兰在不列颠和西班牙之间。对于帝国周边的族群,罗马人的认识是刻板化、简单化的。比如,罗马人认为日耳曼尼亚人等北方寒冷地带的"蛮族"好斗、不可信、到处游移。而较热地带的"蛮族人"如波斯人、阿拉伯人等性情则正相反,他们怯懦而奢华。在军队部署和军事策略方面,罗马人并不如想象的那样精益求精。有关军事策略的手册里不但有历史上的真实战争,还有神话里的战斗。罗马帝国军队的规模相对较小。马特恩认为这不是财政因素所致,而是因为罗马公民不愿意当兵,征兵不易,其后果之一就是需要经常调度军队。这些调度会抽走有些地区的驻军,导致这些地区易遭侵犯。此外,新征服地区需要集中大量的驻军来维持秩序。

马特恩进一步指出,罗马的统治阶层在衡量和管理帝国财政的收入与支出方面,从纯粹经济学角度来进行考量的例子甚少。帝国的预算是一本难念的经,预算经常面临压力,用于赏赐和公共娱乐的开支难以计算,在行省加税也很难做到。皇帝往往采取一些诸如货币贬值等不计后果的经济或财政措施。帝国的军事活动就是在这种漏洞百出的、不稳定的财政背景下运作的。战争本身开销巨大,此外,修建纪念碑等昂贵的建筑工程经常与战争同时进行,加重战时财政负担。从战争的利益来看,有些战争确实带来贵金属、奴隶、矿源等巨大收益,但是还有一些战争几乎无利可图。这种看似不合乎逻辑的做法在罗马人看来却十分合理。马特恩认为说罗马人为了经济利益发动战争的观点是站不住脚的。现代学者不能用现代理性思维的模型来理解罗马人的思维方式,因为这种分析既不符合罗马贵族的思维方式,也得不到史料的支持。在理解罗马军事活动的动机时,关键词是帝国的荣誉(decus)。在罗马人看来,发动战争的主要目的是维护帝国的荣誉,压制僭越行为(superbia),震慑敌人及复仇,而帝国的安全就建立在威慑敌人之上。战争给军事将领带来荣誉,这些荣誉通过一系列的仪式来展示，其中最重要的是凯旋式。凯旋式在帝都罗马举行，包括盛大的游行，向罗马公众展示战利品，包括财宝和战俘，被擒的敌首通常在游街后当众处决。除此之外，皇帝还会树起刻有被征服土地和族群清单的碑刻，这些清单通常夸大其词，有时甚至是无中生有。罗马皇帝热衷于将自己的凯旋广而告之，"胜利"（victoria）是罗马造币上最常见的主题。罗马凯旋门林立，通过历史记载，我们已经知道的此类建筑有 300 多个。

总而言之，马特恩等一批学者认为皇帝及其重臣都没有先入为主的边疆政策，政府决策的形成多出于对特定事件的反应，许多带有明显的地方性和应对性，有些决策以现代眼光看来甚至带有非理性化的色彩。这种状况一直持续到帝国晚期。①

爱丁堡大学荣退教授约翰·理查德森《帝国的语言：公元前 3 世纪至公元 2 世纪的罗马与帝国理念》提出的问题是："罗马人在缔造帝国的过程中，自己认为自己在做什么？"② 理查德森梳理了一系列现代和古代的表达法，认为学界常用的所谓"有形帝国"（formal empire）与"无形帝国"（informal empire）的区分并无实质用处，因为所谓有形或无形是不兼容的，而事实上两者常常共存。他提议以"征服获权"（power by conquest）和"占领为权"（power as possesion）来区分不同的控制形式。至于 imperium 和 provincia 这两个关键词，理查德森认为，不同的罗马作家在使用它们时，用法各异。直到西塞罗时代，imperium 这个词还没有用来指地缘实体，到奥古斯都统治的后期，imperium 才开始用来指实体，而不仅仅是个抽象概念。在奥古斯都之后，imperium 词义的改变体现在它所反映的新问题上："帝国的理念为何？它与缔造它的城市之间关系如何？它的居民在成为谁的公民？"③

---

① R. Malcolm Errington, *Roman Imperial Policy from Julian to Theodosius*. Chapel Hill: University of North Carolina Press, 2006.

② John Richardson, *The Language of Empire: Rome and the Idea of Empire from the Third Century BC to the Second Century AD*. Cambridge: Cambridge University Press, 2011.

③ Richardson, *The Language of Empire*, p. 181.

在关于"帝国主义"的讨论上,有一点我们需要注意,罗马帝国不是后来的如法国、英国、德国的现代民族国家。2014年,德国一位世界史学家奥斯特哈默(Jürgen Osterhammel)在他的《19世纪史:世界的演变》①中对民族国家和早期的帝国进行了比较,其中一个主要的区别就是近代的民族国家之间边界非常明确,但是帝国的边界是在和"荒野"或者"蛮族人"或者另一个帝国相遇之处,并且外部边界通常不明确;帝国喜欢设置一个缓冲带,如果只有直接边界,通常由重兵把守。奥斯特哈默的这些论断比较符合罗马帝国的情况。比如,很长时间里,亚美尼亚就是罗马和东面的另一个大帝国、两河流域的帕提亚帝国之间的缓冲带。而在帝国北方的许多边缘地带,罗马和所谓的"蛮族"之间的关系也通常不是非此即彼的状态,大部分时候可以用防御、互动和共存来描述。

如果要说罗马有什么大的理念,那么我们可以回到奥古斯都时代的罗马大诗人维吉尔那里,他在史诗《埃涅阿斯纪》中有句名言:"无边帝国",指的是天神朱庇特要让罗马的统治没有疆域,也没有时间的限制。这部史诗在帝国时代是拉丁语学童的教材和拉丁语世界的必读书,其中的理念被一代一代传递下去。罗马人或许从来都没有失去"无边帝国"的执念和野心,然而帝国的实际运作毕竟和理想不同,要现实得多。②

2016年6月,"性别化罗马帝国主义"(Gendering Roman Imperialism),会议召开,提醒研究者注意现有研究中的盲区。以往关于罗马战争和帝国主义的研究都集中在男性行为者,男性之间的竞争和男性的参与,作为受害者、战俘、被弃的妻子和母亲的女性被忽视,假如把这些都考虑在内,改写共和时代的扩张和帝国的统治仍是一个亟待完成的任务。

---

① Jürgen Osterhammel, *Die Verwandlung der Welt. Eine Geschichte des 19. Jahrhunderts*. München, 2009. (中译本:《世界的演变:19世纪史》[全3册],强朝晖、刘风译,社会科学文献出版社,2018年。)

② 王忠孝:《"无远弗届":罗马帝国早期疆域观的变迁》,《历史研究》2020年第2期,第110—126页。

五 "罗马化"问题

20世纪以来,罗马帝国境内各地文化变迁的动力、过程及表现方式成为罗马帝国政治文化史研究中一个重要而颇有争议的话题,也是与罗马的"帝国主义"紧密相关的话题。20世纪初期的研究以"罗马化"(Romanization)这一概念为指导。这个概念源于蒙森,但其系统性的发展归于英国考古学家哈弗菲尔德(Francis Haverfield)。哈弗菲尔德在其代表作《罗马不列颠的罗马化》中写道:"有言道希腊教人为人,而罗马开化人,这就是帝国的功业;而其采取的形式则是罗马化。"哈弗菲尔德的主要论点有如下几点:罗马文明开化了帝国境内许多未开化民族,这些未开化民族大多在帝国西部,他们没有"古代文化";罗马政府或直接或间接地鼓励"罗马化",罗马国家是"罗马化"的重要推动力量;[1] 平民在罗马化进程中的角色无关紧要;所谓罗马文明的要素包括罗马人的说话与行为方式、城市生活的建立、罗马政治文化、罗马式宗教等等。1930年代,柯林武德指出在罗马不列颠的乡村,罗马文明的渗透十分有限。如果一定要把罗马不列颠乡村文化称为罗马–凯尔特文化的话,那么也只有5%是罗马文化,而95%是旧的凯尔特文化。但对柯林武德来说,凯尔特文化的残留或复兴,并不代表对罗马的抵制或不满。不列颠对罗马文化的接受也并非原封不动的照搬,而是进行了文化融合(fusion)。而在罗马文明的传播中罗马军团扮演着重要的角色。[2] 但无论是哈弗菲尔德还是柯林武德,都不自觉地从罗马征服者而非被征服者的角度来看待帝国的文化变迁。这种研究模式背负着英帝国主义的印记,背后有殖民主义甚至种族主义思想或明显或潜在的影响:罗马"帝国主义"被认为是积极的因素,罗马承担了向其他族群传播文明、驯化野蛮、缔造和平的使命和职责。同时,这种分析模式以罗马为核心、模板与参考轴心,造成在罗马行省研究中特别关注罗

---

[1] Francis Haverfield, *The Romanization of Roman Britain*. Oxford: Clarendon, 1912. 引文见第6页。这部著作1906年初版,后多次再版。

[2] R. G. Collingwood, *Roman Britain*. Oxford: Clarendon Press, 1932.

马和意大利模式在各地的推广，把帝国境内的文化变迁设想成从中心向地方单向辐射的过程，侧重文化趋同（homogenization），而忽视帝国境内各地政治、经济、文化变迁的复杂性趋向。正因为有这些缺陷，20世纪70年代以后，学界对"罗马化"的概念和分析模式进行全面思考。这个反思过程一方面得益于后殖民主义的影响，另一方面受益于罗马各行省考古的发展。

20世纪70年代，本土主义的理念开始影响罗马化研究，研究的核心问题逐渐转向各行省本地人和土著文化在罗马化过程中的作用。一些学者将注意力集中到寻找土著和地方文化对罗马文化的抵制之上。但是将所谓"罗马文化"和"地方/本土文化"完全对立的研究角度存在着内在的缺陷。20世纪80—90年代，有关罗马国家是否积极采取措施自上而下地推行罗马化成为争论的焦点之一。维塔克等学者认为罗马国家在推行罗马化上扮演了积极主动的角色，这在城市文化的推广方面表现得尤为明显[1]；赞可等学者则倾向于认为奥古斯都时代帝国境内的文化变迁是自然发展的结果，而非国家政策所致，其动力来源于地方上各阶层间的相互竞争[2]；以米雷（M. Millett）和沃尔夫（Greg Woolf）[3]为代表的学者以研究行省个案为基点，认为罗马并不自上而下地推动罗马化，但是地方会模仿帝国中心。就帝国西部而言，罗马化最大的变化在于城市化，这表现在诸多方面，比如：城市选址变化，原先的地址被放弃，新的城市或建在全新地方或在邻近地方；城市的

---

[1] C. R. Whittaker, "Imperialism and Culture: The Roman Initiative," in D. J. M. Mattingly (ed.), *Dialogues in Roman Imperialism*. *JRA* Supplement 23. Portsmouth: Journal of Roman Archaeology, 1997, pp. 143-163.

[2] P. Zanker, *The Power of Images in the Age of Augustus*. Ann Arbor: University of Michigan Press, 1990; M. Millett, "Romanization: Historical Issues and Archaeological Interpretations," in T. Blagg and M. Millett (eds.), *The Early Roman Empire in the West*. Oxford: Oxbow Books, 1990, pp. 35-41.

[3] M. Millet, *The Romanization of Britain: An Essay in Archaeological Interpretation*. Cambridge: Cambridge University Press, 1990; Greg Woolf, *Becoming Roman: The Origins of Provincial Civilization in Gaul*. Cambridge: Cambridge University Press, 1998; idem, "Becoming Roman, Staying Greek: Culture, Identity and the Civilising Process in the Roman East," *Proceedings of the Cambridge Philological Society* 40 (1994), pp. 116-143.

空间规划采用棋盘式城市规划；碑石及纪念性的建筑物在城市规划中占重要地位；私宅的建筑模仿罗马的模式并采用罗马所用的材料。除了物质文明方面的变化之外，行省的社会结构、等级分化也在发生变化。行省城市贵族以效仿罗马文化来巩固其身份及地位，这些行省贵族正是推动罗马化的积极力量。沃尔夫以高卢为个案研究，指明就高卢而言，这些变化在奥古斯都时期尤为显著，可以概括为"突变"。他在《成为罗马人》一书中的一个重要论点就是罗马化的进程有时可能是突然而迅速的。其复杂之处在于不同地区并非同步，不同城市的罗马化程度不同。

麦克莫兰的研究方法侧重于探讨意大利移民对移居地物质文化和精神文化的影响，以及意大利移民所建立的城市在帝国各地的不同经历。在《奥古斯都时代的罗马化》[1]一书中，麦克莫兰所选择的案例为帝国东部、阿非利加、西班牙以及高卢。就帝国东部而言，麦克莫兰认为，在罗马人看来，东部已经是"文明"（civilized）的区域，所以以老兵为主的意大利移民点在东部的影响有限。意大利的餐具、城市供水下水系统等也许为希腊人所效仿，但在更多方面，这些在帝国东部的意大利移民点被希腊文化所同化，而双语并用和通婚都是同化的途径。沃尔夫和麦克莫兰的研究都表明罗马文化本身并不是个静止单一的文化，如何界定"罗马文化"本身就是个难题。用沃尔夫的话来说："成为罗马人，与其说是获取现成的文化负载，不如说是加入对于这个文化负载在某一特定时期是什么以及应该包括什么的内部讨论。"罗马文化既不是一成不变的制成品，也没有所谓的统一标准。早期罗马化研究假设单一的文化变迁过程或模式，但事实上行省的文化变迁路径极为不同。罗马帝国也没有形成大一统文化（cultural uniformity）。尽管对罗马帝国境内各地文化变迁的研究在 20 世纪取得了很大进展，但有些研究仍未跳出旧有窠臼，有一些问题一直未得到满意的解决。比

---

[1] Ramsay MacMullen, *Romanization in the Time of Augustus*. New Haven: Yale University Press, 2000; 亦见 S. Keay and N. Terrenato (eds.), *Italy and the West: Comparative Issues in Romanization*. Oxford: Oxbow Books, 2001。

如，主流分析模式侧重行省地方上对罗马和意大利文化的效仿，强调地方贵族在这一过程中的推动力，而占人口绝大多数的农村平民在文化变迁中的作用及其与罗马文化之间的互动被忽视；此外，在所有的分析模式中，罗马文化都自动被假设为高级文化和文明的同义词，罗马文化的渗透被认为理所当然、大势所趋。在这种模式指导之下的行省考古，尤其注重寻找"罗马"物质文化的痕迹和成就。罗马化这个研究模式中的最大缺陷就在于，或强调所谓罗马文化的单向辐射或强调地方上对所谓罗马文化的单向模仿和复制。如果脱不了这个窠臼，就难以取得突破性进展。

20 世纪 90 年代以来，在回避和摈弃"罗马化"这个本身存在很大缺陷的概念和研究模式的同时，罗马史学家和考古学家也在寻找更合理的概念和研究角度。在后殖民主义理论影响下，不少学者建议全面摈弃"罗马化"一词，代以较为中性的文化适应 / 同化（accultration, assimilation）或文化变迁（cultural change）。① 以欧洲学者为主导的一个研究课题"帝国的影响"（Impact of Empire），自 2001 年以来每年召开国际会议并出版会议文章。主要研究方向集中于帝国境内文化的多元性、行省地方如何看待和回应罗马统治等，有助于全面揭示罗马帝国境内各行省或地区多线发展的过程。新的理论也被用来理解帝国境内的文化进程。比如，简·韦伯斯特（Jane Webster）引入混语文化或融合文化（creolization）的概念来分析罗马行省文化的形成。② 其关注的焦点不是行省的上层显贵而是下层平民；研究的视角不在于文化辐射或模仿，而是文化协商（resistant adaptation）或抵制适应（resistant accommodation）的动态过程。韦伯斯特以罗马－凯尔特宗教，尤其是女马神艾泊娜（Epona）作为案例来探索行省融合文化的表现方式。艾泊娜的雕像多见于东部和中部高卢，在罗马文化渗透更加彻底的南部高卢则几近销声匿迹。在韦伯斯特看来，艾泊娜是融合文化的代表，是文

---

① Jane Webster, and Nicholas Cooper (eds.), *Roman Imperialism: Post-colonial Perspectives*. Leicester, England: School of Archaeological Studies, University of Leicester, 1996.

② Jane Webster, "Creolizing the Roman Provinces," *AJArch*.105.2 (2001), pp. 209-225.

化协商和妥协的产物：一方面，艾泊娜的雕像被赋予人形，但总是伴以马和马驹，从未单独以人形出现。而在凯尔特文化里，神祇通常以动物形态来表现，所以人形的艾泊娜应该是罗马征服后的产物。另一方面，艾泊娜从未与任何罗马男神配对。在这一点上，她和在罗马时代存留下来的其他重要凯尔特神祇有所不同。凯尔特的神祇和希腊－罗马神祇配对或相联系的常见表现方式是把一位本土女神和希腊－罗马男性神祇配成一对，比如罗斯默塔（Rosmerta）和墨丘利的联姻。对于艾泊娜的独立性，韦伯斯特认为这是对罗马征服者文化抵制的表现。这种抵制还表现在艾泊娜的雕像很少伴有铭文，而罗马神祇雕像通常有铭文标识。在韦伯斯特看来，凯尔特文化和罗马文化之间的关系可以总结为协商、抵制、调适，而最终的目的是为了满足地方上的需要。[1]

以 D. J. 马丁利（D. J. Mattingly）为代表的一批罗马史学家及考古学家则以身份认同（identity）为核心概念来探讨罗马帝国行省的文化变迁历程。[2]这些学者认为，文化变迁是一个复杂现象，身份认同本身具有相当的复杂性，体现在其片断性、多边性、不连续性之上，其外在表现体现在行为范式、物质文化及社会组织等方方面面，又因阶层、地区、族群等因

---

[1] Alain Cadotte, *La Romanisation des Dieux. L'interpretatio romana en Afrique du Nord sous le Haut-Empire*. Leiden：Brill, 2007 一书角度有所不同，但也是探讨文化变迁在宗教领域的表现。该书从罗马化的角度来研究"罗马阐释"。Cadotte 认为宗教融合是罗马化的一个组成部分。本地旧有神祇经过嫁接之后，不但名称发生变化，神的功能、神像、宗教建筑、仪式等等都发生相应改变。

[2] David Mattingly, *An Imperial Possession: Britain in the Roman Empire*. London：Penguin, 2006; idem, *Imperialism, Power, and Identity: Experiencing the Roman Empire*. Princeton, N.J：Princeton University Press, 2011; idem (ed.), *Dialogues in Roman Imperialism.Power, Discourse, and Discrepant Experience in the Roman Empire. Journal of Roman Archeology* Supplementary Series 23 (1997). 其他相关著作，参阅 S. Jones, *The Archaeology of Ethnicity: Constructing Identities in the Past and Present*. London：Routledge, 1997; R. Hingley, *Globalizing Roman Culture: Unity, Diversity and Empire*. London: Routledge, 2005; C. Howgego, V. Heuchert and A. Burnett (eds.), *Coinage and Identity in the Roman Provinces*. Oxford：Oxford University Press; L. Revell, *Roman Imperialism and Local Identities*. Cambridge：Cambridge University Press, 2009; Jesper Majbom Madsen, *Eager to be Roman: Greek Response to Roman Rule in Pontus and Bithynia*. London：Duckworth, 2009; Erich Gruen (ed.), *Cultural Identity in the Ancient Mediterranean. Issues & Debates*. Los Angeles: Getty Research Institute, 2010。

素而各有不同。马丁利引入"身份认同差异"（discrepant identity）这一概念作为切入点来强调身份认同的复杂性，并使用了大量考古资料来展示这些复杂性。比如，就罗马不列颠而言，带有铭文的祭坛在驻军地、城市、乡村的分布明显不同。在驻军地有大量的古典风格的祭坛，但在乡村几乎没有；而在城市中心，古典风格和罗马－凯尔特混合风格的祭坛的密度介于驻军地和乡村之间。在丧葬习俗方面，军队、和军队有密切关系的平民，以及受军队影响比较直接的平民更倾向于以墓碑的形式来纪念死者。至于帝国的建立究竟是给被征服地区带来"福音"和文明，还是灾难和破坏，马丁利侧重于后者，并以矿产资源的开采利用为例讨论帝国对行省环境、资源和景观的破坏。与马丁利一样，佛罗伦萨大学的乔万尼·切科尼（Giovanni A. Cecconi）也提醒研究者注意不要忽视罗马"帝国主义"的冷酷与残忍。在他看来，"罗马化"这样的表述恰恰抹去了对这种冷酷与残忍的记忆。①

近年来，"罗马化"问题的复杂性尤其是罗马与行省间的双向文化互动得到了国内学者的关注。② 比如，胡玉娟以高卢为例，以宗教、建筑风格、语言为案例，多方面探讨了本土因素对"罗马文明"的反作用，强调因为行省文化因素的延续、抵制和渗透，"罗马文明"处于动态的演变之中，并演变成包含"多元文化基因"的"罗马化"文明。在方法论上，该文借鉴了马塞尔·贝纳布（Marcel Bénabou）在《阿非利加对罗马化的抵制》中的分析角度，贝纳布使用了"阿非利加化"来表述罗马神祇的本土化。③

值得注意的是，"罗马化"的研究视角和方法论仍有继续推进的潜

---

① Giovanni A. Cecconi, "Romanizzazione, diversità culturale, politicamente corretto," in S. Janniard and G. Traina (eds.), *Sur le concept de «romanisa- tion». Paradigmes historiographiques et perspectives de recherche. MEFRA* 118.1 (2006), pp. 81-94.

② 宋立宏：《对"罗马化"及罗马帝国文化认同的反思》，《史林》2012年第4期，第170—175页；胡玉娟：《罗马化抑或高卢化——高卢罗马化过程中的文化互动现象考察》，《社会科学研究》2015年第4期，第170—180页。

③ Marcel Bénabou, *La Résistance Africaine* à *La Romanisation*. Paris: Maspero, 1976; Paris : La Découverte, 2005.

力,尤其在如何跳出"罗马"和"本土"二元分析框架这一问题上。2014年的一期《考古对话》以"罗马化"为主题,收录了多位学者之间的对话。① 其中,"全球化"(globalization, Globalisierung)成为讨论的核心。"全球化"这种表述容易引起误解,在古代地中海历史研究中,这一术语的核心是"连接/联通"(connectivity)。莱顿大学的米格尔·约翰·维斯鲁伊斯(Miguel John Versluys)如此表述:"全球化"意味着将连接/联通及其影响置于历史分析的中心。② 在2021年出版的《罗马帝国:殖民与全球化之间的罗马化》③论文合集中,主编之一约翰内斯·贝格曼(Johannes Bergemann)也明确指出"全球化"的核心是连接、联通(Konnektivität)。"全球化"这一概念和分析手法的引入,为"罗马化"研究注入了新的活力,这里仅简要总结三条以供管中窥豹:第一,一些个案研究表明所谓的"罗马化"有些发生于罗马征服之前,所以探讨罗马世界的文化变迁,不能只聚焦于罗马征服之后,而应把它置于更长的时段、更广阔的语境中来考量,甚至有学者提出"地中海化"(Mediterraneanization)这样的概念④;第二,对罗马城进行"去中心化"(decentering Rome),地中海世界是多中心也是多边缘的,所

---

① 代表性文章包括:Miguel John Versluys, "Understanding Objects in Motion. An Archaeological Dialogue on Romanization,"*Archaeological Dialogues* 21.1(2014), pp. 1-20; Greg Woolf, "Romanization 2.0 and its Alternatives," *Archaeological Dialogues* 21.1(2014), pp. 45-50。

② Miguel John Versluys, "The Global Mediterranean: A Material-cultural Perspective," in T. Hodos (eds.), *The Routledge Handbook of* Archaeology *and* Globalisation. London: Routledge, 2017, p. 598.

③ O. Belvedere, J. Bergemann (eds.), *Imperium Romanum. Romanization between Colonization and Globalisation*. Palermo: Palermo University Press, 2021,该书包括了近10年来的大量书目。这部合集汇集了来自德国、加拿大、荷兰、西班牙、希腊、意大利、英国的学者的文章,主体部分以地方个案的形式,探讨罗马帝国各地尤其是中部与南部意大利、阿非利加和腓尼基("布匿")世界、不列颠、日耳曼尼亚、西班牙、希腊和小亚细亚、西西里等地的文化变迁。除了"前言"和两篇文章以德语发表之外,其他文章都采用了英文。

④ Greg Woolf, "Taking the Long View. Romanization and Globalization in Perspective," in O. Belvedere. J. Bergemann (eds.), *Imperium Romanum. Romanization between Colonization and Globalisation*. p. 23; Tesse D. Stek, "Roman Imperialism, Globalization and Romanization in Early Roman Italy. Research Questions in Archaeology and Ancient History," *Archaeological Dialogues* 21.1(2014), pp. 30-40.

以我们不能假设线性的文化辐射或者效仿,确定所谓的"中心"并不容易;第三,即使是罗马城本身,也有其所谓"罗马化",尼古拉·泰雷纳托的一篇新文章明确地以《罗马城的罗马化:希腊化时代意大利建筑的文化动态》为题。① 这些新发展表明"罗马化"这个话题依然存在继续推进的空间。

六 罗马经济

近年来,对罗马共和国和帝国时代的经济形态、规模、性质的研究是获得迅速发展的一个领域。20世纪上半叶,以罗斯托夫采夫为代表的"现代化派"曾用诸如资本主义、无产阶级等现代概念和分析框架来诠释罗马帝国时代的经济形态。然而,大多数古代经济学家认为用现代经济学理论和概念来分析古代世界是犯了"时代错乱"的大忌。1970年代以来,摩西·芬利及卡尔·波兰尼(Karl Polanyi)为代表的"原始派"(primitivists)强调古代经济是自给自足的农业经济,古代世界商业不发达,远程运输不发达;这种前资本主义时代的经济不是市场经济,而是一种"嵌合经济"(embedded economy),植根于人际关系和社会制度之中。② 主宰资源分配的动机不是牟利而是身份地位、公民理想等社会及文化因素,在这一点上,古代经济和现代资本主义经济有着本质上的区别,后者的指导原则是利润最大化。而在以农业为主的古代社会,和身份地位联系在一起的是土地。芬利和波兰尼的分析模式一度成为学术界的正统。但是80年代以来,"嵌合经济"理论不断受到冲击,一系列的个案研究表明市场的因素在古代经济,尤其是罗马帝国时代的经济中起着不容忽视的作用。对相关学术观点的综合性回顾

---

① Nicola Terrenato, "The Romanization of Rome. Cultural Dynamics in the Architecture of Hellenistic Italy," in O. Belvedere, J. Bergemann (eds.), *Imperium Romanum. Romanization between Colonization and Globalisation.* pp. 77-88.

② M. I. Finley, *The Ancient Economy*. Berkeley: University of California Press, 1985; 1999年版更新了前言,由 Ian Morris 撰写(中译本:《古代经济》,黄洋译,商务印书馆,2020年)。

及展望,可参见沃尔特·沙伊德尔和冯·瑞登所编的《古代经济》[1]以及黄洋《现代性与欧洲古代经济史研究》[2]一文。《剑桥经济史:希腊罗马篇》(2007)的前言部分也包括了各种理论的简要回顾。[3]

对罗马经济的研究近年来涉及较多的主要问题包括:古罗马经济的规模有多大?税率如何?在经济生活中,货币的作用如何?古罗马的经济是否能称得上是市场经济?生产、流通、消费各环节是如何运作的?古代的城市在经济发展中发挥积极作用还是寄生型的?所谓"政府"在经济生活中扮演何种角色?罗马经济生活中商贩、手工业者地位如何?行业分工有多细致?罗马经济是否可以定性为奴隶制经济?等等。对这些问题的解答并不容易,因为对于许多关键的因素,包括人口数量、税收额度、货币发行量等等,我们并没有精确的信息,所以相关讨论非常依赖模型、估算、理论,以及和其他前工业化社会的对照。下文简要叙述近40年来罗马经济史研究的主要进展。未能覆盖之处,可参考沃尔特·沙伊德尔所编的《剑桥罗马经济指南》(2012),以获得对罗马经济相对全局性的了解。[4]

1980年,霍普金斯在《罗马研究杂志》发表《公元前200—公元400年罗马帝国的税收和贸易》[5]一文,提出理解罗马宏观经济的几个新假设,论证罗马人所推行的货币税收政策促进了贸易。霍普金斯把罗马治下的行省分为外圈、内圈及核心三种。外圈指驻有军队的边疆省份,核心指意大利和罗马城。外圈及核心都是消费税收的大头。内圈指税收大省,如西班牙诸行省、南部高卢、北非、小亚细亚、叙

---

[1] Walter Scheidel and Sitta von Reden (eds.), *The Ancient Economy*. Edinburgh: Edinburgh University Press, 2002.

[2] 《文汇报》2007年4月15日。

[3] Walter Scheidel, Ian Morris, and Richard P. Saller (eds.), *The Cambridge Economic History of the Greco-Roman World*. Cambridge: Cambridge University Press, 2007.

[4] Walter Scheidel (ed.), *The Cambridge Companion to the Roman Economy*. Cambridge: Cambridge University Press, 2012.

[5] Keith Hopkins, "Taxes and Trade in the Roman Empire (200 BC - AD 400)," *JRS* 70 (1980), pp. 101-125.

利亚及埃及。税收从这些内圈省份流出，去支持外圈省份及帝国的核心。但是为了支付税收，这些省份必须出口货物来换取缴纳税收所需的货币。霍普金斯认为罗马帝国的经济就是在这样一种"税收－贸易"模式下运转。此外，霍普金斯认为罗马帝国实行的是低税率。而较低的税率之所以可行，是因为罗马政府只需要支持很少的官员，或正式的行政管理人员。和"小"政府、低税率并行的是地方自治。共和时期税收曾主要由包税人承担，但帝国初期以后的税收转由地方负责。与低税率相关的另一个经济发展过程是大地产在行省的发展。这个过程有两个方面：一方面是意大利人在行省拥有更多的大地产；另一方面是行省的大地主越来越多地进入元老院。这些都是帝国经济整合的表征。货币形式的租金和税收涌向罗马上层集中的罗马和意大利，这里也是消费最为集中的地方。但是因为租金（地租等等）和税收都来自地方上的剩余，所以它们之间存在着竞争关系。依此类推，租金越高，税收越低。这个模式也可解释罗马帝国的低税率。霍普金斯认为罗马帝国的税率远低于净产量的 10%。就罗马帝国经济的规模而言，他对公元 1 世纪初期罗马帝国年度支出的估算是 8 亿塞斯特斯多一些，这相对于当时罗马帝国的 GDP 而言，是较低的比例。他认为早期帝国地方精英的富裕程度也可以作为低税率的证据。霍普金斯的理论在宏观罗马经济史研究中影响颇大。

在罗马经济中，货币扮演了举足轻重的角色。霍普金斯指出，罗马经济的运作依赖于五个相互交叉的平台：自然经济（或物物交换）、金币、银币、铜币，以及信用。邓肯－琼斯的《罗马帝国时代的钱币与统治》[①] 聚焦探讨帝国政府的财政、货币经济。据邓肯－琼斯估算，罗马造币每年约为 1.7 亿到 2 亿塞斯特斯，这约为每年支出的四分之一。新皇帝登基初年造币量较高，因为相对需求也较高。邓肯－琼斯认为货币流通的速度相对缓慢，货币多会留在最初分发的地区。比

---

① Richard Duncan-Jones, *Money and Government in the Roman Empire*. Cambridge: Cambridge University Press, 1994.

如，在高卢地区分发的货币多半会留在高卢，而不是作为税收回流到罗马。这就对以上所提到的霍普金斯的"外圈省份－核心地区及税收－贸易模式"形成了一定的挑战。不仅如此，邓肯－琼斯还以埃及行省为例，论证罗马帝国的税率偏高。首先，除了常规税收之外，常有额外征收的税款；而减税时有发生，那也说明有些税原先就已经过高。其次，4世纪初期之后埃及土地税率以及税收大幅下降，邓肯－琼斯认为有可能是前期过度税收造成的。再次，税收过程中的所谓中间人（总督、收税人）增加了成本。

所以学者对罗马帝国究竟税收偏高还是偏低，意见并不统一，上文所提到的霍普金斯和邓肯－琼斯分别持"低税说"和"高税说"，且各有支持者，比如麦克莫兰和布伦特·肖支持高税说。[①] 这一争论持续至今。近年来在罗马经济史研究方面最为活跃的学者之一沃尔特·沙伊德尔多次撰文，支持罗马帝国税率偏低这一观点。他对政府开支的估算基本上是基于对以下开支项目的估算：军队的支出、行政人员的薪金、罗马城的粮食分配、庆典的开支、皇帝下发的赏赐和馈赠、建筑费用等等。沙伊德尔对政府开支的估算要高于邓肯－琼斯，认为其总额按低估算有接近10亿塞斯特斯，按高估算则超过10亿塞斯特斯。对于GDP，采用的是以下参数和计算方法：每日的平均薪资为3.7公斤粮食，工作日每年225—250天，总人口有7000万人、劳工占40%，这些的总计，再加上精英阶层的收入，总额近200亿塞斯特斯，因此政府支出占GDP的5%—7%。[②] 沙伊德尔还指出了其他3条支持低税率的

---

① Ramsay MacMullen, "Tax-Pressure in the Roman Empire," *Latomus* 46 (1987), 737–754; Brent D. Shaw, "Roman Taxation." In vol. 2 of *Civilization of the Ancient Mediterranean: Greece and Rome*. Edited by Michael Grant and Rachel Kitzinger. 2 vols. New York: Charles Scribner's Sons, 1988. 这里"低税说"和"高税说"这样的用语并不是固化的学术术语或壁垒分明的学派，而只用来区分关于税收的基本论点。

② 沙伊德尔的相关出版物众多，这里总结的观点见 Walter Scheidel and Steven J. Friesen, "The Size of the Economy and the Distribution of Income in the Roman Empire," *JRS* 99 (2009), pp. 61–91; Walter Scheidel, "The Early Roman Monarchy," in Andrew Monson and Walter Scheidel (eds.), *Fiscal Regimes and the Political Economy of Premodern States*. Cambridge: Cambridge University Press, 2015, pp. 229–257。

论据：首先，奥古斯都降低了埃及的一些税；其次，他认为公元前30年到公元160年之间，罗马皇帝缺乏将收入最大化的动力，主要原因是政权与政权之间没有激烈的竞争；再次，他赞同霍普金斯的看法，认为罗马城市的繁盛是因为地方上的盈余留在了本地。

对GDP和公共开支的估算，学者之间的结论不尽相同。阿兰·鲍曼（Alan Bowman）对沙伊德尔的结论表示质疑。鲍曼认为对罗马帝国10亿塞斯特斯的年度支出估算过低。[1] 就军费开支这一项，只计算军饷和赏赐是远远不够的，还要考虑军队所征用的物资和服务。就埃及而言，鲍曼认为人均税收负担要比"低税说"的计算高出20%；就整个帝国而言，整体税率应该在20%左右，不太可能低于15%。鲍曼所用的文字证据来自2世纪的叙吉努斯（Hyginus），据他称，帝国有些地方的土地拥有者要交付产量的20%，但在另外一些地方，只交纳14%的产量。

包括邓肯－琼斯、布朗特，以及近来的大卫·霍兰德（David Hollander）等学者都提到探讨罗马财政的困难之处。[2] 罗马的税收种类繁多，主要有：财产税、人头税、关税或进出口税、释放奴隶税、遗产税等。[3] 但是对于罗马各地税收我们并没有完整的清单，行省税收的许多细节都不清楚，史料非常缺乏，也没有完整的官方记载。即使是已知的税种，税率几何、如何调整也并不完全明了：一些税种是何时增添的、何时废止的？罗马收税的"成功率"有多高？也就是说，税率归税率，但对于罗马国家到底能收到多少税，我们并没有完整的数

---

[1] Alan K. Bowman, "The State and the Economy: Fiscality and Taxation," in Andrew Wilson and Alan K. Bowman, *Trade, Commerce, and the State in the Roman World*. Oxford: Oxford University Press, 2018, pp. 27–52.

[2] Richard Duncan-Jones, *Structure and Scale in the Roman Economy*. Cambridge: Cambridge University Press, 1990; Peter Brunt, "Remarks on the Imperial *Fiscus*," in *Roman Imperial Themes*. Oxford: Clarendon Press, 1990, pp. 347–353; David Hollander, *Money in the Late Roman Republic*. Leiden: Brill, 2007.

[3] 关于税的种类，可见 Sven Günther, "Taxation in the Greco-Roman World: The Roman Principate," *Oxford Handbooks Online* (2016); 徐国栋：《罗马人的税赋——从起源到戴克里先登基》，《现代法学》2010年第5期，第3—13页。

据。学者们在估算税收的时候，通常用货币或粮食来计算，但对于罗马时代的特定税种究竟是以货币形式还是以实物形式缴纳的，学者们常常用语模糊，比如，霍普金斯《租金、税收、贸易与罗马城》（2000）一文中称在早期帝国，"许多行省"从实物税收的形式转成了货币形式。然而据2世纪叙吉努斯（205L）称，各行省的做法各有不同。① 霍兰德在一篇即将发表的文章中总结了罗马税收的三个特征：不透明性、易变性和不公平性。对于纳税人来说，这些增加了税收的不可预见性。②

罗马帝国的财政收入也不只是税收的进项，还包括罚款，各种增收的费用，没收的财产，公地的租金，放贷（Tac., *Ann.* 6.16–17; Suet., *Tib.* 48.2; Dio 58.21.4–5），征用（被征用的物资包括马、骡、粮食等等，见 *Dig.* 50.4.18），强制性的劳役（比如水坝、道路的修筑维护等等）、国有矿山和采石场的收益，皇冠金（Aurum coronarium，是皇帝登基或凯旋式等大事的时候奉献给皇帝的礼物，但2世纪后期在埃及演变成一种常规年税）、战利品（奴隶、财宝等等），遗产，等等。这些林林总总的收入同样也难以估算。皇帝是罗马帝国最大的地主，手握巨大的资源，包括土地、矿山、森林、作坊、家畜等等，这些是皇权的重要支柱。"罗马世界皇产的地理和经济"网络数据库已接近完成，其中包括罗马皇帝地产分布图（Atlas patrimonii Caesaris），可直观地展示皇产在整个帝国的分布及规模。③

长期以来，正统观点认为罗马的货币就是造币，货币供应的弹性很小，这也是罗马史上所载的信用危机的根源。威廉·哈里斯在《罗

---

① Keith Hopkins, "Rents, Taxes, Trade and the City of Rome," in Elio Lo Cascio (ed.), *Mercati permanenti e mercati periodici nel mondo Romano: Atti degli incontri Capresi di storia dell'economia antica (Capri 13–15 Ottobre 1997)*. Bari: Edipuglia, 2000, pp. 253-267, esp. 255-256.

② David Hollander, "Opaque, Inconsistent and Unfair: Some Remarks on the Burden of Roman Taxation during the Principate," Thomas R. Blanton IV, Agnes Choi and Jinyu Liu (eds.), *Taxation and Revolt: Case Studies in the Economies of Ancient Rome, Galilee, and Egypt*. London: Routledge, forthcoming.

③ The PATRIMONIVM project (Geography and Economy of the Imperial Properties in the Roman World) *Atlas patrimonii Caesaris*: https://patrimonium.huma-num.fr/atlas/. Marco Maiuro, *Res Caesaris: Ricerche sulla Proprietà Imperiale nel Principato*. Bari: Edipuglia, 2012.

马研究杂志》第 96 期（2006）上撰文《罗马货币新解》挑战了这一观点。① 哈里斯指出在罗马世界的交易中，信用的存在和应用远比想象的来得广泛。比如，西塞罗在帕拉丁山上的房产价值 350 万塞斯特斯，如果用造币来付款的话，造币总重量会高达三吨半。而阿尔巴尼乌斯（C. Albanius）所置房产值则高达 1150 万塞斯特斯。从可行性角度来说，他们都不可能直接用造币付款。哈里斯援引史料中多次出现的 nomina 一词，认为这些都是指"信用"。比如，西塞罗在《论职责》（3.59）所说的 nomina facit, negotium conficit, 应理解为"他提供了信用，以此完成了交易"。正因为信用在罗马世界的广泛应用，罗马经济的张力远比先前想象得要大。哈里斯的学生霍兰德在《晚期罗马共和时期的钱币》②一书中指出，诸如金块银条、财产等等许多非造币都具有流通物的功能，可以起到调节造币需求量的作用。罗马经济并不为造币所限。既然罗马的货币经济存在着这样的灵活性，那么信贷是如何运作的？"银行"的功能如何呢？

法国学者让·安德罗（Jean Andreau）仔细分析了各种放贷者的情况。贵族放贷者有之，他们并不是职业放贷者，但常常经手数额巨大。职业"银行业者"（单数 argentarius，复数 argentarii）则常常办理相对小额的生意。另有投资／投机者，其主要目的是期望通过投资收益来提高自己的社会地位和身份。③ 安德鲁早年曾研究过庞贝城的职业"银行业者"凯奇利乌斯·尤昆都斯（Caecilius Iucundus），构成了他之后对罗马信贷研究的坚实基础。④ 尤昆都斯在庞贝的住宅中保留了 150 多份蜡板文书，经解读之后，这些文书展示了一个活跃的信贷市场。文书上不但包括借贷人的信息，还有保证人的姓名和签字。从方法论上来

---

① William Harris, "A Revisionist View of Roman Money," *JRS* 96 (2006), pp. 1-24.

② David Hollander, *Money in the Late Roman Republic*. Leiden: Brill, 2007.

③ Jean Andreau, *La Banque et Les Affaires Dans Le Monde Romain: (4e Siècle Av. J.-C.-3e Siècle Ap. J.-C.)*. Paris: Éditions du Seuil, 2001；英译本： *Banking and Business in the Roman World*, translated by Janet Lloyd. Cambridge: Cambridge University Press, 1999.

④ Jean Andreau, *Les affaires de Monsieur Jucundus*. l'École Française de Rome, 1974；权威版本可参见 *CIL* IV, suppl. I.

说，安德鲁对这些文书资料的方方面面，包括文书中出现的人物的身份、款项的数额、借贷的时间分布等等，进行了细致的分析。比如，从时间分布上来说，借贷交易最活跃的月份是 5 月至 6 月，以及 11 月至下一年 1 月，安德鲁认为这正好和庞贝城的农业生活周期相符合，5 月至 6 月是剃羊毛季的末尾，而 11 月至下年 1 月是酿酒季节的末尾。

1955 年，庞贝城附近出土了另一组蜡板文书，共 100 多份，属于苏尔皮奇乌斯家族（Sulpicii），包含公元 35—55 年的 3 代人的资料。但是这组蜡板文书直到 1999 年才系统而完整地出版。[①] 这些银行业者来自普泰奥利而非庞贝城，短期贷款额度在 1000-20000 塞斯退斯之间。文书中包含了丰富的谷物交易的信息，粮食从埃及运送到普泰奥利港口，到达的时间是 6 月初，所以在这之前的 4 月和 5 月，粮价偏高，但 6 月底的时候，粮价相对较低。粮食也可作为贷款的抵押。贷款人中也包括女性。

比利时学者维尔伯温（Koenraad Verboven）进一步探讨了一批被称为 *faeneratores* 的放贷者，认为他们比学者们通常认为的更加"专业"，所扮演的角色更为重要。[②] 英国伦敦国王学院的希腊罗马史学家多米尼克·拉斯伯恩则研究了罗马信贷业的规模。塔西佗曾说过，许多元老将三分之一强的财富投资于信贷。罗马信贷市场的规模相当之大，流通量应该达到以 10 亿为单位的规模。那么是谁在操作这个市场呢？据拉斯伯恩估算，公元 1 世纪的罗马和意大利至少有上千家钱庄：凯奇利乌斯·尤昆都斯家年流水可达 10 万塞斯特斯，苏尔皮奇乌斯家则高达 330 万至 1600 万塞斯特斯。[③] 即使每个银行规模不大，罗马银行业的总和也是一个极大的生意，代表的不是囤积文化（hoarding），而是投资

---

① Giuseppe Camodeca, *Tabulae Pompeianae Sulpiciorum: Tpsulp. : Edizione Critica Dell'archivio Puteolano Dei Sulpicii*. Roma: Quasar, 1999.

② K. Verboven, "Faeneratores, negotiatores and Financial Intermediation in the Roman World (Late Republic and Early Empire)," in K. Verboven, K. Vandorpe and V. Chankowski (eds.), *Pistoi dia tèn technèn. Bankers, Loans and Archives in the Ancient World*. Leuven: Peeters, 2008, pp. 211-230.

③ David F. Jones, *The Bankers of Puteoli: Finance, Trade and Industry in the Roman World*. Gloucestershire: Tempus, 2006.

文化。麻省理工学院的经济学家彼得·泰明（Peter Temin）将罗马－意大利的信用系统和 18 世纪英国的信用系统进行了比较，指出两者之间的一个重要不同在于英国的皇室（和欧洲大陆政府一样）在很大程度上依赖信贷来为他们提供资金支持，也就是说政府直接卷入信贷市场，低风险的国家债务从整体上影响了信用市场。而罗马则不存在这个因素。但因为英国法定利息的上限相对较低，与英国相比，罗马的信贷系统更容易给商业活动提供资金。[①]

勒鲁克赛尔（Lerouxel）把罗马时代埃及和康帕尼亚地区的信贷进行了比较研究。[②] 公元前 30—69 年来自埃及的 72 件私人与官方文书显示，借贷采用现金形式，年利率为 12%，低于托勒密时期的 24%。借贷多发生于私人之间，而非经过"银行"这样的机构；在研究了 218 封公元 69—170 年的文书的基础上，勒鲁克赛尔指出了这一时期在借贷方面的一些明显变化，比如：贷款的平均数额增加，贷款的周期也加长了，以往基本是 1 年，现在 2 年的也有；贷款人中女性的比重增加，占了史料中所知贷款人的 1/4；担保这种现象越来越普遍，并且扮演了越来越重要的角色，在他看来，这说明借贷对社会关系的依赖性降低，信贷的地域范围也在扩大。虽然公证增加了交易的费用，但总体来说增加了保障，降低了风险，也就降低了交易成本。勒鲁克赛尔在对比了意大利康帕尼亚地区庞贝、赫库兰尼乌姆、普泰奥利这 3 座城市的信贷后，指出普泰奥利的信贷规模很明显比其他两个城市大得多，这可能与普泰奥利在罗马粮食供应体系中的重要性相关。该书的第 5 章是埃及和康帕尼亚的对比：康帕尼亚地区没有像埃及那样的公证系统，担保的做法也有所不同，埃及一般以房屋这样的不动产作为担保，康帕尼亚地区则通常以第三方作为担保，或者用奴隶、农产品等等作为抵押。勒鲁克赛尔的研

[①] Dominic Rathbone and Peter Temin, "Financial Intermediation in First-century AD Rome and Eighteenth-century England," in K. Verboven, K. Vandorpe and V. Chankowski (eds.), *Pistoi dia tèn technēn. Bankers, Loans and Archives in the Ancient World*. pp. 371-419.

[②] F. Lerouxel, *Le marché du crédit dans le monde romain (Égypte et Campanie)*. Rome: École Française de Rome, 2016.

究让我们看到罗马帝国时代信贷市场的多样性和活跃度。

20世纪罗马经济史研究的最大进展之一来自对罗马时代埃及经济形态的研究。由于气候等因素，埃及保留了大量纸草文书，保留的材料从私人书信、货单、家庭开支、契约、官方登记等不一而足，是研究古代经济史不可多得的宝贵资料，但芬利从来没有系统地发掘纸草文书的潜力。上面已经提到的多米尼克·拉斯伯恩是挑战芬利的主要学者之一。拉斯伯恩和不少重要的纸草学专家，如巴格诺尔等，都相信罗马时代的埃及并不是游离于罗马世界之外的特例，而在很多方面都具有代表性。所以埃及的纸草文书所能提供的案例可以使我们管窥罗马世界的经济行为。拉斯伯恩所著的《经济理性主义和公元3世纪埃及的农村社会》(1991)① 详尽研究了罗马时代一个私人农庄的信件、账目等档案，其研究表明农庄的经营管理无论是在劳动力配置、作物种类、交通运输，还是在账目记录方面都是理性的经济行为，以市场为导向，以牟取较高利润为目的。丹尼斯·克侯（Dennis Kehoe）则强调罗马土地所有者的保守态度，他们在土地上的投资主要是为了维持社会地位，这种保守态度阻碍了罗马经济的发展。②

罗马经济研究中的另一个重点问题是城市的经济功能。学者的观点可大概分为两派，一派认为罗马城市是靠剥削农村而存活的寄生体，城市虽然也从事生产，但其主要目的并不是贸易出口，罗马的城市是消费型的（consumer city）。这一派的代表有荷兰学者荣曼。③ 他在《庞贝城的经济与社会》一书中竭力证明庞贝城并不存在纺织等出口产业，庞贝等小城的生产只是为了满足城市内部的内需，我们不应高估庞贝城或其他罗马城市的生产规模。另一派则认为罗马城市是生产型城市（producer city），通过贸易、制造业及服务业来支持城市的发展。这一派的代表人

---

① Dominic Rathbone, *Economic Rationalism and Rural Society in Third-Century A.D. Egypt: The Heroninos Archive and the Appianus Estate*. Cambridge: Cambridge University Press, 1991.

② Dennis Kehoe, *Investment, Profit, and Tenancy: The Jurists and the Roman Agrarian Economy*. Ann Arbor: University of Michigan Press, 1997.

③ Willem Jongman, *The Economy and Society of Pompeii*. Amsterdam: J. C. Gieben, 1988.

物有牛津大学的安德鲁·威尔逊（Andrew Wilson）。他所研究的个案多来自罗马帝国时代的北非，特别是北非城市的纺织业。① 由于研究罗马城市经济面貌的史料通常是片断的考古资料，在解释上通常可以有多种可能性，所以将城市经济性质定为消费型或生产型多依赖解释者对罗马经济性质的理解。这很容易形成一个怪圈和循环论证。

近年来，泰明在《罗马研究杂志》等重要杂志上撰文论证罗马经济是市场经济这一观点，强调市场的力量以及罗马经济中生产、流通和消费各个环节的复杂性，并探讨罗马人采取何种方式降低商业运作的风险以及减少交易成本。② 泰明、彼得·邦及克侯等学者多依赖新制度经济学理论来理解罗马"市场"经济史。彼得·邦认为古代市场可预见性较低，具有不稳定性，但古代经济发展出各种机制来应付市场的不规则性以降低风险。这些机制包括把资本分割成小块、产品低标准化、投机以及发展各式各样的社会关系网。社团或行会这些组织都是有利于减少经济风险的机制。③ 而克侯在《罗马帝国法律与农村经济》④一书中则研究法律作为一种制度是如何影响农业经济的。在罗马帝国的农业经济中，大土地所有者、小土地所有者和佃户互相依赖才能保证经济的稳定，法律到底是保护哪一方利益的呢？克侯认为罗马政府的政策对农业经济的影响是复杂的。但是，值得注意的是罗马帝国有关土地租让的法令有利于地主与佃户之间的协商，而协商的结果导致更高的农业生产率。然而在仲裁和解决争端方面，政府却十分无力，难以维持法律的权威。在晚期罗马帝国时期，政府为了保证税收，对

---

① 例如，Andrew Wilson, "Urban Production in the Roman World: The View from North Africa," *PBSR* 70 (2002), pp. 231-273。

② Peter Temin, "A Market Economy in the Early Roman Empire," *JRS* 91 (2001), pp. 169-181; idem, *The Roman Market Economy*. Princeton: Princeton University Press, 2012.

③ Peter Bang, "Imperial Bazaar: Towards a Comparative Understanding of Markets in the Roman Empire," in P. F. Bang, M. Ikeguchi and H. G. Ziche (eds.), *Ancient Economies, Modern Methodologies: Archaeology, Comparative History, Models and Institutions*. Bari: Edipuglia, 2006.

④ Dennis Kehoe, *Law and the Rural Economy in the Roman Empire*. Ann Arbor: University of Michigan Press, 2007.

农业经济干涉强度大于帝国早期，措施之一是将隶农（coloni）身份和土地捆绑在一起。但是市场的力量使得大土地所有者和一部分隶农违反这个政策，也就是说他们会选择对法律绕道而行，因为这个规定不利于更有效的资源分配。

除了经济理论的运用之外，过去几十年来罗马经济研究中的一个大趋势是量化研究的广泛运用。① 学者们尝试着估算罗马帝国时期的国内生产总值（GDP）、价格和收入水平、通货膨胀率等等。然而史料虽然保留了许多数字，但很少有连贯的、完整的、长时段的数据，这就成了量化研究的一个软肋。琼斯在《后期罗马帝国史》的前言中（1963）谈及史料时，明确地写道："从社会经济史学家的角度而言，史料的最大缺陷是统计数据的全面缺失。有不少孤立存在的数字。"② 这些数字单独看来都很可靠，但未形成统计学意义上的集合或数列。这些话时至今日仍然有效。

七 奴隶与释奴

在罗马历史上，奴隶的人数、用途、来源、价格、处境因时因地而异。在早期罗马，奴隶并不是一个突出的现象，尤其是在废除了对公民的债务奴役之后。共和中期以后，对外战争和征服导致了大量奴隶的涌入。奴隶的来源也从以债务奴隶为主，转化到以战俘奴隶和家生奴隶为主。此外，在共和时代，海盗绑架的人口以及弃婴也是奴隶来源之一。在一些地区，奴隶市场发达，拉丁语中发展出一套表达奴隶制各要素的词汇：[被]奴隶[者]（servus）、主人（donimus/a）、家

---

① A. Bowman and A. Wilson (eds.), *Quantifying the Roman Economy: Methods and Problems*. Oxford: Oxford University Press, 2009; Walter Scheidel, S. Friesen, "The Size of the Economy and the Distribution of Income in the Roman Empire," *JRS* 99 (2009), pp. 61-91; Peter Temin, "Estimating the GDP of the Early Roman Empire," in E. Lo Cascio (ed.), *Innovazione tecnica e progresso economico nel mondo romano*. Bari: Epipuglia, 2006, pp.31-54.

② A. H. M. Jones, *The Later Roman Empire 284-602: A Social, Economic, and Administrative Survey*. Norman: University of Oklahoma Press, 1964, p.viii.

生子（verna）、奴隶市场（catasta）、奴隶贩子（mango）等等。这些词汇也经常在修辞演讲中作为抽象概念来使用，代表奴役、失去自由的状态。在希腊语和拉丁语的话语体系中，奴隶也通常被称为 puer/puella 和 παῖς，这些词字面上的意思都是"孩子"，但和奴隶的年龄无关，带有贬义，指心智不成熟之人。

  罗马帝国境内奴隶制的发展并不均衡。奴隶制在各地的盛行程度和当地的历史渊源、耕种方式、土地制度等等相关，难以笼统概括。意大利的奴隶占人口总数比例较高。在 2 世纪小亚细亚的帕加马，奴隶可能多达人口总数的 1/4。① 但在埃及行省，奴隶所占人口比例相对较低。英国学者拉斯伯恩的研究认为，罗马埃及的奴隶人口占总人口的 10% 以下。衡量奴隶制程度的另一个变量是奴隶用于生产还是服务，但恰恰是这一点比较难以量化。比如关于奴隶的铭文主要来自城市，乡村、农庄中的奴隶在碑铭中几乎没有留下踪迹，但这并不代表他们不存在。②

  文学作品中有零星关于奴隶生活及地位的轶事，但有关罗马奴隶制以及奴隶生活的史料集中在罗马的农学著作中，如老加图和科路美拉的《农业志》。《查士丁尼法典》特别是第 8 卷则收集了法学家关于奴隶的观点及律条。尽管埃及的奴隶制似乎并不如其他行省那样广泛，纸草文书中仍留下了大量关于奴隶的资料。比如，奴隶作为一种财产如何折算价值，在划分遗产时如何处理多名主人共同拥有的奴隶，奴隶主名下的奴隶缴税额如何计算，如何追缴逃跑的奴隶，等等，在纸草文书中都有反映。

  从这些资料中我们得知，在罗马世界许多领域里都有奴隶的存在。那么罗马世界的奴隶用途如何？处境如何？奴隶与自由民之间的

---

① William Harris, "Demography, Geography and the Sources of Roman Slaves," *JRS* 89 (1999), p. 65.

② Ross Samson, "Rural Slavery, Inscriptions, Archaeology and Marx," *Historia* 38 (1989), pp. 99-110

关系又是怎样的？①

私有奴隶用途不一：家政奴隶负责城市里私宅的家务，担任孩童教仆（pedagogus）、保姆的也通常是奴隶，所谓"教仆"，指的是富裕人家负责接送男童上学，陪同、辅导男童的男性奴仆；农庄奴隶则从事农活、纺织等等。此外，同业协会、宗教团体等都可以有奴隶来打点杂务，包括财务账目。奴隶内部有等级，依用途和技能的不同，奴隶的价格也有所不同。年轻美貌的男女奴隶，能写会读、懂多种语言的奴隶，有音乐才能或其他特殊才能的奴隶常身价不菲。拥有数量众多的家奴以及美貌或有技能的家奴，是罗马富人用来炫耀地位、装点身份的一种方式。罗马世界流行的娱乐方式角斗表演所用的角斗士等也通常是奴隶。除私人拥有的奴隶之外，罗马许多城市有公共奴隶（servi publici; familia publica），也就是"市府"或国家的奴隶，类似市政管理中的文职人员。奥古斯都的得力助手及女婿阿格里帕曾用自己的奴隶来管理、维护他所督建的水道。阿格里帕死后，这一批奴隶就作为遗产留给了奥古斯都，后者又把他们转交给了国家。这些管理水道的奴隶便转成了公共奴隶。

无论是私人奴隶还是公共奴隶，就其地位而言，被定义为财产，在法律上不算是个"人"，也不拥有法律赋予自由人的权利，比如诉讼的权利和缔结婚姻的权利；奴隶可以同居，可以生育，但是不可能有合法的婚姻，生育的子女从法律上来说也和他们没有关系，是属于主人的财产。哈佛大学的社会学家奥兰多·帕特森把奴隶身份称为"社会性死亡"，② 如果把这个概念用在罗马时代的奴隶制上，主要的是指奴隶没有世系，因为从法律上来说他们无父无母无子，这是一种极大的剥夺。

---

① 罗马奴隶制的入门读物可用 K. R. Bradley, *Slavery and Society at Rome*. Cambridge: Cambridge University Press, 1994。T. E. J. Wiedemann, *Greek and Roman Slavery*, London/New York: Routledge, 1981；1994（平装本）收集了有关希腊罗马奴隶制的各种原始史料的英文翻译；Zvi Yavetz, *Slaves and Slavery in Ancient Rome*. New Brunswick, N.J.: Transaction Books, 1988 是 Wiedemann 一书的补充，这两部史料集可与 Bradley 的书配合使用。

② Orlando Patterson, *Slavery and Social Death: A Comparative Study*. Cambridge, MA: Harvard University Press, 1982.

在罗马对奴隶制的认知中，"天然奴隶"的理论并不占主导地位。所谓"天然奴隶"理论认为人类有一部分人天然适于当奴隶，做奴隶符合他们的天性，符合自然，对这部分人来说处于被奴役状态对他们是有益处的；但是假如并非天然就是奴隶的人成了奴隶，那是强制和暴力的结果，会导致冲突和敌意①。在罗马法中，"奴隶"是法律地位，②理论上并不是一种永久性的身份，也并非天然如此。有些罗马法学家，比如弗罗兰提努斯（Florentinus）、乌尔皮安等，认为奴隶制甚至是违反"自然"的③，这种身份理论上是可以解除的（关于"释奴"，见下文）。但无论是在哪种理论之下，奴隶的实际处境都取决于奴隶主。奴隶遭受镣铐束缚、鞭打、饥饿的折磨，被戴上铁项圈防止逃跑，生病或年老时遭到抛弃，这些都不鲜见。奴隶们还有被和生身父母和兄弟姐妹拆散出售的风险。史料中还记载了年纪很小的童工奴隶，见于农业、采矿业、手工业等等。有一个奴隶，去世的时候12岁，但已经是技术娴熟的珠宝匠；还有9岁的发型师。④研究罗马世界儿童史的专家克里斯蒂安·拉埃斯收集了关于童工奴隶的大量资料，展示了童奴的普遍性，不过罗马社会并没有所谓"童工"的概念，即便是年幼的孩童，其实也属于成年人的世界。⑤

值得注意的是罗马史上有史料可查的影响较大的奴隶起义并不多见，除公元前70年代的斯巴达克斯战争之外，只有公元前135—前132年和公元前104—前100年西西里的两次奴隶起义造成过较大的影响。小规模、分散的奴隶反抗很可能不少，消极反抗（比如拖延、怠工等等）

---

① 亚里士多德，《政治学》1254b16–21；1255b11–15。

② 关于罗马法对奴隶的规定，参阅 Alan Watson, *Roman Slave Law*. Baltimore: Johns Hopkins University Press, 1987. W. W. Buckland 1908 年首版的著作依然可做参考：*Roman Law of Slavery: The Condition of the Slave in Private Law from Augustus to Justinian*. Whitefish: Kessinger Publishing, 2009; Cambridge: Cambridge University Press, 2010。

③ 见《学说汇纂》1.5.4 pr.-1；50.17.32。

④ *CIL* VI 9437=*CLE* 403; *CIL* VI 9731.

⑤ Christian Laes, "Child Slaves at Work in Roman Antiquity," *Ancient Society* 38 (2008), pp. 235-283.（中译文：克里斯蒂安·拉埃斯：《古罗马时代的童工奴隶》，杨美姣译，《世界历史评论》2018年第9期，第84—135页。）

也可能多有发生。在帝国时代，公元 2 世纪初叶，小普林尼曾记载一个家内奴隶合谋谋杀主人的案例。但有关大规模、有组织反抗的书面记录主要集中在共和时代。为什么在共和时代会发生大规模奴隶反抗？为什么罗马帝国时期，奴隶反抗却没有达到类似的规模，甚至没有引起史料的关注呢？不少罗马史学家都问过这个问题。我们先从共和时代的几次奴隶起义说起。①

有关西西里奴隶反抗的史料主要来源于西西里的狄奥多罗斯（Diodorus Siculus，34/35. 2. 1-48；36. 1-11）。据西西里的狄奥多罗斯称，西西里成为罗马行省后（公元前 211 年）享受了 60 多年的繁荣富裕。西西里大地主们大量购买奴隶，在他们身上烙上印记，苛刻盘剥，残暴对待他们。连西西里的狄奥多罗斯都认为一些奴隶主的行为完全是非人的。奴隶反抗最基本的出发点就是摆脱这种受虐的处境。而西西里独特的条件为奴隶间互相联合创造了一些契机：有不少年轻的奴隶被用作牧人，在衣食不保的惨境之下，常在游荡间行盗匪之实。主人对此不闻不问，而罗马的行省官员又不愿意开罪当地富人，所以也睁一只眼闭一只眼。恩纳城（Enna）的奴隶首先发难，在恩努斯（Ennus）的领导下组织了 400 名奴隶，武装起来攻进城里，得到城内奴隶的响应。西西里的狄奥多罗斯对无良奴隶主和起来造反的奴隶都没有善言。据他称，造反的奴隶同样无情，妇孺也不放过，而被俘的公民则除工匠之外全部被处死。三天之内，恩努斯就武装了超过 6000 人的奴隶军队，自己加冕称王。不久，克里昂（Cleon）领导的另一支奴隶队伍加入。队伍滚雪球一样壮大，屡次击败罗马正规军。但公元前 132 年，奴隶军的据点被执政官鲁皮利乌斯（Rupilius）的军队围困，并一一瓦解。克里昂战死，恩努斯手下的亲随军士为免于被俘受酷刑凌辱的命运互相砍杀而亡，他本人则在被俘后毒杀。第一次西西里奴隶

---

① 关于罗马史上的奴隶起义，基本参考资料可见 K. R. Bradley, *Slavery and Rebellion in the Roman World, 140 B.C.-70 B.C.* Bloomington: Indiana University Press, 1989; Brent D. Shaw, *Spartacus and the Slave Wars: A Brief History with Documents*. Boston; New York: Bedford/St. Martin's, 2001.

战争结束以后，西西里实行了一些新的管理法规（lex Rupilia），但近年来学者的研究表明这些法规并没有触动大地产问题，也谈不上改善奴隶处境。

第二次西西里奴隶战争的起因略有不同。起因在于马略在对琴布里人和条顿人的战争前到处征兵，并向友邦要求人力支援。比提尼亚等友邦回应说，有不少人都被罗马包税人转卖到罗马行省为奴了。为获得充足的兵员，元老院下令友邦的公民不得在罗马行省为奴，应重获自由。也许是由于有利可图，西西里的总督"循章"释放了一批奴隶，几天之内就有800人重获自由。这在奴隶中燃起了获得自由的希望。但是上层人士开始反对，并干涉事态的发展。此后，要求获得解放的奴隶遭到拒绝，从而激起西西里各地奴隶的反抗。在哈利赛伊（Halicyae）地区，西西里总督仓促应战，遭到挫败，转而利用奸细打入奴隶队伍，该地区起义的奴隶最终被出卖。然而西西里其他地区的烽火方兴未艾，恩纳附近的奴隶在萨尔维乌斯（Salvius）的领导下，聚集起20000名步兵和2000名骑兵，围攻默干提纳城（Morgantina）。来解围意大利和西西里的人数上万的政府军队大败，近一半被俘。萨尔维乌斯再次围攻默干提纳，向城内奴隶许诺自由，但是城内奴隶的主人做出同样的许诺，这些奴隶选择了站在奴隶主一边，击退了起义奴隶的进攻。但是奴隶主的许诺并未兑现，大部分失望的城内奴隶又投诚到起义奴隶一边。而在塞杰斯塔（Segesta）和利利巴厄姆（Lilybaeum），起义的奴隶的势力在牧人阿泰尼奥（Athenio）的领导下得到发展，一万人的队伍试图围攻利利巴厄姆未果，被从毛里塔尼亚来的政府援军击败。后来萨尔维乌斯（自号Tryphon）和阿泰尼奥汇合，虽各有猜忌，但在三年内以特里奥卡拉（Triocala）为据点共同击退了两批罗马大军，直到公元前100年，马略的执政官同僚阿奎利乌斯亲自领军，以切断奴隶起义军后备供应的战术镇压了起义（Florus, Epitome 2.7.9-12）。据西西里的狄奥多罗斯称，阿奎利乌斯和阿泰尼奥曾短兵相接，阿泰尼奥被杀，阿奎利乌斯受重伤。剩余的奴隶队伍在物尽粮绝的情况下艰难抵抗。最后的一批抵抗者在被俘后被带往罗马与野兽搏斗。但是他们宁愿相互砍杀而死也没有与野兽交锋。第二次西西里奴隶战争自此终结，留下了一段惨烈而英勇的历史。

有学者认为，两次西西里奴隶起义揭开了共和后期罗马大规模社会斗争的序幕。这是夸大其词的说法。第二次西西里奴隶战争之后的十几年间，罗马的核心问题是意大利公民权、老兵安置，以及本都国王米特拉达梯六世所带来的"麻烦"，这些问题和奴隶制问题相关甚少。而 30 年后的斯巴达克斯战争则是罗马史上最后一个有迹可循的大规模奴隶起义。据阿庇安记载，出身色雷斯的斯巴达克斯曾在军队中服役，为罗马人而战。至于他是如何变成奴隶，又如何到卡普阿（Capua）的角斗学校，则不得而知。由于主人残暴，公元前 73 年，斯巴达克斯和一个名叫克里克苏斯（Crixus）的高卢人带领 78 名角斗士逃出角斗学校，藏身于附近的维苏威火山，并逐渐集聚了一支 7 万余人的力量。其组成包括农业奴隶、牧人、贫穷小农等，分为两支，由斯巴达克斯和克里克苏斯分头统领。公元前 72 年，惊慌失措的元老院把两名执政官同时派出镇压起义，克里克苏斯被杀。斯巴达克斯遂率领队伍向高卢进军，但是在穆提纳一役打败山内高卢的总督之后，斯巴达克斯决定折向南方，此时克拉苏受命统帅六个军团的兵力封剿奴隶大军，此外，克拉苏增加了自己出资征集的军队。斯巴达克斯被赶到意大利南端的海峡，跨海未果。公元前 71 年，克拉苏在卢卡尼亚（Lucania）截住奴隶队伍，斯巴达克斯阵亡。被俘的数千名斯巴达克斯的追随者被绑在十字架上，这些十字架排在从卡布阿到罗马的阿庇安路（via Appia）沿途，血腥惨状可想而知。另有几千余部逃到埃特鲁里亚，但不幸被刚从西班牙班师回意大利的庞培所拦截。

斯巴达克斯战争之后没有大规模的奴隶"革命"，这与罗马政府的血腥镇压固然不无关系，而且上文已经提及，罗马世界的奴隶并不是铁板一块，而是类型众多，价格待遇各不相同，这使得大部分时候奴隶很难形成统一的联盟来反抗主人或者社会。而罗马人所奉行的"大棒加胡萝卜"的政策进一步阻碍了奴隶之间结盟反抗。所谓"胡萝卜"，包括一些自上而下的"人道主义"规定，但更重要的是奴隶获得解放的可能性。关于"人道主义",苏维托尼乌斯《克劳狄传》(25.3)记载了一个例子:有人将生病和过劳的奴隶丢弃在阿斯库拉庇乌斯(医神)岛上,以省却治疗和照料他们的麻烦,克劳狄皇帝下令让诸如此类的奴隶都获自由,即便他们康复了,也无须再受前主人的控制;如果有人杀死这类奴隶而非丢弃他们,那就可被控谋杀罪。这类相对"仁慈"的措施在帝国时期有所增加,但罗马史上奴隶制的一大特点是释奴的相对普遍性。在希腊人的眼中,罗马奴隶获得解放的可能性之高让他们惊叹。公元前3世纪的马其顿国王腓力五世(*Syll*. 543,公元前214年)以及公元前1世纪的希腊语作家哈利卡纳索斯的狄奥尼修斯(《罗马古事纪》4.24)都曾专门提到这一点。

罗马法允许奴隶有自己的财物(peculium),他们甚至可以购买自由。那么奴隶都有哪些获得自由身份的途径?获释的概率究竟有多大?奴隶主为什么愿意释放奴隶?释奴及其子女的社会、经济及政治地位如何?最近几十年来对这些问题的研究持续深入。①

关于释放奴隶的动机,哈利卡纳索斯的狄奥尼修斯在《罗马古事纪》中写道:"据我所知,有些人去世时释放所有的奴隶,就是为了死后落个善人的名头,也是为了他们葬礼上有许多带着'自由帽'的人送葬。"拥有多少释奴也是身份的标志。但托马斯·维德曼(Thomas Wiedermann)认为学者们应当区分理想和实际:从理想和理论的层面上来说,罗马有一些道德家宣称奴隶尽忠尽职服务一段时间之后就应该获释;但是现实世界是由自我利益驱使的。从奴隶的角度来看,如果能看到获释的希望,会增强服务的积极性;在奴隶主一方,购买奴隶可以被看作一种投资,释放奴隶有利于保护自己的投资。维德曼解释说,奴隶年纪越大,疾病或死亡的风险就越大;而任何疾病或死亡都会造成奴隶主的损失,价值越高的奴隶造成的损失也就越大。所以从奴隶主的角度来考虑,如果能够减少投资风险和损失的话,奴隶主

---

① 比较全面的研究及综述,见 Henrik Mouritsen, *The Freedman in the Roman World*. Cambridge: Cambridge University Press, 2011。

也愿意在奴隶服务了一定的年限之后释放他们。奴隶主释放奴隶的动机是多方面，但最终是出于对自身利益的考虑。① 有一个比较特殊的释放奴隶的动机是婚姻，一般是男性主人，其身份可以是自由民也可以是释奴，解放女奴以娶她为妻。凯瑟琳·霍梅勒在一篇新文《婚姻中的自由？罗马世界的婚姻释放》中，深度阐释了这类婚姻中女性释奴所处的不利地位。在这类婚姻中，男性具有双重身份，既是前主人又是丈夫，也因此集中了"前主人"的权力（见下）和作为丈夫的权力。因婚姻获释的女奴，假如在 6 个月内原主人没有娶她，那么释放无效，她需回归奴隶身份，而男性主人不受惩罚。假如婚姻成功缔结，妻子/女释奴没有离婚的自由；假如是出身自由的妇女，有陪嫁和自己原来的家庭作为支撑和后路，而因婚姻的目的而获释的女奴并没有这些支柱。所以，因婚姻获释的女奴虽然获得自由，并且能够生养具有自由身份的子女，但是她的婚姻是非常不对等的结合，这种不对等的程度超过了一般自由民之间的婚姻。②

有关释放奴隶的法律条文集中收录在《学说汇纂》第 40 章第 1 节中。西塞罗和法学家盖尤斯提到三种正式释放奴隶的方式：杖式释放（vindicta）、注册释放（censu），以及遗嘱释放（testamento）。其中杖式释放是最古老的方式，必须在长官面前进行，遵循固定的仪式和用语。因为仪式的一部分是长官的扈从把杖放在奴隶的头上，所以常被称为杖式释放。公元前 357 年开始，主人释放奴隶需要交纳奴隶价值 5% 的税（vicesima manumissionis）。另外还有非正式的释放方式，比如在朋友面前表明释放奴隶的愿望（inter amicos），书信释放，或邀请奴隶共餐等。值得注意的是释奴虽然获得了人身自由，但与原主人的关系还继续维系着。关系的定义发生了改变，原先的主人（dominus / domina）变成了"庇护人"（patronus / patrona），有专门的法律保护原主人的

---

① Thomas E. J. Wiedemann, "The Regularity of Manumission at Rome," *CQ* 35.1 (1985), pp. 162-175.

② Katharine P. D. Huemoeller, "Freedom in Marriage? Manumission for Marriage in the Roman World," *JRS* 110 (2020), pp. 123-139.

权利和并规定释奴的义务。① 对于原主人，法律规定释奴有"服从"（obsequium）以及"服务"（operae）的义务，简而言之，释奴必须尊重原主人，维持必备的礼节，每年必须为原主人服务一定的期限。期限的长短各有不同。不过，原主人和释奴之间的关系也因人而异，比如西塞罗和提罗（Tiro）惺惺相惜，超越了普通主人与奴隶/释奴的关系。在一封家信中（ad Fam. 16. 16），西塞罗写道，提罗不应为奴而应该是朋友。也有不少铭文纪念主人和释奴之间的亲密关系。特别值得一提的是，帝国时代的许多墓地是原主人和释奴共享的，数量众多的拉丁墓志铭上明确写着：此墓为自己及配偶及男女释奴以及释奴的后代而建。

这里需要提到的一点是，铭文中所提到的人物是自由人还是释奴，并不总是能够精确确定。释奴通常在自己的原名前加上原主人的前名和氏族名。有的名字标有 l. 或 lib.，代表的是 libertus（男性释奴）或 liberta（女性释奴），是释奴身份确凿无误的表征，但这些标记经常被省略。在没有这些标记的情况下，姓名学的研究给出了一个判断身份的指导性标准：假如一个拉丁名字中的第三名是希腊名，那么这个名字很有可能是个释奴的名字，因为罗马人偏好给奴隶取希腊名（而奴隶一般只有一个单名），但这和奴隶本身是不是希腊人、是否来源于希腊地区并不一定直接挂钩。比如，M. Octavius M. l. Attalus 是个男性释奴的名字，M. l. 代表他是马尔库斯（Marcus）的释奴，而这位马尔库斯是 Octavius 氏族的；阿塔鲁斯（Attalus）应该是这位释奴还是奴隶身份时的名字，这是个希腊名（阿塔鲁斯是小亚细亚帕加马王室御用名之一）。不过，如果没有 l. 这个标记，在判断一个名字是否是释奴名字时，希腊名并不是最可靠的依据。有些自由民出身的罗马人或者来自希腊地区的罗马公民，他们的名字也由拉丁前名 + 拉丁氏族名 + 希腊语第三名（cognomen）组成，这些名字看上去和许多释奴的名字一样，但他们是

---

① W. Waldstein, *Operae Libertorum: Untersuchungen Zur Dienstpflicht Freigelassener Sklaven.* Stuttgart: Steiner Verlag Wiesbaden, 1986; Antonio Gonzales, *La Fin Du Statut Servile?: Affanchissement, Libération, Abolition: Hommage À Jacques Annequin.* Besançon: Presses universitaires de Franche-Comté, 2008.

生而自由的。公元 3 世纪之后，随着公民权在整个罗马世界的扩散，希腊名在判断一个名字是否为释奴名这个问题上，逐渐失去其意义。①

奥古斯都时代的一系列立法对释放奴隶进行了限制。富菲乌斯-卡尼尼乌斯法（lex Fufia Caninia，见盖尤斯《法学阶梯》1.43）限制了遗嘱释放奴隶的总数。拥有 2—10 名奴隶的奴隶主可最多释放一半的奴隶；拥有 11—30 名奴隶的奴隶主，可释放 1/3 的奴隶；有 31—100 名奴隶的奴隶主，可释放 1/4 的奴隶；拥有 101—500 名奴隶的奴隶主，可释放 1/5 的奴隶；任何人通过遗嘱释放奴隶的总数不得超过 100 名。不过这些约束都不适用于只有 1—2 个奴隶的小奴隶主，也不适用于其他释放奴隶的方式。那么为什么针对遗嘱释放这种方式进行限制呢？原因可能是多方面的，维德曼认为这是为了限制炫耀财富。加德纳（Jane Gardner）则认为这是为了防止出现一大批没有原主人约束的释奴（orcini）。

释奴的政治身份以奥古斯都时期为分水岭，公元 4 年的伊利乌斯-森提乌斯法（lex Aelia Sentia，见盖尤斯《法学阶梯》1.17-41）规定必须符合以下条件释奴才能自动获得罗马公民权：获释时年满 30 岁（若被解放的奴隶未满 30 岁，则需满足额外的条件），必须通过正式途径释放，其主人拥有罗马公民权。该律还限制未满 20 岁的奴隶主释放奴隶。曾被罚被烙的奴隶，曾被罚去做角斗士的奴隶，永不得获得罗马公民权或拉丁权。尤尼乌斯-诺尔巴努斯法（lex Iunia Norbana）继而规定通过非正式途径释放的释奴只能获得"拉丁身份"，他们没有投票权，不得担任官职，没有通商权。不过这些法规不适用于皇室释奴。总的来说，大部分释奴虽获自由，但不享有全权公民身份。（但可以通过一些途径获得罗马公民权。其中一个途径是缔结合法婚姻，孩子一岁以后，父母可以申请公民身份。但必须通过本市长官，并递交罗马。）具体地说，释奴不得担任公职，这剥夺了第一代释奴直接参政的权利，但这并不意味着释奴对政治生活毫无影响。无论在共和时

---

① 关于奴隶和释奴的姓名学研究，见芬兰学者尤其是 Heikki Solin 的一系列研究。

期和帝国时期，如财务官、营造官等行政长官的秘书文员、信使等一类的从属职员多由释奴担任。此外，皇家释奴为皇帝所倚重，管理皇室事务。皇帝克劳狄及尼禄治下，释奴的影响十分明显，诸如帕拉斯（Pallas）、那喀索斯（Narcissus）等史料中有所记载的释奴不但是皇帝的贴身助手，可左右皇帝意志，甚至可以直接参与废立皇帝的阴谋，图密善（81—96年在位）就是被自己的释奴所弑。皇家释奴负责皇帝生活起居的方方面面。释奴常担任皇家财产总管（procurator，复数procuratores），管理皇帝在各处的"家产"，这些皇室财产的总管虽然没有直接管理地方的权力，但由于他们代表皇帝，与行省总督发生冲突的例子屡见不鲜。皇家释奴中还包括学富五车的学者。皇家图书馆亦由释奴管理。公元前28年，帕拉丁山上建成希腊语、拉丁语两大图书馆，担任馆长的是奥古斯都的释奴叙吉努斯（C. Iulius Hyginus），精通律法，名声在外。①

对罗马城以及其他城市释奴的一系列研究表明，他们在城市的社会、经济以及政治舞台上频繁出现，喜好宣扬自己的成功，留下了大量的铭文材料。在那不勒斯湾地区的城市，特别是米塞努姆、普提奥利（Puteoli）、庞贝尤为丰富。释奴的活动和影响都是多方面的。有一些释奴在经济上很成功，有财力做地方"名流"，不但可以给自己修华宅广陵，还经常出资修神庙，捐资给城市举办宴会、表演等活动。在帝国的许多城市都有"奥古斯塔莱斯"（Augustales，单数为 Augustalis）的组织。两千多份铭文提到"奥古斯塔莱斯"以及"六人奥古斯塔莱斯"（seviri Augustales）或"六人团"（seviri）。② 这一组织的人数在各地各不

---

① 有关皇室释奴（familia Caesaris）的重要著作为 G. Boulvert, *Esclaves et affranchis imperiaux sous Haut-Empire romain: rôle politique et administratif*. Naples, 1970; P. R. C. Weaver, *Familia Caesaris: A Social Study of the Emperor's Freedmen and Slaves*. Cambridge: Cambridge University Press, 1972, 但有可能夸大了皇家释奴的影响；A. Winterling, *Aula Caesaris: Studien zur Institutionalisierung des römischen Kaiserhofes in der Zeit von Augustus bis Commodus (31v. Chr.–192 n. Chr.)*. Munich: Oldenbourg Wissenschaftsverlag, 1999；米勒的《罗马世界的皇帝》中也有涉及皇家释奴的部分。

② Lily Ross Taylor, "*Augustales, Seviri Augustales, and Seviri*: A Chronological Study," *Transactions and Proceedings of the American Philological Association*, 45 (1914), pp. 231-253.

相同,少至三十余人,多至百余人。在意大利中部、南部和南部高卢行省的城市中,这些"奥古斯塔莱斯"有不少为释奴。但如果说只要是"奥古斯塔莱斯"就是释奴,则是一种误区,容易陷入循环论证。① 尤其在意大利北部,"奥古斯塔莱斯"中包括许多出身自由的男性公民。

那么这些"奥古斯塔莱斯"到底扮演何种角色呢?传统上认为他们是负责地方上皇帝崇拜仪式的祭司群体。又有观点认为,他们是仅次于地方元老(decuriones)的一个阶层。② 然而,慕瑞森提出不同意见,认为各地的"奥古斯塔莱斯"的作用各有不同,其名号、遴选准则各具地方特色,但主要的目的都是为了从富裕释奴那里开辟一条财源:释奴得到荣誉与名号,城市得以开辟额外收入。③ 晋升"奥古斯塔莱斯"之途竞争激烈,不但要求本人拥有相当财力,而且这些财力背后还有原主人的社会关系网,罗马帝国城市中的公共释奴在谋求"奥古斯塔莱斯"身份这方面似乎并没有明显优势。④

富裕的释奴不但自身可以在各领域发挥影响,还可以为子女谋地位。如果释奴的后代是出生在父母获得自由身份之后,则是全权公民,可以担任官职。庞贝城的伊西丝(Isis)神庙上有一块碑铭,称一位名为努美利乌斯·波皮狄乌斯·凯尔斯努斯,努美利乌斯之子(Numerius Popidius N. f. Celsinus)的捐主出资修复了因地震而受损的神庙,他以6岁之稚龄就当选为地方议会的成员。其父很有可能是个富裕的释奴,以捐资修庙的方式来提升其子的地位,为其前途铺路。这样的例子在罗马帝国并不鲜见,从一个方面显示了罗马社会的流动性。

---

① 关于 Augustales 不等于释奴,见如 Lauren H. Petersen, *The Freedman in Roman Art and Art History*. New York: Cambridge University Press, 2006。

② R. Duthoy, "La fonction social de l'augustalite," *Epigraphica* 36 (1974), pp. 134-154; "Les Augustales," *ANRW* 2.16.2 (1978), pp. 1254-1309.

③ Henrik Mouritsen, "*Honores libertini*: *Augustales* and *Seviri* in Italy," in I. Nielsen (ed.), *Zwischen kult und gesellschaft*. Hamburg, 2006, pp. 237-248. 类似的观点见 John R. Patterson, *Landscapes and Cities: Rural Settlement and Civic Transformation in Early Imperial Italy*. Oxford: Oxford University Press, 2006。

④ Jeffrey Easton, "The Elusive libertina nobilitas: A Case-Study of Roman Municipal Freedmen in the Augustales," *Phoenix* 73.3/4 (2019), pp. 333-357.

小普林尼的《书信集》(*Epistulae* 3.14)记载了一个父亲曾经为奴的贵族,他本人富甲一方,拥有数百名奴隶,对待奴隶残忍无道,导致奴隶们集体密谋除掉他,计划几乎成功。但是他获救之后,家内数百名奴隶都被处死。小普林尼一方面谴责这位奴隶主的残忍,另一方面又对奴隶的抗争感到心有余悸。

释奴的经济地位相差很大,那么这些富裕的释奴是如何获取财富的呢?旧的观点认为这些释奴是他们原主人的代理人(单数 *institutor*,复数 *institores*)。但是彼得·甘西(Peter Garnsey)的研究表明有不少释奴并不依附于旧主人的生意,而是独立经营。① 慕瑞森则指出独立经营的释奴多半是主人死后才被释放的奴隶,而大部分的释奴仍需依赖原主人在资金、店面等方面的支持。②

罗马社会尤其是传统贵族对释奴的态度不无矛盾,既容纳又排斥,既接受又鄙视。罗马文学史上此类最生动的人物形象之一,当数公元1世纪佩特罗尼乌斯(Petronius)的《讽刺小说》(*Satyricon*)中令人忍俊不禁的特利马尔奇奥(Trimalchio)。特利马尔奇奥是奴隶出身,后受主人青睐释放,并继承了主人的财产,家财万贯,不但有良田万里,还做远洋生意。佩特罗尼乌斯把他刻画成一个粗俗、爱炫耀,没什么文化但又特别喜欢附庸风雅的滑稽人物。特利马尔奇奥把"荷马史诗"里的经典故事张冠李戴,叙述得驴唇不对马嘴。他自己虽是奴隶出身,是主人从奴隶贩子那儿买来的,但"翻身"以后全然没有对奴隶的同情。这篇小说可谓罗马上层对释奴漫画似的嘲讽。罗丝·麦克莱恩在《释奴和罗马帝国文化:社会整合和价值转变》③一书中强调佩特罗尼乌斯笔下的特利马尔齐奥是上层作家写给社会上层读者群的,他们之间有对释奴文化的共同理解。与佩特罗尼乌斯不同的是,

---

① Peter Garnsey, "Independent Freedmen and the Economy of Roman Italy under the Principate," *Klio* 63 (1981), pp. 358-371.

② Henrik Mouritsen, "Roman Freedmen and the Urban Economy: Pompeii in the First Century AD," in F. Senatore (ed.), *Pompei tra Sorrento e Sarno*. Rome: Bardi, 2001, pp. 1-27.

③ Rose MacLean, *Freed Slaves and Roman Imperial Culture: Social Integration and the Transformation of Values*. Cambridge: Cambridge University Press, 2018.

诗人贺拉斯宣称自己是释奴之子，在诗中称赞父亲的德行，称父亲鼓励自己勤俭节约、对自己已经拥有的东西懂得满足。这或许是因为释奴之子的身份对于贺拉斯来说有修辞上的利用价值，因为这样他故事的版本就可以是出身低微之人依靠德行实现向上的社会流动。释奴在贺拉斯的诗中还有另一个修辞功能，贺拉斯似乎认为，在动荡的晚期罗马共和时代，罗马公民所需要的"自由"，可类比于释奴的那种有制约的自由。而从斯多葛哲学的视角看来，衡量一个人的是德行而不是出身、法律地位等等。释奴没有世系这种外界因素的加持，所以更加适于作为哲学范例。然而，麦克莱恩也指出，无论是贺拉斯还是斯多葛哲学家，比如塞内加，仍然摆脱不了对释奴的歧视，如贺拉斯鄙视所谓"野心过重"的释奴，而在塞内加的笔下，奢侈炫富的释奴的刻板形象也不少。

然而奴隶获释的概率并不容易确定，而且各地差异较大。根据埃及纸草文书中家庭上报的人口信息等，巴格诺尔和福莱尔的结论是埃及的奴隶获释比例为10%；[1] 而对其他地区获释比例的估算，从10%到40%不等。[2] 但可以确定的一点是，帝国时期，释放奴隶并非偶发现象，再加上奴隶的生老病死，奴隶主又是如何补充奴隶来源的呢？沃尔特·沙伊德尔（Walter Scheidel）在1997年发表于《罗马研究杂志》的《罗马帝国奴隶来源量化研究》一文中认为，在公元前1世纪初罗马的积极扩张停止之后，奴隶的自我繁殖与更替，也就是家生奴隶，成为奴隶人口的最主要来源。据沙伊德尔估计，这一来源占奴隶人口总来源的

---

[1] Roger Bagnall and Bruce Frier, *The Demography of Roman Egypt*. Cambridge: Cambridge University Press, 1994, pp. 70-71.

[2] Walter Scheidel, "The Roman Slave Supply," in K. Bradley and P. Cartledge (eds.), *The Cambridge World History of Slavery 1: The Ancient Mediterranean World*. Cambridge: Cambridge University Press, 2011, pp. 287–310; K. Verboven, "The Freedman Economy of Roman Italy," in S. Bell and T. Ramsby (eds.), *Free at Last!: The Impact of Freed Slaves on the Roman Empire*. London: Bloomsbury, 2012, pp. 88–109; L. de Ligt and P. Garnsey, "The Album of Herculaneum and a Model of the Town's Demography," *JRA* 25 (2012), pp. 69–94.

80%，是其他任何一个来源的 5—6 倍。① 在实证依据缺乏的条件下，沙伊德尔所依赖的主要是与北美奴隶制的比较。对此威廉·哈里斯则持不同意见，认为沙伊德尔高估了奴隶的生育率。哈里斯指出，奴隶人口中男女比例极度失衡，男奴隶的数量远远超过女奴隶。这主要是因为对男性奴隶劳力的需求远大于对女性奴隶的需求。从地区分布上来说，男女奴隶的数量还存在城乡差别。城市里女奴所占的比例可能比乡村中女奴的比例要高。虽然没有实证数据，哈里斯推测，女性奴隶在婴幼儿阶段的死亡率可能相对较高。所以从长远来看，奴隶人口内部的男女比例失调问题很难自动得到解决。而男多女少的比例使得奴隶人口很难依赖自我繁殖来维持其数量及结构。此外，哈里斯认为，罗马时代，奴隶极少能组成家庭，这是罗马奴隶制和北美奴隶制的一大区别，而沙伊德尔恰恰忽视了这个区别。没有相对稳定的家庭对于生育率和婴儿的成活率来说都有负面的影响。在这些论断的基础上，哈里斯认为罗马帝国时期自我繁殖不可能是维持奴隶人口水平的主要方式，因此不能忽视奴隶人口的其他来源。这些来源包括以下四种：（1）来自帝国境外的奴隶，平均每年有 2 万到 2.5 万人。但这个数字很不确定，不过无论这个数字如何上下浮动，境外奴隶应当不是主要来源。（2）因为贫穷或为了谋得主人"代理人"（actor）职位等原因自愿卖身为奴的人。（3）弃婴。罗马帝国时期弃婴、弑婴现象普遍。来自如巴黎、威尼斯、米兰和佛罗伦萨等欧洲主要城市其他历史时段的数据显示弃婴率在 20%—35% 之间。哈里斯认为罗马帝国时期的弃婴率也不低于此。（4）史料表明奴隶贸易在帝国时期仍旧十分活跃，以弗所（Ephesus）的奴隶交易市场在地中海闻名。奥古斯都甚至抽取奴隶交易税作为经费来维持罗马城的火警队（vigiles）。② 但无论是沙伊德尔还是哈里斯都很清楚地指明古代史料中数据的不足，所以对奴隶人口和

---

① Walter Scheidel, "Quantifying the Sources of Salves in the Roman Empire," *JRS* 87 (1997), pp. 159-169.

② William V. Harris, "Demography, Geography and the Sources of Roman Slaves," *JRS* 89 (1999), pp. 62-75; idem, "Child Exposure in the Roman Empire," *JRS* 84 (1994), pp. 1-22.

来源的精准量化分析只能是一个不可能达到的目标。

凯尔·哈珀在他2016年的著作《晚期罗马世界的奴隶制，公元275—425年》中对于奴隶人口中性别比例失衡的观点提出挑战，认为并没有确凿的证据支持这一观点，而且在考虑奴隶人口的变动、再生产和供应方面，除了性别比例之外，还需要把奴隶人口的死亡年龄、奴隶获释的年龄等等变量纳入考虑范围。哈珀还指出，还需要考虑所谓的"混合型再生产"（mixed-status reproduction），也就是自由人和奴隶所生的孩子。① 在哈珀的分析中，奴隶制是否能得以延续，需要看奴隶来源是否充足；农业生产包括酒等商品的生产对劳力的需求是否强劲；地主是否可以在奴隶、佃户和雇佣劳力这些不同类型的劳力中进行选择；等等。地主当然要考虑成本，比较合算的选择是能让他们有效控制生产和分配、有投资动力、能够随时调动劳力的选择，也就是以奴隶劳力为主，辅以其他形式的劳力。如果奴隶的供给和需求以及劳力的类型发生变化，那当然会影响奴隶制的形态或存在的理由。至于奴隶制的式微，凯尔·哈珀认为在4世纪罗马世界并没有发生向农奴制的转变，而奴隶制的瓦解最主要的原因是西罗马分裂成所谓的"蛮族"小国家之后，对奴隶的需求和供应链的改变。

当然晚期罗马和早期有一个重要的不同，那就是罗马帝国的基督教化。那么基督教对奴隶制立场如何？基督教的合法化是否对罗马帝国的奴隶制有所改变呢？

珍妮弗·格兰西在《早期基督教的奴隶制》② 一书中指出早期基督教理论上强调真正的奴役是所谓的"精神奴隶"，一个人如果只是肉体上是奴隶，那不是真正的被奴役。基督教的这种观点，并不对现实中的奴隶制构成挑战，没有减缓或改变对奴隶肉体上的压迫和侵犯。在

---

① Kyle Harper, *Slavery in the Late Roman World, AD 275-425*. Cambridge: Cambridge University Press, 2016.

② Jennifer A. Glancy, *Slavery in Early Christianity*. Oxford: Oxford University Press, 2002. 关于早期基督教和释放奴隶，见 J. A. Harrill, *The Manumission of Slaves in Early Christianity*. Tübingen: Mohr Siebeck, 1995。

《新约》中，耶稣的听众很明显对奴隶制都很熟悉，奴隶制常常被用来打比方、用作寓言说教。基于对《新约》中相关文本以及基督教父之间的通信的分析，格兰西认为早期基督教对奴隶的管训和当时罗马世界的常规做法没有什么不同，也强调奴隶的服从。

如果我们来看基督教取得合法地位之后基督教对奴隶制的看法，那么在诸如奥古斯丁等基督教神学家对世界和社会的构想中，奴隶仍然很自然而然地是其中的一部分。奥古斯丁很自然地觉得有地位的人家里有具备各种各样功能的奴隶，奥古斯丁的著作中甚至没有专门关于奴隶制的讨论。不过他对奴隶地位的理解相对人性化，因为他把奴隶定义为人。但是总的来说，基督教并没有根本性地改变奴隶的地位，更没有主动地去废除奴隶制。在制度层面上，有一些做法，甚至不如以前，比如君士坦丁许可自由民出身的弃婴成为奴隶（《狄奥多西法典》5.10.1, 329 年）。这种规定有别于传统做法，即强调自由身份的重要性，反对剥夺出身自由的弃婴的自由身份。释奴与自由民之间在身份上的差别持续了很长时间，在基督教时代也没有立刻发生改变。君士坦丁甚至规定，假如释奴对原主人"忘恩负义"，他有可能失去公民权甚至重新变成奴隶；释奴不但要对原主人表示服从，这种服从关系还要延续到原主人的继承人身上。① 直到 6 世纪（东罗马）查士丁尼统治时期，奥古斯都时代的一些限制性法律如富菲乌斯－卡尼尼乌斯法才被最终废止。查士丁尼规定，所有释奴都可获得公民权，不论年龄、解放方式等等。②

八　基督教与"异教"

"异教"（paganism）一词源于拉丁语的 paganus，本义为乡下人，是基督徒对多神教的蔑称。我们沿用这个词语与概念则是沿用了作为

---

① 《查士丁尼法典》6.7.2. pr , 6.7.3;《狄奥多西法典》4.10.2; 等等；相关讨论，见 Harper, *Slavery in the Late Roman World*, pp. 487-489。

② 关于这些变化，见查士丁尼《法学阶梯》1. 5; 7.5–6。

胜利者的基督教的偏见。那么多神教与一神教的基督教之间的关系如何？基督教为何最终成罗马帝国的国教？基督教合法化之后对罗马社会的影响如何？对于这些问题的研究由来已久，出版物浩瀚多样。《圣经》学家、教会史学家、罗马史学家、神学家的研究角度各有不同，观点也时有变迁。广为接受的传统观点认为基督教最初是在下层民众中扩散的地下宗教。但是现在大多数学者认为早期的皈依者主要来自受过更多教育和拥有更多特权的阶层。弗朗兹·库蒙（Franz Cumont）曾提出，"东方宗教"在罗马的传播和生根，为基督教在帝国的发展铺平了道路。这一观点在20世纪初期颇有影响，但在20世纪后期已被摒弃。因为所谓"东方宗教"这个概念就十分不科学。来自东地中海的崇拜形式各异，根本不存在一个大一统的"东方宗教"。比如，源自波斯的密特拉神（Mithras）和埃及的伊西斯女神崇拜之间几无共同之处。此外，即便是罗马引入了来自东部地中海的神祇和崇拜，其性质和内容也常有所变异。[1] 很难说所谓基督教在帝国的最终胜利归因于各种来自东方的宗教崇拜在帝国境内的传播。

　　基督教与希腊-罗马传统宗教之间的较量常被概括为一神教取代多神教的斗争，但实际情况远非如此简单。出版于1999年的《晚期古代的异教一神教》以及2010年的《晚期古代介于异教与基督教之间的一神教》和《一神：罗马帝国的异教一神教》都探讨了在多神教世界里独尊一神的现象。[2] "异教"对神的理解、定义和想象形形色色，独立于犹太教和基督教之外的一神教趋势在晚期古代日趋普遍。诸如"神为独一，名则繁多"之类的表述受希腊哲学影响，明显具有一神教的特质；[3] 神性或神的本质是统一的，只是名不同而已；柏拉图主义认为神

---

[1] M. Beard, J. North, and S. Price, *Religions of Rome*. Cambridge: Cambridge University Press, 1998, Vol. 1, pp. 246-248.

[2] P. Athanassiadi, M. Frede (eds.), *Pagan Monotheism in Late Antiquity*. Oxford: Oxford University Press，1999; Stephen Mitchell, Peter Van Nuffelen (ed.), *Monotheism between Pagans and Christians in Late Antiquity*. Leuven: Peeters, 2010; idem, *One God: Pagan Monotheism in the Roman Empire*. Cambridge: Cambridge University Press, 2010.

[3] Ps.-Aristotle, *De mund*. 401a 12.

有等级，各色神等都是"神意"的执行者，并非独立的实体。他们的神性来自"最高神"。又有"至高神"（Theos Hypsistos）崇拜，铭文写道："自生，自通，无母，不可摇动，一名无以名之，多名，居于火中，是为该神。吾辈，乃其天使，为神微部。汝等问及神之本性，神曰以太（Aether）即为无所不见之神，汝等当注视之，并于晨曦时向着日出方向祷告。"① 基督教一神教在发展的同时，"异教"也在思考和重新定义神的属性及人与神的关系。

传统上认为在罗马史上有十大宗教迫害，从尼禄开始一直到戴克里先，但绝大部分罗马史学家现在认为迫害基督教并不是罗马帝国一贯的政策。② 从罗马史的角度来看，在德奇乌斯当政之前，对基督教如果有迫害的话，基本上是地方性的、零散的，不是持续性的、全面搜捕型的，也并不总是单纯出于宗教信仰的原因，而常常是出于政治及其他原因。③ 直到3世纪中期，迫害基督教才真正成为整个帝国范围的事件。迫害的基本诱因是皇帝希望通过加强传统宗教来取悦罗马的神祇，以获得诸神的佑护，巩固自己的权力和保障帝国的稳定。但是这导致了基督徒与政府间的正面冲突，乃至整个帝国范围内对基督教的迫害。郭长刚撰文指出罗马政府的宗教政策总的来说是宽容的，而造成罗马政府迫害基督教的根源在于基督教的"偏狭性和攻击性"。④ 那么罗马的宗教政策宽容到什么程度呢？限度又在哪里？对这些问题，可以在1998年出版的《罗马的宗教》（这里的"宗教"用的是复数 Religions）2卷本中找到答案。⑤

---

① 希腊原文见 Stephen Mitchell, "The cult of *Theos Hypsistos* between Pagans, Jews, and Christians," in *Pagan Monotheism in Late Antiquity*. 1999, p. 86。

② Candida Moss, *The Myth of Persecution: How Early Christians Invented a Story of Martyrdom*. London: HarperOne, 2013.

③ John G. Cook, *Roman Attitudes Toward the Christians: From Claudius to Hadrian*. Tübingen: Mohr Siebeck, 2010.

④ 郭长刚：《罗马帝国基督教政策探析——兼论基督教文化的本位主义特征》，《齐鲁学刊》2002年第2期，第128—133页。

⑤ Mary Beard, John North, and Simon Price. *Religions of Rome*. 2 vols. Cambridge: Cambridge University Press, 1998，上卷为叙述，下卷为史料译文。

罗马世界当然有许多的神,每个神有不同的功能和特质,家里有家神,三岔路口有三岔路口的神,水里、山里、树林里到处都有神。同一座神庙可以供奉好几个神,比如罗马城里卡皮托林山上的至高至善的朱庇特神庙,供奉了朱庇特、朱诺和密涅瓦三尊神,也就是所谓的卡皮托林三神,后来在罗马不断征服的过程中,地方城市也会建这三尊神的神庙,作为地方上的核心宗教建筑,叫作卡皮托林神殿(Capitolium),作为罗马身份的表征。多神的"多"也不是静态的,除了罗马的宗教向地方上扩散之外,在它漫长的历史当中,还引进过其他地方的神,所谓引进神,也就是请一尊某位神的神像来,然后为之建庙、设置祭司、举行祭祀仪式。比如,据李维称,公元前293年,罗马发生瘟疫,他们从希腊的埃皮道鲁斯(Epidaurus)引进了医神阿斯库拉庇乌斯,据说医神来了之后,瘟疫很快就缓解了;第二次布匿战争的时候,罗马从小亚细亚引进了大母神(Magna Mater),她的祭司必须是阉人。这两次引进都是官方行为。但民间还有各种各样神的流动,比如源自波斯的密特拉神,对他的崇拜在军队当中特别流行;埃及法老时代就有的伊西斯女神崇拜,出现在庞贝城的壁画当中。所以在罗马世界,神的来源、类型、仪式是不断扩张的,罗马的宗教确实有其包容性和兼容性。

但是,罗马对于各种宗教的宽容也具有选择性,罗马历史上对(非基督教)宗教镇压的例子并不少见。

其中最著名的例子之一是公元前186年,罗马元老院对罗马和意大利的酒神崇拜(Bacchanalia)的镇压。① 这一事件不但有李维的长篇记载,更有刻着元老院决议的铭文为证。罗马元老院下了一道敕令限制酒神崇拜的集会和仪式,规定要举办相关仪式必须到罗马来申请,最后的决定权在元老院手中。酒神不能有祭司,不能有组织,包括管理人员、财务等等,不得进行密谋、扰乱秩序、相互结盟发誓等等。

---

① M. Beard, J. North and S. Price, *Religions of Rome*. Cambridge: Cambridge University Press, 1998, Vol. 1, pp. 92-94; Sarolta A. Takács, "Politics and Religion in the Bacchanalian Affair of 186 B.C.E.," *Har. Stud.* 100 (2000), pp. 301-310.

而且任何仪式不得超过5个人,除非有元老院特批,不然就是死罪。《罗马的宗教》一书中认为元老院担心的是宗教崇拜的形式和结构,而并非崇拜本身;当时酒神崇拜已经在意大利各地广为流传,元老院对酒神崇拜的镇压适用于整个意大利,而罗马和意大利城市之间的关系是由条约来界定的,这些条约并没有给予罗马干预同盟城市内政的权力,所以罗马应当是在试探同盟城市的忠诚度,并且树立一个干预的先例。可见宗教镇压和政治问题是紧密关联的。而在社会出现动荡,甚至是动荡的风声的时候,罗马政权就会驱逐、打压一些群体、宗教派别,甚至哲学家、占星家等来减小风险系数。比如公元19年,罗马第二位皇帝提比略在统治的第5年,把犹太人和埃及的宗教派别从罗马赶了出去。至于他为什么这么做,现在的学者倾向于认为,多半和犹太教教义之类的没什么关系,犹太教虽然是一神教,但是罗马对于犹太人总的态度是一种宗教宽容态度。犹太教的古老性和悠久的历史让它更容易获得认可,犹太人可以按照自己古老的律法生活,行割礼、遵守安息日、遵守关于食物的戒律等,他们也不需要服兵役。然而,这并不代表民间没有冲突,也不代表罗马政府不会采取强硬措施。公元60—70年代,就发生过对犹太人的镇压,犹太圣殿被捣毁,犹太人的圣物如七枝烛台被掠夺到罗马;在公元2世纪哈德良统治时期又发生过大规模的犹太战争,造成犹太人的流散。即便如此,犹太人的身份依然是得到认可的,哈德良之后的皇帝没有推行禁止割礼等严厉压制犹太教的措施。① 而公元19年对犹太人和其他一些群体的驱逐,只限于罗马,促因可能和日尔曼尼库斯的猝死相关。日尔曼尼库斯是提比略的侄子兼养子,本来有希望成为他的继任者,但是两个人的关系常常遭人揣测,尤其是因为日耳曼尼库斯名望很高,有很多人更希望他而不是提比略做皇帝。所以当日尔曼尼库斯突然死去,传言四起,包括怀疑提比略是背后凶手,人心惶惶,所以提比略采取措施去除潜在的

---

① 宋立宏:《罗马的犹太政策》,《学海》2006年第1期,第13—19页。

不稳定因素，减少罗马城潜在的危险。①

所以从政治角度来说，动荡的局势是宗教镇压或迫害的催化剂。那么在 3 世纪之前，罗马帝国和基督教之间的关系到底是什么样的？如果有迫害，原因又是什么？我们可以从公元 1—2 世纪两个具体涉及基督教和基督徒的案例来讨论这些问题。

第一个案例来自尼禄统治时期，从基督教的角度看这个案例是基督教历史上的第一次大迫害。时间是公元 64 年，罗马城发生大火，烧毁了 14 个城区中的 3 个，还有 7 个区也损毁严重。塔西佗在《编年史》15.38-44 中对这场大火的描述深刻地影响了后人对尼禄的评价。② 有流言说是皇帝尼禄主使了这场大火，他甚至派人在起火时阻止救火，还公然到处投火把，因为他想按自己的想法建造罗马城。这些说法都有些牵强，因为罗马城火灾相对频繁，奥古斯都在建设罗马城的时候，之所以采用大理石做公共建筑的建材，一方面是出于美观，另一方面也是出于防火的目的。后来还有不少的立法规定建筑与建筑之间距离不能太近，墙体不能太薄，等等，都是为了降低危险系数。而且当时尼禄并不在罗马城，他回到罗马城之后，哪怕是在塔西佗的叙述中，救灾工作也开展得相当到位，他开放了很多公共场地，还开放了自己的花园，来接纳无家可归的人，搭起了临时棚子来安置受灾的人群，调低了粮食价格，并且调集粮食到城内，如此等等。但是似乎流言并没有停止，甚至还有传言说他居然开始大唱特洛伊的陷落，所以他做的这些事似乎没能安抚民愤。罗马城里的人向许多神祈祷，比如火神、谷物女神、朱诺等等，想平息神的愤怒。也就是在这样的背景之下，据说尼禄逮捕了大量基督徒，残酷地惩罚了他们，让他们披上野兽的皮，被狗撕咬而死，或者把他们当作火把燃烧。

作为元老阶层的作家、信奉多神教的塔西佗既厌恶尼禄又憎恶基督徒，他写道："尽管基督徒的罪行完全当得起这种极其残酷的惩罚，

---

① Erich S. Gruen, *Diaspora: Jews Amidst Greeks and Romans*. Cambridge, MA: Harvard University Press, 2002, pp. 29-41.

② Edward Champlin, *Nero*. Cambridge, MA: Harvard University Press, 2003.

但他们依旧引起了人们的怜悯，因为人们觉得他们不是为着国家的利益，而是牺牲于一个人的残暴手段之下的。"假如塔西佗的记载是真实的，从他的上下文来看，尼禄的做法一方面是给自己开脱，另一方面是平息神的愤怒，但那时候罗马城里究竟有多少基督徒，这是一个难以回答的问题。根据塔西佗的描述，尼禄先逮捕了自认为是"基督徒"的人，然后根据他们的告发，又给许多人判了罪。至于这些被告发的人究竟是不是基督徒，我们也无从得知了。但是基本能够肯定的一点是，假如尼禄曾经抓捕并残杀基督徒，这仅限于罗马城，对基督徒的迫害并没有扩散，尼禄并没有下令在全帝国范围抓捕基督徒。

但是，塔西佗的描述究竟是不是史实呢？以前的学者当然注意到了塔西佗这段文字戏剧性的色彩，比如塔西佗对大火焚城的描写模仿了维吉尔在《埃涅阿斯纪》中对特洛伊城末日的描述。但 2015 年，布伦特·肖在《罗马研究杂志》上发表的《虚构的尼禄迫害》一文，对塔西佗的记述进行了全面的解构。肖指出塔西佗是唯一提到尼禄在大火之后迫害基督徒的非基督教罗马作家，其他提到 64 年大火的人都没有把大火和尼禄惩罚基督徒挂钩，有的甚至完全没有提到过基督徒；塔西佗的同时代人小普林尼在处理基督徒问题上不知该何去何从，肖认为如果尼禄治下真的发生了对基督徒的迫害，小普林尼应该知道有那样的先例。尼禄有可能残酷地处置了一些人，但这些人和基督教可能没什么关系。而把尼禄大火和迫害基督徒相关联应该是后来的发明，塔西佗在写关于罗马大火这一段文字的时候可能受到了他的朋友小普林尼的影响，小普林尼在他的《书信集》中纳入了他和图拉真皇帝关于基督徒的通信。[①] 这也就是本节要讨论的第二个有关迫害基督徒的案例。

这个案例发生在图拉真皇帝时期，也就是尼禄之后半个世纪左右。小普林尼被图拉真派到比提尼亚行省担任总督，他的《书信集》中记录了他需要处理的大大小小的问题，基督徒问题是其中一个（《书

---

① Brent Shaw, "The Myth of the Neronian Persecution," *JRS* 105 (2015), pp. 73-100.

信集》10.96；10.97）。小普林尼收到了关于基督徒的匿名举报，而且数量似乎不少。但是他自己在如何处理基督徒问题上有许多拿捏不准的地方，所以致信图拉真请求指点。他提出的问题包括：处罚基督徒是否要区分年龄？假如有人悔过了，不再是基督徒了，那是否就能获得宽恕？或者一旦曾经是基督徒，就一律按基督徒处置？是否基督徒身份本身就是犯罪，还是只有当基督徒犯了和他的身份相关的罪行时才要遭到处罚？小普林尼的这些问题，从一个侧面说明当时并无成规可依。而小普林尼测试基督徒的方法，是让他们向神像、皇帝像焚香祷告，洒祭酒，并让他们诅咒基督。他还向图拉真汇报了他是怎么进行审讯的："我首先问这些人他们是不是基督徒；对那些承认自己是基督徒的人，我再三询问；对那些坚称自己是基督徒的人，我命令处决他们。我相信无论他们的信条如何，顽固不化足以构成惩罚他们的理由。"图拉真在复信中肯定了小普林尼的做法，但是指示说不要去刻意搜寻基督徒，不要紧追不放，且匿名的告密文书不应作为定罪的依据。

小普林尼和图拉真的通信说明，关于基督教，在图拉真之前并没有明确的、适用于整个帝国范围的政策。统治者对基督徒确实存有戒心，担忧他们对秩序的颠覆，对众神的不敬，但并不鼓励采取广泛的、系统性的、大张旗鼓的迫害政策。从小普林尼的用词来看，他把基督教定性为superstitio（《书信集》10.96.9），塔西佗也用了同样的词），布伦特·肖指出，不但如此，小普林尼还把它描述成了一种疾病，contagio，在他行省的乡间"扩散"。① Superstitio这个词我们现在一般翻译成"迷信"，但在罗马语境中，这个词通常指（1）过度恐惧神的愤怒；（2）"外来"宗教。是精英用来把自己的宗教和其他宗教区分开的话语，表征的是宗教上的"异常"现象。②

那么为什么3世纪以后对基督教的镇压没能击垮基督教呢？原因可能是方方面面的，在过去二十几年间，罗马史学家和社会史学家用

---

① Brent Shaw, "The Myth of the Neronian Persecution," *JRS* 105 (2015), p. 86

② Jörg Rüpke, "Religious Deviance in the Roman World: Superstition or Individuality?," translated by David M. B. Richardson. Cambridge: Cambridge University Press, 2016, p. 8.

了多种角度来解释基督教的扩散。其中一个关注点是基督教殉教文化（martyrdom）的作用。殉教者不分等级、性别和年龄，在殉教这件事上，他们都是平等的。普林斯顿大学古典学者鲍埃索克在《殉教主义和罗马》[1]一书中转变了从精神层面分析殉教文化的视角，把殉教文化和罗马帝国的城市文化联系在一起进行考量。鲍埃索克分析道：殉教这种行为并不是悄无声息的，而是发生在罗马城市中最醒目的地点，比如广场、角斗场等等，这些都是罗马帝国城市生活中公共活动的空间，处决基督教徒都是有众人围观的。于是殉教行为重新定义了这些公共空间，并且把这些传统的罗马城市空间转变成了展示基督教的场所，包括审讯的过程都近乎是一种表演。

在1996年出版的《基督教的兴起：一个社会学家对历史的再思考》[2]一书中，社会学家罗德尼·斯达克（Rodney Stark）引用社会学中分析模式的理论，特别是动态人口模式、社会网络理论、宗教市场经济学理论等来解释基督教成功发展的"秘密"。斯达克强调，要理解基督教的地位和影响，就必须对基督教徒的人数及其发展趋势进行定量研究，并在此基础上画出动态曲线图。在前人估算的不同时段基督徒总数的基础上，斯达克估计基督徒的人数约以每10年40%的速度增长。大量的基督徒来自受过更多教育和拥有更多特权的阶层，也包括不少犹太人。斯达克关注很多为历史学家所忽视的基督教传播途径，并指出基督徒的一些行为准则使得他们在人数增长方面具有内在的优势。由于基督教团体有着极强的互助纽带，因此比起异教徒来，基督徒们更容易在瘟疫、火灾以及其他古代城市中常见的灾祸中存活下来。不仅如此，基督徒照顾病者及弱者，不论他们是否为基督徒。这一点使得基督教具有比较广泛的吸引力。基督教反对杀婴、弃婴、流产，基督徒在生育率上相对较高，而且减少了因为性别选择而造成的女婴死亡，这有助于增加女性人口。基督徒中的人口比例，似乎存在着女

---

[1] Glen W. Bowersock, *Martyrdom and Rome*. Cambridge: Cambridge University Press, 1995.

[2] Rodney Stark, *The Rise of Christianity: A Sociologist Reconsiders History*. Princeton, New Jersey: Princeton University Press, 1996. 中文有黄剑波、高民贵的译本，上海古籍出版社，2005年。

性多于男性的现象，斯达克认为这对传播基督教是有利的，因为不少基督徒妇女嫁给了非基督教徒，基督教也从而通过这些混合婚姻对下一代产生影响。斯达克还运用宗教市场经济学理论来分析殉道现象在基督教早期发展中的意义。所谓宗教市场经济学理论，其核心在于应用自由市场理论来分析宗教运动。在这个理论分析框架中，各种不同的信仰提供的是不同价值的宗教产品，这些产品有代价也提供回报，它们在市场上的表现和此消彼长也受市场竞争和供求关系的约束。代价越高的宗教信仰，也就是越昂贵的宗教产品越可能得到增长，理由是购买者获得的价值也高。殉道主义在基督教早期发展过程中的重要性不可低估。

至于君士坦丁大帝的宗教政策及其影响，学者研究的重点集中在以下问题上：为什么君士坦丁大帝采取宗教宽容的政策，而没有延续前面多位统治者的反基督教政策？君士坦丁对待"异教"，或更确切地说多神教的态度如何？基督教合法化之后是否立即对罗马生活各领域（婚姻、宗教、建筑等等）造成了直接影响和冲击？对于这些问题，学者们的看法各异，不一而足。有关君士坦丁的文字史料主要来源于尤西比乌斯的《君士坦丁传》。但这部传记远非客观的人物志，而是以颂扬为基调，以接近于圣徒传（hagiography）的体例写成。吉本和布克哈特认为君士坦丁是个机会主义者，在他那里，宗教是为权力和政治服务的。多伦多大学的古代史教授提摩太·巴恩斯（Timothy Barnes）则认为君士坦丁是彻头彻尾的基督徒。在《君士坦丁与尤西比乌斯》[①]一书中，巴恩斯批判考察了各家学说，细致地梳理了原始资料。巴恩斯认为，在君士坦丁征服东部帝国（324年）之前，基督教就已经是具有相当影响的宗教，其地位的上升并不仅仅依赖君士坦丁的支持。君士坦丁本人则从公元312年起一直忠于基督教信仰，担起解放基督徒的使命，至于他那些明显暧昧的宗教态度，其实反映了他的小心谨慎，而非内心的怀疑或犹豫。埃夫丽尔·卡梅伦（Averil Cameron）则强调从

[①] Timothy Barnes, *Constantine and Eusebius*. Cambridge, MA: Harvard University Press, 1981.

政治、军事、财政和行政方面来解释君士坦丁的宗教政策，认为君士坦丁之所以选择基督教，是因为基督教是一个"成功"的保护力更强的宗教。卡梅隆同时指出，君士坦丁的幕僚也并非多为基督徒。但君士坦丁大帝时期，基督徒的人数已经相当可观：据估计，当时基督徒大约占总人口的 10%，也就是说约 600 万人。社会学家罗德尼·斯达克认为，与其说君士坦丁大帝的《米兰敕令》导致了基督教的最终胜利，不如说这一举措是对壮大了的基督教的一个积极回应。乔纳斯·罗达努斯（Johannes Roldanus）在《君士坦丁时代的教会：神学上的挑战》[①]一书中总结道：基督教具有对各阶层、各族群的开放性，对时下问题也有自己的回答，因此具备大众化宗教的潜质。君士坦丁本人并没有正式成为基督徒，也并没有以激烈的手段试图抹杀多神教，而是采取模糊政策。公元 313 年的《米兰敕令》奉行的是宗教宽容和宗教并存的原则。但是这个原则本身是自相矛盾的，基督教的排他性很快显露出来。基督教教会、神职人员获得特权，地位上升，并在金钱上得到皇帝的支持。而多神教的宗教活动、神庙和祭司等等逐渐失去财力和物力的支持而萎缩。凡·达姆（Raymond van Dam）的《君士坦丁的罗马革命》[②]在很大程度上是对君士坦丁研究的一大推进。凡·达姆敏锐地指出君士坦丁首先是个典型的罗马皇帝，延续着前任皇帝的做派，其次才是个基督教皇帝，在很多情况下，基督教都不是君士坦丁的首要考虑。就所用的史料而言，凡·达姆比上述所提到的学者们在分析铭文方面更加游刃有余。这部著作最精妙之处就在于通过铭文看帝国的城市与君士坦丁之间的小心试探。的确，基督教化并不是皇帝单方面的游戏。君士坦丁可以刻意使用模糊语言，臣民们同样也可以使用模棱两可的表述。

早前的学术研究集中于皇帝在推行基督教方面的单线影响。最近 10 年的研究把焦点转向了基督教在传播过程中所经历的复杂历程，

[①] Johannes Roldanus, *The Church in the Age of Constantine: The Theological Challenges*. London: Routledge, 2006.

[②] Raymond Van Dam, *The Roman Revolution of Constantine*. New York: Cambridge University Press, 2007.

多篇专著详尽分析晚期古代和早前帝国之间的连续性和变革，基督教教义、组织等本身受到的反向影响，以及贵族在这个过程中的角色。约翰·马修斯展示了364年之后宫廷以及皇帝侍从在制定政策方面的影响。A. H. M. 琼斯则指出选拔政治新人任职利于基督教的发展；彼得·布朗强调社会关系网（朋友、亲戚等）是基督教传播的重要途径；迈克尔·萨尔兹曼（Michele Salzman）指出只是研究皇帝对贵族阶层的影响是远远不够的，必须也从元老阶层的视角看宗教领域的变迁。① 萨尔兹曼在其《基督教贵族的形成》一书中探讨了异教贵族转变成基督教贵族的过程，以及基督教从下层宗教上升为贵族宗教的变迁。萨尔兹曼的切入点在于贵族的价值观念、贵族在公共和私人生活中的行为准则，以及地位的表征。传统的多神教提供了众多的男女祭司职位，这些职位并非简单的宗教头衔，而是贵族祭司特权以及在公众场合展示身份和财富的机会。祭司参与神庙的奉献仪式，身穿与众不同的服饰，在剧院中享有特殊席位，还享受许多豁免权，这一切都赋予祭司以独特的地位。即使在4世纪，多神教的神庙仍在兴建。356—359年，罗马城督奥尔非图斯（Memmius Vitrasius Orfitus）建了一座阿波罗神庙。除了公共仪式之外，多神教的私人崇拜也是增加贵族社会声望的重要途径。比如，在4世纪的罗马，大母神和阿提斯的崇拜，以及诸如"牛血浴"（taurobolium）等花费不菲的宗教仪式在非基督教贵族中十分流行，这或许是异教贵族抗衡基督教的表现方式。贵族亦可通过私人崇拜来增强小团体内部的凝聚力。皇帝也不得藐视这些传统和根深蒂固的贵族准则。相反，基督教皇帝是这些理念的体现，为贵族提供了一种新的象征性的选择，这种选择提供给贵族们所渴望的声望和荣誉。基督教的重要领军人物如安布罗斯及杰罗姆等无不注重对传统贵族价值观念的包容兼蓄。理论上，对贵族出身和意识形态的强调和关注有悖于基督教所宣扬的"主内平等"的观念。但是

---

① Michele Renee Salzman, *The Making of a Christian Aristocracy*. Cambridge, MA: Harvard University Press, 2002.

杰罗姆不但没有否定高贵血统的意义，反而将其置于基督教的价值观中。在 5 世纪的高卢，传统的贵族观念与基督教价值体系的结合体现在诸如"以出身为贵，以基督教为更加高贵"这样的通用说法上。在 5 世纪末期的高卢，高贵出身已经成为晋升主教的条件之一。可以说，一方面，基督教皇帝和教父们"改造"了贵族传统价值体系；另一方面，基督教的意识形态和表现方式也在与多神教的摩擦和交流过程中发生了相应变化，基督教徒上层在与多神教贵族的竞争和对话中，其自身的价值观也在发生变化，基督教的领袖同样关注身份和地位。加州大学伯克利分校的苏珊娜·埃尔姆（Susanna Elm）通过个案研究进一步揭示基督教的发展绝非单线进程，相反，诸如"作为基督徒意味着什么"这样的问题，都是在不停地与多神教的交锋中得到回答和定义的。[①] 基督教在各地区的传播过程、速度、影响也不尽相同，因此区域性的深入研究尤为有益。[②]

在基督教合法化并最后成为国教的过程中，"异教"是否曾激烈抗争过？"异教"何时退出历史舞台？20 世纪初以来，4 世纪时一度出现的"异教复兴"理论在学界影响匮浅。一般认为，虽然自君士坦丁以后的皇帝除"叛教者"尤利阿奴斯之外都是正式的基督徒，但是帝国的基督教化是一个长期的过程。传统宗教的影响并没有消失于一夜之间，恰恰相反，因为传统宗教与法律、建筑、艺术、文学等各个领域都紧密相连，所以在很长一段时间内传统宗教的影响还相当强大。在政治领域和社会关系方面，信奉传统罗马宗教的贵族仍占据高官显位。辛马库斯（Quintus Aurelius Symmachus，约 345—402）就是典型一例：他出自名门望族，并与名门联姻，曾官至罗马城督，与皇帝有大量直接信函往来，在政治生活中影响很大，但他并非基督徒。辛马库斯还一度被认为是异教复兴、抵制基督教影响的核心领导人物。

---

① Susanna Elm, "Hellenism and Historiography: Gregory of Nazianzus and Julian in Dialogue," *Journal of Medieval and Early Modern Studies* 2003 (33.3), pp. 493—515.

② 比如 Raymond Van Dam, *Becoming Christian: The Conversion of Roman Cappadocia*. Philadelphia: University of Pennsylvania Press, 2003。

2011 年，阿兰·卡梅隆出版了汇集其 40 年心血的巨著《罗马最后的异教徒》[①]。通过长达 900 页的篇幅，卡梅隆旨在证明以下核心论点：在帝国西部并不存在所谓的异教复兴。他认为，所谓的异教文学圈子，异教徒对古典文学的大力支持，异教复兴集团，或异教徒用艺术和文学来大搞宣传战，纯属子虚乌有。卡梅隆指出，只要我们仔细推敲史料，就可以看出学者常用来支持"异教复兴"理论的证据都不能成立。以牛血浴为例，那是个通常一生只经历一次的仪式，很难说是一种对基督教的抵制方式。再比如，晚期古代的许多人物其实都很难归类。鲁菲努斯（Rufinus）自认是个基督徒，但利巴尼乌斯却误认他为"异教徒"。[②] 也就是说，在同时代人眼中，所谓异教徒与基督徒的二元对立并不那么明显。卡梅隆认为异教影响的衰落比通常认为的更早、更快。自君士坦丁大帝皈依基督教之后，异教迅速衰落，在 4 世纪末之前其影响就已淡化，而异教崇拜与仪式以及异教祭司则在公元 5 世纪初就已经消失。所谓辛马库斯的古典文学圈子只是学者的想象，其主要论据来自 5 世纪的作家马克罗比乌斯借这些人物之口所虚构的对话。此外，古典文学和艺术为时人共享的世俗文学和艺术，对多神教徒和基督教徒都同样有价值。而基督教对古典文学及艺术的接受，则有助于弱化罗马上层对基督教的抵制，并促成他们的皈依。卡梅隆的著作不但描绘了一幅全新的基督教与多神教之间的消长图，而且也是展示史料批判方法的典范著作。

九 罗马帝国的衰亡？

传统的观点认为罗马帝国在经历了四面楚歌、东西分裂之后在公元 476 年走到了一个转折点，西罗马的小皇帝罗慕路斯被"蛮族"首领奥多亚克废黜，而西罗马帝国自此灭亡。东部帝国虽然继续存在，但是它属于另一个世界，变成了拜占庭帝国，开始了另一段历程，而真正意义上的罗马帝国已然不再。对许多人而言，罗马帝国的灭亡意味着

[①] Alan Cameron, *The Last Pagans of Rome*. New York, N.Y.: Oxford University Press, 2011.
[②] Ibid., p. 175.

古典文明的落幕，以及文学、艺术、法律黄金时代的终结。自文艺复兴以来，罗马帝国的衰亡及原因一直是经久不息的话题，1984 年德国罗马史学家亚历山大·德芒特在《罗马的灭亡》一书中整理出 20 世纪 80 年代之前 210 种解释罗马灭亡的理论。① 但在 20 世纪中期以后，学界发动了重新审视乃至去除"衰亡"命题的潮流，这和"晚期古代"学派的兴起息息相关。到 1980 年，沃尔特·戈法特（Walter Goffart）在其《蛮族与罗马人》一书中直接写道：我们所谓的罗马帝国的灭亡是个有点失控的想象性试验（an imaginative experiment）。② 1995 年，普林斯顿大学的古代史学家鲍埃索克在美国艺术与科学院所作的报告中，甚至以"消失中的罗马灭亡模式"为题，断言爱德华·吉本的"衰亡"命题本身已成历史，这个命题本身是出于对文明不稳定性的恐惧。③ 然而，"晚期古代"学派也引起了一系列的回应，一批学者一方面指出"晚期古代"学派对军事、政治的忽视，对"蛮族"暴力的淡化，另一方面深挖"衰亡"原因，并用量化方式等等来证明"衰落"确实发生并且可以衡量，晚期帝国的转型远非和平。另外需要指出的是，晚期罗马帝国研究、拜占庭研究、中世纪研究有交叉之处，而"中世纪"这个概念和罗马帝国的衰亡这个命题之间存在着千丝万缕的关系。本节将追溯一些代表性的著作、理论和分析手法，主要目的在于展示罗马帝国衰亡这一命题及其解答的复杂性。④

---

① Alexander Demandt, *Der Fall Roms: Die Auflösung Des Römischen Reiches im Urteil Der Nachwelt*. München: Beck, 1984.

② Walter Goffart, *Barbarians and Romans, A.d. 418-584: The Techniques of Accommodation*. Princeton, NJ: Princeton University Press, 1980, p. 35.

③ "The Vanishing Paradigm of the Fall of Rome," *Bulletin of the American Academy of Arts and Sciences* 49.8 (1996), pp. 29-43.

④ 相关的中文综述日渐丰富，见李隆国：《从"罗马帝国衰亡"到"罗马世界转型"——晚期罗马史研究范式的转变》，《世界历史》2012 年第 3 期，第 113—126 页；詹姆斯·奥唐奈：《新罗马帝国衰亡史》，夏洞奇、康凯、宋可即译，中信出版社，2013 年，特别是"译后记"第 36—46 页；康凯：《"476 年西罗马帝国灭亡"观念的形成》，《世界历史》2014 年 4 期，第 107—122 页；刘寅：《传承与革新：西方学界关于欧洲早期中古史研究的新进展》，《世界历史》2018 年第 1 期。对衰亡这个命题的最新英文追踪，见 E. J. Watts, *The Eternal Decline and Fall of Rome : the History of a Dangerous Idea*. Oxford University Press, 2021。

有关这一问题的经典著作之一是1776—1789年间,英国历史学家爱德华·吉本所出版的鸿篇巨著《罗马帝国衰亡史》。在洋洋洒洒的6卷本中,吉本一方面论述了罗马帝国衰落的必然性:繁荣滋生堕落,帝国的过分庞大也使得它最终无法自我支持。另一方面,吉本又把矛头直指基督教,认为帝国的基督教化是导致帝国衰亡的罪魁祸首。在爱德华·吉本看来,罗马帝国变成一个基督教帝国是历史的倒退。这是因为"务实的美德"被削弱了,帝国的资源被教会和教士分散,教会和国家纠缠于教义的纷争,牵扯了国家的精力,削弱了皇帝对军队和帝国防务的关注;而且吉本认为基督教非常不宽容,这种不宽容不但针对异教,而且针对基督教异端。在吉本看来,"罗马世界被一种新形式的暴君所压制,而那些被迫害的教派成了国家的秘密敌人"。所以在他眼中,基督教是罗马帝国的掘墓人。基督教使得人民把注意力转移到"天国"的回报,而不再关注俗世的事务,从而导致公民精神的丧失。罗马人无法再保卫帝国,而将此重任拱手让给"蛮族人"。在吉本看来,帝国的灭亡无非是"野蛮主义"(barbarism)和基督教的胜利。《罗马帝国衰亡史》中充满了对基督教的讥讽。吉本的分析带有深深的18世纪理性主义时代的烙印,推崇理智、推理和逻辑,贬抑宗教。

虽然《罗马帝国衰亡史》一经出版立即成为风靡读物,影响力延续至今,但批评之声也不鲜见。这部巨著最忠实和细致的读者和评注者当属约翰·伯里(John Bagnell Bury,1861—1927),他本身也是19世纪末20世纪初最伟大的史学家之一。1896—1900年间,伯里对吉本的《罗马帝国衰亡史》进行了编辑和评注,1900年出版完全部7卷,此后又陆续出版增补本。伯里对比了吉本《罗马帝国衰亡史》1776年与1782年两个版本的异同,并附上了大量的附录、注释和长篇引言。在"引言"中,伯里指出了吉本的学术背景、研究方法的不足和缺陷:在学术背景方面,吉本希腊语储备薄弱,对希腊化时代了解不足;在研究方法方面,伯里不认为吉本的研究是"科学史学",吉本不太能区分原始史料和衍生史料,对史料缺乏质疑或批判,比如不加批判地依赖《皇史》。此外,吉本常常把年代相隔甚远的史料混杂在一起;在历史书写方面,吉本对不同历史时段着墨相当不均，对于476年之后历史的讨论相对草率并肤浅，体现了他对后期罗马帝国的轻视，这令伯里十分不满。可以说在相当的程度上，伯里撰写《晚期罗马帝国史》是对吉本的回应，是在补足被吉本略过的内容，并改变吉本对罗马帝国"衰亡"的诠释。

伯里的《晚期罗马帝国史》有两部，分别出版于1889年和1923年，都从公元395年狄奥多西去世、其幼子继位开始叙述，但下限不同。①他认为吉本的理论过于简单化。伯里指出东罗马帝国远比西罗马帝国基督教化的程度更深，但比西罗马帝国延续的时间更长，所以基督教的扩张并不能解释帝国的衰亡。伯里也不认为基督教实际上削弱了对帝国的效忠或帝国的防御力，他很明确地说："基督徒和多神教徒一样好斗。"伯里提醒我们，基督教的神学著作和基督教帝国的实际操作不是一回事。比如，奥古斯丁曾经写过一部《上帝之城》，认为只有上帝之城也就是基督教会是永恒的，世间的城市都是转瞬即逝、不可靠的，这是他有感于公元410年罗马被劫掠而发出的警示。伯里认为这样的著作或许让人得到精神熏陶，但这并不代表读了这部著作的基督徒就会放弃守卫帝国。在伯里看来，如果要说罗马帝国衰亡了，那么它是一个复杂的问题，其中有很多偶然因素的作用。伯里认为衰亡是众多互相交织的因素造成的，比如高压税制、经济萧条、货币贬值、日耳曼人的扩张、意大利人口减少、军事上依赖蛮族盟友、政变等等。伯里不认为西部罗马帝国的崩溃是个突然的事件，而是从小的裂缝、局部的破损开始，逐渐扩大。在伯里看来（尤其是在1923年版《晚期罗马帝国史》中），西罗马帝国的衰亡并不具有必然性，但是一系列人祸的累积对帝国造成了灾难性的打击；伯里很明显地更看重偶发事件（contingent events）的影响，比如瓦伦斯的（意外）失利。②

---

① J. B. Bury, *A History of the Later Roman Empire: From Arcadius to Irene (395 A.D. to 800 A.D.)*. London: Macmillan and Co, 1889；但更为常用的是 J. B. Bury, *History of the Later Roman Empire: From the Death of Theodosius I to the Death of Justinian (395 A.D. to 565 A.D.)*. 2 vols. London: Macmillan, 1923。中译本即将出版。

② J. B. Bury, *History of the Later Roman Empire: From the Death of Theodosius I to the Death of Justinian*, vol. 1, pp. 311-313.

伯里强调，帝国的解体是一个过程，公元 476 年并不是特别重要的年份，罗慕路斯·奥古斯都路斯的退位既没有动摇罗马，更没有导致"西罗马的灭亡"。在伯里看来，在那一年，并没有什么帝国灭亡，公元 5 世纪的时候，罗马帝国仍是同一个帝国，而且从法理上来说，其实一直都没有所谓的东、西罗马。伯里对"民族迁移"（wandering of the nations）这种提法也有所保留，他不认为"蛮族入侵"和亚洲腹地所发生的事情之间存在关联，不赞成夸大"蛮族入侵"的冲击力。相反，在伯里看来，正是"蛮族"和帝国的合作关系使得帝国的崩裂不那么惨烈。

伯里的著作具有相当强的前瞻性，比如，他关注晚期罗马帝国与中世纪及伊斯兰世界的动态关系；在讨论宗教问题时，很少纠结在教义冲突方面；更多地关注瘟疫、移民、战争等等因素之间的互动，并把瘟疫作为历史分野（比如古代和中世纪）的节点："在 6 世纪中期，因查士丁尼统治时期所发生的瘟疫，我们离开了古代世界，进入中世纪的大门。"① 伯里绝大多数的章节都围绕战争、行政及皇帝个人展开，对于文学史料的运用非常全面细致，但关于社会、文学、艺术的章节非常有限，1889 年版中关于奴隶制的内容仅占了两页，铭文和考古资料非常薄弱。这一书写范式在 20 世纪后半叶发生了转变，后文还会再谈。

伯里的《晚期罗马帝国史》之后又出现了一系列的晚期罗马帝国史，书写方式各有不同。恩斯特·施泰因两卷本的《晚期帝国史》分别以德语和法语写成，第一卷覆盖 284—476 年，第二卷覆盖 476—565 年。② 从历史时段和整体框架来说，施泰因和伯里非常不同。施泰因强调帝国的分裂，他认为东部帝国在行政管理机制方面比西部更加有效率，所以才能比西部维持得更为长久。这一观点对 A. H. M. 琼

---

① J. B. Bury, *A History of the Later Roman Empire: From Arcadius to Irene (395 A.D. to 800 A.D.)*, vol. 2, p. 457.

② Ernst Stein, *Geschichte des spätrömischen Reiches (284-476 n. Chr.)* Vienna, 1928; *Histoire du Bas-Empire: De la disparition de I Empire d'Occident a la mort de Justinien (476-565)*. Paris, 1949.

斯有很大的影响。琼斯的《284—602 年的晚期罗马帝国：社会、经济、行政综述》[①] 是一部 1500 多页的著作，史料详实，主要依据文学、历史、法律及铭文资料（不过未使用考古资料），迄今为止仍是重要参考书目。琼斯的重点不在于书写一部晚期罗马历史，而是聚焦帝国的财政税收、军队组织、文官制度、法律、农业及商贸等等方面。材料的组织也并非以西罗马"衰亡"为核心问题，琼斯更关注帝国的运作机制，着眼于晚期帝国的成就而非过失。他对帝国存在的问题提出了经济解释，认为"闲人"过多，而这些人是生产者的负担（第 1045 页）；琼斯认为帝国的西部和东部最重要的区别之一，在于东部帝国和西部相比，世袭的贵族并未占据主导地位，在东部担任高官的，一般是通过自己的能力得到提拔的人。在西部帝国灭亡这个问题上，琼斯认为西部在政治、行政、经济上确实有其弱点，但更多是因为来自边疆的压力造成的，而东部所经受的边疆压力相对较小，同时资源更为充足，因之得以存活。在帝国衰落的内因和外因这个问题上，琼斯并不认为帝国内部的弱点是帝国衰落的最主要因素。

历年来，关于罗马帝国的衰亡已经积累了许许多多的说法，前面已经提到的德芒特《罗马的灭亡》一书用差不多 700 页的篇幅，整理出了 210 种解释和猜测，按德语单词的字母顺序排列，从 A 到 Z：第一条是"偶像崇拜"（Aberglaube），也就是对所谓人造的图像、雕像等等的崇拜；最后一条是"双线作战"（Zweifrontenkrieg），也就是在两条战线同时作战，这很容易分散兵力和资源，让帝国疲于奔命。其他的解释还包括：帝国王位继承制的缺乏、军队丧失纪律、人口减少、帝国资金周转不足，以及疟疾、种族退化等，不一而足。这些因素又分成

[①] A. H. M. Jones, *The Later Roman Empire 284-602: A Social, Economic, and Administrative Survey*. Oklahoma: University of Oklahoma Press, 1964（2 vols.）; Oxford, England: Basil Blackwell, 1964（3 vols.）。对这部著作的评论众多，比如彼得·布朗的书评，见 *The Economic History Review*, New Series, 20. 2 (1967), pp. 327-343; David M. Gwynn (ed.), *A. H. M. Jones and the Later Roman Empire. Brill's Series on the Early Middle Ages, v. 15*. Leiden/Boston: Brill, 2008。

六大类，五类为内在原因：生态、社会经济、国家政策，以及基督教化；而外在的因素则是"蛮族入侵"。如此众多的解释和猜测，凸显出这一命题的复杂性。

德芒特收集的各式各样的理论截至 20 世纪 80 年代初。在那之后，直到今天，关于所谓罗马衰亡原因的推论仍然没有停止。比如，1988 年，耶鲁大学罗马史学家麦克莫兰在《腐败与罗马帝国的衰落》一书中指出，罗马帝国早期，地方和中央政府之所以能够顺利运转，是因为它们都遵守共同的行为准则，这是关于职责和义务的行为准则。可以有人情，有礼尚往来，但是都在传统的庇护制度的限度之内，每个人按游戏规则扮演自己的角色。那时候也有腐败，但是规模相对来说比较小。到了后期，罗马官僚越来越多，权力的私有化越来越明显，贪污腐败、中饱私囊、营私舞弊的现象越来越严重，比如通过关系来获得免税、免除一些强制性义务等等，这构成了对政权的架空和失控。有一些具体的影响体现在军事方面，比如导致军队缺乏军需，缺靴子、衣服甚至兵器，直接影响战斗力。麦克莫兰的分析听起来很有道理，这本书一手文献非常丰富，相当值得一读。然而，研究 3 世纪以后罗马史的学者却并不同意他对后期罗马的分析。3 世纪以后，文献中出现的所谓利用关系开后门避税的案例似乎越来越多，并不一定是因为这些做法比以前更猖獗，而是抱怨的声量更大，能够接触到反映渠道的人更愿意对不良行为发声，因此披露出来的案例更多。吉尔·哈里斯称晚期罗马帝国有一种"批评文化"的大氛围。[①]

20 世纪 70 年代初以来，一批学者提出并丰富了"晚期古代"的学术概念和研究方式，这一流派的研究重心在宗教和文化史方面，从"兴起"而不是从"衰落"的角度来看晚期帝国的文化、政治及宗教历程，强调文化的延续和渐变。它以一种乐观的态度看待爱德华·吉本认为是衰亡的那个时代，也就是说，不用把以前的罗马历史抬得过高，不用把以前的罗马历史作为一个不可超越的巅峰来贬低后来的罗马历史。

---

① Jill Harries, *Law and Empire in Late Antiquity*. Cambridge: Cambridge University Press, 1999.

由于这一流派的思维方式和研究模式完全背离传统，常被称为"改革派"（或"修正派"，Reformation），其核心人物是先后在加州大学伯克利分校和普林斯顿任教的彼得·布朗，先后任职于伦敦国王学院以及牛津大学的埃夫丽尔·卡梅伦爵士也是这一学术潮流的重要奠基人物之一。

彼得·布朗自1967年出版《希波的奥古斯丁：一部自传》[①] 以来，成就斐然，影响巨大。[②] 1971年出版的《晚期古代世界：公元150—750年》[③] 在史料和研究视角方面都有别于以往的晚期罗马帝国史，其关注点更多地放在人的精神和文化世界，征引了大量的视觉艺术资料。这本书虽然篇幅不大，却包含了130幅插图，令人更加直观地感受那个时代：那是个身份重塑的时代，见证了基督教王国的兴起，圣徒填补着社会与政治角色的空缺。在布朗看来，公元650年，"在西欧，古代世界真正终结"。[④] 而他所用的界定标准是文化、宗教和社会的，而并非军事、政治与行政的。比如，布朗强调基督教与"古代"世界在死亡文化上的不同，传统希腊罗马世界的身后世界映射着生前的等级地位，而基督教的死亡观更加平等（他用了"灵魂的民主"这一表达法）。而埃夫丽尔·卡梅伦在《晚期罗马帝国：公元284—430年》（1993）和《晚期古代的地中海世界：公元395—600

[①] Peter Brown, *Augustine of Hippo; A Biography*. Berkeley: University of California Press, 1967, 2000.

[②] 彼得·布朗代表作众多，著作更是不胜枚举，以下仅举几例："The Rise and Function of the Holy Man in Late Antiquity," *Journal of Roman Studies* 61 (1971), pp. 80-101; *The Body and Society: Men, Women and Sexual Renunciation in Early Christianity*. Columbia University Press, 1988; *Power and Persuasion in Late Antiquity: towards a Christian Empire*. University of Wisconsin Press, 1992（中译本：彼得·布朗：《古代晚期的权力与劝诫》，王晨译，生活·读书·新知三联书店，2020年）; *The Rise of Western Christendom: Triumph and Diversity, AD 200-1000*. Oxford: B.H. Blackwell, 1996, 2003; *Through the Eye of a Needle: Wealth, the Fall of Rome, and the Making of Christianity in the West, 350-550 AD*. Princeton and Oxford: Princeton University Press, 2012; *Ransom of the Soul: Afterlife and Wealth in Early Western Christianity*. Cambridge, MA: Harvard University Press, 2015。

[③] Peter Brown, *The World of Late Antiquity: AD 150-750*. New York: Harcourt Brace Jovanovich, 1971.

[④] Peter Brown, *Ransom of the Soul: Afterlife and Wealth in Early Western Christianity*. Cambridge, MA: Harvard University Press, 2015, p. 211.

年》(1993)①等晚期古代通史类著作中强化了对前期罗马帝国的重新定位,这种重新定位对于所谓衰落问题十分关键,因为所谓"衰落",其参照物是前期罗马,如果要破除后期罗马是走下坡路的观念,一方面不应把早期罗马帝国当作"古典理想"的化身,另一方面不应把对早期罗马帝国的任何偏离都解读为"衰落"。所谓的3世纪"危机"并没有那么严重,也就是说,3世纪之前与之后的时代的对比被夸大了。所谓晚期罗马帝国也要置于"长时段"中来考察,"与其强调分割与断裂,东部和西部帝国都可被认为属于欧洲与地中海世界更长的历史之中"。②

"晚期古代"学派所造成的影响之一在于对"衰亡"的全面重新评价。对于深受人类学文化相对论理论影响的学者来说,"衰落"和"灭亡"都不是确切的词语。一方面罗马帝国晚期的复杂变化过程不能以"衰落"或"灭亡"这样的词语来简单概括;另一方面,"衰落"是相对于一定的标准而言的,而界定衰落的标准并非无可争议。比如,用木材取代石材作为建筑材料一定代表衰落吗?对于3世纪至6世纪这段历史时期的发展,有相当一批学者倾向于用"变迁或转型"(transformation)来描述。"晚期古代"派既然着意强调帝国发展的渐变,当然也就摈弃了给"灭亡"定一个确切日期的做法。至于那著名的公元476年则可以用莫米利亚诺所用的"悄无声息"一词来概括。"晚期古代"这个概念和研究范式的兴起让罗马史得到了拓展,这种拓展不但体现在研究范围和观念上,也是时间上和空间上的。旧版《剑桥古代史》把324年作为古代史的下限,把其后的时代划入中世纪。而新编《剑桥古代史》第13卷《晚期帝国:公元337—425年》

---

① Averil Cameron, *The Later Roman Empire, AD 284-430*. Cambridge, Mass: Harvard University Press, 1993; *The Mediterranean World in Late Antiquity, AD 395-600*. London: Routledge, 1993.

② Averil Cameron, *The Later Roman Empire, AD 284-430*. Cambridge MA: Harvard University Press, 1993, p.192.

（1998）① 及第 14 卷《晚期古代：帝国及其继承者：公元 425—600 年》（2001），② 把古代史的下限延展到了 7 世纪，这些都极大地反映了布朗以及埃夫丽尔·卡梅伦的影响，而后者正是这两卷的主编之一。关于晚期古代，新版《剑桥古代史》第 14 卷"序言"明确写道：它"并非是古典荣光的衍生物，而是个耀眼的繁荣与辉煌的时代"。③ 同时需要指出的是，所谓"晚期古代"，并不是一个僵硬的历史断代，上限和下限并不是固定的，不同的学者不一定遵照同一个时间框架。

学者们也指出文学、艺术、铭文、医学、法学的高产期和低潮期各有不同，所以罗马的"衰落"也绝不是罗马文化所有因素同时下滑的过程。不仅如此，罗马世界的发展变化有极大的地区性差异，追求单一或放之四海而皆准的解释只会徒劳无功。而在史料的运用方面，则强调加强批判性。正因为如此，近几十年来，"晚期古代"的学者也在重新审视、翻译、解读原始史料方面投入了相当大的精力。比如，1985 年埃夫丽尔·卡梅伦对普罗柯比的全面研究；④ 1999 年，埃夫丽尔·卡梅伦和斯图亚特·哈尔的尤西比乌斯《君士坦丁传》译注本，⑤ 强调这部传记更类似圣徒传。"晚期古代"一派的学者也更审慎地解读殉教文学，因为殉教者留下的文字或者关于殉教者的传记会侧重渲染罗马帝国的恶。⑥ 此外，学者们在族谱学、法典研究、考古、区域研究等方面

---

① Averil Cameron and Peter Garnsey, *The Cambridge Ancient History: Vol. XIII*: *The Late Empire, A. D. 337-425*. Cambridge: Cambridge University Press, 1998.

② Averil Cameron, Bryan Ward-Perkins, and Michael Whitby (eds.), *The Cambridge Ancient History XIV: Empire and Successors, A. D. 425-600*. Cambridge: Cambridge University Press, 2000. 中译本：埃弗里尔·卡梅隆、布利安·瓦德-帕金斯、米歇尔·惠特比主编：《剑桥古代史·第十四卷：晚期古典世界：帝国及其继承者，425—600 年》，祝宏俊、宋立宏等译，中国社会科学出版社，2021 年。

③ Averil Cameron, Bryan Ward-Perkins, and Michael Whitby (eds.), *The Cambridge Ancient History XIV: Empire and Successors, A. D. 425-600*, p. xvii.

④ Averil Cameron, *Procopius and the Sixth Century*. University of California Press, 1985.

⑤ Averil Cameron and Stuart G. Hall, *Eusebius' Life of Constantine. Introduction, Translation and Commentary*. Oxford: Oxford University Press, 1999.

⑥ Averil Cameron, *The Later Roman Empire, AD 284-430*. Cambridge Mass: Harvard University Press, 1993, p. 11.

也取得了重要发展,[①] 并且带动了大规模的罗马帝国转型研究。[②]

在这一阶段的研究成果中,不可不提《晚期罗马帝国人物志》[③]的编纂。这部重要的工具书于 1971 年问世,以公元 260 年加利恩努斯(Gallienus)成功独揽大权为起点、641 年东罗马皇帝赫拉克里乌斯(Heraclius)驾崩为终点,篇幅达 4000 多页,囊括了近 400 年间在政治、军事、行政领域留下踪迹的所有重要人物的简历。这个断代的选取本身就是对所谓公元 476 年西罗马帝国灭亡这个传统观点的放弃,而将下限延伸到 7 世纪中期更是对历史延续性的强调。而 1987 年出版的《晚期罗马帝国执政官谱》[④]也工程浩大,集成近 800 页的执政官名册。这是伯里和琼斯不曾拥有的工具书。

2016 年出版的《牛津晚期古代指南》"致敬埃夫丽尔·卡梅伦与彼得·布朗",这部大全式的指南长达 1247 页,共分 5 大主题:"地理与族群""文学与哲学文化""法律、国家与社会结构""宗教与宗教身份认同""透视晚期古代"。[⑤]从这些主题也可以看出"晚期古代"的侧重点。2018 年,两卷本《牛津晚期古代辞书》[⑥]问世,包括 5000 条左右词条,400 多位学者参与了撰写,覆盖了公元 2 世纪中至 8 世纪的历史。在地

[①] 区域研究的例子,如:Charlotte Roueché and Joyce Reynolds. 1989. *Aphrodisias in Late Antiquity: the late Roman and Byzantine inscriptions including texts from the excavations at Aphrodisias conducted by Kenan T. Erim*. London: Society for the Promotion of Roman Studies, 1989;Roger S. Bagnall 关于晚期古代埃及的一系列著作:*Egypt in Late Antiquity*. Princeton, NJ: Princeton University Press, 1993; *Later Roman Egypt: Society, Religion, Economy and Administration*. Aldershot, Hampshire, Great Britain: Ashgate/Variorum, 2003; *Egypt in the Byzantine World, 300-700*. Cambridge, UK; New York: Cambridge University Press, 2007, 2010.

[②] 1993—1998 年,欧洲科学基金资助了"罗马世界的转型"这一课题,来自奥地利、比利时、法国、德国、英国、希腊和西班牙的 100 多名学者参与了专题研究。

[③] A. H. M Jones, J. R. Martindale, and John Morris, *The Prosopography of the Later Roman Empire*. Cambridge: Cambridge University Press, 1971.

[④] K. A. Worp, R. S. Bagnall, Alan Cameron, S. R. Schwartz, *Consuls of the Later Roman Empire*. Atlanta, Ga: Published for the American Philological Association by Scholars Press, 1987.

[⑤] Scott F. Johnson (ed.), *The Oxford Handbook of Late Antiquity*. New York, NY: Oxford University Press, 2016.

[⑥] Oliver Nicholson (ed.), *The Oxford Dictionary of Late Antiquity*. Oxford: Oxford University Press, 2018.

域上，也不限于罗马帝国本身，而覆盖与罗马帝国互动的地区。对《牛津古典辞书》构成了丰富的增补。此外，《剑桥晚期古代拉丁文学史》的编写也接近完成。①

"晚期古代"理论功在扭转了以负面角度看待后期罗马帝国历史的模式，并打破了古典学、教会史以及东方学之间的壁垒，但其自身的局限性和问题也不能不引起注意。首先，"晚期古代"学派的学者主要聚焦文化和宗教，对于军事、政治、经济以及这些领域与文化和宗教的互动关注不足，对于"蛮族"在帝国的境遇和与帝国之间的互动也着墨不力。以《牛津晚期古代指南》为例，在长达 46 页的索引中，完全没有战争、战役等词条；其次，"晚期古代"学派所使用的史料多来自埃及、叙利亚、小亚细亚等地区，而较少涉及地中海西部，存在着厚东薄西，甚至地域偷换的问题。东、西之间的不同经历被有意无意地模糊掉。

20 世纪 90 年代后期以来，学界反对派抬头，与"晚期古代"派针锋相对。后期罗马帝国这一领域进入了反思阶段，学术研究方向出现新的转机。表现在两个方面：一是重提"衰亡"主题；相关学者认为"衰落"是可以客观衡量的，一些重要指标包括：税收是否能保障、沉船的数量（因为沉船和贸易的频繁程度相关）、人口数量、城市化程度、识字率、建材材质、远程贸易的程度、采矿业这样重要的基础"工业"的规模、陶器的数量和质量、交通运输的安全度等等。二是侧重军事和政治史，突出暴力，极少提及宗教。沃夫冈·利贝许茨（Wolfgang Liebeschuetz）是这一动向的领军人物之一。在 2001 年出版的《罗马城市的衰亡》②中，利贝许茨认为古典城市自 2 世纪以来便有衰落的迹象，4 世纪以后基督教的迅速发展导致更多的资源被用来兴建教堂，使得维持古典城市所需的资金和资源更加枯竭，给了古典城市最后的一击。

---

① Gavin Kelly and Aaron Pelttari (eds.), *Cambridge History of Later Latin Literature*. Cambridge University Press, forthcoming.

② J. H. W. G. Liebeschuetz, *The Decline and Fall of the Roman City*. Oxford: Oxford University Press, 2001.

进入 21 世纪以来，这一派在学术圈的影响又有所增强。仅 2005 年一年，牛津大学出版社就出版了两部类似主题的专著，即彼得·海瑟的《罗马帝国的终结：罗马与蛮族新史》以及布赖恩·沃德－珀金斯（Bryan Ward-Perkins）的《罗马的灭亡以及文明的终结》。① 这一派被冠以"反改革派"（Counter-Reformation）的称号。海瑟从军事史的角度来阐释蛮族和罗马的关系。他的出发点很清楚：以东罗马帝国为证，认为西罗马帝国的式微并不是由内部原因造成的，而一系列的外来入侵和军事威胁，尤其是来自哥特人和匈人的军事压力，才是重创帝国的主要力量。所以要了解罗马帝国的灭亡，必须进一步了解帝国北部和东部的所谓"蛮族"。而基督教根本不是帝国衰落的主要原因。沃德－珀金斯同样强调罗马帝国在军事上的失败，在 3 世纪以后帝国遭到内战和"蛮族"压境的双重压力，而"蛮族入侵"充满了暴力。他运用了大量的考古数据来说明，5—6 世纪，帝国居民生活水平大幅度下降，其表现之一是陶器的数量和质量与早期罗马帝国时期不可同日而语，连牛的体型都变小了；高度复杂的经济式微，"舒适"的生活方式成为明日黄花，不列颠这样的省份几乎退步到铜器时代。另一表征是识字率下降。在沃德－珀金斯看来，这一切只能用"文明的终结"来描述，所谓的和平转型理论不啻为谬误。

这些挑战引发了论辩，而论辩引发了对一些历史问题更深入的研究。比如，在晚期古代识字率是否下降这个问题上，近十几年的较大突破是对非正式书写（informal writing）特别是涂鸦的研究，促使我们重新估量晚期古代的识字率。② 从铭文的使用来看，晚期古代存在着对早期铭文的再利用（即所谓的 spolia），除此之外还有如下一些新的特征：韵文铭文占比相对较大；刻字风格有较大的变化；相当多的铭文

---

① P. J. Heather, *The Fall of the Roman Empire: A New History of Rome and the Barbarians*. New York: Oxford University Press, 2005; Bryan Ward-Perkins, *The Fall of Rome: And the End of Civilization*. Oxford: Oxford University Press, 2005.

② Katharina Bolle, Carlos Machado, Christian Witschel (eds.), *The Epigraphic Cultures of Late Antiquity. Heidelberger Althistorische Beiträge und Epigraphische Studien 60*. Stuttgart: Franz Steiner Verlag, 2017.

是镶嵌画的一部分；铭文的展示地点也从早期帝国的户外空间转为教堂内部地板与墙壁。① 碑铭文化的转变是无疑的，却大可不必用衰落来定性，也无须把罗马帝国晚期的铭文狭窄地加上基督教铭文的标签，所谓的"异教""世俗"铭文与"基督教"铭文的区分其实是非常站不住脚的。②

更为重要的论辩与城市化这个大问题相关。对于基督教瓦解了古典世界以城市为中心的世界观这一观点，与利贝许茨和沃德－珀金斯相对的意见认为：③ 在东、西帝国的不少地区，比如北非，古典城市的生命力一直维持到 5 世纪，甚至 7 世纪。在有些地方，公元 4 世纪时的城市几乎与公元 2 世纪的完全相似。7 世纪中期开始，古代城市形态趋于没落，但这距离帝国的基督教化已经好几个世纪了。与古典城市相比，7 世纪的城市在货物的生产流通、货币的集中、公共建筑的质量、希腊拉丁铭文数量方面都有所不如。古典城市通常不允许在城墙内埋葬尸体，但 5 世纪以后这一点似乎不再被坚持。以上述这些为标准，晚期的城市确实有别于古典城市。这些变化可以说代表着古典模式的衰落或终结，但并不等于城市生活本身的终结。新的城市化理念、新的城市审美情趣以及实用型的城市形式得到发展。城墙的修建以及浓厚的基督教色彩，都可视为这些变化的外在表现，而这些变化又是对新

---

① J.-P. Caillet, *L'évergétisme monumental chrétien en Italie et à ses marges d'après l'épigraphie des pavements de mosaïque* (IVe-VIIe siècle) . Rome, 1993. Ch. Roueché, "Written Display in the Late antique and Byzantine city," in E. Jeffreys (ed.), *Proceedings of the 21st International Congress of Byzantine Studies*. Aldershot, 2006, pp. 235-254.

② Katharina Bolle, Carlos Machado, Christian Witschel (eds.), *The Epigraphic Cultures of Late Antiquity. Heidelberger Althistorische Beiträge und Epigraphische Studien 60*. Stuttgart: Franz Steiner Verlag, 2017.

③ Jens-Uwe Krause and Christian Witschel, *Die Stadt in Der Spätantike: Niedergand Oder Wandel? : Akten Des Internationalen Kolloquiums in München Am 30. Und 31. Mai 2003*. Stuttgart: F. Steiner, 2006; L. Lavan, "Fora and Agorai in Mediterranean Cities during the 4th and 5th c. A.D.", in W. Bowden, C. Machado and A. Gutteridge (eds.), *Social and Political Life in Late Antiquity*. Leiden, 2006, pp. 195-249; Anna Leone, *The End of the Pagan City: Religion, Economy, and Urbanism in Late Antique North Africa*. Oxford: Oxford University Press, 2013；Simon Esmonde Cleary, *The Roman West, AD 200-500: An Archaeological Study*. Cambridge: Cambridge University Press, 2013.

的社会需求的反映。有不少城市就其功能而言，仍旧是宗教、政治及经济生活的中心，从这一点来说，地中海的城市很难用衰落来一言以蔽之。此外，有一些城市确实乡村化（ruralisation）了，最典型的例子之一是皮西底亚（Pisidia）山区的萨嘎拉索斯（Sagalassos），它遭受过袭击，逐渐被废弃，到7世纪时，已是处处废墟。相反，这一地区的乡村地带，幸免于袭击，反而繁荣起来，广建教堂。

牛津大学（退休教授）克里斯·威克姆在2005年出版的《建构中世纪早期》[①]一书中强调，对于西罗马帝国瓦解之后的社会，如果我们把眼光只落在破败的建筑上，那我们就很难看到新建的建筑；如果我们只把眼光集中在城市上，就会阻碍我们看到乡村的活力。他的这部巨著就是一部连接西罗马帝国和中世纪的著作。这部著作分为四个主体部分："政权"、"贵族与权力结构"（这里的权力结构用的是复数）、"农民"和"网络"。这种安排更注重从罗马帝国到中世纪结构性的转变。在中世纪早期，相互竞争的势力（教会、各类贵族等等）牵制了贵族对土地的控制，小农或许曾经获得更多自由，然而8世纪之后王权加强，在寻求和巩固稳定收入的过程中，王和贵族对土地和农民的控制增加，农民的负担更为沉重。[②]

是否能使用"衰亡"模式来研究后期罗马帝国的争论势必延续，在很大程度上这是一个政治、军事史和宗教、文化史研究模式之间的冲突，2009年出版的《罗马是怎样灭亡的：一个超级大国的终结》[③]仍然以传统政治军事史为主线，认为公元3—5世纪频繁的内战是罗马帝国走到终点的主要原因。但谁又能说内战本身只是疾病的现象而

[①] Chris Wickham, *Framing the Early Middle Ages: Europe and the Mediterranean 400-800*. Oxford: Oxford University Press, 2005.

[②] 亦见 Jairus Banaji, *Agrarian Change in Late Antiquity: Gold, Labour, and Aristocratic Dominance*. Oxford: Oxford University Press, 2001。关于巴纳吉（Banaji）和维克姆的著作，较为详细的中文介绍和评议，见康凯：《西方马克思主义史学视野下的古代晚期研究》，《光明日报》2021年9月13日。

[③] Adrian Goldsworthy, *How Rome Fell: Death of a Superpower*. New Haven: Yale University Press, 2009.

非症结本身呢？如何拉近"晚期古代"派和"反改革派"之间的距离，这个问题并不容易。史蒂芬·米切尔的《公元284—641年的晚期罗马帝国史：古代世界的转型》（2007年初版；2015年第二版）①是个良性的尝试。米切尔试图区分"晚期罗马帝国"和"晚期古代"这两个概念：前者着重于政治、制度史，后者涵盖的地域和研究范围更为广泛。这本专著也延续了传统的政治、军事史的思路，比如说，在解释宗教冲突方面，米切尔倾向于认为大部分的争端是由政治因素而不是神学分歧所驱动的。然而，他的整体构想很明显受到了"晚期古代"的影响，标题也并没有采用"衰亡"这样的表述而是用了"转型"这个关键词。

如果说无论"晚期古代"派还是"反改革派"都还是把目光集中在制度、人事方面，那么凯尔·哈珀2017年的著作《罗马的命运：气候、疾病和帝国的终结》则把目光投向了环境变化和疾病。他认为，公元前200年到公元150年是罗马的兴起和繁荣的时段，这和合适的气候期相关，地中海温暖而且多雨，适合农作物生长。但这之后气候发生变化，给瘟疫的传播创造了条件；而晚期古代因为火山喷发造成的小冰期给帝国带来了进一步打击。那么，环境视角是否能够一劳永逸地解决"晚期古代"和"反改革派"之间的分歧，或者找到所谓"帝国终结"的原因呢？对此学者存在质疑，这里可举两例：

第一，哈珀的气候分期过于简单并且证据不足，而且即使他的分期可以成立，气候在大范围内都是影响的因素，所谓地中海气候的适宜期，也就是书中所说的公元前200年到公元150年，应该对所有地中海的国家都是有利的，那为什么罗马兴起了，迦太基却灭亡了呢？此外，瘟疫这样的传染病是没有国境的，查士丁尼时期的大瘟疫不但影响东罗马帝国，还影响了波斯以及所谓"蛮族"控制下的地区；更何况在这场瘟疫之后，东罗马还继续存活了将近900年。正如一篇长篇书

---

① Stephen Mitchell, *A History of the Later Roman Empire AD 284—641: The Transformation of the Ancient World*. Malden, MA: Blackwell, 2007.

评所指出的那样，罗马帝国的疾病史等等更多地显示了帝国的复原力（resilience），而不是衰落。[1] 第二，斯坦福大学古典系的讲座教授沃尔特·沙伊德尔在 2017 年的著作《大均平器：从石器时代到 21 世纪的暴力与不平等的历史》[2] 中认为，对于人类社会的不平等，只有战争、革命、瘟疫和国家崩溃才能有效重新洗牌。就瘟疫而言，因为造成了人口损失，瘟疫之后社会对劳力的需求会导致酬劳升高，他列出了历史上瘟疫之后的薪酬作为直观的数据。瘟疫除了破坏性的作用之外，还有其社会功能和调节性的作用。

关于"衰亡"这个命题正正反反的讨论，推动着对罗马史深入而全面的研究。米歇尔·扎尔兹曼（Michele Salzman）正在完成《罗马的"灭亡"：晚期古代罗马城的转型，270—603 年》（*The 'Falls' of Rome: The Transformations of Rome in Late Antiquity, 270-603 CE*）一书，将由剑桥大学出版社出版。她所用的"灭亡"一词是复数，但她所聚焦的是罗马城对危机的一系列妥协性回应（"negotiated responses to crises"）。或许"衰亡"这个命题一直不会退场，但是一直被解构，一直被丰富。

---

[1] Haldon, John, Hugh Elton, Sabine R. Huebner, Adam Izdebski, Lee Mordechai and Timothy P. Newfield, "Plagues, Climate Change, and the End of an Empire: A Response to Kyle Harper's *The Fate of Rome*," *History Compass* November 9, 2018, （1）Climate: https://doi.org/10.1111/hic3.12508;（2）Plagues and a Crisis of Empire:https://doi.org/10.1111/hic3.12506;（3）Disease, Agency, and Collapse: https://doi.org/10.1111/hic3.12507 （2021 年 10 月 10 日查阅）

[2] Walter Scheidel, *The Great Leveler: Violence and the History of Inequality from the Stone Age to the Twenty-First Century Great Leveler*. Princeton, New Jersey: Princeton University Press, 2017；中译本为《不平等社会：从石器时代到 21 世纪，人类如何应对不平等》，颜鹏飞译，中信出版集团，2019 年。

附录一 关键词

这里所列出的是罗马史研究当中一些核心概念、文化术语及其简短解释，所围绕的是概念、现象和制度，而非具体的人物或事件。关于罗马史上的重要人物及历史事件，可见本书第一章"罗马史概述"。

1. **古典学（Classics）**：古典学的核心曾一度为古典语文学（philology 或 classical philology），即对古希腊罗马文献、古希腊语及古典拉丁语的研究，但实际覆盖范围非常广泛而且领域在不断拓宽，包括古希腊罗马史的研究、古典考古学、希腊罗马哲学及希腊罗马艺术史等等。德语中的 Altertumswissenschaft（"古典科学""古代研究"）是对古典学更确切的表述。从词源上来说，Classics 来自拉丁文中的形容词 classicus，表达高级、权威及完美的意义。但近年来，古典学总的发展趋势强调淡化该学科和"精英主义"的关联。西方的大学多设有单独的古典系（Classics Department 或 Department of Classical Studies），但罗马史的教学既可以由古典系提供，也可以在历史系展开，视各学校的设置而定。21 世纪以来，西方大学尤其是美国大学中，古典系改名为"古代希腊与罗马研究系"（Ancient Greek and Roman Studies）已渐成趋势。

2. **奎里特斯（quirites）**：最初指罗马最早的居民，萨宾人和拉丁人的总和。后来沿用来指罗马百姓（与军人相对而言），有正式和庄重的色彩。如果用奎里特斯来指士兵，则有鄙视和嘲讽的意味。单数为奎里特（quiris），指单个公民。衍生的词语有 ius Quiritium，在罗马法中指完整的罗马公民权。

3. **SPQR**：罗马元老院与人民（Senatus Populusque Romanus）的英文缩写，理论上是罗马国家的权力源泉，也因之用来指代罗马国家。这个缩写出现在古罗马多种媒介和资料之中，比如法律文书、钱币、铭文等。如今的罗马城依然在沿用这个缩写，指罗马政府，见于许多公共设施之上。欧美的不少城市也沿用了类似的表述法，比如意大利博洛尼亚的缩写为 SPQB（Senatus Populusque Bonononiensis，即博洛尼亚元老院及人民）。

4. **元老、元老院（senator，复数 senatores；Senatus）**：元老院是中文中对 Senatus 的常用译法，senatus 一词源于 senex（意为"年老的"）。元老在拉丁文中常被称为"父老"（patres，patres conscripti）。从本质上来说，元老院是个顾问团性质的机构。在罗马的传统叙述中，最初的元老院在罗慕路斯时代已经存在，由 100 名成员组成，这些成员的后裔成为罗马的 patrici(i)，也就是身份世袭的"贵族"。元老院的规模几经变迁。在苏拉时代以前成员人数相对稳定在 300 人，在苏拉之后增加到 600 人，恺撒时期元老院一度膨胀到 900 人，但从奥古斯都时代开始，元老人数相对稳定 600 人。元老是终身职，由卸任官员担任。但监察官（censor）有权将元老除名。罗马元老院开会的地点通常在专门的会议厅，称为库利亚（Curia），但也常在神庙开会。最早的会议厅称为 Curia Hostilia，苏拉时代为 Curia Cornelia 所取代，帝国时代所使用的会议厅则是 Curia Iulia，始建于恺撒时期，在屋大维手中竣工。在共和时代，元老院的影响之大毋庸置疑，不但拥有在战争和外交事务上领导权，可以委派使者去外邦或行省，并拥有审判官员的权力。前 3 世纪晚期及 2 世纪时，有关贪腐、渎职等案件都在元老院审理，是元老院控制官员行为的重要手段。元老院所通过的敕令决议（单数 senatus consultum，复数 senatus consulta；缩写为 SC）虽然本质上并非法律，但可作为法律的源泉，并最终获得法律效力。元老院可通过终极元老院决议（senatus consultum ultimum，缩写为 SCU）宣布国家进入紧急状况。帝国时代，元老院的权力大为缩减，但仍具有很强的象征意义。元老等级是帝国公民中的第一等级，需满足 100 万塞斯特斯（sesterces）的财产资格。自恺撒之后，元老院的会议都留有正式纪要（acta），在帝国时代是不少元老等级罗马史家写作的重要资料来源。遗憾的是，这些纪要本身并没有存留下来。

5. **罗马国家（Res publica）**：字面意思为公共事务或公有财产，常用来指罗马政府或国家。这个词并不简单对应于英文中的 republic（共和国），也并不仅仅指罗马历史上的共和政体。即使在帝国时期，罗马国家仍常被称为 res publica。

6. **祖国（patria）**：一词在罗马的政治文化中有多重意思。Patria 可以指作为"祖国"的罗马。在共和时代，祖国之父这个称号是个殊荣，只有极少罗马显贵获得。西塞罗曾因挫败所谓的喀提林阴谋而获得该称号。帝国时期，元首和皇帝冠有祖国之父的头衔。但是随着罗马统治基础的扩大，出身意大利其他城市及行省的新人增加，patria 也可用来指故乡，即出身的城市。西塞罗提到许多罗马人有两个 patriae，一个是罗马，一个是故乡。Patria 特有的政治和情感色彩与古代地中海世界的城邦文化传统息息相关。

7. **权力（imperium）**：拉丁语中包涵多种意义。其基本意思是统帅军队、执行法律的权力。大法官和执政官这样的高级长官在任期内拥有 imperium，但祭司等职位并不拥有这样的权力。大法官和执政官各有 6 名和 12 名扈从（lictores），每人肩持象征权力的棒束（fasces）。行省的总督依等级不同拥有等同大法官或等同执政官的权力。但是，imperium 也引申指权力所及的地区。英语中的帝国（empire）一词即发源于此。

8. **平贵斗争（struggle of the orders）**：特指早期罗马史上贵族（patricii）和平民（plebs）之间的斗争过程。公元前 494 至前 287 年间，平民采取"撤离运动"（secessio）的方式，迫使当政的贵族作出种种妥协让步。斗争延续了百余年，平民在法律、政治、社会制度等众多领域争取到重要的权利，包括平民参选执政官的权利得到保障，平民保民官的设置以及平贵之间允许通婚。平贵斗争之后，贵族与平民的区别逐渐淡化，贵族和平民的上层融为显贵阶层（nobiles）。

9. **外务祭司（fetiales）**：外务祭司团由 20 人组成，职责范围包括执行宣战仪式、媾和和缔结条约（foedus）等。他们宣战时遵循固定的程式和语言来宣战。具体的做法是这些祭司被派遣到敌方疆界，陈述敌方对罗马的损害，宣布罗马人对敌方的要求，敌方被给予 30 或 33 天的答复时间。假如敌方拒绝罗马提出的要求，元老院可以宣布战争是正当的。外务祭司需要再到敌方的疆界，由至少 3 位成年男子在场作证，念出套语，并将一支特制的长矛投掷到敌方的土地上，宣战仪式正式完成。但是当罗马的战争涉及的敌方，距离罗马越来越远，罗马人就变通了传统的仪式，在罗马的土地上圈出一片地，把它假定为敌方领土，外务祭司把长矛掷到圈中来完成仪式。

10. **新人（New Man，拉丁语 Novus homo）**：特指出身非显贵家族（nobiles）而仕途显耀，晋升元老院的人物。他们所出身的家族中以前从未有人担任过执政官或有元老头衔。老加图、马略和西塞罗都是共和时期著名的"新人"。

11. **平民／民众派（Populares）、贵族派（Optimates）**：是罗马共和中期及晚期统治阶层的两大派别。但各派并无固定的成员或严格的组织，也称不上有完整的、一以贯之的政纲。大体上来说，贵族派在政治上较为保守，更倾向于维护元老院的权力；平民派，或民众派，更倾向于利用民众大会而不是元老院来进行立法活动。著名的平民派领袖有马略和恺撒等，贵族派领袖有苏拉等。而庞培则曾一度在平民派和贵族派之间摇摆。

12. **希腊化时代（The Hellenistic Era/Age）**：指亚历山大大帝死后（前323）其将领及其后裔控制地中海大片领土的时代，通常以前31年屋大维征服托勒密埃及为下限。德国学者德罗伊森首创"希腊化"一词，用来指希腊语言、文化在非希腊地区的传播。当代学者普遍强调希腊化时代的文化交流和相互影响。罗马人在征服地中海的过程中与希腊化世界发生多方面的冲突和交流，最终把希腊化世界纳入了罗马帝国的版图。

13. **凯旋式（triumphus）及小凯旋式（ovatio）**：凯旋式是元老院授予得胜将领的殊荣。在共和时期逐渐发展出一套授予凯旋式的基本条件：只有拥有 imperium 的长官，如大法官、执政官、独裁官等，才有资格获得凯旋式，且必须在对外敌的战争中取得重大胜利、在单场战役中至少歼灭 5000 名敌军、并被士兵冠以"统帅"（imperator）的称号。获得凯旋式的得胜将领（triumphatores）得以着华丽（紫色或深红色）外衣、面涂红色、乘四驾马车风光入城，率领军队举行盛大的游行，展览俘虏和战利品，并向卡皮托林山朱庇特神庙奉献牺牲。获得小凯旋式的将军则着紫色滚边长袍（toga praetexta）步行或骑马入城，有鼓乐相伴，但士兵通常不随行。凯旋式也是用来展示罗马荣耀的重要仪式。帝国时代，只有皇族才能正式庆祝凯旋式，小凯旋式则不限于皇族。

14. **骑士（单数 eques，复数 equites）**：共和时期和帝国时期的骑士等级并不完全是一回事，和中世纪的骑士概念更不尽相同。在共和时代，与元老等级不同的是，罗马骑士等级毫不掩饰地从事商业活动，担当包税人、承包商等。在帝国早期，骑士等级是次于元老等级的第二等级，其财产资格为 40 万塞斯特斯。很多直接服务皇帝的枢要职位从骑士等级中遴选。这些骑士等级的管理人员和皇家释奴一起掌管皇室的财务和地产、负责皇帝的拉丁语及希腊语通信、处理上访请愿文书等。罗马城的水利总监、近卫军统领（praetorian prefect，拉丁文为 praefectus praetorio）及埃及行省的总督等重要职位也都由骑士担当。除埃及之外，一些较小的或新征服的行省，如撒丁尼亚－科西嘉（Sardinia-Corsica）、诺里库姆（Noricum）、雷提亚（Raetia）等的总督都选自骑士等级。此外，Laurentes Lavinates 的祭司头衔只赋予骑士。与元老等级的官员所不同的是，骑士等级的管理人员是领薪水的，其年薪从 60 万、30 万、20 万到 10 万塞斯特斯不等。元老阶层和骑士阶层既有千丝万缕的联系又不无矛盾。

15. **罗马氏族（单数 gens，复数 gentes）**：指古代罗马的父系亲缘群体，源于共同的男性祖先。罗马公民三个名字中的第二个即是氏族名。比如恺撒的全名为 Gaius Iulius Caesar，其中盖尤斯（Gaius）是个人名（praenomen，字面意思为"前名"），尤利乌斯（Iulius）是氏族名（nomen gentilicium），恺撒所属的氏族则被称为尤利乌斯氏族（Gens Iulia；Iulia 尤利亚为尤利乌斯的阴性形式）。恺撒（Caesar）为家族名（cognomen），家族为氏族中的分支。最初，只有贵族才有氏族，但平贵斗争之后，罗马的氏族分贵族氏族（即旧族）和平民氏族。

16. **官阶制度（cursus honorum）**：直译为荣誉之路，也就是晋升体系。罗马官员的晋升按一定的顺序进行，理论上说，必须先任财务官、营造官以及大法官，才有资格竞选执政官。共和时期，执政官有两名。大法官和营造官的数目屡有增加。公元前 180 年的维里亚法（*lex Villia*）及后来苏拉执政时期规定了出任每一个官职的最低年龄限制以及就任两个职位之间的间隔时间。但是罗马史上仕途不遵循这些规定的例子不在少数，或跳过低级官阶，或多次短期内连任。最有名的例子当属小西庇阿和马略。在最低法定候选年龄（in suo anno）就成功竞选官职被视为很高的政治成就。有一些重要的职位不在官阶制度之内，如大祭司等宗教职务以及保民官都不受晋升体系的约束。

17. **执政官（Consul）**：执政官是古罗马共和时代的最高行政长官，并拥有统帅权。共和时代每年选举两名执政官，由百人队大会选举产生，任期一年，罗马的纪年以两名执政官命名。最早执政官只从贵族中产生，经过平贵斗争，此职位于前4世纪上半期向平民开放。为了遏制执政官权力膨胀，共和早期和中期发展出一系列限制性规定，比如担任执政官的最低年龄为43岁，此前必须担任过其他公职，十年间不得连任等。但例外时有发生；共和晚期，这些限制更是被置之一边。在帝国时代，执政官的头衔虽得以保留，但职权锐减，人数增多，任期也被缩短。尽管如此，执政官仍是极高的荣誉和地位的表征。执政官有常任执政官（consules ordinarii）及副执政官或补执政官（consules suffecti）之分。共和时期，副执政官只在执政官死亡、辞职等情况下才被委任。帝国时期的副执政官（consules suffecti）则有多名。元首或皇帝本人也常担任执政官，与皇帝共任执政官是一项殊荣。卸任的执政官可以通过抽签等方式外放做行省总督（proconsul=pro 代替 + consul 执政官）。6世纪中期以后，执政官的头衔和选举成为历史现象。

18. **祭司（单数 pontifex，复数 pontifices）**：pontifices 是罗马最重要的祭司团，早在王政时代就存在，其人数从最初的5人增至前4世纪末3世纪初的9人，苏拉以后增至15人，恺撒以后进一步增至16人。在较早的中文翻译中，曾被译作"造桥团"。但现在有学者认为 pontifex 的词源并非拉丁语中的 pons（桥），而是埃特鲁里亚语中的 pont（路）。罗马祭司团的最高祭司称为大祭司（Pontifex Maximus），是古罗马最高宗教职位。大祭司之职由部落大会选举产生，但和行政长官职位所不同的是，大祭司为终身职位，不拥有行政权力（imperium），原则上来说只是一个普通公民（privatus）。以大祭司为首的祭司团负责包括宗教法及礼仪在内的宗教事务，职责范围广泛，具体包括宗教祭祀仪式、观测记载天象、解释征兆、规范日历、修订有关葬仪的律法、神庙奠基等。遗嘱继承、收养、古老的共食婚婚礼等也是大祭司的管理领域。此外，大祭司还负责监管维斯塔贞女。帝国时期的元首、皇帝垄断大祭司的头衔和职能。基督教徒身份的多位皇帝也继续保持这个头衔，直到 381 年，皇帝格雷先（Gratianus）最终放弃此称号。这一尊称则被基督教首领所采用，迄今仍是天主教教皇的正式称号。

19. 维斯塔贞女（Vestal Virgins，拉丁文单数 Vestalis，复数 Vestales）： 维斯塔女神（Vesta）为灶（火）神，为十二大神之一。侍奉维斯塔女神的女祭司们奉职期为至少 30 年，奉职期间必须保持贞洁，因此得名维斯塔贞女，她们受大祭司的直接领导，主要职责是守护神庙中的长明火以及献祭牺牲仪式中所用的"盐粉"（mola salsa，盐与谷物的混合物，献祭时洒在牺牲上）。失贞的贞女会受到严厉的处罚，包括活埋以及活活饿死。但奉职期满后可以结婚。维斯塔贞女通常选自罗马元老阶层的家族，是地位尊贵的祭司，人数从 2 人增加到 4 人，后来稳定在 6 人，享有免于监护人等种种特权。维斯塔贞女是罗马城内唯一的女祭司团，394 年正式废除。但女祭司在罗马帝国的多神教宗教系统中并不鲜见，伊西斯（Isis）、维纳斯（Venus）、得墨忒耳（Demeter）等女神崇拜中都有女祭司奉职。庞贝城中的伊西斯和维纳斯女祭司们也都来自地方显贵家族。

20.《十二表法》（Tabulae duodecim; lex duodecim tabularum）： 罗马最早的成文法及罗马法的源泉。据西塞罗记载，背诵《十二表法》是罗马教育的基本组成部分之一。也常被称为十二铜表法，但这些律法最初是刻在什么材质上的，古代就有不同的说法。《十二表法》原典已不复存在，一些条文或残篇保留在古代作家的文章及《查士丁尼民法大全》中。内容上既包括私法也涵盖公法，涉及司法程序、婚姻家庭、量刑、丧葬等。古代罗马的史家，包括李维，把《十二表法》视为前 5 世纪平贵斗争的产物，但现存的条文中包括了一些对平民不算特别有利的内容，并且禁止平民和贵族通婚，至于这一条反映了当时存在的习惯法，还是因为当时存在着平民与贵族通婚的现象，而专门制定（或重申）的法令，还存在着争议。但这一条在前 445 年废止。

21. **荫庇体系（patronage）**：恩主（patronus，复数 patroni）相对于门客（clientes）而言。门客受恩主庇护和照应。在政治生活上，门客支持恩主，并提高其声望。门客有自由身份，但来源各异。但荫庇关系是否存在并不一定以双方是否使用恩主或门客这样的字眼为转移。罗马人常用 amicitia（友谊）、beneficium（恩惠）等更为体面、客气或模糊的字眼来表述或掩盖事实上的荫庇关系。这种关系具备持续性（durable）、非对等性（asymmetrical）和自愿性（voluntary）的特征。地位较高者推荐年轻贵族担任某个职位也是荫庇关系的一种表现形式。

22. **族谱学（Prosopography）**：prosopography 一词由希腊语词根 prosopon（人物）和 graph 组成。中文翻译不一而足，"集体传记的研究法"是较多采用的译法，也可译为族谱学、谱系学、谱牒学，另有"人学"的译法。研究的重点是某一历史、社会或文学背景中人物的发展轨迹、人物之间的关系等。族谱学和研究姓名、姓氏的学科（onomastics）密切相连。就罗马的族谱学而言，最基本的参考书和研究工具为《早期罗马帝国人物志》（英文缩写为 PIR）及《晚期罗马帝国人物志》（英文缩写为 PLRE）。使用族谱学进行研究的代表性学术著作包括塞姆的《罗马革命》（初版于1939 年）。

23. **罗马公民权（civitas Romana）**：罗马城和其他古代城邦一样有自己的公民团体和严格控制的公民权。只有公民才能享有投票权或担任罗马的行政长官。随着罗马的扩张，罗马公民权逐渐地、有选择性地开放给被征服地区的自由民，尤其是地方上的上层人士。非公民还可通过担任地方长官、在辅助军中服役以及特许等方式获得罗马公民权。帝国时期的罗马公民享有一系列的特权，在人身上享有更多的保护，并且只有罗马公民才能进入元老院。212 年，皇帝卡拉卡拉颁布敕令，把公民权广泛授予帝国境内除降民以外的自由民。

24. **同盟战争（Bellum sociorum，前 91—前 88）**：意大利盟友为争取罗马公民权与罗马进行了数年的战争，并最终获得公民权。古代史料中通常称这场战争为意大利战争。英美的历史学家把罗马和盟友的战争称为"the Social War"，来自拉丁语中的盟友 socii（复数）一词。

25. **除名毁忆（damnatio memoriae）**：或译"记忆抹杀"，因为在贵族文化中，记忆与名誉紧密相连，所以除名毁忆也是"除名毁誉"。被宣布为人民公敌的人或罪行深重的人，罗马政府会采取行动把其人之名、肖像甚至提到的这些人的文字从塑像、碑文、造币、建筑物上抹除、刮去或销毁，家族中有一些传统的名字（特别是前名）也不得再使用。现代学者将这种现象称为 damnatio memoriae，拉丁文中其实并没有这个词组或专门术语。尼禄皇帝就曾被元老院宣布为人民公敌。除尼禄之外，图密善、康茂德、盖塔也曾遭记忆抹杀。最有名的记忆抹杀的案例之一是元老院所颁布的有关老皮索的决议（Senatus Consultum de Cn. Pisone patre）。

26. **祖制（mos maiorum）**：指祖先的传统、不成文的制度和行为准则。具体内涵和外延随上下文而异。政治家，尤其是保守的政治家，常援引或虚构"祖制"来阻止或推动新的提案，这在共和时代中后期尤为频繁。

27. **释放、解放（拉丁文为 manumissio）**：词源为 *manumittere*（字面意为用手 manu+ 遣送 mittere）。获释的奴隶称为释奴（男性释奴为 libertus，复数 liberti，女性释奴为 liberta，复数 libertae）。奴隶和释奴都相对于生而自由的自由民（ingenuus，复数 ingenui）而言。正式释放奴隶的方式有三种：杖式释放、注册释放，以及遗嘱释放。释奴虽然获得人身自由，但并不是所有的释奴都能获得罗马公民权。此外，释奴对原来的主人承担一定的义务。帝国时期的释奴留下了大量的碑铭，成为罗马史学家研究社会史和释奴族群的重要史料。大部分释奴从事手工业和商业，有一些在经济上较为成功的释奴不遗余力地提升自己的社会地位。皇帝的释奴（familia Caesaris）是一个特殊的群体，在宫廷和帝国行政管理中充当重要角色。在元老和骑士阶层出身的作家（如塔西佗、小普林尼、苏维托尼乌斯等）的笔下，被释奴左右，是无能的皇帝或暴君的表征之一。

28. **大地产（latifundia）**：一种土地占有形式，指拥有大量奴隶的大庄园。大地产的发展在前 2 世纪之前便开始了，并随罗马的扩张而增长。罗马共和国在扩张的过程中从被征服地区和城市获得了大量的"公地"，权贵富人在兼并的过程中积累了大面积的地产，或用来畜牧，或用来种植橄榄、葡萄或谷物。大地产在意大利南部、西西里、西班牙和北非尤为集中。

29. **庄园（villa）**：自前 2 世纪以降，庄园在意大利广为流行。对于上层罗马人来说，庄园是身份的象征。庄园既是居所，也是生产单位，更是生活方式的表征。从选址来说，庄园又分农庄、滨海庄园等。具体到建筑风格、面积以及功能，各庄园之间又因时因地各有不同，甚至大相径庭。由于庄园的多种形态、多重性质和意义，学者们所给出的定义也各有侧重：有的强调庄园的文化内涵，有的则侧重其社会意义或经济功能。

30. **社团（collegia）**：罗马时期的社团可分为宗教崇拜团体、行会、地缘社团等。共和晚期政局不安、社会动荡，社团、行会等大多卷入党争、贿选、街头暴力，元老院再三立法限制社团现象，甚至取缔某些社团。但罗马帝国进入和平发展时期以后，社团大为发展，在罗马、罗马港口奥斯提亚（Ostia）、鲁格杜努姆（Lugdunum，今法国里昂）等商业中心尤为兴盛。成员主要来自下层民众，包括释奴在内。社团成员的经济地位上不能一概而论，既有相对富裕的商人和手工业者，也有经济状况较为一般的社会下层。一般的社团都有入会费及其他入会规定，这就在一定程度上限制了穷人的参与。社团有多种社会经济功能，许多社团有饮宴、互助救济、丧葬等社会活动。社团还经常接受包括现金、资产、基金等在内的各种形式的馈赠。有些社团历史长达几百年，积累大量资源，在地方政治、社会、经济等方面产生显著影响。

31. **包税人（publicani）**：罗马共和时期税收主要由包税人承担，出价最高的包税人从政府手中拍卖得到地方上的收税权，以私人身份在行省收税。包税人多来自骑士等级，通常由多人组成合伙（societas）。大型的包税合伙出现于第二次布匿战争时期。包税人在地方上榨取的收入越多，盈利也就越高。在罗马文学和《新约》中，包税人常是贪婪的化身。以包税形式收税在帝国早期逐渐被废除。

32. **三头政治（Triumvirate）**：是共和晚期从共和制向帝制转变过程中出现的权力分配方式，也就是以三人联盟（tres viri）的方式来达到集权独裁。分"前三头"和"后三头"。"前三头"同盟指在前 60 年，由恺撒、克拉苏和庞培三巨头秘密结盟而形成的政治同盟，以对付政敌和元老院。这个联盟建立在三人私下协议的基础上，并不具有合法性。克拉苏死后，庞培和恺撒的矛盾激化，并最终导致联盟破裂。庞培转而与元老院联手。而恺撒则于前 49 年进攻罗马，与元老院开战。"后三头"同盟是由屋大维、马可·安东尼和雷必达在前 43 年经过协商而达成的正式同盟，后来也随着形势的变化而消亡。屋大维和安东尼兵戎相见，前 31 年的亚克兴海战，后者在这场决定性战役中被击败。而屋大维则成为帝国的第一位皇帝，改名为奥古斯都。

33. **公敌宣告（proscriptio）**：拉丁文 proscriptio 原意为"宣告""公布"。然而，在罗马共和时代后期，proscriptio 却成了一项大规模恐怖措施的专用名称。所有列在名单上的人不需经过任何审判程序便可被就地处死，财产被剥夺。苏拉于前 82—前 81 年，"后三头"于前 43—前 42 年都曾颁布过"公敌宣告"，借以敛财并清除私敌及政治对手。

34. **罗马币制**：aureus（复数 aurei）为金币；denarius（复数 denarii）为银币；sesterce（复数 sesterces）以及 as（复数 asses）为铜币。造币之间的换算关系为 1 denarius = 4 sesterces = 10 asses（第二次布匿战争结束前），以及 1 denarius = 4 sesterces = 16 asses（第二次布匿战争结束后）。帝国时期并没有推行统一的币制，造币点分散在帝国各处。原希腊化地区仍保留名称、价值、图案不一的币种，如德拉克马（drachmae 或作 drachmai）。3 世纪危机之后，货币贬值，通货膨胀严重。帝国尝试过推行新币种，4 世纪时名为 solidus 的金币一度成为价值相对稳定的货币。

35. **地方议会成员（decurio，复数 decuriones）**：译为市元老院议员。在罗马帝国时期是罗马以外西方行省城市中的统治阶层，负责管理地方各项事务并监管税收。各城市的地方议会大小各异，人数不一，但进入地方议会必须满足一定的财产条件，这个条件也各不相同。在北部意大利的城市，最低财产资格大约为 10 万塞斯特斯。

36. **父权（patria potestas）**：特指一家之首对所有后代的权力，子女成为自权（sui iuris）人后可脱离父权。拥有父权者称为"父家长"（paterfamilias）。理论上来说，父权包括对依附子女的生杀大权。父权之下的子女是没有财产所有权的，财产属于父家长，不过士兵可以是例外。

37. **家庭（familia; domus）**：拉丁语中指家庭和庭户的词主要是 familia

和 domus。父家长或家父（paterfamilias）拥有对家庭财务的支配权。familia 一词在拉丁语中有多重外延。狭义上来说，familia 指父家长和所有在他权力下的家庭成员，包括其子女、孙子女，以及收养的子女。广义上来说，familia 可以指所有生活在同一个家长治下的男支亲属，甚至源于同一祖先的男性亲属都可称为 familia。familia 还可以指属于同一个主人的所有奴仆。

38. **监护（tutela）**：分为两种，一种是监护成为自权人的未成年人（impuberes，14 岁以下的男孩，12 岁以下的女孩），另一种是监护妇女。监护人称为 tutor，主要职责是负责被监护人的财产而非其人身或成长。父家长可通过遗嘱来为未成年的子女指派监护人，没有指派的话，由血缘关系最近的男性亲属来担任，或者按律由大法官或总督指派。监护人本身必须是自权人，也就是说不在父权之下的自由人；女性不能担任监护人。妇女可通过担当维斯塔贞女或获得"三子权"（女性释奴需有 4 个孩子）等途径脱离监护。

39. **"三子权"（ius trium liberorum）**：原为奥古斯都为鼓励生育而设置的特权，孩子多于三个的男性可获得公益捐助豁免权，女性可免监护权并可获财产继承权。这个政策适用于自由出身的罗马人。女性释奴需有四子才可获得"三子权"。但后来演变为与生育子女无关的一种皇帝私人奖赏。比如，小普林尼并无子女，但被皇帝图拉真授予"三子权"。

40. **婚姻（matrimonium，contubernium）**：罗马的合法婚姻分为有夫权婚姻（cum manu）和无夫权婚姻两种（sine manu），值得一提的是这些专业术语是后世学者的发明，并不为罗马人所用。妇女结婚之前作为他权人生活在自己家庭的父家长权力之下，结婚之后原先父家长的权力转移到丈夫身上，"妇女一旦进入丈夫的属权，该妇女所有的一切，比如嫁妆（dotis nomine），都为其夫所有"。（西塞罗，《论题术》[Topica]23）缔结有夫权婚姻的妇女不再自动成为原家庭遗嘱继承人。然而，在所谓的"无夫权"婚姻中，从法律上来说，妻子仍属于原来的家庭。法律不认可的婚姻因时、因等级而异。元老阶层的限制相对较多。这些限制多在奥古斯都时代形成法律，比如，除元老及其儿子之外，所有的出身自由的男子可以与女性释奴结婚。如果元老的女儿、孙女、重孙女、重重孙女与释奴或戏子，或与父母有一方为戏子的男子结婚，该婚姻无效。但是其他等级的男子可以与女性释奴缔结合法婚姻。奴隶与自由民之间不能缔结合法婚姻（matrimonium），他们之间的两性关系在法律上归类为"同居"（contubernium）。查士丁尼《学说汇纂》中（特别是第23—24卷）保留了大量相关条文。塞维鲁之前，在役士兵也不能缔结合法婚姻，不能有合法妻子，但是这并不意味着他们没有事实上的伴侣和家庭生活。

41. **元首制（Principate）**：罗马史学家习惯上将罗马帝国按政体分为元首制时期（Principate）和君主制时期（Dominate）。元首制指早期帝国（前27—284）的政体。词源来自奥古斯都所采用的Princeps这一称呼。在拉丁语中，Princeps的基本意思为"第一""首领"，也可特指首席公民或首席元老。奥古斯都强调自己的"威权"（auctoritas）而不是权力，而其权力根源则来自于共和时代的各种官职（保民官、执政官等）。元首制实为君主制，但保留着共和的外衣和幻象，在这一点上有别于后来不加掩饰的君主制（Dominate）。

42. **"罗马化"（Romanization）**：指在罗马治下文化同化的过程。这个词本身颇有争议，因为帝国境内文化变迁是一个复杂、动态的过程，而"罗马化"暗示自上而下的同质化。学界尝试用后殖民主义的语汇来取代"罗马化"一词，比如acculturation，creolization等，但目前还没有能完全替换Romanizaiton。总的来说，罗马统治者并非总是采用强制性的措施来推进罗马化。罗马化有一些外在的表征，比如城市化，角斗场、剧场及浴室等公共建筑物的扩散，碑铭文化的扩散，采用罗马官方宗教及拉丁语，等等，但其动力来源和主要表现形式因地而异。行省地方统治阶层对罗马物质文化和制度的仿效是罗马化得以发展的重要因素之一，但道路的修建、移民、军队的部署以及商业活动等都是推动文化交流和变迁的载体。由于"罗马文化"本身也在不断发生变迁，所以所谓的文化变迁也并非是一个单方向的过程，而是存在着过程多样、结果各异的文化协商。由于历史背景的差异，帝国东西部的罗马化方式和表现形式也存在着明显的差异。在帝国的东部，希腊语保留了通用语言的地位。

43. **"罗马和平"**（pax Romana）：指从奥古斯都时代（前27—14）至马可·奥勒留治下罗马帝国200多年相对和平的时期。一方面，在此期间，罗马帝国疆域广大，人口众多，内战稀少，边界少受侵犯，海上海盗被肃清。帝国境内商业兴旺，经济繁荣，城市兴盛，艺术与建筑发达。另一方面，所谓"和平"也是和武力征服联系在一起的。罗马历史学家塔西佗曾不无讽刺地借不列颠酋长卡加库斯（Calgacus）之口批判罗马的暴行："他们抢劫、杀戮、偷盗却称之为'帝国'，所到之处皆化为焦土，却称之为和平。"

44. **粮食供给系统**（annona）：随着罗马的扩张，罗马城的人口也在不断增加。到帝国盛世时期，罗马城可能有100万常住居民。这样庞大的人口数量给各项物品，尤其是食物供应方面，造成了巨大的压力。罗马城的粮食供给由专门的长官负责（prefectus annonae），以确保有充足的粮食供应罗马城，并监督粮食的价格。此外，政府还有免费发放粮食的名额。西西里、埃及和阿非利加行省是罗马的"粮仓"，大量的粮食来源于这些地区。粮食的运输和储存有着复杂的体系。但主要由"私营"商人而不是政府的船队来负责。

45. **边疆**（limes，复数 limites）：拉丁文中 limes 最基本的意思为田边小道，后发展出边界、界限之意，英文中的 limit（限制、极限）一词正源于此。古代作家常用 limes 一词来指帝国的边疆。在罗马研究中，limes 演变成了一个专门的术语，广义上指帝国边境的防御体系。在很长一段时间内，罗马帝国都没有用石墙或栅栏正式标出的边界线，比如早期帝国在欧洲大陆以莱茵河和多瑙河为自然边界。1世纪以来，正式的边墙在一些行省得以发展。这些边墙常包括土墙、石墙、岗哨、堡垒、壕沟等元素。罗马的边墙常作为屏障、分界线，而非作为作战平台来设计，其防御功能远不如其划分"文明"与"野蛮"的象征意义来得有效。著名的遗迹有不列颠北部的哈德良长城以及德国境内的上日耳曼－雷蒂安边墙（Obergermanisch-Raetischer Limes），它们被共同列入世界遗产名录。

46. **美德**（virtus）：拉丁语中的 virtus 一词源于 vir（男人、男子汉），本意为勇武、有男子汉气概，但也常用来泛指"美德"。通常表达德行的词汇为：坚韧（constantia）、节制（disciplina）、信誉（fides）、严肃（gravitas）、正义（iustitia）、尽职（officium）、忠顺虔敬／尽职（pietas）、虔敬（religio）、节俭（parsimonia）等。这些德行反映罗马文化尤其是罗马贵族阶层的理想核心价值观。其中 pietas 一词有多重含义，可以指对神的虔敬，遵从神的意旨，也可指孝敬父母或手足间和睦敬爱，对配偶的忠诚。总的来说，罗马人理解中的 pietas 强调的是责任感，个人要在自己的公共角色和私人角色中履行自己应尽的职责，所以这个词也常和"尽职"（officium）等其他表示美德的词重叠。元老院授予第一位皇帝奥古斯都一个"美德之盾"（Clipeus Virtutis），上面刻有奥古斯都的 4 项美德：勇武（virtus）、仁慈／宽宏大量（clementia）、正义（iustitia）、忠顺虔敬／尽职（pietas）。在这个金盾之上，virtus 和其他 3 个美德并列，可译为"勇武"；但是金盾本身又包含 4 个美德，所以 Clipeus Virtutis 中的 virtus 可译为"美德"。

47. 托袈（toga）：托袈为罗马男性的正式服装，由一整块羊毛质地的布料绕在身上而成。托袈的颜色和装饰可以表达身份地位或年龄。未成年的男孩穿有条纹的托袈（toga praetexta），经过成人礼之后换为普通、无装饰的托袈（toga pura 或 toga virilis）。元老的托袈通常有紫色宽边，这种托袈也称为 toga praetexta。竞选官职的候选人着醒目的白色托袈（toga candida），英文中的候选人（candidate）一词来源于拉丁语 candidatus，本意为着白色之人。只有皇帝才能穿全紫色的托袈。在罗马作家的笔下，托袈是文明的象征，罗马人被称为托袈族（togati 或 gens togata），有别于着裤装的"蛮族"。托袈也可以用来代表和平，和"战衣"（单数 sagum，复数 saga）相对。

48. 斯多葛哲学、斯多葛主义（Stoicism）：斯多葛哲学起源于希腊化时代，其创始人为前 3 世纪早期的芝诺（Zeno）。斯多葛哲学在罗马帝国时期得到长足发展，在社会各阶层中影响广泛。其代表人物有曾任尼禄皇帝老师的诗人、悲剧家、哲学家塞内加，以及释奴身份的哲学家爱比克泰德。主张淡然对待财富、声名、情感等，一切顺应自然。宇宙间的万物互相关联，每一个个体的存在、处境、行为等都由自然的顺序决定。皇帝马可·奥勒留的笔记《沉思录》常被视为帝国时期斯多葛哲学的重要代表作之一。不过马可·奥勒留其实并没有自称斯多葛哲学家,而是广泛地汲取了许多古代思想家的养料。

49. **军团(单数 legio,复数 legiones)**:罗马军团是重装步兵为主的作战单位。军团士兵的主要装备是盔甲、长矛、短剑和盾牌。共和早期,每个军团的人数为 3000 左右;恺撒时期,每个军团士兵人数为 4800 人;帝国时期,每个军团人数为 5000 左右。军团是罗马军队的中坚,由罗马公民组成。帝国早期的军团数量稳定在 35 个左右。另有数量相当的辅助军(auxilia),其兵源主要来自边疆行省,大部分辅助军士兵没有罗马公民权,但可以在退役以后获得罗马公民权。2 世纪末以后,罗马军团和辅助军的区别逐渐缩小。3 世纪以后,骑兵逐渐取代重装步兵成为罗马军队的主力。

50. **"3 世纪危机"**:从 235 年罗马皇帝塞维鲁·亚历山大被自己的军队谋杀,到 284 年戴克里先登基,其间军队争立皇帝、帝国分裂、物价飞涨,罗马帝国在连绵内战、政治无序、边境危机、经济衰退等多重压力之下几近崩溃。这种全面混乱的状况,史称"3 世纪危机"。值得注意的是,"3 世纪危机"在帝国各地的表现形式和严重程度并不一致。

51. **蛮族(barbari)**:所谓"蛮族",多指不说拉丁语和希腊语的境外民族,并非专指未开化民族。拉丁语中,"蛮族人"阳性单数为 barbarus,复数为 barbari。这个词起源于希腊语,用来指非希腊语的族群。最初并不一定带有明显的贬义色彩,但逐渐(可能在希波战争前后)发展成一个歧视性的字眼,指代"他者"。罗马人和"蛮族"的交流与贸易由来已久,恺撒的《高卢战纪》及塔西佗的《日耳曼尼亚志》从罗马人的角度描述了"蛮族"的生存状态及品性,认为"蛮族"与罗马人的区别之一在于"蛮族"无城市生活或城市化程度低。罗马人对"蛮族人"存在着刻板印象,比如认为北方寒冷地带的"蛮族"好斗、凶狠、毛发旺盛;而较热地带的"蛮族人"如波斯人等性情正好相反,他们怯懦、阴柔、生活腐化堕落。然而有的时候,罗马人又把"蛮族人"看作罗马的镜像,在他们身上看到失落的淳朴和美德。比如在塔西佗笔下,日耳曼尼亚人是自由的、勇敢的、忠贞的,他们生活简单、不被物质所控制,和堕落、拜金的罗马人形成鲜明对照。所以罗马人对所谓"蛮族"的构建,也是在构建自己,是自我认同的一部分。帝国初期所提到的"蛮族"通常在高卢、不列颠和达奇亚活动。2世纪下半叶以来，日耳曼人各支在帝国边境造成较大压力。4世纪之后，东哥特人、西哥特人、法兰克人、伦巴德人、勃艮第人、盎格鲁人、撒克逊人、汪达尔人、匈人等涌入帝国。"蛮族"与罗马帝国之间的关系错综复杂，亦敌亦友。与罗马贵族、皇室联姻，渗透到帝国军队和管理层的"蛮族人"并不鲜见。410年，阿拉里克率领西哥特人洗劫罗马。西罗马帝国在5世纪以后逐渐被"蛮族"政权瓜分。

52. 帝王崇拜：帝王崇拜的普遍性及形式因文化和地区而异，很难一概而论。自恺撒起，罗马的最高统治者可以获得死后成神的荣誉。然而，元老院在封神上具有选择性，并不是每一个皇帝都能得到死后被神化的待遇。比如提比略、卡里古拉、尼禄、卡拉卡拉等都未获封神。哈德良虽然最终成神，但他的封神问题并非一帆风顺，还是在他的继任者的一再坚持下才得以解决。在世皇帝虽然并不是神，但他们的雕像不可侵犯，并和神庙一样可以提供避难（asylum）。在地中海世界的希腊化诸王国内，帝王崇拜由来已久。因此东部罗马帝国，把在世皇帝当作神灵来供奉并不鲜见。

53. 宗教调适（syncretism）：指对被征服地区非希腊、非罗马的本地神的态度与措施。罗马人通常给非罗马神对应的罗马神冠以拉丁名。比如，在《高卢战记》中，恺撒把高卢地区的主神Teutates、Taranis和Belenos分别对应于墨丘利、朱庇特和阿波罗。现代学者把这一现象总称为宗教融合或宗教调适（religious syncretism），并借用塔西佗《日耳曼尼亚志》（43.4）中的一个表达法，称之为罗马阐释（interpretatio romana）。

54. 圣区（pomerium）：指罗马城的神圣界限，具有法律和宗教意义。死者不得葬于圣区之内。长官的权力只限于圣区之外。圣区之内不得携带武器。而外国君主不得进入圣区。这个界限不完全等同于城市城墙所圈的范围，更不等同于有人居住的城区范围。比如，在罗马史上占有重要地位的阿文丁山在很长一段时间内虽有人居住，也有重要神庙，但处在圣区界限之外。罗马人相信圣区最初是由建城者罗慕路斯圈定的。随着罗马城的扩展，其圣区界限的范围也经历了几次变化。传说王政时代的第六王塞尔维乌斯（Servius Tullius）、皇帝克劳狄以及奥勒里阿努斯都曾扩展圣区界限。罗马的殖民地也都有自己的神圣界限。

55. **"面包与马戏"**：此语来自尤文纳尔《讽刺诗》第10篇的第79-81行："如今他们（指罗马平民）洋洋自满，只满心盼望两桩事：面包与马戏（nunc se / continet atque duas tantum res anxius optat, / panem et circenses）。" 面包指免费或廉价粮食，马戏则指大规模的娱乐活动。法国著名的古典学者保罗·韦纳在其代表作《面包与马戏》（*Le pain et le cirque: historique d'un pluralisme politique*, Paris, 1976）中用"公益捐助"（euergetism）这个概念，运用大量社会学的分析来阐释"面包与马戏"背后的动机、花样繁多的表现方式及其在社会经济领域的影响。

56. **"儿童补助计划"**（alimenta）：起源于皇帝涅尔瓦，由其继任者图拉真系统化。基本原则如下：意大利的庄园主以抵押部分地产作保从皇帝那里获取一笔贷款，庄园主每年支付贷款的利息，用来资助公民的幼年子女。具体操作的细节并不完全清楚，主要史料来源为碑铭。贷款的数目按庄园主财产一定量的百分比而定，贷款的利息一般定在8%以下。至于所资助的儿童数目，各地有所不同，从几十人到数百人不等。学者研究表明，这些儿童并不一定出身贫穷。至于儿童补助计划的目的，有学者认为这是为了刺激人口增长，以增加意大利人力；还有学者认为这是对意大利农业"危机"的应对之策，旨在以注入资金的方式复兴意大利的农业。但较新的观点认为，一方面，并没有有力的证据表明意大利的农业或人口陷入"危机"，另一方面，即便是有衰落的迹象，以这种方式追加资金并不能有效解决农业问题。庄园主需要抵押一部分地产，这只能降低这部分地产的市价。沃尔夫和荣曼认为从经济角度来看儿童救助计划的意义是个死胡同，他们转而强调这一举措的象征意义，也就是说，通过资助儿童，皇帝塑造"祖国之父"形象。统治者通过这种软方式达到臣民的效忠和服从的目的。也有私人资助的儿童补助计划，通常由捐赠的资金或地产来维持。

57. **spolia**：单数为 spolium，来自动词 spolio（除去、褫夺、剥夺），字面的意思是"被除去／剥夺之物"，在罗马史上，这个词主要有两个用法：第一种用法泛指"战利品"，其中最尊贵的战利品，称为"至尊战利"（spolia opima）。这种战利品的门槛比较高，罗马将领需在战场上杀死敌军首领并剥下他的盔甲武器奉献给朱庇特神庙，这种战利品就被称为"至尊战利"。获得奉献至尊战利的资格，这是一种高级荣誉，属于激励罗马人英勇作战的荣誉机制。罗马人把这个传统追溯到传说中的建城者，也是罗马的第一任国王罗慕路斯；第二种用法指把现有建筑物上的装饰、雕像或其他部件挪作他用，可译为"挪用""再利用""夺用"等。比较显著的挪用案例多来自4世纪以降，最著名的一个例子是4世纪上半叶的君士坦丁凯旋门，上面多处浮雕来自图拉真、马可·奥勒留等多位在他之前罗马皇帝的纪念碑，这类挪用未必是出于建材的缺乏等原因，而是一种和以前的黄金时代、以前的好皇帝建立历史关联的一种手法，有其象征意义。

58. **宿庙求梦**（ἐγκοίμησις, incubatio）：指的是人因事、因病，为了求子等等，在宗教圣所睡卧，以期求得神灵入梦，给予示意、解答或医治。这种做法在两河领域、古埃及、希腊和罗马都例证颇多。医神阿斯克勒庇俄斯在埃皮道鲁斯（Epidauros 或 Epidaurus，位于伯罗奔尼撒半岛）的神庙便是地中海著名的宿庙求梦之所。其他的圣所包括萨拉皮斯神庙等。关于罗马时代的宿庙求梦，文字史料（如西塞罗、阿里斯蒂德斯等人的著述）、雕像、铭文，以及考古资料都十分丰富，从中我们可以得知宿庙前前后后的一些细节，包括是否收费，祈祷要使用的一些用语，男女是否分宿（有些地方严格规定分宿，但并非处处如此），以及要遵守的一些禁忌。比如来自2世纪下半叶北非 Thuburbo Maius 阿斯克勒庇俄斯神庙的一个铭文提到，要遵循以下禁忌三日：禁亲近女子，禁猪肉、豆子，还不能剃发或者去公共浴场，也不能穿鞋进入大门。但是，这些规则并非处处统一，而是因地、因时、因神祇而异。

附录二 线上与线下学术资源

一 工具书

古典学研究的介绍性读物可参阅《古典学简介》[1]以及《古典研究手册》[2]。本附录主要提供罗马研究的各类研究资源，遗漏之处以及专题性较强的资源，可检索《古典学年鉴》(见下)或参阅《牛津罗马研究手册》(2010), [3]这本书为所有对罗马研究感兴趣的读者提供了一部大全式的参考读物。该书回顾历史，归纳目前最新的学术进展以及罗马研究各分支间的互动，并前瞻罗马研究未来的发展方向。所涵盖的内容包括文学、艺术、戏剧、语言、翻译、社会、经济、宗教、地理、城市、建筑、奴隶、文化变迁、政治理论等，洋洋大观。不但如此，该书还简洁地介绍和展望了人类学、精神分析、性别研究、新媒体的运用等对罗马研究的影响。

(一) 书目工具

《古典学年鉴》：古典学包括罗马研究领域最重要的书目检索资源，当属《古典学年鉴》(*L'année philologique: bibliographie critique et analytique de l'antiquité gréco-latine*，通常缩写为 *APh*)，由"国际古典书目协会"(Société Internationale de Bibliographie Classique)出版。自 1928 年至今已有近百年的历史。虽然《古典学年鉴》的编辑语言是法语，但列有每一年度以欧洲主要语言出版的所有古典学领域的专著以及学术性文章。《古典学年

---

[1] Mary Beard and John Henderson. *Classics: A Very Short Introduction*. Oxford: Oxford University Press, 1995.

[2] David M. Schaps, *Handbook for Classical Research*. London: Routledge, 2011.

[3] Alessandro Barchiesi and Walter Scheidel (eds.), *The Oxford handbook of Roman studies*. Oxford University Press, 2010.

鉴》不提供书籍或文章的全文，但有相关出版物的出处和摘要，专著还包括该书书评的索引，是了解古典学学术动态不可或缺的工具。《古典学年鉴》最初只有实体版，各卷部头大、条目多，而且只限于当年度，检索费时费力，甚为不便。但是网络电子版的出现（http://cpps.brepolis.net.eu1.proxy.openathens.net/aph/search.cfm）改变了使用《古典学年鉴》不便的局面。唯一的缺陷在于网络版不包括最近 3 至 4 年的《古典学年鉴》现刊。检索可以通过各种关键词（比如古代作者、现代作者、主题、日期）搜索各种语言的文章、书籍。

《牛津古典书目》：近年来获得长足发展的书目工具是网络版的《牛津古典书目》（https://www.oxfordbibliographies.com/browse?module_0=obo-9780195389661），陆续提供各专题的书目。和《古典学年鉴》的组织方式非常不同，《牛津古典书目》每个专题包括总览性介绍，专题下按子专题组织，并且每条书目附有简洁的介绍。比如"罗马世界的贫穷"（Poverty in the Roman World）这个专题的书目由内维里·莫利（Neville Morley）撰写（DOI: 10.1093/obo/9780195389661-0222），书目的组织围绕"总览""定义和社会结构""生活状况""罗马意大利的穷人""社会关系""穷人和政治""贫穷救济"以及"基督教与穷人"这 8 个子专题。《牛津古典书目》能够帮助研究者迅速了解某个专题的研究视角、代表性著作等，目前已有 365 个专题，相当一部分和罗马史直接相关。

（二）百科全书、辞书类工具

如果需要查找罗马史上事件、人物、建筑、概念等的名词解释，英文单卷本的《牛津古典辞书》（缩写为 *OCD*）共 1696 页，查阅方便，特别便于初学者使用。2012 年时已更新到第四版，[1] 但是词条的内容相对简短，不够全面丰富。所收的条目偏重政治、军事，社会史方面涵盖不足。有关基督教历史、教义和人物的条目也比较缺乏。在古典学领域影

---

[1] Simon Hornblower and Antony Spawforth (eds.), *The Oxford Classical Dictionary*. Oxford: Oxford University Press, 2012.

响最为广泛并且最为权威的百科全书是蔚为壮观的《古典科学百科全书》[1]。加上增补卷，这套德语版的辞书达 100 多卷，通常缩写为 Pauly-Wissowa 或者 *RE*。每一个词条都由有名望的相关专家撰写。1964—1975 年间，Metzler Verlag 出版了 5 卷本的《缩略版保利古典学百科全书》（*Der Kleine Pauly，Enzyklopädie Der Antike*）。1996—2003 年间，《新保利》（*Der Neue Pauly*）问世，共 19 卷（18 卷正文并附有索引卷）。博睿出版社的英文版《博睿新保利：古代世界百科全书》（*Brill's New Pauly: Encyclopaedia of the Ancient World*）2006 年起出版。德文和英文的《新保利》都是标准工具书（但英文版受到的批评较多），并都有收费订阅的网络版（http://www.paulyonline.brill.nl/）。2013 年，巴格诺尔及多人主编的《古代史百科全书》由威立 - 布莱克威尔出版，既有大部头纸版，也有收费的网络版。[2] 这套百科全书一经出版便在学界迅速获得口碑，是便捷全面的工具书，2000 多位学者参与写作，包括约 5700 个词条，从地域上来说覆盖了包括西亚在内的整个古代地中海世界，在内容上反映了最新的学术成果。大部分词条都附有精选书目，便于读者进一步阅读。网络版进行周期性的更新，以跟进最新的研究进展。2018 年，《牛津晚期古代辞书》问世，[3] 两卷本，400 多位学者参与了撰写，包括 5000 左右词条、100 多万字。在时间上，它覆盖了 2 世纪中至 8 世纪；在地域上，覆盖了欧洲、地中海世界，以及包括波斯帝国及中亚在内的所谓近东（Near East）。《牛津拜占庭辞书》（缩写为 *ODB*）共 3 卷，2338 页，5000 多词条，覆盖从 4 世纪至 15 世纪拜占庭历史。[4] 如果需要查询希腊罗马作家、作品、格言等在历史上的流传、翻译及影响等，安东尼·格拉夫顿等所编的《古典传统》是

---

[1] August Pauly, Georg Wissowa, Wilhelm Kroll, Kurt Witte, Karl Mittelhaus, Konrat Ziegler (eds.) *Paulys Realencyclopädie der classischen Altertumswissenschaft: neue Bearbeitung*. Stuttgart: J. B. Metzler, 1894-1980.

[2] Roger Bagnall, *et al. The Encyclopedia of Ancient History*. Malden, MA: Wiley-Blackwell, 2013.

[3] Oliver Nicholson (ed.), *The Oxford Dictionary of Late Antiquity*. Oxford: Oxford University Press, 2018.

[4] Alexander P. Kazhdan (ed.), *The Oxford Dictionary of Byzantium*. Oxford University Press, 1991.

一部重要的工具书。①

这些重要工具书的网络版近 10 几年来得到长足发展，近年来的版本一般都采取实体书和数字版并行的策略。除了上述已提到的一些网络版之外，"牛津工具书在线"（Oxford Reference Online: www.oxfordreference.com）是覆盖面极广的查询工具，需订阅。可在数百种牛津大学所出版的辞书、百科全书、指南手册中进行检索浏览，涵盖 25 个领域，约 200 万词条，规模还在持续增加。其中与罗马研究有关的工具书包括《牛津古典辞书》《牛津晚期古代辞书》《牛津拜占庭辞书》等。

"斯坦福哲学百科全书"是权威性免费共享的网上哲学资源。词条由专家撰写，详尽、深入、全面。撰写人还负责更新及修改词条，由编委会负责评阅。虽然名为"哲学"百科全书，但对涉及的古罗马人物的背景介绍都非常详实，所以使用范围绝不仅限于哲学。

表 F2-1 总结列出与罗马史研究相关的几部百科全书、辞典的缩写、中译名和出版信息（按相关历史时段的顺序排列）：

表 F2-1　罗马史研究部分相关百科全书、辞典信息

西文名及出版信息	缩写	中译名
August Pauly, Georg Wissowa, Wilhelm Kroll, Kurt Witte, Karl Mittelhaus, Konrat Ziegler (eds.), *Paulys Realencyclopädie der classischen Altertumswissenschaft: neue Bearbeitung*. Stuttgart: J. B. Metzler, 1894-1980	RE	《古典科学百科全书》
Der kleine Pauly (1964–1975)	Kl. Pauly	《缩略版保利古典学百科全书》
Der Neue Pauly；网络版：https://referenceworks.brillonline.com/cluster/New%20Pauly%20Online?s.num=0	DNP	《新保利》

---

① Anthony Grafton, Glenn W. Most, and Salvatore Settis, *The Classical Tradition*. Cambridge, Mass: Belknap Press of Harvard University Press, 2010.

续表

西文名及出版信息	缩写	中译名
Brill's New Pauly: Encyclopaedia of the Ancient World；网络版：https://referenceworks.brillonline.com/cluster/New%20Pauly%20Online?s.num=0	NP. Ant	《博睿新保利：古代世界百科全书》
Carl Andresen, Klaus Bartels, and Ludwig Huber (eds.), *Lexikon der alten Welt*. Zurich and Munich: Artemis-Verl, 1965. Reprinted in 3 vols., 1990		《古代世界辞书》
Lexicon Iconographicum Mythologiae Classicae. Zürich; München : Artemis, 1981-1999；网络版：https://weblimc.org/	LIMC	《古典神话辞书》
Jean Leclant, *Dictionnaire de L'Antiquité*. Paris: Presses universitaires de France, 2005		《古代辞书》
Graham Shipley, *The Cambridge Dictionary of Classical Civilization*. Cambridge, UK: Cambridge University Press, 2006	CDCC	《剑桥古典辞书》
Simon Hornblower, Antony Spawforth, and Esther Eidinow(eds.), *Oxford Classical Dictionary*. Oxford University Press, 2012 (4th edition)；电子版词条可通过 Oxford Reference 查询：https://www.oxfordreference.com/	OCD	《牛津古典辞书》
Oliver Nicholson (ed.), *The Oxford Dictionary of Late Antiquity*. Oxford: Oxford University Press, 2018；电子版词条可通过 Oxford Reference 查询：https://www.oxfordreference.com/	ODLA	《牛津晚期古代辞书》
Alexander P. Kazhdan (ed.), *The Oxford Dictionary of Byzantium*. Oxford University Press, 1991；电子版词条可通过 Oxford Reference 查询：https://www.oxfordreference.com/	ODB	《牛津拜占庭辞书》
Roger S. Bagnall, Additional editors: Kai Brodersen, Craige B. Champion, Andrew Erskine, Sabine R. Huebner., *The Encyclopedia of Ancient History (13 vols.)*. Malden, MA: Wiley-Blackwell, 2012；网络版：http://onlinelibrary.wiley.com/book/10.1002/9781444338386		《古代史百科全书》

续表

西文名及出版信息	缩写	中译名
Anthony Grafton, Glenn W. Most, and Salvatore Settis, *The Classical Tradition*. Cambridge, Mass: Belknap Press of Harvard University Press, 2010		《古典传统》
Stanford Encyclopedia of Philosophy, http://plato.stanford.edu	SEP	"斯坦福哲学百科全书"

近年来，各大出版社比如牛津、剑桥、博睿、布莱克威尔都出版成套的古代史研究手册或指南，由各领域知名学者编写。这些指南类著作虽然本质并非工具书，而且内容未必容易消化，但因为通常涵盖各领域的主要学术问题的综述，并附有综合书目，对于初学者全面了解直至21世纪初罗马研究各分支的史料情况、学术历史、核心问题、研究动态很有助益。比如，关于共和时代和帝国时代分别有普林斯顿大学哈丽耶特·弗劳尔（Harriet Flower）主编的《剑桥罗马共和国研究手册》（*The Cambridge Companion to the Roman Republic*. Cambridge: Cambridge University Press, 2004）以及密歇根大学教授大卫·波特（David S. Potter）主编的《罗马帝国研究手册》（*A Companion to the Roman Empire*. Malden, MA; Oxford: Blackwell Publishing, 2006）。另有数量众多的专题研究手册，如菲利普·哈迪（Philip Hardie）主编的《剑桥奥维德研究手册》（*The Cambridge Companion to Ovid*. Cambridge: Cambridge University Press, 2002），卡尔·格林斯基（Karl Galinsky）主编的《剑桥奥古斯都时代研究手册》（*The Cambridge Companion to The Age of Augustus*. Cambridge: Cambridge University Press, 2005），等等。

关于罗马史研究各专题，也可以以剑桥大学出版社的"古代史关键主题"（Key Themes in Ancient History）系列中与罗马史相关专著为入门读物，比如：《罗马的奴隶制与社会》（Keith Bradley, *Slavery and Society at Rome*, 1994）、《古代罗马的公共秩序》（Wilfried Nippel, *Public Order in Ancient Rome*, 1995）、《语境中的罗马法》（David Johnston, *Roman Law in Context*, 1999）、《基督教和罗马社会》（Gillian Clark, *Christianity and Roman*

Society，2004）、《希腊罗马时代的科技与文化》（S. Cuomo，*Technology and Culture in Greek and Roman Antiquity*，2007）、《古典古代的贸易》（Neville Morley，*Trade in Classical Antiquity*，2007）、《罗马艺术的社会史》（Peter Stewart，*The Social History of Roman Art*，2008）、《罗马共和时代的政治》（Henrik Mouritsen，*Politics in the Roman Republic*，2017）、《罗马世界的战争》（A. D. Lee，*Warfare in the Roman World*，2020）等。丛书仍在陆续出版中，并且都有了电子版。

（三）人物志

罗马研究的基本工具书还包括一些非常专门的参考工具。在人物志或谱系学方面，共和时代和帝国时代的人物志，尤其是政治人物、元老阶层等上层人物都已经有非常成熟和系统的清单。

就共和时代而言，《罗马共和官员》是最基本的人物志工具书，按年代列出每年已知的所有长官（执政官、独裁官、保民官等）、祭司（其中包括维斯塔贞女）等，并附有史料出处及简注。另外还有一些比较专门的人物志，比如，研究元老阶层之间的关系网的《姻亲：公元前218年至前31年罗马共和时代元老阶层的亲属关系》，研究罗马共和时代选举中败北的候选人的文章《落败的候选人：共和时代罗马选举中的失败者》（F. Pina Polo，"*Veteres candidati:* Losers in the Elections in Republican Rome," in F. Marco, F. Pina Polo & J. Remesal (eds.), Vae Victis! *Perdedores en el mundo antiguo*. Barcelona, 2012），等等。而《祭司名录：公元前3世纪至公元5世纪罗马城罗马、希腊、东方及犹太－基督教崇拜的祭司及神职人员》收录了各类史料中所提及的罗马城8个世纪中近4000名各类宗教的神职人员，对于研究罗马宗教、神职人员的身份地位等，是不可多得的参考工具。

以上所提到的《罗马共和官员》《祭司名录》《姻亲》构成了伦敦国王学院大学古典系和数字人文系合作创办的"罗马共和时代人物志电子数据库"的基础材料。

就帝国时代而言，新版的《罗马帝国人物志：1-3世纪》以及《晚期罗马帝国人物志》尤为重要。这两部谱系学资料库凝聚了几代罗马史学家的心血，提供元老和骑士阶层所有已知人名以及仕途、社会关系、资料来源，对于研究罗马帝国时期的政治生活面貌、社会关系、家族消长、元老和骑士的行省来源等弥足重要。已知人物还可以帮助新发现的铭文、纸草文书断代。《罗马帝国人物志》包括了15061个人物，但并不是所有的人物都能确定等级、地位等。能确定为女性的有1932名，其中属于元老阶层的有1076名；男性为13011名，确定属于元老等级的为5825名。《晚期罗马帝国人物志》诸卷（尤其是第一卷）中的错误和遗漏常为学者诟病，但它仍是进行罗马研究不可或缺的工具书。此外，《晚期罗马帝国执政官谱》在研究晚期帝国的政治史以及断代方面也是基本的参考工具。目前已有4卷的《晚期罗马基督教人物志》是研究基督教史和晚期古代的重要研究工具。

表F2-2列出与罗马史研究相关的几部重要人物志的西文书名及相关出版或网络版信息缩写、中译名（按相关历史时段的顺序排列）：

表 F2-2　罗马史研究部分相关人物表信息

西文书名	缩写	中译名
Broughton, T. R. S. *Magistrates of the Roman Republic*, 2 vols. New York: American Philological Association, 1951-1952	MRR	《罗马共和官员》
Klaus Zmeskal, and Armin Eich. *Adfinitas: Die Verwandtschaften Der Senatorischen Führungsschicht Der Römischen Republik von 218-31 V. Chr.* Passau: Stutz, 2009	Adfinitas	《姻亲：公元前218年至31年罗马共和时代元老阶层的亲属关系》
Digital Prosopography of the Roman Republic: http://romanrepublic.ac.uk/	DPRR	《罗马共和时代人物志电子数据库》

续表

西文书名	缩写	中译名
Jorg Rüpke *et al*., *Fasti sacerdotum: die Mitglieder der Priesterschaften und das sakrale Funktionspersonal römischer, griechischer, orientalischer und jüdisch-christlicher Kulte in der Stadt Rom von 300 v. Chr. bis 499 n. Chr.*, 3 vols. Stuttgart, 2005	Fasti sacerdotum	《祭司名录：公元前3世纪至公元5世纪罗马城罗马、希腊、东方及犹太--基督教崇拜的祭司及神职人员》
Prosopographia Imperii Romani saec. I. II. III.；网络版 https://pir.bbaw.de/#/api	PIR2	《罗马帝国人物志：1-3世纪》
Jones, A. H. M., J. R. Martindale, and John Morris, *The Prosopography of the Later Roman Empire.* Cambridge: Cambridge University Press, 1971	PLRE	《晚期罗马帝国人物志》
K.A.Worp, R.S.Bagnall, Alan Cameron, S.R.Schwartz, *Consuls of the Later Roman Empire.* Atlanta, Ga: Published for the American Philological Association by Scholars Press, 1987	CLRE	《晚期罗马帝国执政官谱》
Prosopographie chrétienne du bas-empire	PCBE	《晚期帝国基督教人物志》
Prosopography of the Byzantine Empire I (641-867). London: King's College, 2001；网络版 http://www.pbe.kcl.ac.uk/index.html	PBE	《拜占庭帝国人物志》
Prosopographie der mittelbyzantinischen Zeit. De Gruyter; 网络版 https://www.degruyter.com/document/database/pmbz/html	PMBZ	《中古拜占庭人物志》

（四）姓名学

罗马人的命名方式由于出身、身份、性别的不同而各异。奴隶有别于自由民，公民有别于非公民，男子有别于女子。命名方式也因时因地而异，行省有别于意大利，早期帝国有异于晚期帝国。正因为如此，研究姓名的起源、地理分布等对于理解帝国境内人口流动、社会关系等都具有极大的价值，一些基础研究如下：

Iiro Kajanto, *Onomastic Studies in the Early Christian Inscriptions of Rome and Carthage*. Helsinki, 1963.

Iiro Kajanto, *Supernomina. A Study in Latin Epigraphy*. Helsinki, 1966.

Mika Kajava, *Roman Female Praenomina. Studies in the Nomenclature of Roman Women*. Rome, 1994.

Olli Salomies, *Die römischen Vornamen. Studien zur römischen Namengebung*. Helsinki, 1987.

Olli Salomies, *Adoptive and Polyonymous Nomenclature in the Roman Empire*. Helsinki, 1992.

Benet Salway, "What's in a Name? A Survey of Roman Onomastic Practice from c. 700 B.C. to A.D. 700," *JRS* 84 (1994), pp.124-145.

在姓名学方面，芬兰学者在过去半个世纪作出了系统的贡献。其中最为常用的姓名手册为（按出版时间顺序排列）：

《拉丁姓》：I. Kajanto, *The Latin Cognomina*. Helsinki, 1965；1982再版。

《拉丁姓名总汇》：Heikki Solin and O. Salomies, *Repertorium nominum gentilium et cognominum Latinorum*. Zürich, 1994.

《罗马奴隶名录》：Heikki Solin, *Die stadtrömischen Sklavennamen : ein Namenbuch. Forschungen zur antiken Sklaverei. Beiheft 2*. Stuttgart: Franz Steiner Verlag, 1996.

《欧洲拉丁行省姓名录》：B. Löorincz and F. Redö, *Onomasticon provin-ciarum Europae Latinarum*. vol. 1：Budapest, 1994; vol. 2：Vienna, 1999; vol. 3：Vienna, 2000.

《罗马的希腊人名》：Heikki Solin, *Die Griechischen Personennamen in Rom: Ein Namenbuch (= Corpus Inscriptionum Latinarum)*. Berlin: De Gruyter, 2003。

《希腊人名词典》：The Lexicon of Greek Personal Names, 1982-（缩写为 *LGPN*，网络版：https://www.lgpn.ox.ac.uk）。

（五）年表

查阅帝国时期皇帝的统治年份、不同年度皇帝称号变化等最专业的工具书如下：

Dietmar Kienast, Werner Eck, and Matthäus Heil, *Römische Kaisertabelle: Grundzüge einer römischen Kaiserchronologie*. WBG Academic, 2017 (6th ed).

二　原始资料

（一）原典文本

主要的希腊拉丁文献丛书计有德国的《托伊布纳希腊罗马文献》，英国牛津大学出版社出版的《牛津古典文献》，法国的《布袋文库》，以及哈佛大学出版社刊行的《洛布古典丛书》。前两种纯粹以原文为体，是权威的校勘本，主要供专业研究者使用。《托伊布纳拉丁文献》覆盖的时间范围非常广，包含了从古代、晚期古代到中世纪和新拉丁语时期1300万字的电子文本，德古伊特（de Gruyter）出版公司近年来发行了可搜索的电子版和网络版。《布袋文库》和《洛布古典丛书》都以最初的资助人冠名，为原文和译文对照本。《布袋文库》的译文为法文。《洛布古典丛书》则采用原文和英文译文对照版的形式，绿色系列的为希腊语文献，红色系列的则为拉丁语古典文献。《洛布古典丛书》从1912年开始出版，迄今已有逾百年历史。所有的翻译都出自英美资深古典学专家之手。一些较旧的译文，因时过境迁，遣词造句和文献考辨等已显老态，对于目前的读者来说，难免流于晦涩，所以《洛布古典丛书》也不时组织古典学家更新译文。《洛布古典丛书》在国内也有着一定的影响，例如，商务印书馆出版的汉译世界学术名著中的诸多卷目采用了洛布的文本或译自其英译。目前《洛布古典丛书》已有可搜索的电子版"洛布数字化古典文献图书馆"（需付费订阅），提供了全面的检索功能，并且不断地保持着更新。该数据库能够为学术研究提供更好、更便捷的途径。

此外，《剑桥古典文献及注释》系列（俗称"橙色本"），以及《剑桥希腊拉丁经典》（俗称"黄绿本"），也是广为学者和高年级学生使用的注释本。每卷包括对相应古典作家作品的详尽介绍，原文文本以及注释。布林茅尔的注释系列（Bryn Mawr Commentaries）在教学中也被广为采用，但大多适用于水平较高的学生。

就电子文本而言，除了上面已经提到的电子版《托伊布纳希腊罗马文献》和《洛布古典丛书》之外，《帕卡德人文学院古典拉丁文本》包括了非常多的拉丁作家的校勘本；而"帕修斯数字图书馆"（http://www.perseus.tufts.edu/）包括大量希腊、罗马作家作品较早的文本，大多数附有翻译，有些附有注释，并且每一个词都有词典及语法分析的链接。

希腊、拉丁语原文与汉译对照本的形式在国内起步较晚。20 世纪 90 年代起步的"日知古典丛书"仿照《洛布古典丛书》的体例，目前已出版的有李维的《建城以来史（前言·卷一）》（1992）、维吉尔的《牧歌》（2009）、奈波斯的《外族名将传》（2005）、西塞罗的《论法律》（2006）和《论共和国》（2006）以及普劳图斯的《凶宅　孪生兄弟》（2008）。其中，《牧歌》和《凶宅　孪生兄弟》是杨宪益的旧译文的再版。此外，普罗佩提乌斯的《哀歌集》有王焕生的拉、中对照译本（华东师范大学出版社，2007）；李永毅在拉中对照本方面做出很多贡献，比如卡图卢斯《歌集》及《贺拉斯全集》的拉中对照本分别出版于 2008 年和 2017 年，皆出自中国青年出版社。

此外，原典类还有一些专题性的合集，比如医学、诗歌、残篇的合集等。表 F2-3 总结了重要的原典文献丛书，有一些已经运行了可搜索的网络版或数据库：

表 F2-3　罗马史研究重要原典文献丛书表

西文名	缩写	中文名
Collection Budé	Budé	《布袋文库》
Bibliotheca Teubneriana Latina: https://www.degruyter.com/database/btl/html	BTL	《托伊布纳拉丁文献》

续表

西文名	缩写	中文名
Cambridge Classical Texts and Commentaries	CCTC	《剑桥古典文献及注释》
Cambridge Greek and Latin Classics	CGLC	《剑桥希腊拉丁经典》
Loeb Classical Library, 1912– : https://www.loebclassics.com	Loeb	《洛布古典丛书》
Scriptorum Classicorum Bibliotheca Oxoniensis=Oxford Classical Texts	OCT	《牛津古典文献》
Bibliotheca Scriptorum Graecorum et Romanorum Teubneriana, 1849–	Teubner	《托伊布纳希腊罗马文献》
Patrologia Graeca: http://patristica.net/graeca/	PG	《希腊教父著作集成》
Patrologia Latina: http://pld.chadwyck.co.uk/	PL	《拉丁教父著作集成》
Corpus Medicorum Graecorum, 1908–	CMG	《希腊医学文本大全》
Corpus Medicorum Latinorum, 1915–	CML	《拉丁医学文本大全》
Corpus Poetarum Latinorum		《拉丁诗人大全》
Classical Latin Texts: A Resource Prepared by the Packard Humanities Institute：https://latin.packhum.org/	PHI Latin Texts	《帕卡德人文学院古典拉丁文本》
Perseus Collection Greek and Roman Materials: http://www.perseus.tufts.edu/hopper/collection?collection=Perseus:collection:Greco-Roman	Perseus	《帕修斯希腊罗马资料汇编》
die Fragmente der Griechischen Historiker (FGrHist, or FGrH)：https://referenceworks.brillonline.com/cluster/Jacoby%20Online	Jacoby Online	《希腊史学家残篇》
Tim Cornell, Edward Bispham, John Rich, and Christopher Smith, *The Fragments of the Roman Historians*. Oxford: Oxford University Press, 2013		《罗马史学家残篇》

（二）罗马法

罗马法的原始资料除了法典之外，还有铭文、纸草文书等介质中保留的法令法规。以下为一些罗马法原典或译文：

《狄奥多西法典》：Pharr, Clyde, *The Theodosian Code and Novels: And the Sirmondian Constitutions*. Princeton: Princeton University Press, 1952，只包括英译文。

《古罗马法令选编：译文并附注释及词汇表》：Johnson, Allan C, Paul R. Coleman-Norton, Frank C. Bourne, and Clyde Pharr, *Ancient Roman Statutes: A Translation with Introduction, Commentary, Glossary and Index*. Austin: University of Texas Press, 1961。

《罗马法令选编》：Michael H. Crawford, and J D. Cloud, *Roman Statutes*. London: Institute of Classical Studies, School of Advanced Study, University of London, 1996，罗马重要法规的英译文。

《学说汇纂》：Justinian, Theodor Mommsen, Paul Krueger, and Alan Watson, *The Digest of Justinian*. Vols. 1-4. Philadelphia, PA: University of Pennsylvania Press, 1985，拉英对照；revised edition, 1998, 只包括《学说汇纂》的英译文。

《查士丁尼法典：新译注，并附拉丁和希腊文本》：Bruce W. Frier, et al., *The Codex of Justinian. A New Annotated Translation, with Parallel Latin and Greek Text*. Vols. 1-3. Cambridge: Cambridge University Press, 2016。

优士丁尼：《买卖契约》（拉汉对照），刘家安译，中国政法大学出版社，2001年。

优士丁尼：《法学阶梯》（拉汉对照），徐国栋译，中国政法大学出版社，2005年（第2版）；商务印书馆，2021年（第3版）。

（三）碑铭

铭文资料一直在不断更新及出版新的合集。重要的拉丁铭文汇编包括《拉丁铭文大全》《拉丁铭文选》。希腊铭文的合集为持续编纂中的《希腊铭文大全》。这些合集尤其是大部头的《拉丁铭文大全》在查阅上多有不便，较旧的汇编也很少附有图片。半个世纪以来，新的铭文汇编和资源不断出现（见表 F2-4），较新的铭文汇编通常以地区或专题来组织材料，既包括新发现的铭文也包括对旧有铭文的重新编辑及解读。要了解铭文出版的脉络，最重要最全面的工具书是《铭文指南》第 4 版（F. Bérard 主编，*Guide de l'épigraphiste. Bibliographie choisie des épigraphies antiques et médiévales. Troisième édition entièrement refondue.* Paris: Éditions Rue d'Ulm / Presses de L'École Normale Supérieure, 2010），分专题分地区列出相关出版物。铭文学有专门的期刊阵地，比如《铭文》（*Epigraphica*）；《纸草学与铭文学杂志》（*Zeitschrift für Papyrologie und Epigraphik*，缩写为 ZPE，其网站为 http://www.uni-koeln.de/phil-fak/ifa/zpe/index.html，提供文章下载）；以及《命运》（*Tyche*），与 ZPE 类似，但包括书评。2018 年《铭文研究杂志》（*Journal of Epigraphic Studies*，缩写为 JES）创办。

而要掌握铭文学界的最新动态，不可或缺的是法文期刊《铭文年鉴》（*L'Année épigraphique*，通常缩写为 AE）。《铭文年鉴》汇总当年发表的所有新的拉丁铭文（也有一些希腊铭文）或者重新诠释的铭文以及与铭文有关的专著和文章，但其出版常常滞后；《希腊铭文增补》（*Supplementum epigraphicum Graecum*，通常缩写为 SEG）则汇总每年新发表或者有新解读的希腊铭文。其在线版"希腊铭文增补在线"是非常丰富的学术资源，需订阅。《罗马研究杂志》每 5 年左右对铭文研究进展所做的综述，十分有助于从理论上把握铭文研究的动态及其作为史料的价值。另外，1886 年开始出版的《古代罗马铭文字典》（*Dizionario epigrafico di antichità romane*）也是很有价值的工具书。这套意大利语的字典旨在涵盖拉丁铭文中所出现的所有字词及其出处，目前仍在编纂之中，但可惜出版周期过长，更新较慢。已出版的最初几卷已有免费的网络版。

电子数据库的日益增长极大便利了铭文的使用，这些数据库可进行模糊搜索，并且常附有图片。碑铭的电子数据库近年来发展迅速，国际希腊拉丁语铭文学会（Association Internationale d'Épigraphie Grecque et Latine，缩写为 AIEGL）定期举办大型国际铭文会议，并推动国际希腊拉丁语铭文电子档案（Electronic Archive of Greek and Latin Epigraphy，现称 The Europeana network of Ancient Greek and Latin Epigraphy，都缩写为 EAGLE）的发展。EAGLE 的网页（https://www.eagle-network.eu）包括大量的电子资源链接。俄亥俄州立大学的 "铭文与古文书学中心"（Center for Epigraphical and Paleographical Studies）的主页也列有大量铭文资源：https://epigraphy.osu.edu/resources。有关铭文数据库较为全面的介绍，参见《石上拉丁：铭文研究及电子档案》（Francisca Feraudi-Gruénais (ed.)，*Latin on Stone: Epigraphic Research and Electronic Archives. Roman Studies.* Lanham, MD: Lexington Books, 2010）。该书同时介绍了使用 XML 以及 File Maker Pro 来创立铭文数据库的方法，以及如何充分利用可搜索的电子铭文数据库进行学术研究的各种方法。

以海德堡大学为基地的"海德堡铭文数据库"1986 年由德国铭文大家 Géza Alföldy 创办，是重要的可搜索的线上数据库之一，目前已有 75000 条铭文。"罗马铭文数据库"1999 年由意大利铭文大家西尔维奥·潘切拉（Silvio Panciera）创办，与海德堡铭文数据库互通。"'母狼所在之外'：铭文图像数据库"为欧盟的"文化 2000"计划所赞助，有大量的行省铭文。"巴里铭文数据库"创办于 1988 年，以《罗马城基督教铭文集》为基础，收录 3—8 世纪罗马城的基督教铭文。"克劳斯/斯拉比铭文数据库"所收的条目数量巨大，不但包括旧的铭文汇编中的铭文，而且包括《铭文年鉴》（见下）中的新铭文，更新速度快，使用方便。以上 4 个免费数据库都以拉丁铭文为主，都可进行多方式搜索，并附有大量图片、铭文的出处及地理信息，为铭文研究提供了许多方便。由康奈尔大学以及俄亥俄州立大学牵头的"帕卡德人文学院希腊铭文"计划则以希腊文铭文为主，既包括古典时代，也包括希腊化及罗马时代的希腊铭文及一些拉丁铭文或双语铭文。但这些数据库通常不包括翻译。其他区域性的铭文数据库也在不断增长，提供的信息和搜索方式也日渐丰富。

表 F2-4 汇总一些重要的希腊、拉丁铭文汇编集（实体版），并包括了一些铭文的中英文译文集，以方便初学铭文者熟悉铭文的惯例和译法：

表 F2-4　部分重要希腊、拉丁铭文汇编集信息表

类别	西文书名及出版信息	缩写	中文译名
大全式铭文汇编	*Corpus Inscriptionum Latinarum*, 1863–	CIL	《拉丁铭文大全》
	Corpus Inscriptionum Graecarum, 1828–1877	CIG	《希腊铭文汇编》
	H. Dessau, 1892–1916. *Inscriptiones Latinae Selectae*. Berlin: Weidmann, 1892–1916; Chicago: Ares, repr. 1979	ILS	《拉丁铭文选》
	Inscriptiones Graecae	IG	《希腊铭文大全》
专题性铭文汇编	F. Bücheler and E. Lommatzsch (eds.), *Carmina Latina Epigraphica* (1895–1926)	CLE	《拉丁铭文诗集》
	S. Riccobono and V. Arangio Ruiz (eds.), *Fontes iuris romani anteiustiniani*	FIRA	《前查士丁尼法律文献》
	Angelo Silvagni and Antonio Ferrua, *Inscriptiones Christianae Urbis Romae*. Nova Series. Vols. 1–9. Rome, 1922–1992	ICUR 亦缩写为 ICVR	《罗马城基督教铭文集》
	E. Diehl, *Inscriptiones Latinae Christinae Veteres*. Berlin, 1925–1931	ILCV	《早期基督教拉丁铭文集》
	Roman Military Diplomas	RMD	《罗马军事证书》
地区性铭文汇编	Giovanni Brusin, *Inscriptiones Aquileiae*. 3 vols. Udine, 1991–1993	IA	《阿奎莱亚铭文集》
	Inscriptiones Italiae. Rome 1931–	InscrIt	《意大利铭文集》
	Supplementa Italica, Nuova serie. Rome, 1981–	SupplIt	《意大利铭文增补集》
	Hispania Epigraphica	HEp	《伊比利亚铭文》
	Inscriptiones Daciae Romanae	IDR	《罗马达奇亚铭文集》
	Orientis Graeci Inscriptiones Selectae	OGIS	《东部希腊铭文选》
	R. G. Collingwood *et al.*, *The Roman inscriptions of Britain*, Oxford, 1965–	RIB	《罗马不列颠铭文集》
	Die römischen Inschriften Ungarns, Budapest 1972–	RIU	《匈牙利罗马铭文》

续表

类别	西文书名及出版信息	缩写	中文译名
铭文译文集	Tuck, Steven L., *Latin Inscriptions in the Kelsey Museum: The Dennison and De Criscio Collections*. Ann Arbor, Mich: University of Michigan Press, 2005		《凯尔西博物馆拉丁铭文》
	Tyler Lansford, *The Latin Inscriptions of Rome: A Walking Guide*. Baltimore: Johns Hopkins University Press, 2009		《罗马城拉丁铭文：徒步指南》
	张强、张楠编译，商务印书馆，2016年		《希腊拉丁历史铭文举要》
	Roger S. O. Tomlin, *Britannia Romana: Roman Inscriptions and Roman Britain*. Oxford: Oxbow Books, 2018		《罗马不列颠的罗马铭文》
	Emily A. Hemelrijk, *Women and Society in the Roman World: A Sourcebook of Inscriptions from the Roman West*. Cambridge University Press, 2020		《罗马世界的妇女与社会：西部罗马铭文资料集》

表 F2-5 汇总了一些重要的希腊、拉丁铭文数据库：

表 F2-5　重要希腊、拉丁铭文数据库信息表

西文名及连接	缩写	中文译名
Attic Inscriptions Online: https://www.atticinscriptions.com/	AIO	"阿提卡铭文在线"
Epigraphik-Datenbank Clauss / Slaby: http://www.manfredclauss.de/gb/index.html	EDCS	"克劳斯/斯拉比铭文数据库"
The Epigraphic Database Bari：https://www.edb.uniba.it/	EDB	"巴里铭文数据库"
Epigraphische Datenbank Heidelberg: http://www.uni-heidelberg.de/institute/sonst/adw/edh/index.html.en	EDH	"海德堡铭文数据库"
Epigraphic Database Roma: http://www.edr-edr.it/index_it.html	EDR	"罗马铭文数据库"

续表

西文名及连接	缩写	中文译名
Hispania Epigraphica: http://eda-bea.es/	HE	"伊比利亚铭文"
Inscriptiones Graecae: http://pom.bbaw.de/ig/	IG	"希腊铭文大全"
Ubi Erat Lupa: Bilddatenbank zu antiken Steindenkmälern: http://lupa.at/	Lupa	"'母狼所在之处': 铭文图像数据库"
PHI Greek Inscriptions: https://epigraphy.packhum.org/	PHI	"帕卡德人文学院希腊铭文"
Roman Inscriptions of Britain: https://romaninscriptionsofbritain.org/	RIB	"不列颠罗马铭文"
Supplementum Epigraphicum Graecum Online: https://brill.com/view/db/sego	SEGO	"希腊铭文增补在线"

铭文学入门的基本参考资料如下：

Bodel, J. (ed.), *Epigraphic Evidence. Ancient History from Inscriptions*. London and New York: Routledge, 2001.

Brunn, Christer, and J C. Edmondson, *The Oxford Handbook of Roman Epigraphy*. Oxford University Press, 2015.

Cooley, Alison, *The Cambridge Manual of Latin Epigraphy*. Cambridge University Press, 2012.

Gordon, A. E, *Album of Dated Latin Inscriptions*. 4 vols. Berkeley, 1964.

Gordon, A. E, *An Illustrated Introduction to Latin Epigraphy*. Berkeley: University of California Press, 1983.

Keppie, L., *Understanding Roman Inscriptions*. Baltimore: Johns Hopkins, 1991.

Lassère, Jean-Marie., *Manuel d'épigraphie romaine*. Paris: Picard, 2005.

Limentani, I. C., *Epigrafia Latina*. Cisalpino, 1991 (4th ed.)

Stefano, Manzella I., *Mestiere Di Epigrafista: Guida Alla Schedatura Del Materiale Epigrafico Lapideo*. Roma: Quasar, 1987.

Paasch Almar, K. 1990., *Inscriptiones Latinae. Eine illustrierte Einführung in die lateinische Epigraphik*. Odense, 1990.

值得一提的是涂鸦一般被收入铭文合集及数据库，然而因为涂鸦的非正式性及多样性，目前已快速发展为一个相对独立的研究领域，丰富了我们对古罗马社会各方面的了解。可参阅以下书目：

Bagnall, Roger S., Roberta Casagrande-Kim, Akin Ersoy, Cumhur Tanriver, Burak Yolaçan, *Graffiti from the Basilica in the Agora of Smyrna*. New York: Institute for the Study of the Ancient World; New York University Press, 2016.

Benefiel, Rebecca, and Peter Keegan (eds.), *Inscriptions in the Private Sphere in the Greco-Roman World. Brill studies in Greek and Roman epigraphy*, 7. Leiden; Boston: Brill, 2016.

Lohmann, Polly, *Historische Graffiti als Quellen. Methoden und Perspektiven eines jungen Forschungsbereichs*. Stuttgart: Franz Steiner Verlag, 2018.

Milnor, Kristina, *Graffiti and the Literary Landscape in Roman Pompeii*. Oxford; New York: Oxford University Press, 2014.

Ragazzoli, Chloe, Ömür Harmanşah, Chiara Salvador and Elizabeth Frood (eds.), *Scribbling through History: Graffiti, Places and People from Antiquity to Modernity*. London; New York: Bloomsbury, 2018.

（四）纸草文书、木板文书、蜡板文书

纸草、木板、蜡板都是不易保存的书写材质。关于这类文书的资料合集，参阅《希腊、拉丁、俗体、科普特纸草、陶片以及木板文书清单》(*Checklist of Greek, Latin, Demotic and Coptic Papyri, Ostraca and Tablets*, http://scriptorium.lib.duke.edu/papyrus/texts/clist.html)，并详见本书第二章关于纸草文书部分。近年来，纸草学和木版文书学在网上资源免费共享方面也获得长足发展：

Papyri.info 是目前最全面的纸草文书网站。为可搜索的数据库，分细目，综合了许多以前相对独立的纸草文书数据库，包括"高级纸草信息系统"（Advanced Papyrological Information System，缩写为 APIS）等。该数据库信息丰富细致，包括希腊语、科普特语等的文书，其条目及功能都在不断更新与扩展。除原文外还包括图片、翻译、断代、发现地点、收藏历史等，可广泛用于教学研究。既可搜索希腊文字句，也可用英文关键词进行搜索，需要提醒的是，不是所有的纸草文书都附有英文翻译，另外，该数据库所收录的纸草文书来自法老时期、希腊化时期及罗马时期等各历史时代，所以进行关键词搜索时，要注意限制搜索的时间区间。

"电子版文学纸草文书汇编"（Digital Corpus of Literary Papyri，缩写为DCLP，原始数据可见 https://github.com/DCLP）汇集现存纸草文书及其他便携材料中的文学类及亚文学文本，包括诗歌、戏剧、哲学、天文等。项目受到美国国家人文基金和德意志联合研究会的资助，主要负责人为 Roger Bagnall 和 Rodney Ast。搜索可在 Papyri.info 平台进行。

"电子版希腊医学纸草文书汇编"（Corpus dei Papiri Greci di Medicina = Digital Corpus of the Greek Medical Papyri，缩写为 CPGM：http://www.papirologia.unipr.it/ERC/cpgm.html）汇集了纸草文书中与医学相关的资料。

"奥克西林库斯纸草"（Oxyrhynchus Papyri，http://www.papyrology.ox.ac.uk）。Oxyrhynchus 位于亚历山大里亚以南 300 公里，开罗西南 160 公里，得名于一种尖鼻圣鱼。这个古城在希腊化以及罗马时代得到发展。城中废弃物堆积处埋藏了大量被抛弃的纸草文书，由于该地干燥少雨，这些文书以及其他易腐材料得以保存。这些材料一直到 19 世纪晚期才被发掘，据估计 Oxyrhynchus 一地便有 5 万篇纸草文书。陆续整理出来的纸草篇收在 Oxyrhynchus Papyri 合集中，从 1898 年迄今已出版了 70 卷。

在木板文书学领域最重要的网上资源为：

文德兰达木板文书数据库（Vindolanda Tablets，http://vindolanda.csad.ox.ac.uk）。文德兰达（Vindolanda）位于北英格兰，在哈德良长城的南边，是罗马不列颠的前哨之一。这里出土的木板文书（1 世纪晚期—2 世纪初）出自军官、士兵、商人、妇女、奴隶之"手"，为了解罗马帝国边疆地带的军营生活以及社区形态提供了极为宝贵的材料。该数据库可搜索，有图像，大部分的文书伴有原文（重要为拉丁文）、翻译及注释。

蜡板文书有些是单独成集出版的，比如庞贝城苏尔皮奇乌斯家族的蜡板文书，汇编在 *Tpsulp*（Giuseppe Camodeca, *Tabulae Pompeianae Sulpiciorum.*

Edizione Critica Dell'archivio Puteolano Dei Sulpicii. Roma: Quasar, 1999），有些包括在铭文大全中，比如，庞贝城凯奇利乌斯·尤昆都斯家的蜡板文书汇编在《拉丁铭文大全》第 4 卷增补卷中（*CIL* IV, suppl. I）。

纸草学入门参考资料如下：

Bagnall, Roger, *Reading Papyri, Writing Ancient History*. London: Routledge, 1995.（中译本：罗杰·巴格诺尔：《阅读纸草，书写历史》，宋立宏、郑阳译，上海三联书店，2007 年。）

Bagnall, Roger, *Everyday Writing in the Graeco-Roman East*. Berkeley: University of California Press, 2011.

Bagnall, Roger (ed.), *The Oxford handbook of Papyrology*, Oxford: Oxford University Press, 2009.

Capasso, Mario (ed.), *Hermae: Scholars and Scholarship in Papyrology*. Vol. I & II, Pisa and Rome: Fabrizio Serra editore, 2007, 2010.

（五）钱币学

对罗马世界所发现的钱币进行编目的工作已经相当成熟，重要的钱币目录见表 F2-6：

表 F2-6　罗马史研究重要钱币目标信息表

西文书名及出版信息	缩写	中文译名
Oliver D. Hoover, *The Handbook of Greek Coinage*. Lancaster, PA；London：Classical Numismatic Group, 2009-	HGC	《希腊钱币手册》
Michael H. Crawford, *Roman Republican Coinage*. London: Cambridge University Press, 1974.	RRC	《罗马共和国时期钱币》
Harold Mattingly, Edward A. Sydenham, C H. V. Sutherland, and R A. G. Carson, *The Roman Imperial Coinage*. London: Spink, 1923-1994.	RIC	《罗马帝国官方钱币》

续表

西文书名及出版信息	缩写	中文译名
A. Burnett, M. Amandry, *et al.* Roman Provincial Coinage；网络版：https://rpc.ashmus.ox.ac.uk/	RPC	《罗马帝国行省钱币》
Wolfgang Hahn, *Moneta Imperii Byzantini*. 1973-1981.	MIB	《拜占庭货币》

钱币学的网络资源近年来也在不断增强，主要的数据库如下：

MANTIS：使用最方便且信息丰富的网上数据库来自美国钱币学会（American Numismatic Society，缩写为 ANS）。学会位于纽约，兼有博物馆和研究机构双重性质，藏品丰富，并且不定期举办展览、培训及讲座。学会的线上数据库"钱币学技术集成系统"（A Numismatic Technologies Integration Service，缩写为 MANTIS：http://numismatics.org/search/）。该数据库包括古希腊、古罗马、拜占庭、东亚、南亚、中世纪欧洲、美国、拉丁美洲的钱币，以及徽章、装饰币等，可进行关键词、年代、币种搜索。罗马共和国时期的钱币约有 6000 枚，帝国时期钱币为 56000 枚，另有来自罗马时期埃及亚历山大里亚的 13000 枚造币，每个钱币都附有详细的产地、年代、铭文等信息，以及在钱币目录中的编号，目前部分钱币附有高清图片。

OCRE："罗马帝国钱币在线"（Online Coins of the Roman Empire：http://numismatics.org/ocre/）是美国钱币学会与纽约大学古代世界研究所（Institute for the Study of the Ancient World）合作创办的网络工具，包括公元前 31 年至公元 491 年的 4 万多枚钱币，并与美国钱币学会、柏林国立博物馆、不列颠博物馆的钱币藏品数据库相关联。半数钱币都附有图片。

CHRR Online："罗马共和时代的钱币群"（Coin hoards of the Roman Republic *Online*：http://numismatics.org/chrr/）包括公元前 155 年至公元 2 年储存在各种容器中的钱币群，数据库中所提供的信息包括钱币群的规模、钱币的编目、发现地点等。

Coin Hoards of the Roman Empire："罗马帝国时代的钱币群"项目（https://chre.ashmus.ox.ac.uk/）为牛津大学阿什莫林博物馆（Ashmolean

Museum）和"牛津罗马经济项目"合作创办，计划汇总前30年至400年所有币种的钱币群。

The FLAME Project："构建晚期古代及早期中世纪经济"（Framing the Late Antique and early Medieval Economy：https://coinage.princeton.edu/）旨在用钱币数据重构325年至725年的经济，由普林斯顿大学钱币收藏部门与"晚期古代研究委员会"（Committee for the Study of Late Antiquity）合作创办，目前已包括6572个钱币群，700416枚钱币，数据库还在持续建设当中。

钱币学入门参考资料如下：

Howgego, C. J., *Ancient History from Coins*. London ; New York : Routledge, 1995.

Metcalf, William E., *The Oxford Handbook of Greek and Roman Coinage*. Oxford: Oxford University Press, 2012.

（六）地图资源

线上和线下的地图资源越来越丰富，重要的实体地图册如下（按出版年代顺序排列），风格和覆盖的时间范围各不一样，通常不只是包括地点，还包括贸易路线、战役、军事部署、城市规划、时间线等。

《罗马世界地图集》：Tim Cornell and John Matthews, *Atlas of the Roman World*. New York: Facts on File, 1982。

《企鹅古罗马历史图册》：Chris Scarre, *The Penguin Historical Atlas of Ancient Rome*. London; New York: Penguin, 1995（这部图册更类似通史类著作，覆盖的主题非常广泛，并附有大量的彩色地图和插图，非常适合初学者使用）。

《古典历史地图集》：Richard J. A. Talbert, *Atlas of Classical History*. New York: Routledge, 1985, 2013，时间上覆盖青铜时代至君士坦丁大帝时期。

《劳特里奇古典历史地图集》：Michael Grant, *The Routledge of Classical History: From 1700 BC to AD 565*. London: Routeledge, 1994（适合初学者使用）。

《罗马与蛮族地图集（公元3—6世纪）：西部罗马帝国的终结》：

Hervé Inglebert, *Atlas de Rome et des barbares (IIIe-VIe siècle): La fin de l'Empire romain en Occident.* Paris: Autrement, 2018 (2nd ed.)。

《罗马帝国地图集：建设与高峰，公元前 300 至公元 200 年》：Christophe Badel, *Atlas de l'Empire romain: Construction et apogée: 300 av. J.-C. –200 apr. J.-C.* paris: Autrement, 2020 (3rd ed.)。

《巴林顿希腊罗马世界地图集》：Richard J. A. Talbert et al., *Barrington Atlas of the Greek and Roman World.* Princeton, N. J.: Princeton University Press, 2000, 是目前最为权威和专业的地图集。

中文地图集可参考几部主要的世界历史地图集：

张芝联、刘学主编：《世界历史地图集》，中国地图出版社，2002 年。

R. 希德拉克、A-M. 威特基、E. 奥尔斯豪森：《古代世界历史地图集》，葛会鹏、古原驰、史湘洁、王聪译，华东师范大学出版社，2016 年。

除了静态的二维地图之外，罗马时代的互动地图、三维地图等也获得了长足发展。以下列出一些主要的数码版地图资源：

《巴林顿希腊罗马世界地图集》：目前已有适用 iPad 的应用程序。

AWMC：“古代世界制图中心”（Ancient World Mapping Center）挂靠北卡罗来纳大学（The University of North Carolina at Chapel Hill），网址 http://www.unc.edu/awmc/，免费提供电子版古代世界各地区历史地图，包括未标地名的空白地图，并且提供了用户自制古代地图（Antiquity À-la-carte）的数据：https://isaw.nyu.edu/exhibitions/space/alacarte.html。

Orbis：斯坦福大学的"斯坦福罗马世界地理网络模型"（The Stanford Geospatial Network Model of the Roman World. 网址 http://orbis.stanford.edu/）不但提供地图，而且本身就是一个极有创意的研究工具，比如它可以帮助计算从帝国某地到另一地所需的运输、旅行时间。时间的计算综合考虑了天气、风力、季节、运输路径、水流速度、运输工具速度等，为了解地理空间、运输成本等对古代世界的物流、人口流动、经济的影响提供新的手法和角度。这个网站无论是作为研究工具还是作为教学工具都十分有益。

Pleiades：网址 https://pleiades.stoa.org/，为可搜索的网络地图资源，可

定位约 4000 个地点，适合查找古希腊罗马的地点，它们在古代的名称，在权威地图集当中的编号，等等。

DARE："罗马帝国数字地图"（Digital Atlas of the Roman Empire）由瑞典哥德堡大学数字人文中心主管（Centre for Digital Humanities, University of Gothenburg, Sweden），网址 https://dh.gu.se/dare/。可搜索，可缩放，覆盖罗马世界的 3 万多个地点，非常细致，包括小城和军事要塞等。

波伊廷格地图：*Tabula Peutingeriana* 得名于其收藏者德国文艺复兴时期的人文主义者波伊廷格（Konrad Peutinger），长达 7 米，材质为羊皮纸，应该是罗马时代一个地图的抄本，罗马城占据整幅地图的中心，但原本具体来自哪个年代，是一个争议问题，现为奥地利国家图书馆藏品。这是一幅奇特的地图，并不符合比例，整个罗马世界被压扁拉长，地中海被压成了窄窄的几条。这个地图具有实用价值，还是只是展示帝国意识形态的，也有争议。地点与地点之间的距离似乎并不符合实际距离。2010 年，塔尔伯特发表了他的研究成果《罗马的世界：重考波伊廷格地图》（Richard J. Talbert, A. *Rome's World: The Peutinger Map Reconsidered*. Cambridge: Cambridge University Press, 2010）。他的研究也促发了一些以他对波伊廷格地图的分析为基础的互动网络地图，比如："探索波伊廷格的罗马地图"（Explore Peutinger's Roman Map），网址 https://isaw.nyu.edu/exhibitions/space/tpeut.html；"条条大路：罗马路径规划"（OmnesViae: Roman Routeplanner），网址 https://omnesviae.org。这些地图把波伊廷格地图的地点在成比例的地图上标出来，可搜索罗马时代从一地到另一地的行程，包括路上经过那些地点、走哪条道路等。类似用现在的地图软件查询详细行程。

（七）考古

《普林斯顿古典遗址百科全书》（R. Stillwell et al. eds., *The Princeton Encyclopedia of Classical Sites*. Princeton, N. J.: Princeton University Press, 1976）是有关希腊、罗马世界的遗址的大全式工具书。全书由 400 多位专家学者参与编纂，时间上跨越前 8 世纪至 6 世纪，包括对约 3000 个

古代遗址历史意义、主要发现、考古历史等的简要介绍和书目。有关罗马城内的遗址、古建筑等，较早的参考工具书为牛津大学出版社 1929 出版的《古罗马城地志词典》（Samuel Ball Platner, and Thomas Ashby, *A Topographical Dictionary of Ancient Rome*. London: Oxford University Press, H. Milford, 1929）[①]，现已为多卷本《罗马城地志辞书》（Eva Margareta Steinby ed., *Lexicon Topographicum Urbis Romae*. Roma: Ed. Quasar, 1993-2000；缩写为 *LTUR*）所取代。全书共有 2300 个词条，从时间上来说涵盖了直至公元 7 世纪的建筑，既包括考古发掘出的遗址，也包括仅在文献中提到的建筑。其中最后一卷包括索引、总书目以及史料综述，目前其增补系列还在持续出版。较为方便使用，并且较为经济的参考书的则是理查德森所编的《新古罗马城地志词典》（L. Richardson, *A New Topographical Dictionary of Ancient Rome*. Baltimore: Johns Hopkins University Press，1992）。《古罗马图集：罗马城的传记与描述》（Andrea Carandini, Paolo Carafa, and Andrew C. Halavais, *The Atlas of Ancient Rome: Biography and Portraits of the City: 1. Text and Images. 2. Tables and Indexes*, translated by by Andrew Campbell Halavais. Princeton, NJ: Princeton University Press, 2017）初版为意大利语，与上述其他地志所不同的是，这部书按区组织材料，包括大量的图片和地图。综合各类参考资料，特别是文献和考古，罗马城的地志、地图等已经有多个电子化版本，比如罗马地图（Mapping Rome: http://mappingrome.com）、"奥古斯都时代的罗马电子数据库"（Digital Augustan Rome: http://digitalaugustanrome.org/）等，用户不但可以定位古罗马城中的具体区域、建筑，还可以缩放地图和图像。

关于罗马考古的资料汗牛充栋，一些入门读物如下：

Coarelli, Filippo, *Rome and Environs: An Archaeological Guide*. Berkeley: University of California Press, 2007.

Coulston, J. C. N., and H. Dodge, eds., *Ancient Rome: The Archaeology of the Eternal City*. Oxford: Oxford University School of Archaeology, 2000.

[①] http://www.lib.uchicago.edu/cgi-bin/eos/eos_title.pl?callnum=DG16.P72

Dyson, Stephen L., *Ancient Marbles to American Shores: Classical Archaeology in the United States*, Philadelphia: University of Pennsylvania Press, 1998.

Dyson, Stephen L., *In Pursuit of Ancient Pasts*: *A History of Classical Archaeology in the Nineteenth and Twentieth Centuries*, New Haven, Yale University Press, 2006.

Esmonde Cleary, Simon, *The Roman West, AD 200-500: An Archaeological Study*. Cambridge: Cambridge University Press, 2013.

Evans, Jane DeRose, *A Companion to the Archaeology of the Roman Republic*. Chichester, West Sussex: Wiley-Blackwell, 2013.

Hopkins, Clark, and Bernard Goldman, *The Discovery of Dura-Europos*. New Haven: Yale University Press, 1979.

Laurence, Ray, *Roman Archaeology for Historians*. Abingdon, Oxon: Routledge, 2012.

在罗马考古学领域最重要的期刊是《罗马考古杂志》(*Journal of Roman Archaeology*)，发表英、德、法、意、西（班牙）语写作的专业论文及长篇书评。《美国考古杂志》(*American Journal of Archaeology*) 涵盖的范围更广，但有相当多与罗马考古有关的文章、考古报告和书评，其中书评有免费的网络版。

（八）视觉艺术、图片资料

ARTstor：最广为图书馆订阅的图片资源数据库是 ARTstor 网站（http://www.artstor.org）。ARTstor 是利用数码技术，强化艺术和相关领域里的学术研究、教学和学习的平台，主要满足研究人员和师生的需求。ARTstor 与世界各地许多教育和文化机构密切合作，不断拓宽图像数据库的规模。该网站的图像涉及各地区各历史时段各文化，其中包括许多有关罗马史和罗马文化的图片，其存储量仍在不断增加。该网站搜索简易，每幅图片附有详细说明，可缩放，以便观察细部。

"牛津艺术在线"（Oxford Art Online：https://www.oxfordartonline.com/）：合并了 Grove Art Online 以及 Benezit Dictionary of Artists，不但包括西方以

及非西方的艺术作品图像,还包括艺术史类的大量文章,并持续更新。

博物馆网页:各大博物馆的网站是图片研究罗马艺术史的重要资源。比如:

美国纽约大都会博物馆官方网站,http://www.metmuseum.org/;

法国巴黎卢浮宫博物馆网站,http://www.louvre.fr/llv/commun/home.jsp?bmLocale=en;

英国伦敦不列颠博物馆网站,http://www.britishmuseum.org/;

梵蒂冈博物馆网站,http://www.museivaticani.va/;

剑桥大学古典考古博物馆数据库(Museum of Classical Archaeology Databases),https://museum.classics.cam.ac.uk/home;

"古代最后的雕像数据库"(Last Statues of Antiquity Database:http://laststatues.classics.ox.ac.uk/):缩写为LSA,http://laststatues.classics.ox.ac.uk/,包括公元284年之后雕像、雕像底座的图像和信息(年代、地点、材质、相关研究等)。

三 史料集、文献集

除辞书和百科全书之外,各种史料集、文献集也弥足重要。这些资料集大部分是为了配合本科教学而编撰的,由于这些合集包括了不少碑铭、纸草文书等的英文翻译,而且常常附有历史背景的简介、简要的内容诠释等,对于没有古典语言背景的初学者来说尤有助益,能够方便读者快速了解基本史料。这类资料集的数量不断在增长,主题也扩充了许多。比较通用的此类书籍包括:

《希腊罗马史料集》(*Translated Documents of Greece and Rome*):(四)《至奥古斯都统治时期的罗马与希腊》(Robert K. Sherk, *Rome and the Greek East to the Death of Augustus*. Cambridge: Cambridge University Press, 1984);(六)《(早期罗马帝国)从奥古斯都到哈德良》(Robert K. Sherk, *Augustus to Hadrian*. Cambridge: Cambridge University Press, 1988)。这两本史料集已有影印本(罗伯特·K.谢尔克编译,黄洋导读,北京大学出版社,2014年)。

所包括的史料以军事、政治、律法为主，选取了许多重要的希腊拉丁铭文，比如奥古斯都关于北非库勒尼（Cyrene）的 5 篇敕令以及元老院的一篇决议虽然没有原文，但每一篇都附有详细的出处、翻译和注释。

N. Lewis & M. Reinhold 所编的《罗马文明：史料选集》（*Roman Civilization*：*Selected Readings*. New York: Columbia University Press，Third edition., 1990）共有两卷，上卷涵盖共和时期及奥古斯都时代，下卷涵盖帝国时期。选材较为全面丰富，但整体侧重于罗马的政治结构、军事扩张、帝国的行政管理等等。

Jo-Ann Shelton 所编的《罗马社会史史料集》（*As The Romans Did. A Sourcebook in Roman Social History*.Oxford: Oxford University Press，Second Edition., 1998）为单卷本。这个读本 1988 年初版，此后被广为采用。选材的侧重点在社会史方面，涵盖罗马社会的结构、婚姻家庭、城市生活、衣食住行、教育、各行各业、奴隶与释奴、行政军事、立法司法、行省与罗马、娱乐休闲、宗教哲学。材料来源广泛，从文学历史、纸草铭文到法典，不一而足。大部分选篇都有背景简介和注释。书后附录有三：附录一简介古代文献作者；附录二为罗马币制；附录三为年代表。因为材料是按主题安排的，所以在以年代为主线的通史课上使用有些困难，此外，由于选篇通常较短，读起来难免有散碎之感。

David Cherry 所编的《罗马世界史料集》（*The Roman world: A Sourcebook*. Malden, Mass: Blackwell, 2001）为单卷本，按专题分为社会等级、妇女婚姻及家庭、经济、科学与医药、政治与政府、罗马及行省、军队、边疆以外、异教及基督教共九章。另附有罗马帝王表、度量衡简介以及罗马年代表。这本史料集在医学方面比其他史料集内容更为丰富。

Tim G. Parkin 和 Arthur John Pomeroy 所编的《罗马社会史史料集》（*Roman Social History: A Sourcebook*. Routledge sourcebooks for the ancient world. London：Routledge，2007）包括社会阶层、人口学、家庭、教育、奴隶、贫穷、经济、法律体系及法庭、休闲与娱乐 9 个主题，选材较广泛。但时间跨度上主要限于公元前 1—公元 2 世纪。

R. Scott Smith 和 Christopher Francese 所编的《古代罗马：史料选

集》（*Ancient Rome: An Anthology of Sources*. Indianapolis: Hackett Publishing Company, Inc., 2014），史料选材广泛，每篇篇幅相对较长，比较适于课堂讨论。书中的地图以及每篇之前信息量充足的导读，对于自学者和初学者都有相当的助益。前言中的关于如何"阅读"罗马史料的几条建议相当精辟。比如第三条——"特殊非典型"（"What is extradinary is not typical"），这提醒读者，史料中记录下来的东西通常是特别的，甚至与普通人的想法、做法完全相左，所以史料中所提到的人与事，不能直接等同于那个时代的普通人与事。

这些合集都较少地包括考古、艺术、建筑、雕像史料，而基本以文字史料为主。除了综合性的文献集之外，近年也出版了为数众多的专题文献集，其中的文献都经过编译者的精心选择和翻译，一般不附原文，但集中附有较为详细的原文信息，方便读者查找原文。其中较为重要的资料集按出版顺序排列如下：

《希腊罗马奴隶制史料集》（T. E. J. Wiedemann, *Greek and Roman Slavery*. London/New York: Routledge, 1981, 1994）汇编与奴隶制相关的文学、哲学、法学及铭文资料选，纸草文书资料较为缺乏。

《罗马帝国的行政管理》（Barbara Levick, *The Government of the Roman Empire: A Sourcebook*. London：Croom Helm，1985）。

《从奥古斯都到尼禄：公元前 21 年至公元 68 年罗马史料集》（David C. Braund, *Augustus to Nero: A Sourcebook on Roman History 31 BC-AD 68*. London: Croom Helm, 1985）。

《异教与基督教》（Ramsay MacMullen, and Eugene Lane, *Paganism and Christianity, 100-425 C.E.: A Sourcebook*. Minneapolis: Fortress Press, 1992）。

《罗马军队，公元前 31—公元 337 年：史料集》（Brian Campbell, *The Roman Army，31BC-AD 337: A Sourcebook*. London and New York，1994）；该作者还编有《希腊罗马军事作家资料选读》（Brian Campbell, *Greek and Roman Military Writers. Selected Readings*. Routledge Classical Translations. London/New York：Routledge，2004）。

《罗马的宗教》（Mary Beard，John North，and Simon Price，*Religions of*

Rome. Cambridge: Cambridge University Press, 1998)。此书为两卷本,第二卷为史料集。史料包括文献、考古、碑铭、纸草、律法、艺术等等。

《希腊罗马时期埃及的妇女与社会》(Jane Rowlandson and Roger Bagnall, eds., *Women and Society in Greek and Roman Egypt: A Sourcebook*. Cambridge: Cambridge University Press, 1998)。

《晚期古代资料选读》(Michael Maas, *Readings in Late Antiquity: A Sourcebook*. London; New Your: Routledge, 2000)。

《罗马体育及演出》(Anne Mahoney, *Roman Sports and Spectacles: A Sourcebook*. Newburyport: Focus Pub. / R. Pullcns Co, 2001)。

《罗马帝国时期妇女与法律:有关婚姻、离婚以及寡居的文献集》(Judith Evans Grubbs, *Women and the Law in the Roman Empire: A Sourcebook on Marriage, Divorce and Widowhood*. London: Routledge, 2002)。

《庞贝资料集》(Alison Cooley, and M. G. L. Cooley, *Pompeii: a sourcebook*. London: Routledge, 2004)。

《希腊罗马世界妇女的宗教》(Ross Shepard Kraemer, ed., *Women's Religions in the Greco-Roman World: A Sourcebook*. Oxford: Oxford Uiversity Press, 2004)。

《罗马如生:有关罗马城的史料集》(Peter J. Aicher, *Rome Alive. A Source Guide to the Ancient City*.Wallconda Ill: Bolchazy-Carducci Publishers, 2004),共两卷,收集有关古罗马城内各类建筑(神殿、凯旋门、水道、市场、剧场、斗兽场、记功柱、城墙等)的史料,上卷为英文翻译,下卷为希腊、拉丁文原文。

《希腊和罗马的妇女生活:资料译文集》Mary R. Lefkowitz, Maureen B. Fant, *Women's Life in Greece and Rome: A Source Book in Translation*. Baltimore: Johns Hopkins University Press, 2005, 第3版),初版于1982年,内容非常丰富,包括文学、哲学、铭文等中的妇女,既覆盖公共生活,也覆盖私人生活,并有"女性声音"(其中包括"置于妇女口中的男性话语"一节)及"男性观点"两章,展示不同的视角。

《古罗马丧葬:史料集》(Valerie M. Hope, *Death in Ancient Rome: A*

Source Book. London: Routledge, 2007）汇集与死亡、墓葬相关的各类资料。

《罗马共和时代的军队》（Michael M. Sage, *The Republican Roman Army: A Sourcebook.* Routledge Sourcebooks for the Ancient World. New York/London：Routledge，2008）。

《罗马史家》（Ronald Mellor, *The Historians of Ancient Rome: An Anthology of the Major Writings.* London: Taylor and Francis, 2012），包括从李维到阿米安等罗马主要史家的著作选篇，是在美国大学罗马史教学中广为使用的资料集。

《早期罗马帝国的死亡与王朝》（John B. Lott, *Death and Dynasty in Early Imperial Rome: Key Sources, with Text, Translation, and Commentary.* Cambridge: Cambridge University Press, 2012），这部资料集包括了早期罗马帝国8篇重要铭文的校勘、译文和评注，这些资料主要用来阐述帝国的巩固、延续、皇位继承问题，比如"元老院关于老皮索的决议"（*Senatus Consultum de Cn. Pisone Patre*，缩写为 SCPP）、"关于扩增盖尤斯·恺撒荣誉的决议（比萨版）"（*Decretum Pisanum de augendis honoribus Gaii Caesaris*，缩写为 DPG）、"赫巴铜表"（*Tabula Hebana*）等，非常适合深度教学和研究使用。

张强、张楠编译的《希腊拉丁历史铭文举要》（商务印书馆，2016年），包括一些具有重要历史价值的希腊、拉丁铭文的中文翻译。这部铭文举要不包括原文，但读者可以从铭文数据库在前面已讲查找原文进行对照。

《罗马世界的妇女与社会：西部罗马的铭文资料集》（Emily A. Hemelrijk, *Women and Society in the Roman World: A Sourcebook of Inscriptions from the Roman West.* Cambridge: Cambridge University Press, 2020），主要包括来自西部罗马帝国的拉丁铭文译文。

《晚期古代史料阅读资料》（Michael Maas, *Readings in Late Antiquity: A Sourcebook.* London; New York: Routledge, 2000）。

四 通史类著作

就大学阶段罗马史通史课而言，在课件和阅读资料方面，采用通史与原始资料集相结合的方式是常见的做法。以下通史类书籍既适合作为系统性的入门读物，也可以用作通史教材。西文的罗马通史数量众多，书写角度、侧重点、覆盖的时空各有不同，比如有的侧重政治军事史，有的更侧重社会文化史，读者可以按自己的需求选择通史类读物。但通史类著作通常会反映近年来的学术动向，阅读时要尽量做到全面。和学术类专著不同的是，通史类著作一般没有脚注，但都附有扩展阅读的书单。

Mary Beard, SPQR: *A History of Rome*, Profile Books, 2015.（中译本：玛丽·比尔德：《罗马元老院与人民》，王晨译，民主与建设出版社，2018 年。）

Boatwright, Mary T., Daniel J. Gargola, Noel Lenski, Richard J. A. Talbert., *The Romans: From Village to Empire: A History from Earliest Times to the End of the Western Empire*. Oxford: Oxford University Press, 2012 (2nd ed.).

Campbell, J. B., *The Romans and Their World.* New Haven: Yale University Press, 2011.

Heichelheim, Fritz M. and Cedric A. Yeo, *A History of the Roman People*, revised by Allen Ward.and Celia E. Schultz. London and New York: Routledge,2019(7th ed.).

Dunstan, William E., *Ancient Rome.*Lanham: Rowman & Littlefield, 2011.

Fisher, Greg, *The Roman World from Romulus to Muhammad: A New History*. New York: Routledge, 2021.

Kamm, Antony, The *Romans: An Introduction*. London: Routledge, 2008 (2nd ed.).

Kelly, Christopher, *The Roman Empire: A Very Short Introduction*.Oxford: Oxford University Press, 2006.

Le Glay, Marcel, Jean-Louis Voisin, Yann Le Bohec, David Cherry, Donald G. Kyle, Eleni Manolaraki, *A History of Rome*, translated by Antonia Nevill. Cambridge, Mass.: Wiley-Blackwell, 2009 (4th ed.).

Matthews, John, *Empire of the Romans: From Julius Caesar to Justinian: Six Hundred Years of Peace and War (Volume I: A History; Volume II: Select Anthology)*. Cambridge, Mass.: Wiley-Blackwell, 2021.

Mathisen, Ralph W., *Ancient Roman Civilization: History and Sources 753 BCE to 640 CE*. New York; Oxford: Oxford University Press, 2019.

Martin, Thomas R., *Ancient Rome: From Romulus to Justinian*. New Haven: Yale University Press, 2012.

Nagle, D. Brendan, *Ancient Rome: A History*. Cornwall-on-Hudson, NY Sloan Publishing, 2012 (2nd ed.).

Boatwright, Mary, Daniel Gargola, Richard Talbert, and Noel Lenski, *The Romans, from Village to Empire*. New York: Oxford University Press, 2012 (2nd ed.).

Potter, David, *Ancient Rome. A New History*. New York: Thames & Hudson, 2018 (3rd ed.).

Schultz, Celia E. and Allen Mason Ward, *A History of the Roman People*. London; New York: Routledge, 2019 (7th ed.).

Woolf, Greg, *Rome. An Empire's Story*. Oxford; New York: Oxford University Press, 2012.

除上述各类罗马通史之外，还有一些出版社有通史类丛书或系列，丛书内每一卷负责一个时段，比如"劳特里奇古代世界史"（Routledge History of the Ancient World）系列、"布莱克威尔古代世界史"（Blackwell History of the Ancient World）系列、"爱丁堡古代罗马史"（The Edinburgh History of Ancient Rome）系列等。这类系列读物的目标读者群为大学生或高阶中学生，相应丛书的网页上列有每一卷的相关信息。

全面、细致、深入的通史性著作为多卷本的《剑桥古代史》（The Cambridge Ancient History），书后都附有详尽书目。《剑桥古代史》这套书部头大、价格高。此外，由于在叙述上追求详尽细致和深入，初学者使用起来多有不易，更适于研究者使用。《剑桥古代史》初版于1924—1939年间版，目前已更新到第2版。中文译本自2016年以来，已陆续出版多卷，近年内可望完成。把新旧版对照起来参阅，可以明显看到过去一个世纪罗马史研究在侧重点、史料解释、研究方法等方方面面的演变。罗马史部分的新版各卷如下：

Volume VII, Part II, *The Rise of Rome to 220 BC*, 2nd edition, Edited by F. W. Walbank, A. E. Astin, M. W. Frederiksen, R. M. Ogilvie, Assisted by A. Drummond, 1990;

Volume VIII, *Rome and the Mediterranean to 133 BC*, 2nd edition, Edited by A. E. Astin, F. W. Walbank, M. W. Frederiksen, R. M. Ogilvie, 1989;

Volume IX, *The Last Age of the Roman Republic, 146-43 BC*, 2nd edition, Edited by J. A. Crook, Andrew Lintott, Elizabeth Rawson, 1994;

Volume X, *The Augustan Empire, 43 BC-AD 69*, 2nd edition, Edited by Alan K. Bowman, Edward Champlin, Andrew Lintott, 1996;

Volume XI, *The High Empire, AD 70-192*, 2nd edition, Edited by Alan K. Bowman, Peter Garnsey, Dominic Rathbone, 2000;

Volume XII, *The Crisis of Empire, AD 193-337*, 2nd edition, Edited by Alan Bowman, Averil Cameron, Peter Garnsey, 2005;

Volume XIII, *The Late Empire, AD 337-425*, Edited by Averil Cameron, Peter Garnsey, 1998;

Volume XIV, *Late Antiquity: Empire and Successors*, *AD 425-600*, Edited by Averil Cameron, Bryan Ward-Perkins, Michael Whitby, 2001.

五 语言教学和研究资料

拉丁语和希腊语是从事一手研究必需的语言。学习古典语言、阅读原文以及从事第一手资料研究离不开好的字典、语法书和教材。

（一）面向研究者的辞海式工具

TLL《拉丁语辞海》（又译《拉丁文文库》，*Thesaurus Linguae Latinae*）：最初由德国的柏林大学、哥丁根大学、莱比锡大学、慕尼黑大学以及奥地利的维也纳大学合作主编的、旨在编写最全面的拉丁语词库，每个词条包含该词的所有用法和释义，并列出所使用的语境和所有原文出处。《拉丁语辞海》从 20 世纪初开始出版，1949 年以后，国际编委会接管了这个项目，每年都有来自欧美各地的拉丁语专家学者参与编纂。目前仍在编写之中，已出到字母 -P。《拉丁语辞海》既有书面版，也有免费的网络版 https://thesaurus.badw.de/en/tll-digital/tll-open-access.html，后者可搜索，使用较为方便。

TLG《希腊语辞海》（又译《希腊文文库》，*Thesaurus Linguae Graecae*）：1972 年起步的《希腊文文库》与《拉丁文辞海》的性质略有不同，以建立从古至今所有古希腊语文献的数字化档案库为主要目标，是文献总汇而不是辞书字典。目前已经收录自荷马至 1453 年拜占庭帝国灭亡为止的大部分希腊文文献。1999 年 CD-Rom 版问世，自 2001 年起，《希腊文文库》的网络版向付费订户开放（网址 http: //www.tlg.uci.edu/）。非订阅用户可以免费使用节版 TLG（http: //www.tlg.uci.edu/demoinfo/demo.php），可阅读和检索一部分古希腊语作家的作品，主要是大学古希腊语教学中常使用的作者和读物。电子版以及全版和节版网络版都可以进行词语搜索，为世界各地的研究者提供了极大的便利。

（二）权威性的词典

在拉丁语，特别是古典拉丁语方面，《牛津拉丁语词典》（*Oxford Latin Dictionary*，缩写为 *OLD*）1996 年的修订版是目前的标准拉丁语－英语词典。这部词典自 1968 年始分 8 卷渐次出版，至 1982 年合为一卷本大词典，收录了大约四万个单词，引文近百万，但所收词条基本上限于公元 200 年之前，圣奥古斯丁的著作作为例外收入。较早的拉丁语词典有刘易斯（Charlton Lewis）和肖特（Charles Short）主编的《拉丁语词典》。这部词典原版于 1879 年，尽管在释义方面已多有过时，但在选词和引文方面比《牛津拉丁语词典》的年代跨度大得多，不但涵盖了古典拉丁语，还包括了晚期古代及中世纪拉丁语，所以仍有重要的参考价值。在希腊语方面，权威的希腊文－英文词典为亨利·乔治·利德尔与罗伯特·斯科特最早主编的《希英词典》（*A Greek-English Lexicon*），最初出版于 1843 年，后历经多次修改增补，并且有简版等不同版本，因后来的主编是亨利·斯图亚特·琼斯爵士（Sir Henry Stuart Jones），所以这部词典也常被称为Liddell-Scott-Jones，缩写为LSJ，完整版包括116502条词条。目前已有北京大学出版社2015年所出的《希英词典（中级本影印本）》（*An Intermediate Greek-English Lexicon*，张巍导读）。李德尔和斯各特的《希英词典》以及刘易斯和肖特的《拉丁语词典》都有免费的网络版，依托于帕修斯数字图书馆（http：//www.perseus.tufts.edu/）。《希腊语辞海》（*TLG*）项目也创建了《希英词典》（*LSJ*）的网络版：http://stephanus.tlg.uci.edu/lsj/#eid=16。免费的公开词典资源还有依托于芝加哥大学的Logeion数据库（https://logeion.uchicago.edu/lexidium），加入该数据库的词典包括众多西文词典。另外拉丁词典数据库（Database of Latin Dictionaries）可交叉搜索检阅多个中世纪拉丁语词典http://clt.brepolis.net/dld/pages/QuickSearch.aspx，但需订阅。

这些历史悠久的词典都有一个共同的问题，即释义所采用的语言已经有历史感，现代读者有时对解释希腊或拉丁词的英文都有些陌生。近年来新增的几部词典也是从组织上、史料上和语言表达上对过去的词典进行"现代化"的尝试：

2015年，博睿出版的《博睿古希腊词典》（Franco Montanari, Madeleine Goh, Chad M. Schroeder, Gregory Nagy, and Leonard C. Muellner, *The Brill Dictionary of Ancient Greek*. Leiden: Brill, 2015）是Franco Montanari所编的希腊语-意大利语词典（*Vocabolario della Lingua Greca*. Torino: Loescher Editore, 2013, 3rd ed.）的英译文，词条数量140000，超过*LSJ*，充分利用了文本、铭文、纸草文书等资料。翻译工程由哈佛大学"希腊研究中心"（The Center for Hellenic Studies in Washington, DC）赞助。这部词典获得了2016年Choice的"杰出学术著作奖"。该词典有可搜索的电子版：https://brill.com/view/db/bdgo。

2021年，剑桥大学出版社出版了《剑桥希腊语词典》（Faculty of Classics, University of Cambridge, & J. Diggle, *The Cambridge Greek Lexicon*. Cambridge: Cambridge University Press, 2021）。这部词典原计划是对*LSJ*的

修订，但最后重起炉灶，经过 20 年的工作，新编了一部词典，覆盖的范围比 LSJ 更小，但更注重每个词的词义的历史变迁，以及不同词义之间的关系。

希腊语-中文、拉丁语-中文词典的编写历史其实非常悠久，来华的耶稣会士做了相当多的工作，这些词典迄今还能够在如上海徐家汇藏书楼、美国旧金山大学利氏学社（利玛窦研究所）、哈佛-燕京图书馆等地看到原版，有一些也已经电子化或正在电子化。但是这些词典最大的问题是很多用来释义的中文词汇已经成为历史词汇，所以这些数量众多的词典实用价值有限，但是对于语言史、学术史、中西交流等，都是非常珍贵的历史资料。目前对初学者来说比较实用的中文词典是罗念生、水建馥所写的一卷本的《古希腊语汉语词典》，商务印书馆，2004 年。

（三）希腊语和拉丁语语法书

拉丁文和希腊文的语法书数目众多，其中《新拉丁语语法》（*Allen and Greenough's New Latin Grammar: For Schools and Colleges* 1872 年初版，后多次再版、修订，Boston: Ginn & Co, 1931；已有中译本：《拉丁语语法新编》，顾枝鹰、杨志成等译，华东师范大学出版社，2017 年）和赫伯特·魏尔·史密斯的《希腊语法》（Herbert W. Smyth, and Gordon M. Messing, *Greek Grammar*. Cambridge, MA: Harvard University Press, 1956）仍属比较全面的语法书，比较适合拉丁和希腊语中级以上程度的师生使用。这两种语法书如今已都有网络版，不过"帕修斯"网站上的史密斯《希腊语法》来自 1920 年的版本（Herbert Weir Smyth, *A Greek Grammar for Colleges*. New York: American Book Company, 1920：http://www.perseus.tufts.edu/hopper/text?doc=Perseus%3atext%3a1999.04.0007）。权威的希腊语法书 Raphael Kuhner, *Ausführliche Grammatik der Griechischen Sprache*. Hannover: Hahnsche Buchhandlung, 1980, 1992 也有"帕修斯"网络版（http://www. perseus. tufts. edu/hopper/text? doc=Perseus: text: 1990.04.0019: part=1: section=1）。

其余较早的语法书包括：Benjamin H. Kennedy, *The Revised Latin Primer*, edited by Sir James Mountford, London: Longman, 1962；E. C. Woodcock, *A

New Latin Syntax. Bristol: British Classical Press, 1985。最新的语法书有：Evert van Emde Boas, Albert Rijksbaron, Luuk Huitink, and Mathieu de Bakker, *The Cambridge Grammar of Classical Greek*. Cambridge: Cambridge University Press, 2019，已有中译本：[荷兰] 范·埃姆德·博阿斯 / 莱克斯巴隆 / 豪廷克 / 德·巴克，《剑桥古典希腊语语法》，顾枝鹰、杨志城、张培均、李孟阳、程茜雯译，华东师范大学出版社，2021年。

（四）古希腊语拉丁语教材

就教材而言，英文和其他现代西方语言的拉丁、古希腊语教材、入门读本和语法工具书众多，不同学校，甚至同一学校的不同教授在选取教材方面和教学方法各有偏好。针对不同年龄段的教材在编排和选择阅读材料方面也有不同。下面仅列举一些较常用的英文教材以及较新的教材：

《韦洛克拉丁语教程》：就英文撰写的教材而言，使用于高中或大学的拉丁语入门教材名为《韦洛克拉丁语教程》(*Wheelock's Latin*, 教学参考网站为 http://www.wheelockslatin.com/)。自1956初版以来，该教材目前已经改编到第7版。其长处在于简洁性、全面性以及大量来自古典原著的拉丁范句和选读。教程相对合理，但也存在着缺陷，比如虚拟语气(subjunctives)在书中介绍得较晚。中译本：弗雷德里克·M. 韦洛克，《韦洛克拉丁语教程》，张卜天译，北京联合出版公司，2017年。

《学习阅读拉丁语》：牛津、剑桥、耶鲁大学出版社也都有较新的教材。近年来，由耶鲁大学出版，Andrew Keller 和 Stephanie Russell 所编的新教材《学习阅读拉丁语》(*Learn to Read Latin*) 逐渐受到青睐，语法解释非常细致，对初学者而言，有时会有繁复之感。

《拉丁语入门》：Susan Shelmerdine, *Introduction to Latin*.MA: Focus, 2013, 2nd ed., 节奏和繁简程度都把握得很好，适合速学。

《向罗马人学习拉丁语》：Eleanor Dickey, *Learn Latin from the Romans*. New York: Cambridge University Press, 2018。和一般的教材不太一样，语法内容相对较少，选取的阅读材料生动丰富，有不少"对话"选篇来自罗马时代学童所使用的教材。这本书适合对罗马时代的社会生活或会话比较感兴趣的初学者。

《希腊语强化课程》：在希腊语方面，最常用的教材之一为 Hardy Hansen, and Gerald M. Quinn, *Greek, an intensive course*. New York: Fordham University Press, 1992。

《阿提卡希腊语入门》：Donald Mastronarde, *Introduction to Attic Greek*. Berkeley: University of California Press, 初版，1993 年；第 2 版，2013 年。其特色为细致全面的语法解释，既可作为教材，也可作为语法工具书。伴有练习网页 Attic Greek. org: http://atticgreek.org/。

《学习阅读希腊语》（Andrew Keller and Stephanie Russell, *Learn to Read Greek*. New Haven: Yale University Press, 2009，2012）和《学习阅读拉丁语》是姊妹篇。

上述教材适合以语法和翻译为主、把拉丁语作为书面语的教学法，在拉丁语口头表达或者用拉丁语进行思维方面的训练相对薄弱。目前国内已有采用"自然法"教程的中文版：汉斯·亨奥尔博格著，《拉丁语综合教程》，李慧编，外语教学与研究出版社，2018 年。原著为 Hans Orberg, *Lingua Latina Per Se illustrata series,* 1981—1983 初版，后多次再版。强调在语境中学习词汇和语言，更接近"活语言"的教学法。

从基础拉丁语和希腊语的学习到阅读真正的古典原著需要一段时间的过渡，协助学生增强阅读能力的过渡性读物相对来说比较缺乏。俄克拉荷马大学出版社和 Bolchazy-Carducci 出版社在面向拉丁希腊语初学者方面做得相对出色。比如近年来 Bolchazy-Carducci 出版的维吉尔的启蒙读物就有《维吉尔过渡读本》（Thomas J. Sienkewicz, LeaAnn A. Osburn, *Vergil. A Legamus Transitional Reader.* 2004）；《初学者的维吉尔》（Rose Williams, *Vergil for Beginners: A Dual Approach to Early Vergil Study.* 2006）等多种。而俄克拉荷马大学出版社的《学生的卡图卢斯》，即为用来教学的卡图卢斯诗歌读本，2012 年时已出版到了第 4 版。高阶的阅读则可以采用校注本。

六 主要期刊

用英语出版的《罗马研究杂志》(*Journal of Roman Studies*)是罗马史研究的专门期刊,但所有的古典学、考古学、古代艺术史以及古代历史期刊都涉及罗马研究。相比许多现代学科,古典学在西方相对历史悠久,重要的期刊杂志数量众多,中文没有罗马史的专门期刊,相关文章分散在《世界历史》《历史研究》《古代文明》(2007年创刊)中。近年来,国内的古典学期刊呈增长之势:刘小枫主编的《古典研究》(*The Chinese Journal of Classical Studies*,2010年创刊)、《古典学研究》(集刊,2018年创刊),覆盖面相对比较广泛,也包括罗马研究的内容;徐松岩所创办并担任主编的《古典学评论》,2015年创刊,兼顾中西古典学;张巍所创办并担任主编的《西方古典学辑刊》,2018年创刊,发表古希腊和古罗马相关研究;《古典与中世纪研究》由北京大学西方古典学中心主办,发表西方古典学与中世纪领域的学术论文和书评,2020年出版第一辑。由东北师范大学主管的 *Journal of Ancient Civilizations*(缩写为 *JAC*),创办于1986年,发表国内外和古代世界研究相关的英文文章。

表F2—7列出一些常用的西文学术期刊及其缩写,以英文期刊为主,兼顾重要的欧洲大陆期刊。期刊的缩写在不同的系统中并不统一,这里遵循的是《牛津古典辞书》第4版的缩写:①

表F2-7 常用西文学术期刊及其缩写表

西文学术期刊名	缩写
Acta Classica	*AC*
L'Année épigraphique	*AE*
The Ancient History Bulletin	*AHB*
American Journal of Archaeology	*AJArch.*
American Journal of Philology	*AJPhil.*
Memoirs of the American Academy at Rome	*Amer. Acad. Rome*

---

① https://oxfordre.com/classics/page/ocdabbreviations(2021年7月15日查阅)

续表

西文学术期刊名	缩写
American Historical Review	Amer. Hist. Rev.
Anatolian Studies	Anat. St.
Ancient Society	Anc. Soc.
Annali del Istituto di Corrispondenza Archaeologica	Ann. Ist.
L'antiquité classique	Ant. Class.
Aufstieg und Niedergang der römischen Welt	ANRW
Archiv für Papyrusforschung	Arch. Pap.
Athenaeum: Studi periodici di letteratura e storia dell'antichità	Athenaeum
Bulletin of the American Society of Papyrologists	BASP
Bulletin of the Institute of Classical Studies	BICS
Bullettino della Commissione archeologica comunale in Roma	Bull. Com. Arch.
Bullettino del Istituto di diritto romano	Bull. Ist. Dir. Rom.
Classica et Mediaevalia	C&M
Collections de l'École française de Rome	CÉFR
Chiron: Mitteilungen der Kommission für alte Geschichte und Epigraphik des deutschen archäologischen Instituts	Chiron
Chroniques d'Égypte	Chron. d'É
Classical Journal	CJ
Classical Antiquity	Cl. Ant.
Classical Philology	CPhil.
Classical Quarterly	CQ
Classical Review	CR
Classical World	CW
Greece and Rome	G & R
Greek, Roman and Byzantine Studies	GRBS
Harvard Studies in Classical Philology	Harv. Stud.
Harvard Theological Review	Harv. Theol. Rev.
Hermes: Zeitschrift für klassische Philologie	Hermes

续表

西文学术期刊名	缩写
Hesperia: Journal of the American School of Classical Studies at Athens	Hesp.
Historia: Zeitschrift für alte Geschichte	Historia
Harvard Studies in Classical Philology	HSCP
International Journal of the Classical Tradition	IJCT
Journal of Ancient Civilizations	JAC
Jahrbuch des [kaiserlich] deutschen archäologischen Instituts	JDAI
Journal of Juristic Papyrology	JJP
Jahreshefte des österreichischen archäologischen Instituts in Wien	JÖAI
Jahrbuch des österreichischen Byzantinistik	JÖB
Journal of Biblical Literature	Journ. Bib. Lit.
Journal of Philology	Journ. Phil.
Journal of Roman Archaeology	JRA
Journal of Roman Studies	JRS
Klio, Beiträge zur alten Geschichte	Klio
Ktèma: Civilizations de l'Orient, de la Grèce et de Rome Antiques	Ktema
Latomus: Revue d'études latines	Latomus
Liverpool Classical Monthly	LCM
Memoirs of the American Academy in Rome	MAAR
Materiali e discussioni per l'analisi dei testi classici	MD
Mitteilungen des deutschen archäologischen Instituts	MDAI
Mélanges d'archéologie et d'histoire de l'École française de Rome	MÉFRA
Mnemosyne: Bibliotheca Classica Batava	Mnemosyne
Proceedings of the British Academy	PBA
Papers of the British School at Rome	PBSR
Proceedings of the Cambridge Philological Society	PCPS
Phoenix: The Journal of the Classical Association of Canada	Phoenix
Past and Present	P&P

续表

西文学术期刊名	缩写
Rheinisches Museum für Philologie	Rh. Mus.
Transactions of the American Philological Association	TAPA
Tyche：Beiträge zur Alten Geschichte, Papyrologie und Epigraphik	Tyche
Wiener Studien - Zeitschrift für Klassische Philologie, Patristik und lateinische Tradition	Wien. Stud.
Zeitschrift für Papyrologie und Epigraphik	ZPE

七 综合性网络资源

网络资源日新月异，不但为各国学者提供相互交流的平台，也为国内同仁解决外文期刊及书籍短缺问题提供了便利。目前有网络版的工具书，特别是百科全书和词典，不计其数。有一些是共享的免费资源，另一些只对付费订户开放。此外，所有的网络使用者都难免面临同样的问题，即网站信息的可靠性。很多网络资源都不具有学术性，未经同行评议。维基百科是最典型的例子，维基百科有其优点，免费、方便、迅捷、资料丰富、准确度日臻完善，但由于其开放性，许多美国大学禁止在作业包括学期论文中引用维基。在版权保护期内的资料大多需要付费才能够使用电子版，而免费的网络平台多使用已过版权保护期的文本或资料。

（一）综合性学术资料网站

在古典学领域，较为广泛使用的免费网络学术资源当属"帕修斯数字图书馆"（http：//www.perseus.tufts.edu/）。帕修斯最突出的功能在于其所提供拉丁语和希腊语的语言工具：不但有字典，提供释义，还可对变格、变位过的词语进行分析；帕修斯的搜索工具还可以帮助查询英文字的希腊语或拉丁语对应词；此外，用户还可检索任一词语的同义词、在古代文献中所出现的频率等。无论对于古典语言的初学者和自学者还是研究者来说，该数据库都是不可多得的便利工具。该数据库还收录了主要的希腊文和拉丁文古典文献的原文、（较老的）英译以及注释，而且还在不断地增补更新之中。此外，帕修斯还收录了大量的图片。

LacusCurtius（http：//penelope.uchicago.edu/Thayer/E/home.html）网站包括大量希腊、拉丁原文，不少都是帕修斯网站目前尚未涵盖的，比如老普林尼的《博物志》、马克罗比乌斯（Macrobius）的《农神节》(*Saturnalia*)、《皇史》(*Historia Augusta*)，以及弗隆提努斯（Frontinus）、维特鲁维乌斯（Vitruvius）和克劳迪阿努斯（Claudius Claudianus）的著作等。除古典作品之外，该网站还包括了一些较早的学术著作，比如伯里（J. B. Bury）的两卷本《晚期罗马帝国史》(*History of the Later Roman Empire*)，Platner 和 Ashby 的《古罗马城地形学词典》(*Topographical Dictionary of Ancient Rome*)以及《史密斯希腊罗马古事词典》(*Smith's Dictionary of Greek and Roman Antiquities*)。《史密斯希腊罗马古事词典》虽然出版于19世纪，书目已经过时，但是该书内容丰富（共1300页），着重原始史料，所以仍然十分具有参考价值。

（二）论文、电子书籍数据库

期刊数据库：可全文搜索的期刊数据库日益增多。在罗马史方面，最重要的两个付费订阅期刊数据库是 http：//www.jstor.org 以及 http：//muse.jhu.edu。前者包括了《罗马研究杂志》等重量级学术期刊旧刊，较新的刊号不在内。后者包括了《美国语文学杂志》(*American Journal of Philology*)、《古典世界》(*Classical World*)、《北美古典学会会刊》(*Transactions of the American Philological Association*)等重要期刊最近的期号。另外一些相关学术期刊虽然不在综合期刊数据库里，但是有自己的网络数据库。比如，*Rheinisches Museum für Philologie (Neue Folge)*（http://rhm.phil-fak.uni-koeln.de/inhaltsverzeichnisse.html）。所有有网络版的期刊的清单，可参见古典学学会的汇总：https://classicalstudies.org/world-classics/online-journals。

书评：不但是同行评议的重要途径与方式，也是学生、学者及普通读者把握学术变迁、发展动态的重要途径与工具之一。主要的学术期刊，比如《罗马研究杂志》、《古典杂志》(*Classical Journal*)、《罗马考古》(*Journal* of Roman Archaeology）、《美国考古》中都包括书评部分。有一些期刊则以书评为主，比如《古典评论》（Classical Review）及《美国历史评论》（American Historical Review, 有一小部分是关于古希腊罗马研究的）。网络版的《布林茅尔古典评论》（Bryn Mawr Classical Review, http：//ccat.sas.upenn.edu/bmcr/，缩写为 BMCR），在世界各地都可以免费阅读及搜索，任何人都可以免费订阅。《古典杂志》以及《美国考古》等杂志的书评部分也都有电子版。最新的书评以电子邮件方式送递读者，使读者方便快速掌握学术动态。

学位论文数据库：ProQuest Dissertations and Theses Global（https://about.proquest.com/en/products-services/pqdtglobal/）主要收录 20 世纪 80 年代以来西文学位论文的检索、摘要以及全文下载，需付费订阅。

（三）电子版书籍

目前网络上免费的电子书籍日益增加。古登堡计划（Project Gutenberg）收录年代较为久远、已过版权保护期的书籍，供读者免费阅读、下载。在电子版书籍领域发展最快速的网络资源是谷歌书库（Google books），较老的书籍可以全书浏览、搜索甚至下载，较新的书籍可以局部浏览。

越来越多的书籍有了电子版（ebook），ProQuest Ebook Central 和 EBSCO eBook Collection 是重要的电子书数据库，需付费订阅。

一些历史悠久、学术影响力较大的出版社也以有偿服务的方式开放本社出版的电子书（见下），都是可搜索的收费学术数据库，所收录的书籍可分章节下载，其中也包括了相当数量与罗马研究相关的著作。

比如博睿在线（BrillOnline Discovery，http://www.brillonline.com/）；剑桥（大学出版社）图书在线（Cambridge Books Online，https://ebooks.cambridge.org/）；德古意特在线（De Gruyter Online，https://www.degruyter.com/cms/pages/ebooks?lang=en）；牛津（大学出版社）线上学术（Oxford Scholarship Online，http://www.oxfordscholarship.com/）；威立网上图书馆（Wiley Online Library，http://onlinelibrary.wiley.com/）。

（四）面向中文读者的网络资源

除英文和其他外文网站之外，中文的学术和信息网站也在快速发展，和罗马史相关的包括如下几类：

论文数据库：中国知网（http://www.cnki.net/）和万方数据（http://www.wanfangdata.com.cn/）皆为重要的中文学术资源数据库，可检索、阅读、下载论文、学位论文等。

动态信息网站：提供学界信息、动态类的网站也得到了长足发展，尤其值得一提的是聊城大学陈德正教授主持创建的中国世界古代史研究网（http://www.cawhi.com）。该网站提供大量有关国内外世界古代史教学与研究的相关信息和动态，面向高校与科研院所的历史学及相关专业师生，以及世界古代史学的业余爱好者。中国社会科学院世界历史研究所主办的"中国世界史研究网"（http://iwh.cssn.cn/）也包括与罗马史相关的动态信息。

数字资源汇总平台：郭涛、陈莹于2015年所创办的"爱古典"数据库（http://www.iloveclassics.icoc.vc）汇总和收录了与西方古典学相关的网络资源，信息非常丰富，方便古典学研究者、爱好者快速获取数字资源。

文本与中译文数据库："迪金森古典学在线"（Dickinson Classics Online: https://dco.dickinson.edu/）由美国迪金森学院和上海师范大学合作创办，国内古希腊罗马研究领域的一批重要学者参与了数据库的策划与启动（初创人员可见 https://dco.dickinson.edu/people）。自2015年上线以来，"迪金森古典学在线"已经包括了古希腊语与拉丁语核心词汇的汉译词典，恺撒、贺拉斯、卡图卢斯、维吉尔、奥维德等古典作家的中文译注，并且内容在持续增长。

八　推荐书目：学术著作及译著

这里所列出的推荐书目以学术研究著作为主。工具书（书目检索、辞书、百科全书、字典等）、原典类、原始资料（铭文、纸草文书、考古资料）、史料译文选编、通史类书籍、电子数据库等见本附录"线上和线下学术资源"中的其他部分。

本书正文以及脚注部分已经包括了大量的书目，以下的书目和正文所提及的参考资料有重合之处，但并不是这些参考资料的重复或简单汇总，而是包括了扩展阅读的内容。这里的书目以书籍为主，只包括了少数文章。之所以以书籍为主，一方面是因为书籍在问题论述方面的完整性和综合性，另一方面因为书籍，特别是专著，通常在书后附有丰富的参考资料、书目和索引，读者可以进一步追踪相关出版物。

罗马史研究卷帙浩繁，即使是近年来的出版物也依然如雨后春笋，任何相关书目都不可能做到完整。这里所选取的书目大部分是为学界所广泛接受且可读性较强的著作，但也包括一些虽然有争议但影响较大的著作。罗马研究的主要现代学术语言包括德语、英语、意大利语和法语，这也是除拉丁语和古希腊语之外古典系研究生需要掌握的几门基本工具语言。本书目以英文资料为主（包括译自其他西语的英文版），兼顾其他语言的资料。之所以以英文资料为主，主要是因为英文为国内主要外语，有英语阅读能力的学生、学者相对其他语言更多，国内图书馆的英文藏书也相对较多。

本书目所包括的学术著作主要来自近三四十年，这并非因为更早的出版物没有价值，不需要再阅读，而是因为虽然罗马史研究是一门历史悠久的学科，但研究手法及学术观点仍在不停地演进当中，较新的学术著作和以前的著作存在着"对话"和回应的关系，所以新近的著作一般都会提到以前学术著作及其观点。学术研究宜从较近的著作着手，回溯学术观点的发展演变。而如果从较早的著作开始，并停留在经典学术著作之上，则很有可能会错过后来的发展变化。《古代希腊与罗马：书目指南》（Keith Hopwood, *Ancient Greece and Rome: A Bibliographical Guide*. Manchester: Manchester University Press, 1995）覆盖了 1995 年之前在古希腊、罗马研究领域所发表的文章和出版的书籍。分类很细，包括史料及史料批判、社会经济结构、各阶段历史等，社会经济结构下又分成若干专门课题。因为书目翻新很快，再加上电子搜索日渐普及且功能强大，这样的纸版指南使用率并不高。但是《古代希腊与罗马：书目指南》一书有助于使用者对 20 世纪 90 年代之前古典学研究状况、重点、比较活跃的学者等有个整体印象。下文所未能包括的书目，读者可以参考该书。

本书目中的书籍和文章按其用途和内容分类列出。分类的目的是为了在一定程度上配合本书正文的内容安排，也为了方便读者使用这个书目。这些类别之间没有森严的壁垒，而多有交叉之处。比如，朱迪丝·埃文斯·格拉布斯的《晚期古代的法律与家庭：君士坦丁皇帝的婚姻立法》（Judith Evans Grubbs, *Law and Family in Late Antiquity: the Emperor Constantine's Marriage Legislation*. Oxford: Clarendon Press, 1995）这样的专著涉及家庭、法律、晚期古代等多个主题，可以列在这三类的任一类之下。

在每一类之下，外文书按作者或编者姓氏的首字母顺序排列，有中译本的尽量在"中文书目"部分附上了中译本信息。古代作家的中文译本见本书目的"中文书目"部分。期刊的缩写，遵循的是《牛津古典辞书》第 4 版的缩写。https://oxfordre.com/classics/page/ocdabbreviations（2021 年 7 月 15 日查阅）。

（一）西文书目

古典学学术史

Briggs, Ward W., and William M. Calder, *Classical Scholarship: A Biographical Encyclopedia*. New York: Garland Pub, 1990.

Burstein, Stanley M., Ramsay MacMullen, Kurt A. Raaflaub and Allen W. Ward. Directed by Carol G. Thomas, *Ancient History: Recent Work and New Directions*. Publications of the Association of Ancient Historians 5. Claremont, CA: Regina Books, 1997.

Gudeman, Alfred, *Outlines of the History of Classical Philology*. Boston: Ginn & Co., 1897.

Highet, Gilbert, and Harold Bloom, *The Classical Tradition: Greek and Roman Influences of Western Literature*. New York: Oxford University Press, 1949, 2015.

Kristeller, Paul, F. E. Cranz, and Virginia Brown, *Catalogus Translationum*

Et Commentariorum: Mediaeval and Renaissance Latin Translations and Commentaries: Annotated Lists and Guides. Washington: Catholic University of America Press, 1960-2011.

Lloyd-Jones, Hugh, *Classical Survivals: The Classics in the Modern World*. London: Duckworth, 1982.

McKitterick, Rosamond, and Roland E. Quinault, *Edward Gibbon and Empire*. New York: Cambridge University Press, 1997.

Morley, Neville, *Classics: Why It Matters*. Cambridge: Polity press, 2018.

Peck, Harry T., *A History of Classical Philology from the Seventh Century, B.C. to the Twentieth Century A.D*, New York: The Macmillan Company, 1911.

Pfeiffer, Rudolf, *History of Classical Scholarship from 1300 to 1850*, Oxford: Clarendon Press, 1976.

Reynolds, D., and N. G. Wilson, *Scribes and Scholars: a Guide to the Transmission of Greek and Latin literature*. 3rd ed., New York: Oxford University Press, 1991.

Sandys, John Edwin, *A History of Classical Scholarship: From the Sixth century B.C. to the End of the Middle Ages*. Cambridge: Cambridge University Press, 1906; New York: Hafner Pub. Co, 1958.

Starr, Chester G., "The History of the Roman Empire 1911—1960," *JRS* 50 (1960), pp.149-160.

Wang, Naixin, "A survey of Roman studies in China," *Kleos* 7 (2002), pp.319-334.

Wilamowitz-Moellendorff, Ulrich von, and Hugh Lloyd-Jones, *History of Classical Scholarship*. Baltimore, MD: Johns Hopkins University Press, 1982.

人物传记

Barrett, Anthony, *Caligula: The Corruption of Power*. New Haven: Yale University Press, 1990.

Billows, Richard A., *Julius Caesar: The Colossus of Rome*. London: Routledge, 2009.

Birley, Anthony, *Hadrian: The Restless Emperor*. London: Routledge, 1997.

Birley, Anthony R., *Marcus Aurelius: A Biography*. London: Routledge, 2002.

Brennan, T. Corey, *Sabina Augusta: An Imperial Journey*. Oxford: Oxford University Press, 2018.

Brown, Peter, *Augustine of Hippo: A Biography*. Berkeley: University of California Press, 1967, 2000.

Champlin, Edward, *Nero*. Cambridge, Mass: Belknap Press of Harvard University Press, 2003.

Keaveney, Arthur, *Sulla, the Last Republican*. London and New York: Routledge, 2005 (2nd ed.).

Levick, Barbara, *Vespasian. Roman Imperial Biographies*. London; New York: Routledge, 2017 (2nd ed.).

Rawson, Elizabeth, *Cicero: A portrait*. Allen Lane, 1975; Bristol: Bristol Classical Press, 1994, 2001.

Roller, Duane W., *Cleopatra: A Biography*. Oxford/New York: Oxford University Press, 2010.

Seager, Robin, *Tiberius*. Berkeley: University of California Press, 1972.

Shotter, D C. A., *Augustus Caesar*. London: Routledge, 1991.

Sivan, Hagith, *Galla Placidia: the Last Roman Empress*. Oxford; New York: Oxford University Press, 2011.

Walker, Susan, and Peter Higgs, *Cleopatra of Egypt: From History to Myth*. Princeton: Princeton University Press, 2001.

史料批判、史学史

Bowersock, G. W., *Fiction as History: Nero to Julian*. Berkeley: University of California Press, 1997.

Burstein, Stanley M., and Carol G. Thomas, *Ancient History: Recent Work and New Directions*. Claremont, CA: Regina Books, 1997.

Feldherr, Andrew, ed., *The Cambridge Companion to the Roman Historians*. Cambridge, UK: Cambridge University Press, 2009.

Finley, M. I., *Ancient History: Evidence and Models*. London: Chatto & Windus, 1985.

Gallia, Andrew B., *Remembering the Roman Republic: Culture, Politics, and History Under the Principate*. Cambridge: Cambridge University Press, 2014.

Grant, Michael, *Greek and Roman Historians: Information and Misinformation*. London; New York: Routledge, 1995.

Janiszewski, P., *The Missing Link: Greek Pagan Historiography in the Second Half of the Third Century and in the Fourth Century AD*. Warsaw: Warsaw University, 2006.

Josephus, Flavius, and William Whiston, *The Works of Josephus: Complete and Unabridged*. Peabody, MA: Hendrickson Publishers, 1987.

Kraus, Christina, and A. J. Woodman, *Latin Historians*. Oxford: Published for the Classical Association by Oxford University Press, 1997.

Lintott, A. W., *Cicero as Evidence: A Historian's Companion*. Oxford: Oxford University Press, 2008.

Marasco, Gabriele, *Greek and Roman Historiography in Late Antiquity: Fourth to Sixth Century A.D.*. Leiden: Brill, 2003.

Matthews, John, *The Roman Empire of Ammianus*. Baltimore: Johns Hopkins University Press, 1989.

Mellor, Ronald, *Tacitus*. New York: Routledge, 1993.

Momigliano, Arnaldo, *The Classical Foundations of Modern Historiography*. Berkeley: University of California Press, 1990.

Morley, Neville, *Writing Ancient History*. Ithaca, NY: Cornell University Press, 1999.

Pagán, Victoria Emma, *Tacitus. Understanding classics*. London; New York: I.B. Tauris, 2017.

Potter, D. S., *Literary Texts and the Roman Historian*. London: Routledge, 1999.

Power, Tristan, Roy K. Gibson, eds., *Suetonius the Biographer: Studies in

Roman Lives. Oxford: Oxford University Press, 2014.

Rajak, Tessa, *Josephus: The Historian and His Society*. Philadelphia: Fortress Press, 1984.

Rohrbacher, David, *The Historians of Late Antiquity*. London: Routledge, 2002.

Ruffell, Ian, and Lisa I. Hau (eds.), *Truth and History in the Ancient World: Pluralising the Past*. New York, NY: Routledge/Taylor & Francis Group, 2017.

Schulz, Verena, *Deconstructing Imperial Representation: Tacitus, Cassius Dio, and Suetonius on Nero and Domitian*. Leiden: Brill, 2019.

Syme, Ronald, *Tacitus*. Oxford: Clarendon Press, 1958.

Riggsby, Andrew, *Caesar in Gaul and Rome: War in Words*. Austin: University of Texas Press, 2006.

Wallace-Hadrill, Andrew, *Suetonius: The Scholar and His Caesars*. New Haven: Yale University Press, 1984.

Woodman, A. J., *Rhetoric in Classical Historiography: Four Studies*. London: Croom Helm, 1988.

Yarrow, Liv M., *Historiography at the End of the Republic: Provincial Perspectives on Roman Rule*. Oxford: Oxford University Press, 2006.

语言、文学、教育

Adama, J. N., Mark Janse, and Simon Swain(eds.), *Bilingualism in Ancient Society: Language Contact and the Written Text*. Oxford: Oxford University Press, 2002. Adams, J. N., *Social Variation and the Latin Language*. Cambridge: Cambridge University Press, 2013.

Albrecht, Michael von, *A History of Roman Literature from Livius Andronicus to Boethius with Special Regard to Its Influence on World Literature*. Leiden/New York: Brill, 1997.

Beard, Mary, *Literacy in the Roman World*. Ann Arbor, MI: Journal of Roman Archaeology, 1991.

Braund, S. H., *Satire and Society in Ancient Rome*. Exeter: University of

Exeter, 1989.

Clackson, James, and Geoffrey Horrocks, *The Blackwell History of the Latin Language*. New York, NY: John Wiley & Sons, 2011.

Clackson, James, *A Companion to the Latin Language*. Chichester, West Sussex: Wiley-Blackwell, 2013.

Conte, Gian, *Latin Literature: A History*. Baltimore: Johns Hopkins University Press, 1999 (2nd ed.).

Fantham, Elaine, *Roman Literary Culture: From Plautus to Macrobius*. Baltimore: Johns Hopkins University Press, 2013.

Farrell, Joseph, and Michael C. J. Putnam, *A Companion to Vergil's* Aeneid *and Its Tradition*. Malden, MA: Wiley-Blackwell, 2010

Harris, William V., *Ancient Literacy*. Cambridge, Mass: Harvard University Press, 1989, 1991.

Howatson, M. C., and Paul Harvey, *The Oxford Companion to Classical Literature*. Oxford: Oxford University Press, 1989.

Kenney, E. J., and W. V. Clausen, eds., *The Cambridge History of Classical Literature. Vol. II: Latin Literature*. Cambridge: Cambridge University Press, 1982.

Martindale, Charles, *The Cambridge Companion to Virgil*. Cambridge, U.K: Cambridge University Press, 1997.

Mullen, Alex, and Patrick James(eds.), *Multilingualism in the Graeco-Roman Worlds*. Cambridge; New York: Cambridge University Press, 2012.

Nicholas M. Horsfall (ed.), *A Companion to the Study of Virgil*. Mnemosyne Supplement 151. Leiden, 1995.

Putnam, Michael, *The Poetry of the* Aeneid*: Four Studies in Imaginative Unity and Design*. Cambridge, Mass.: Harvard University Press,1965.

Ogilvie, R. M., *Roman Literature and Society*. Harmondsworth: Penguin Books, 1980.

Sharrock, Alison, and Rhiannon Ash, *Fifty Key Classical Authors*. London: Routledge, 2002.

Steel, C. E. W., *The Cambridge Companion to Cicero*. Cambridge: Cambridge University Press, 2013.

Braund, Susanna Morton, *Latin Literature*. London: Routledge, 2002.

Susanna Braund and Zara Torlone (eds.), *Virgil and His Translators*. Oxford: Oxford University Press, 2018

Taplin, Oliver, *Literature in the Roman World*. Oxford: Oxford University Press, 2001.

罗马法与罗马史

这里所列出的书目主要从历史、政治和社会的角度来探讨罗马法的原则、变迁、运用、效果和影响，而并非从法理、法学的角度来研究罗马法的具体条文。

Bell, Sinclair, and Paul J. du Plessis, *Roman Law before the Twelve Tables: an Interdisciplinary Approach*. Edinburgh: Edinburgh University Press, 2020.

Bryen, A., *Violence in Roman Egypt: A Study in Legal Interpretation*. Philadelphia: University of Pennsylvania, 2013.

Champlin, Edward, *Final Judgments: Duty and Emotion in Roman Wills, 200 B.C.-A.D. 250*. Berkeley: University of California Press, 1991.

Connolly, Serena, *Lives Behind the Laws: the World of the Codex Hermogenianus*. Bloomington, Ind: Indiana University Press, 2010.

Crook, J. A., *Law and Life of Rome*. Ithaca, N.Y: Cornell University Press, 1967.

Daube, David, *Forms of Roman Legislation*. Oxford: Clarendon Press, 1956.

Gardner, Jane F., *Women in Roman Law & Society*. Bloomington: Indiana University Press, 1986.

Garnsey, Peter, *Social Status and Legal Privilege in the Roman Empire*. Oxford: Clarendon, 1970.

Harries, Jill, and I. N. Wood, *The Theodosian Code*. Ithaca, N.Y: Cornell University Press, 1993.

Harries, Jill, *Law and Empire in Late Antiquity*. Cambridge: Cambridge

University Press, 1999.

Honoré, Tony, *Law in the Crisis of Empire, 379-455 AD: The Theodosian Dynasty and Its Quaestors with a Palingenesia of Laws of the Dynasty*. Oxford: Clarendon Press, 1998.

Honoré, Tony and Adriaan J. B. Sirks, *Aspects of Law in Late Antiquity: Dedicated to A. M. Honoré on the Occasion of the Sixtieth Year of His Teaching in Oxford*. Oxford: All Souls College, Oxford University, 2008.

Johnston, David, *Roman Law in Context*. Cambridge, U.K: Cambridge University Press, 1999.

Matthews, John, *Laying Down the Law. A Study of the Theodosian Code*. New Haven: Yale University Press，2000.

Riggsby, Andrew M., *Roman Law and the Legal World of the Romans*. New York: Cambridge University Press, 2012.

Sirks, Adriaan J. B., and J A. Ankum, *The Theodosian Code: A Study*. Friedrichsdorf: Éditions Tortuga, 2007.

庞贝及邻近城市研究

Beard, Mary, *Pompeii: The Life of a Roman Town*. London: Profile Books, 2008.

Castrén, Paavo, *Ordo Populusque Pompeianus: Polity and Society in Roman Pompeii*. Roma: Bardi, 1975.

Cooley, Alison, and M. G. L. Cooley, *Pompeii: a sourcebook*. London: Routledge, 2004.

Dobbins, John J., and Pedar W. Foss (eds.), *The World of Pompeii*. London: Routledge, 2007.

Jongman, Willem, *The Economy and Society of Pompeii*. Amsterdam: J.C. Gieben, 1988.

Ling, Roger, *Pompeii: History, Life & Afterlife*. Stroud, Gloucestershire: Tempus, 2005.

Mau, August, *Pompeii：Its Life and Art,* translated by F. W. Kelsey.

London, rev.ed., 1907.

Mouristen, Henrik, *Elections, Magistrates and Municipal Elite. Studies in Pompeian Epigraphy, Analecta Romana Instituti Danici,* Rome: L'Erma di Bretschneider, 1988.

Mouristen, Henrik, "Electoral Campaigning in Pompeii: a reconsideration," *Athenaeum* 87 (1999), pp. 515-523.

Mouritsen, Henrik, "Roman Freedmen and the Urban Economy: Pompeii in the First Century ad," in F. Senatore (ed.), *Pompei tra Sorrento e Sarno.* Rome, 2001, pp. 1-27.

Wallace, Rex, *An Introduction to Wall Inscriptions from Pompeii and Herculaneum.* Wauconda, Ill: Bolchazy-Carducci Publishers, 2005.

Wallace-Hadrill, Andrew, *Houses and Society in Pompeii and Herculaneum.* Princeton: Princeton University Press, 1994.

Wallace-Hadrill, Andrew, *Herculaneum: Past and Future.* London: Frances Lincoln, 2012.

Zanker, Paul, *Pompeii: Public and Private Life,* trans. by Deborah Lucas Schneider. Cambridge, MA: Harvard University Press, 1999.

建筑、艺术

Anderson, James C., *Roman Architecture and Society.* Baltimore: Johns Hopkins University Press, 1997.

Clarke, John R., *Art in the Lives of Ordinary Romans: Visual Representation and Non-Elite Viewers in Italy, 100 B.C.-A.D. 315.* Berkeley: University of California Press, 2003.

Coarelli, F., *The Column of Trajan,* translated by Cynthia Rockwell. Rome: Editore Colombo & the German Archaeological Institute, 2000.

Davies, P., *Death and the Emperor: Roman Imperial Funerary Monuments from Augustus to Marcus Aurelius.* Cambridge: Cambridge University Press, 2000.

D'Ambra, Eve, *Roman Art.* Cambridge: Cambridge University Press, 1998.

Elsner, Jaś, *Imperial Rome and Christian Triumph: The Art of the Roman*

Empire AD 100-450. Oxford: Oxford University Press, 1998.

Elsner, Jaś, *Roman Eyes: Visuality & Subjectivity In Art & Text*. Princeton: Princeton University Press, 2007.

Hölscher, Tonio, *The Language of Images in Roman Art,* trans., Anthony Snodgrass and Annemarie Künzl-Snodgrass, intro., Jas Elsner, New York and Cambridge, UK: Cambridge University Press, 2004.

Leach, Eleanor W., *The Social Life of Painting in Ancient Rome and on the Bay of Naples*. Cambridge: Cambridge University Press, 2004.

Ramage, Nancy H., and Andrew Ramage, *The Cambridge Illustrated History of Roman Art*. Cambridge: Cambridge University Press, 1991.

Stewart, Peter, *Statues in Roman Society: Representation and Response*. Oxford: Oxford University Press, 2003.

Stewart, Peter, *The Social History of Roman Art*. Cambridge, UK: Cambridge University Press, 2008.

Underwood, Douglas, *(Re)using Ruins: Public Building in the Cities of the Late Antique West, A.D. 300-600*. Late antique archaeology (supplementary series), volume 3. Leiden: Brill, 2019.

Valladares, Hérica, *Painting, Poetry, and the Invention of Tenderness in the Early Roman Empire*. Cambridge; New York: Cambridge University Press, 2021.

Zanker, Paul, *The Mask of Socrates: The Image of the Intellectual in Antiquity*, trans. Alan Shapiro, Berkeley: University of California Press, 1996.

Zanker, Paul, *Roman Art*. Los Angeles, Calif: J. Paul Getty Museum, 2010.

Wilson, Jones M., *Principles of Roman Architecture*. New Haven, Conn: Yale University Press, 2000.

早期罗马历史

Cornell, Tim, *The Beginnings of Rome: Italy and Rome from the Bronze Age to the Punic Wars (c. 1000-264 BC)*. London: Routledge, 1995.

Cornell, Tim, and Kathryn Lomas., *Gender and Ethnicity in Ancient Italy*. London: Accordia Research Institute, University of London, 1997.

Cornell, Tim, "Aeneas and the Twins: the Development of the Roman Foundation Legend," in *PCPS* 201 (1975), pp. 1-32.

Forsythe, Gary, *A Critical History of Early Rome: From Prehistory to the First Punic War*. Berkeley: University of California Press, 2005.

Gjerstad, Einar, *Legends and Facts of Early Roman History*. Lund: Gleerup, 1962.

Holloway, R. R., *The Archaeology of Early Rome and Latium*. London: Routledge, 1994.

Miles, Gary B., *Livy: Reconstructing Early Rome*. Ithaca: Cornell University Press, 1997.

Momigliano, Arnaldo, "Perizonius, Niebuhr and the Character of Early Roman Tradition," *JRS* 47 (1957), pp. 104-114.

Smith, Christopher J., *Early Rome and Latium: Economy and Society c. 1000 to 500 BC*. Oxford: Clarendon Press, 1996.

Walbank, F. W., A. E. Astin, M. W. Frederiksen, R. M. Ogilvie, eds., assisted by A. Drummond, *The Cambridge Ancient History, Volume VII, Part II: The Rise of Rome to 220 BC*. 2nd ed. Cambridge: Cambridge University Press, 1990.

Wiseman, T. P., *Unwritten Rome*. University of Exeter Press, 2008.

共和时期

Badian, Ernst, *Publicans and Sinners: Private Enterprise in the Service of the Roman Republic*. Ithaca, NY: Cornell University Press, 1972.

Badian, Ernst, *Foreign Clientelae (264 - 70 B.C.)*. Amsterdam: Hakkert, 1997.

Brennan, T. Corey, *The Praetorship in the Roman Republic. 2 Vols*. Oxford; New York: Oxford University Press, 2000.

Broughton, T. R. S., *Magistrates of the Roman Republic*, 2 vols. New York: American Philological Association, 1951-1952.

Brunt, Peter, *Italian Manpower, 225 B.C.-A.D.14*. London: Oxford University Press, 1971.

Crawford, Michael H., *The Roman Republic*. Cambridge, Mass: Harvard University Press, 1993.

Eilers, Claude, *Roman Patrons of Greek Cities*. Oxford: Oxford University Press, 2002.

Erdkamp, Paul, *Hunger and the Sword: Warfare and Food Supply in Roman Republican Wars (264-30 B.C.)*. Amsterdam: Gieben, 1998.

Evans, Jane D. R., *A Companion to the Archaeology of the Roman Republic*. Chichester, West Sussex, UK : Wiley Blackwell, 2013.

Flower, Harriet, *The Cambridge Companion to the Roman Republic*. Cambridge, UK: Cambridge University Press, 2004.

Flower, Harriet, *Roman Republics*. Princeton: Princeton University Press, 2010.

Gelzer, Matthias, and Matthias Gelzer, *The Roman Nobility*. Oxford: Blackwell, 1969.

Goldsworthy, Adrian K., *Antony and Cleopatra*. New Haven: Yale University Press, 2010.

Gruen, Erich, *The Last Generation of the Roman Republic*. Berkeley: University of California Press, 1974, 1995.

Hoyos, B. D., *A Companion to the Punic Wars*. Malden, MA: Wilcy Blackwell, 2011.

Lintott, A. W., *Violence in Republican Rome*. Oxford: Clarendon Press, 1968.

Lintott, A. W., *The Constitution of the Roman Republic*. Oxford: Clarendon Press, 1999.

Mackay, Christopher S., *The Breakdown of the Roman Republic: from Oligarchy to Empire*. Cambridge; New York: Cambridge University Press, 2009.

Mignone, Lisa, *The Republican Aventine and Rome's Social Order*. Ann Arbor: University of Michigan Press, 2016.

Millar, Fergus, "The Political character of the Roman Republic, 200-150 B.C.," *JRS* 74 (1984), pp. 1-19.

Millar, Fergus, "Politics, Persuasion and the People before the Social War, 150-90 B.C.," *JRS* 76 (1986), pp. 1-11.

Millar, Fergus, *The Crowd in Rome in the Late Republic*. Ann Arbor: Michigan University Press, 1998.

Millar, Fergus, *Rome, The Greek World, and The East,* vol.1: The Roman Republic and the Augustan Revolution. Chapel Hill: The University of North Carolina Press. 2002.

Robert Morstein-Marx, *Mass Oratory and Political Power in the Late Roman Republic*, Cambridge: Cambridge University Press, 2004.

Mouritsen, Henrik, *Plebs and Politics in Late Republican Rome*. Cambridge: Cambridge University Press, 2001.

Mouritsen, Henrik, *Politics in the Roman Republic*. Key Themes in Ancient History. Cambridge: Cambridge University Press, 2017.

Münzer, Friedrich, *Roman Aristocratic Parties and Families*. Baltimore: Johns Hopkins University Press, 1999.

Nicolet, Claude, *The World of the Citizen in Republican Rome*. Berkeley: University of California Press, 1980.

Osgood, Josiah, *Caesar's Legacy: Civil War and the Emergence of the Roman Empire*. New York: Cambridge University Press, 2006.

Pina Polo, F., "*Veteres candidati:* Losers in the Elections in Republican Rome," in F. Marco, F. Pina Polo & J. Remesal (eds.), Vae Victis! *Perdedores en el mundo antiguo*. Barcelona, 2012.

Raaflaub, Kurt A., *Social Struggles in Archaic Rome: New Perspectives on the Conflict of the Orders, 2nd, Expanded and Updated Edition*. New York, NY: John Wiley & Sons, 2008.

Roselaar, Saskia T., *Public Land in the Roman Republic: A Social and Economic History of Ager Publicus in Italy, 396-89 B.C.* Oxford: Oxford University Press, 2010.

Rosenstein, Nathan Stewart, and Robert Morstein-Marx, *A Companion to the*

Roman Republic. Malden, Mass: Blackwell Publishing, 2006.

Rosillo-López, Cristina, *Public Opinion and politics in the Late Roman Republic*. Cambridge; New York: Cambridge University Press, 2017.

Russell, Amy, *The Politics of Public Space in Republican Rome*. Cambridge: Cambridge University Press, 2016.

Scullard, H. H., *Roman Politics, 220-150 BC*. Oxford: Clarendon Press, 1973 (2nd ed.).

Scullard, H. H., *Festivals and Ceremonies of the Roman Republic*. Ithaca, N.Y: Cornell University Press, 1981.

Shotter, D. C. A., *The Fall of the Roman Republic*. London: Routledge, 1994.

Stevenson, Tom, *Julius Caesar and the Transformation of the Roman Republic*. London; New York: Routledge, 2015.

Sumi, Geoffrey S., *Ceremony and Power: Performing Politics in Rome between Republic and Empire*. Ann Arbor: University of Michigan Press, 2005.

Syme, Ronald, *The Roman Revolution*. Oxford: Clarendon press, 1939.

Syme, Ronald, *Sallust*. Berkeley, Los Angeles, London: University of California Press, 1964.

Tan, James, *Power and Public Finance at Rome, 264-49 BCE*. Oxford: Oxford University Press, 2017.

Taylor, Don, *Roman Republic at War: A Compendium of Roman Battles from 498 to 31 BC*. Barnsley: Sword Military, 2017.

Taylor, Lily Ross, *Party Politics in the Age of Caesar*. Berkeley: University of California Press, 1949.

Taylor, Lily Ross, *The Voting Districts of the Roman Republic: The Thirty-Five Urban and Rural Tribes*. Rome: American Academy, 1960.

Taylor, Lily Ross, *Roman Voting Assemblies from the Hannibalic War to the Dictatorship of Caesar*. Ann Arbor: University of Michigan Press, 1966.

Toynbee, Arnold, *Hannibal's Legacy; The Hannibalic War's Effects on Roman Life*. London: Oxford University Press, 1965.

Yakobson, Alexander, *Elections and Electioneering in Rome: A Study in the Political System of the Late Republic*, Historia Einzelschriften 128, Stuttgart: Franz Steiner Verlag, 1999.

奥古斯都时代

Galinsky, Karl, *Augustan Culture: An Interpretive Introduction*. Princeton, NJ: Princeton University Press, 1996.

Edmondson, Jonathan, *Augustus*. Edinburgh: Edinburgh University Press, 2009.

Favro, Diane G., *The Urban Image of Augustan Rome*. Cambridge: Cambridge University Press, 1996.

Geiger, Joseph, *The First Hall of Fame: A Study of the Statues in the Forum Augustum*. Leiden: Brill, 2008

Galinsky, Karl, *Augustan Culture: An Interpretive Introduction*. Princeton, NJ: Princeton University Press, 1996.

Galinsky, Karl, *The Cambridge Companion to the Age of Augustus*. Cambridge, UK: Cambridge University Press, 2005.

Goldbeck, Vibeke, *Fora augusta. Das Augustusforum und seine Rezeption im Westen des Imperium Romanum. Eikoniká. Kunstwissenschaftliche Beiträge 5*. Regensburg: Schnell und Steiner, 2015.

Levick, Barbara, *Augustus: Image and Substance*. Longman, 2010; Routledge, 2013.

Lott, John B., *The Neighborhoods of Augustan Rome*. New York: Cambridge University, 2004.

Millar, Fergus, and Erich Segal, *Caesar Augustus: Seven Aspects*. Oxford: Clarendon Press, 1984.

Milnor, Kristina, *Gender, Domesticity, and the Age of Augustus: Inventing Private Life*. Oxford: Oxford University Press, 2005.

Raaflaub, Kurt, and Mark Toher, *Between Republic and Empire. Interpretations of Augustus and His Principate*. Berkeley: University of

California Press, 1990.

Severy, Beth, *Augustus and the Family at the Birth of the Roman Empire*. Abingdon, Oxon: Routledge, 2003.

Zanker, Paul, *The Power of Images in the Age of Augustus*, Jerome lectures, 16th ser., trans., Alan Shapiro, Ann Arbor: University of Michigan Press, 1988.

政治文化、帝国行政管理

Ando, Clifford, *Imperial Ideology and Provincial Loyalty in the Roman Empire*. Berkeley: University of California Press, 2000.

Beard, Mary, *The Roman Triumph*. Cambridge, Mass: Belknap, 2009.

Dench, Emma, *Romulus' Asylum: Roman Identities from the Age of Alexander to the Age of Hadrian*. Oxford: Oxford University Press, 2005.

Davenport, Caillan, *A History of the Roman Equestrian Order*. Cambridge: Cambridge University Press, 2019.

Drinkwater, J. F., *The Gallic Empire: Separatism and Continuity in the North-Western Provinces of the Roman Empire, A.D. 260-274*. Stuttgart: Franz Steiner Verlag Wiesbaden, 1987.

Fergus Millar, *The Emperor in the Roman World, 31 BC-AD 337*. Ithaca: Cornell University Press, 1977.

Flower, Harriet, *Ancestor Masks and Aristocratic Power in Roman Culture*. Oxford: Clarendon Press, 1996.

Flower, Harriet, *The Art of Forgetting: Disgrace and Oblivion in Roman Political Culture*. Chapel Hill: University of North Carolina Press, 2006.

Hekster, Olivier, *Emperors and Ancestors: Roman Rulers and the Constraints of Tradition*. Oxford studies in ancient culture and representation. Oxford; New York: Oxford University Press, 2015.

Kelly, Christopher, *Ruling the Later Roman Empire*. Cambridge, Mass: Belknap Press of Harvard University Press, 2004.

Garnsey, Peter, and Richard P. Saller, *The Roman Empire: Economy, Society, and Culture*. Berkeley: University of California Press, 1987.

Gowing, Alain M., *Empire and Memory: The Representation of the Roman Republic in Imperial Culture*. Cambridge: Cambridge University Press, 2005.

Greatrex, Geoffrey, and Samuel N. C. Lieu, *The Roman Eastern Frontier and the Persian Wars*. London: Routledge, 1990-2002.

Lendon, J. E., *Empire of Honour: The Art of Government in the Roman World*. Oxford: Clarendon Press, 1997.

Mutschler, F. H. and A. Mittag (eds.), *Conceiving the Empire: China and Rome Compared*. Oxford: Oxford University Press, 2008.

Noreña, Carlos F., *Imperial Ideals in the Roman West: Representation, Circulation, Power*. Cambridge: Cambridge University Press, 2011.

Noy, D., *Foreigners at Rome: Citizens and Strangers*. London: Duckworth, 2000.

Potter, David S., *A Companion to the Roman Empire*. Malden, MA: Blackwell Pub, 2006.

Potter, David S., *The Roman Empire at Bay, AD 180-395*. Second edition (first published 2004). London; New York: Routledge, 2014.

Richardson, John, *The Language of Empire: Rome and the Idea of Empire from the Third Century BC to the Second Century AD*. Cambridge: Cambridge University Press, 2011.

Saller, Richard, *Personal Patronage under the Early Empire*. Cambridge University Press, 1982.

Scarre Chris, *Chronicle of the Roman Emperors: The Reign-by-Reign Record of the Rulers of Imperial Rome*. Thames & Hudson, 1995, reprinted in 2012.

Scheidel, Walter (ed.), *Rome and China: Comparative Perspectives on Ancient World Empires*. Oxford: Oxford University Press, 2009.

Speller, Elizabeth, *Following Hadrian: A Second Century Journey Through the Roman Empire*. Oxford: Oxford University Press, 2003.

Talbert, Richard J. A., *Rome's World: The Peutinger Map Reconsidered*.

Cambridge: Cambridge University Press, 2010.

Talbert, Richard J. A., *The Senate of Imperial Rome*. Princeton, NJ: Princeton University Press, 1984.

Williams, Stephen, *Diocletian and the Roman Recovery*. New York: Methuen, 1985.

社会史、城市生活

Alföldy, Géza, *The Social History of Rome*. Baltimore: Johns Hopkins University Press, 1988.

Aldrete, Gregory S., *Daily Life in the Roman City: Rome, Pompeii, and Ostia*. Westport, Conn: Greenwood Press, 2004.

Beer, Michael, *Taste or Taboo: Dietary Choices in Antiquity*. Totnes, Devon: Prospect Books, 2010.

Bond, Sarah E., *Trade and Taboo: Disreputable Professions in the Roman Mediterranean*. Ann Arbor: University of Michigan Press, 2016.

Borg, Barbara E., *Crisis and Ambition: Tombs and Burial Customs in Third-Century CE Rome. Oxford studies in ancient culture and representation*. Oxford; New York: Oxford University Press, 2013.

Bowditch, Phebe L., *Horace and the Gift Economy of Patronage*. Berkeley: University of California Press, 2001.

Brink, L. and D. Greens (eds.), *Commemorating the Dead: Texts and Artifacts in Context: Studies of Roman, Jewish, and Christian Burials*. Berlin and New York: de Gruyter, 2008.

Cameron, Alan, *Circus Factions: Blues and Greens at Rome and Byzantium*. Oxford: Clarendon Press, 1976.

Carcopino, Jérôme, Henry T. Rowell, and E O. Lorimer, *Daily Life in Ancient Rome: The People and the City at the Height of the Empire*. New Haven: Yale University Press, 1940.

Carroll, Maureen, *Spirits of the Dead: Roman Funerary Commemoration in Western Europe*. Oxford: Oxford University Press, 2006.

Casson, Lionel, *Travel in the Ancient World*. Baltimore: Johns Hopkins University Press, 1994.

Christesen, Paul, and Donald G. Kyle, *A Companion to Sport and Spectacle in Greek and Roman Antiquity*. Malden, MA: Wiley Blackwell, 2014.

Coleman, Kathleen, "Fatal Charades: Roman Executions Staged as Mythological Enactments," *JRS* 80 (1990), pp. 44-73.

Damon, Cynthia, *The Mask of the Parasite: A Pathology of Roman Patronage*. Ann Arbor: University of Michigan Press, 1997.

Dunkle, Roger, *Gladiators: Violence and Spectacle in Ancient Rome*. Harlow, England: Pearson/Longman, 2008.

Edwards, Catharine, *Writing Rome: Textual Approaches to the City*. Cambridge: Cambridge University Press, 1996.

Edwards, Catharine, *Death in Ancient Rome*. New Haven: Yale University Press, 2007.

Erdkamp, Paul (ed.), *The Cambridge Companion to Ancient Rome*. Cambridge: Cambridge University Press, 2013.

Fagan, Garrett, *Bathing in Public in the Roman World*. Ann Arbor: University of Michigan Press, 1999.

Fagan, Garrett, *The Lure of the Arena: Social Psychology and the Crowd at the Roman Games*. Cambridge: Cambridge University Press, 2011.

Feeney, Denis C., *Caesar's Calendar: Ancient Time and the Beginnings of History*. Berkeley: University of California Press, 2007.

Flohr, Miko, *The World of the Fullo: Work, Economy, and Society in Roman Italy*. Oxford: Oxford University Press, 2013.

Giardina, Andrea, *The Romans*. Chicago: University of Chicago Press, 1993.

Gardner, Jane F., *Being a Roman Citizen*. London: Routledge, 1993.

Gardner, Jane F., *Family and Familia in Roman Law and Life*. Oxford: Clarendon Press, 1998.

Friedlaender, Ludwig, *Roman Life and Manners Under the Early Empire*.

New York: Barnes & Noble, 1907-1913; 1965.

Futrell, Alison, *Blood in the Arena: The Spectacle of Roman Power*. Austin: University of Texas Press, 1997.

Futrell, Alison, *The Roman Games: Historical Sources in Translation*. Malden: Blackwell, 2014.

Hermansen, Gustav, *Ostia: Aspects of Roman City Life*. Edmonton, Alta: University of Alberta Press, 1982.

Hopkins, Keith, *Death and Renewal. Sociological Studies in Roman History*. Cambridge: Cambridge University Press, 1983.

Hopkins, Keith, and Mary Beard, *The Colosseum*. Cambridge, Mass: Harvard University Press, 2005.

Humphrey, John H., *Roman Circuses: Arenas for Chariot Racing*. Berkeley: University of California Press, 1986.

Jackson, Ralph, *Doctors and Diseases in the Roman Empire*. Norman: University of Oklahoma Press, 1988.

Joshel, Sandra R., *Work, Identity, and Legal Status at Rome: A Study of the Occupational Inscriptions*. Norman: University of Oklahoma Press, 1992.

Knapp, Robert C., *Invisible Romans*. Cambridge, Mass: Harvard University Press, 2011.

Konstan, David, *Friendship in the Classical World*. Cambridge: Cambridge University Press, 1996.

Kyle, Donald G., *Spectacles of Death in Ancient Rome*. London: Routledge, 1998.

Meiggs, Russell, *Roman Ostia*. Oxford: Clarendon Press, 1973 (2nd ed.).

MacMullen, Ramsay, *Roman Social Relations, 50 B.C. to A.D. 284*. New Haven: Yale University Press, 1974.

Peachin, Michael, *The Oxford Handbook of Social Relations in the Roman World*. Oxford: Oxford University Press, 2011.

Potter, David S., and D. J Mattingly, *Life, Death, and Entertainment in the*

Roman Empire. Ann Arbor: University of Michigan Press, 1999.

Rebillard, É., *The Care of the Dead in Late Antiquity*. Ithaca: Cornell University Press, 2009.

Richards, E. G., *Mapping Time: The Calendar and Its History*. New York: Oxford University Press, 1999.

Rüpke, Jörg, *The Roman Calendar from Numa to Constantine: Time, History and the Fasti*. Malden, MA: Wiley, 2011.

Salway, Benet, "What's in a Name? A Survey of Roman Onomastic Practice from c. 700 B.C. to A.D. 700," *JRS* 84 (1994), pp. 124-145.

Scheidel, Walter, *Measuring Sex, Age and Death in the Roman Empire: Explorations in Ancient Demography*. Ann Arbor, MI: Journal of Roman Archaeology, 1996.

Scheidel, Walter, *Death on the Nile: Disease and the Demography of Roman Egypt*. Leiden: Brill, 2001.

Sherwin-White, A. N., *The Roman Citizenship*. Oxford: Clarendon Press, 1973.

Veyne, Paul, *Bread and Circuses: Historical Sociology and Political Pluralism*, translated by Oswyn Murray, and Brian Pearce London: A. Lane, the Penguin Press, 1990.

Veyne, Paul (ed.), *A History of Private Life, I: From Pagan Rome to Byzantine*. Cambridge, Mass: Belknap, 1992.

Wallace-Hadrill, Andrew, *Patronage in Ancient Society*. London: Routledge, 1989

Wiedemann, Thomas E. J., *Emperors and Gladiators*. London: Routledge, 2002.

Wistrand, Magnus, *Entertainment and Violence in Ancient Rome: The Attitudes of Roman Writers of the First Century A.D*. Göteborg, Sweden: Acta Universitatis Gothoburgensis, 1992.

Yegül, Fikret K., *Bathing in the Roman World*. New York: Cambridge University Press, 2010.

家庭、婚姻、妇女、性别构建

Ancona, Ronnie, and Georgia Tsouvala (eds.), *New Directions in the Study of Women in the Greco-Roman World.* New York: Oxford University Press, 2021.

Beard, Mary, "The Sexual Status of Vestal Virgins." *JRS* 70 (1980), pp. 12–27.

Bodel, John, and Saul M. Olyan (eds.), *Household and Family Religion in Antiquity.* Malden, MA: Wiley-Blackwell, 2012.

Caldwell, Lauren, *Roman Girlhood and the Fashioning of Femininity.* Cambridge: Cambridge University Press, 2019.

Dasen, Véronique, and Thomas Späth (eds.), *Children, Memory, and Family Identity in Roman Culture.* Oxford; New York: Oxford University Press, 2010.

Dixon, Suzanne, *The Roman Mother.* Norman: University of Oklahoma Press, 1988.

Flemming, R., *Medicine and the Making of Roman Women.* Oxford University Press, 2001.

Evans Grubbs, Judith, *Law and Family in Late Antiquity: the Emperor Constantine's Marriage Legislation.* Oxford: Clarendon Press, 1995.

Evans Grubbs, Judith, and Tim Parkin (eds.), *The Oxford Handbook of Childhood and Education in the Classical World. Oxford handbooks.* Oxford; New York: Oxford University Press, 2013.

Hallett, Judith P., *Fathers and Daughters in Roman Society: Women and the Elite Family.* Princeton, NJ: Princeton University Press, 1984.

Harris, William V. "Child Exposure in the Roman Empire," *JRS* 84 (1994), pp. 1-22.

Hemelrijk, Emily Ann, *Matrona Docta: Educated Women in the Roman Elite from Cornelia to Julia Domna.* London and New York: Routledge, 1999.

Hemelrijk, Emily Ann, *Women and Society in the Roman World: A Sourcebook of Inscriptions from the Roman West.* Cambridge University Press, 2020.

Hübner, Sabine R, and David M. Ratzan (eds.), *Growing Up Fatherless in Antiquity*. Cambridge: Cambridge University Press, 2009.

Hübner, Sabine R., *The Family in Roman Egypt: A Comparative Approach to Intergenerational Solidarity and Conflict*. Cambridge: Cambridge University Press, 2013.

Hübner, Sabine R., Geoffrey S. Nathan, *Mediterranean Families in Antiquity: Households, Extended Families, and Domestic Space*. Malden: Wiley Blackwell, 2017.

Huebner, Sabine R., and David M. Ratzan (eds.), *Missing Mothers: Maternal Absence in Antiquity*. Leuven: Peeters, 2020.

Huebner, Sabine R., and Christian Laes (eds.), *The Single Life in the Roman and Later Roman World*. Cambridge: Cambridge University Press, 2019.

James, Sharon L. and Sheila Dillon (eds.), *A Companion to Women in the Ancient World*. Malden, MA: Wiley-Blackwell, 2012.

Kampen, Natalie, *Image and Status: Roman Working Women in Ostia*. Berlin: Mann, 1981.

Kleijwegt, Marc, *Ancient Youth: The Ambiguity of Youth and the Absence of Adolescence in Greco-Roman Society*. Amsterdam: J.C. Gieben, 1991.

Laes, Christian, *Children in the Roman Empire: Outsiders Within*. Cambridge: Cambridge University Press, 2011.

Laes, Christian, Ville Vuolanto (eds.), *Children and Everyday Life in the Roman and Late Antique World*. London; New York: Routledge, 2017.

Laurence, Ray, and Agneta Stromberg (eds.), *Families in the Greco-Roman World*, New York: Continuum, 2012.

Lindsay, Hugh, *Adoption in the Roman World*. Cambridge: Cambridge University Press, 2009.

Parkin, Tim G., *Old Age in the Roman World: A Cultural and Social History*. Baltimore: Johns Hopkins University Press, 2003.

Rawson, Beryl, *Marriage, Divorce, and Children in Ancient Rome*. Canberra:

Humanities Research Centre, 1991.

Rawson, Beryl, and P R. C. Weaver, *The Roman Family in Italy: Status, Sentiment, Space*. Canberra: Humanities Research Centre, 1997.

Rawson, Beryl (ed.), *A Companion to Families in the Greek and Roman Worlds*. Malden, MA: Wiley-Blackwell, 2011.

Richlin, Amy, *Arguments with Silence: Writing the History of Roman Women*. Ann Arbor, MI: University of Michigan Press, 2014.

Saller, Richard P., "Men's Age at Marriage and Its Consequences in the Roman Family," *CPhil* 82.1 (1987), pp. 21-34.

Saller, Richard P., *Patriarchy, Property and Death in the Roman Family*. Cambridge: Cambridge University Press, 1994.

Saller, Richard P., and B. D. Shaw, "Tombstones and Roman Family Relations in the Principate: Civilians, Soldiers and Slaves," *JRS* 74 (1984), pp. 124-156.

Siekierka, Przemysław, Krystyna Stebnicka, and Aleksander Wolicki, *Women and the Polis: Public Honorific Inscriptions for Women in the Greek Cities from the Late Classical to the Roman Period*. Berlin and Boston: De Gruyter, 2021.

Strong, Anise K., *Prostitutes and Matrons in the Roman World*. New York: Cambridge University Press, 2016.

Treggiari, Susan, *Roman Marriage: Iusti Coniuges from the Time of Cicero to the Time of Ulpian*. Oxford: Clarendon Press, 1991.

Treggiari, Susan, *Terentia, Tullia and Publilia: The Women of Cicero's Family*. London: Routledge, 2007.

Treggiari, Susan, *Servilia and Her Family*. Oxford: Oxford University Press, 2019.

性文化

Clarke, John R., *Looking at Lovemaking: Constructions of Sexuality in Roman Art, 100 B.C.-A.D. 250*. Berkeley, Calif: University of California Press, 1998.

Cantarella, Eva, *Bisexuality in the Ancient World*. New Haven: Yale

University Press, 1992.

Elsner, Jas, *Roman Eyes: Visuality and Subjectivity in Art and Text*. Princeton, NJ: Princeton University Press, 2007.

Harper, Kyle, *From Shame to Sin: The Christian Transformation of Sexual Morality in Late Antiquity*. Cambridge, Massachusetts: Harvard University Press, 2013.

Masterson, Mark, Nancy S. Rabinowitz, and James Robson, *Sex in Antiquity: Exploring Gender and Sexuality in the Ancient World*. Abingdon, Oxon; New York, NY : Routledge, 2014.

McGinn, Thomas A. J., *Prostitution, Sexuality, and the Law in Ancient Rome*. New York: Oxford University Press, 1998.

McGinn, Thomas A. J., *The Economy of Prostitution in the Roman World: A Study of Social History & the Brothel*. Ann Arbor: University of Michigan Press, 2004.

Skinner, Marilyn B., *Sexuality in Greek and Roman Culture*. Malden, MA: Blackwell, 2005.

Veyne, Paul, and Lucien Jerphagnon, *Sexe et pouvoir à Rome*. Paris: Tallandier, 2005.

Vout, Caroline, *Power and Eroticism in Imperial Rome*. Cambridge: Cambridge University Press, 2007; paperback, 2009.

Williams, Craig A., *Roman Homosexuality*. Oxford: Oxford University Press, 2010 (2nd ed.).

奴隶与释奴

Andreau, J., "The freedman." in A. Giardina (ed.), *The Romans*. Chicago: University of Chicago Press, 1993, pp. 175-198.

Bell, Sinclair. and R. R. Teresa (eds.), *Free at Last! The Impact of Freed Slaves on the Roman Empire*. London: Bloomsbury, 2012.

Bradley, K. R., *Slavery and Rebellion in the Roman World, 140 B.C.-70 B.C.* Bloomington: Indiana University Press, 1989.

Bradley, K. R., *Slavery and Society at Rome*. Cambridge: Cambridge University Press, 1994.

Bruun, C., "Slaves and Freed Slaves," in C. Bruun and J. C. Edmondson (eds.), *The Oxford Handbook of Roman Epigraphy*. Oxford: Oxford University Press, pp. 605-626.

Fitzgerald, W., *Slavery and the Roman Literary Imagination*. Cambridge University Press, 2000.

Forsdyke, Sara, *Slaves Tell Tales: And Other Episodes in the Politics of Popular Culture in Ancient Greece*. Princeton: Princeton University Press, 2012.

Garnsey, Peter, "Independent Freedmen and the Economy of Roman Italy under the Principate." *Klio* 63 (1981): 358-371.

Glancy, Jennifer A., *Slavery in Early Christianity*. Oxford: Oxford University Press, 2002.

Gonzales, Antonio, *La Fin Du Statut Servile?: Affanchissement, Libération, Abolition : Hommage À Jacques Annequin*. Besançon: Presses universitaires de Franche-Comté, 2008.

Harper, Kyle, *Slavery in the Late Roman World, AD 275-425*. Cambridge: Cambridge University Press, 2016.

Harrill, J. A., *The Manumission of Slaves in Early Christianity*. Tübingen, 1995.

Harris, William, "Demography, Geography and the Sources of Roman Slaves," *JRS* 89 (1999), pp. 62-75.

Hopkins, Keith, *Conquerors and Slaves*. Cambridge: Cambridge University Press, 1978.

Katharine P. D. Huemoeller, "Freedom in Marriage? Manumission for Marriage in the Roman World," *JRS* 110 (2020), pp. 123–139.

Laes, Christian, "Child Slaves at Work in Roman Antiquity," *Ancient Society* 38 (2008), pp. 235-283.

MacLean, R., *Freed Slaves and Roman Imperial Culture: Social Integration and the Transformation of Values*. Cambridge, 2018.

Mouritsen, Henrik, "Freedmen and Decurions: Epitaphs and Social History in Imperial Italy." *JRS* 95 (2005): pp. 38-63.

Mouritsen, Henrik, *The Freedman in the Roman World*. Cambridge: Cambridge University Press, 2011.

Perry, Matthew J., *Gender, Manumission, and the Roman Freedwoman*. Cambridge: Cambridge University Press, 2014.

Petersen, Lauren H., *The Freedman in Roman Art and Art History*. New York: Cambridge University Press, 2006.

Scheidel, Walter, "Quantifying the Sources of Salves in the Roman Empire," *JRS* 87 (1997), pp. 159-169.

Shaw, Brent D., *Spartacus and the Slave Wars: A Brief History with Documents*. Boston; New York: Bedford/St. Martin's, 2001.

Treggiari, Susan, *Roman Freedmen During the Late Republic*. Oxford: Oxford University Press, 2000.

Waldstein, W., *Operae Libertorum: Untersuchungen Zur Dienstpflicht Freigelassener Sklaven*. Stuttgart: Steiner Verlag Wiesbaden, 1986.

Watson, Alan, *Roman Slave Law*. Baltimore: Johns Hopkins University Press, 1987.

Weaver, P. R. C., *Familia Caesaris: A Social Study of the Emperor's Freedmen and Slaves*. Cambridge: Cambridge University Press, 1972.

Wiedemann, Thomas E. J., "The Regularity of Manumission at Rome," *CQ* 35.1 (1985), pp. 162-175.

Yavetz, Zvi, *Slaves and Slavery in Ancient Rome*. New Brunswick, NJ.: Transaction Books, 1988.

环境、资源、技术

Aicher, P. J., *Guide to the Aqueducts of Ancient Rome*. Wauconda, Ill: Bolchazy-Carducci Publishers，1995.

Aldrete, Gregory S., *Floods of the Tiber in Ancient Rome*. Baltimore: Johns

Hopkins University Press, 2006.

Bruun, C., and A. Saastamoinen (eds.), *Technology, Ideology, Water: From Frontinus to the Renaissance and Beyond.* ACTA Instituti Romani Finlandiae, vol. 31, 2003.

Campbell, J. B., *Rivers and the Power of Ancient Rome.* Chapel Hill: University of North Carolina Press, 2012.

Cuomo, S., *Technology and Culture in Greek and Roman Antiquity.* Cambridge University Press, 2007.

DeLaine, Janet, *The Baths of Caracalla: A Study in the Design, Construction, and Economics of Large-Scale Building Projects in Imperial Rome.* Portsmouth, RI: Journal of Roman Archaeology, 1997.

Greene, Kevin, "Technological Innovation and Economic Progress in the Ancient World: M.I. Finley Re-Considered," *The Economic History Review* 53.1(2000), pp. 29–59.

Hodge, A T., *Roman Aqueducts & Water Supply.* London: Duckworth, 1992.

Meiggs, Russell, *Trees and Timber in the Ancient Mediterranean World.* Oxford: Clarendon Press, 1998.

Harper, Kyle, *The Fate of Rome: Climate, Disease, and the End of an Empire.* Princeton University Press, 2017.

Hirt, Alfred Michael, *Imperial Mines and Quarries in the Roman World: Organizational Aspects, 27 BC-AD 235.* Oxford: Oxford University Press, 2010.

Horden, Peregrine, and Nicholas Purcell, *The Corrupting Sea: A Study of Mediterranean History.* Oxford: Blackwell, 2000.

Hughes, J. Donald, *Pan's Travail. Environmental Problems of the Ancient Greeks and Romans.* Baltimore: Johns Hopkins University, 1994.

Hughes, J D., *Environmental Problems of the Greeks and Romans: Ecology in the Ancient Mediterranean.* 2nd ed. Baltimore: Johns Hopkins University Press, 2014.

Laurence, Ray, *The Roads of Roman Italy: Mobility and Cultural Change.*

London: Routledge, 1999.

Oleson, John P., *Oxford Handbook of Engineering and Technology in the Classical World*. Oxford: Oxford University Press, 2008.

Sallares, Robert, *Malaria and Rome: A History of Malaria in Ancient Italy*. Oxford: Oxford University Press, 2002.

Saunders, Timothy, *Bucolic Ecology: Virgil's Eclogues and the Environmental Literary Tradition*. London: Duckworth, 2008.

Shipley, Graham and J. B. Salmon, *Human Landscapes in Classical Antiquity*, London: Routledge, 1996.

Toner, Jerry, *Roman Disasters*. Cambridge and Malden, MA: Polity Press, 2013.

经济

Andreau, Jean, *Banking and Business in the Roman World*. Cambridge: Cambridge University Press, 1999.

Bang, Peter F., M. Ikeguchi and H. G. Ziche (eds.), *Ancient Economies, Modern Methodologies: Archaeology, Comparative History, Models and Institutions*. Bari: Edipuglia, 2006.

Bang, Peter F., *The Roman Bazaar: A Comparative Study of Trade and Markets in a Tributary Empire*. Cambridge: Cambridge University Press, 2008.

Blois, L. de and J. Rich (eds.), *The Transformation of Economic Life under the Roman Empire*. Amsterdam: Gieben, 2002.

Bowman, A., and A. Wilson (eds.), *Quantifying the Roman Economy: Methods and Problems*. Oxford: Oxford University Press, 2009.

Cottier, M., M. H. Crawford, C. V. Crowther, J.-L. Ferrary, B. M. Levick, O. Salomies, M. Wörrle, *The Customs Law of Asia. Oxford Studies in Ancient Documents*. Oxford/New York: Oxford University Press, 2008.

D'Arms, John H., *Commerce and Social Standing in Ancient Rome*. Cambridge, Mass: Harvard University Press, 1981.

Duncan-Jones, Richard, *The Economy of the Roman Empire: Quantitative Studies*. 2nd ed. Cambridge University Press, 1982.

Duncan-Jones, Richard, *Structure and Scale in the Roman Economy*. Cambridge: Cambridge University Press, 1990.

Duncan-Jones, Richard, *Money and Government in the Roman Empire*. Cambridge: Cambridge University Press, 1994.

Ellis, Steven J. R., *The Roman Retail Revolution: The Socio-Economic World of the Taberna*. Oxford University Press, 2018.

Erdkamp, Paul (ed.), *The Roman Army and the Economy*. Amsterdam: Gieben, 2002.

Erdkamp, Paul, *The Grain Market in the Roman Empire: A Social, Political and Economic Study*. Cambridge: Cambridge University Press, 2005.

Finley, M.I., *The Ancient Economy*. Berkeley: University of California Press, 1985; updated with a new foreword by Ian Morris, 1999.

Frayn, Joan, *Markets and Fairs in Roman Italy: Their Social and Economic Importance from the Second Century BC to the Third Century AD*. Oxford: Clarendon Press, 1993.

Frier, Bruce W., *Landlords and Tenants in Imperial Rome*. Princeton, NJ: Princeton University Press, 1980.

Harris, William, "A Revisionist View of Roman Money," *JRS* 96 (2006), pp. 1-24.

Hollander, David, *Money in the Late Roman Republic*. Leiden: Brill, 2007.

Holleran, Claire, and April Pudsey, *Demography and the Graeco-Roman World: New Insights and Approaches*. Cambridge: Cambridge University Press, 2011.

Holleran, Claire, *Shopping in Ancient Rome: The Retail Trade in the Late Republic and the Principate*. Oxford: Oxford University Press, 2012.

Hopkins, Keith, "Taxes and Trade in the Roman Empire (200 BC-AD 400)," *JRS* 70 (1980), pp. 101-125.

Jongman, Willem, *The Economy and Society of Pompeii*. Amsterdam: Gieben, 1988.

Kehoe, Dennis, *Investment, Profit, and Tenancy: The Jurists and the Roman*

Agrarian Economy. Ann Arbor: University of Michigan Press, 1997.

Kehoe, Dennis, *Law and the Rural Economy in the Roman Empire*. Ann Arbor: University of Michigan Press, 2007.

Ligt, L. de, *Fairs and Markets in the Roman Empire: Economic and Social Aspects of Periodic Trade in a Pre-Industrial Society*. Amsterdam: Gieben, 1993.

Marzano, Annalisa, *Roman Villas in Italy. A Social and Economic History*. Leiden & Boston: Brill, 2007.

Marzano, Annalisa, *Harvesting the Sea: The Exploitation of Marine Resources in the Roman Mediterranean*. Oxford: Oxford University Press, 2013.

Morley, Neville, *Metropolis and Hinterland: The City of Rome and the Italian Economy, 200 B.C.-A.D. 200*. Cambridge: Cambridge University Press, 1996.

Morley, Neville, *Trade in Classical Antiquity*. Cambridge: Cambridge University Press, 2007.

Rathbone, Dominic, *Economic Rationalism and Rural Society in Third-Century A.D. Egypt: The Heroninos Archive and the Appianus Estate*. Cambridge: Cambridge University Press, 1991.

Rickman, Geoffrey, *The Corn Supply of Ancient Rome*. Oxford: Clarendon Press, 1980.

Scheidel, Walter (ed.), *The Cambridge Companion to the Roman Economy*. Cambridge: Cambridge University Press, 2012.

Scheidel, Walter, Ian Morris, and Richard P. Saller (eds.), *The Cambridge Economic History of the Greco-Roman World*. Cambridge: Cambridge University Press, 2007.

Scheidel, Walter, and Sitta von Reden (eds.), *The Ancient Economy*. Edinburgh: Edinburgh University Press, 2002.

Scheidel, Walter, and S. Friesen, "The Size of the Economy and the Distribution of Income in the Roman Empire," *JRS* 99 (2009), pp. 61-91.

Temin, Peter, *The Roman Market Economy*. Princeton: Princeton University Press, 2012.

Verboven, K., Vandorpe and V. Chankowski (eds.), *Pistoi dia tèn technèn. Bankers, Loans and Archives in the Ancient World. Studies in Honour of Raymond Bogaert*. Leuven: Peeters, 2008.

Wilson, Andrew, and Miko Flohr (eds.), *Urban Craftsmen and Traders in the Roman World*. Oxford Studies on the Roman Economy. Oxford: Oxford University Press, 2016.

罗马"帝国主义"

Badian, Ernst, *Roman Imperialism in the Late Republic*. Oxford: Basil Blackwell, 1st ed., 1967; 2nd ed., 1968.

Champion, Craige B. (ed.), *Roman Imperialism: Readings and Sources*. Malden, MA: Blackwell Publishing, 2004.

Eckstein, Arthur M., *Mediterranean Anarchy, Interstate War, and the Rise of Rome*. Berkeley: University of California Press, 2006.

Eckstein, Arthur M., *Rome Enters the Greek East: From Anarchy to Hierarchy in the Hellenistic Mediterranean, 230-170 BC*. Malden, MA/Oxford: Blackwell Publishing, 2008; reprint, 2012.

Erskine, Andrew, *Roman Imperialism. Debates and Documents in Ancient History*. Edinburgh: Edinburgh University Press, 2010.

Gruen, Erich, *The Hellenistic World and the Coming of Rome*. Berkeley: University of California Press, 1986.

Harris, William V., *War and Imperialism in Republican Rome, 327-70 B.C.*, Oxford: Clarendon Press, 1979.

Harris, William V., *The Imperialism of Mid-Republican Rome: The Proceedings of a Conference Held at the American Academy in Rome, November 5-6, 1982*. Rome: American Academy in Rome, 1984.

Isaac, Benjamin H., *The Limits of Empire: The Roman Army in the East*. Oxford: Clarendon Press, 1992 (rev. ed.).

Luttwak, Edward., *The Grand Strategy of the Roman Empire*. Baltimore, 1976.

Mattern, Susan., *Rome and the Enemy. Imperial Strategy in the Principate*. Berkeley: University of California Press, 1999.

Morstein-Marx, Robert., *Hegemony to Empire: The Development of the Roman Imperium in the East from 148 to 62 B.C.* Berkeley: University of California Press, 1995.

Richardson, John, *Hispaniae, Spain and the Development of Roman Imperialism, 218-82 BC*. Cambridge: Cambridge University Press, 1986.

Rosenstein, Nathan, *Rome at War: Farms, Families, and Death in the Middle Republic*. Chapel Hill: University of North Carolina Press, 2004.

军队、士兵、军事史

Alston, Richard, *Soldier and Society in Roman Egypt: A Social History*. London: Routledge, 1995.

Blois, Lukas de, Elio Lo Cascio, Olivier Hekster, and Gerda de Kleijn, *The Impact of the Roman army (200 BC-AD 476): Economic, Social, Political, Religious, and Cultural Aspects*. Leiden: Brill, 2007.

Bowman, Alan K., *Life and Letters on the Roman Frontier: Vindolanda and Its People*. London: British Museum Press, 1994.

Birley, Anthony, *Garrison Life at Vindolanda: A Band of Brothers*. Stroud: Tempus, 2002.

Bishop, M. C., and J. C. Coulston, *Roman Military Equipment*. Aylesbury, Bucks: Shire, 1989.

Campbell, J. B., *The Emperor and the Roman Army, 31 BC-Ad 235*. Oxford: Clarendon Press, 1984.

Campbell, J. B., *War and Society in Imperial Rome, 31 BC-AD 284*. London: Routledge, 2002.

Clark, Jessica H., *Triumph in Defeat: Military Loss in the Roman Republic*. Oxford : Oxford University Press, 2014.

Elton, Hugh, *Warfare in Roman Europe, Ad 350-425*. Oxford: Clarendon Press, 1996.

Erdkamp, Paul, *A Companion to the Roman Army*. Malden, MA: Blackwell, 2007.

Feugère, Michel, *Les Armes Des Romains*. Paris: Ed. Errance, 1993.

Goldsworthy, Adrian K., *The Roman Army at War: 100 BC-AD 200*. Oxford: Clarendon Press, 1996.

Goldsworthy, Adrian K., *The Punic Wars*. London: Cassell, 2000.

Goldsworthy, Adrian K, and John Keegan, *Roman Warfare*. London: Cassell, 2000.

Keppie, L J. F., *The Making of the Roman Army: From Republic to Empire*. Totowa, NJ: Barnes & Noble Books, 1984.

Bohec Y. Le, *The Imperial Roman Army*. London: B.T. Batsford, 1994.

Phang, Sara E., *The Marriage of Roman Soldiers (13 B.C.-A.D. 235): Law and Family in the Imperial Army*. Leiden: Brill, 2001.

Phang, Sara E., *Roman Military Service: Ideologies of Discipline in the Late Republic and Early Principate*. Cambridge: Cambridge University Press, 2008.

Rich, John, and Graham Shipley, *War and Society in the Roman World*. London: Routledge, 1993.

Roth, Jonathan P., *The Logistics of the Roman Army at War (264 B.C.-A.D. 235)*. Leiden: Brill, 1999.

Southern, Pat, and Karen R. Dixon, *The Late Roman Army*. New Haven: Yale University Press, 1996.

Speidel, Michael, *Roman Army Studies*. 2 vols. Amsterdam: J.C. Gieben, 1984-1992.

Starr, Chester G., *The Roman Imperial Navy: 31 B.C.-A.D. 324*. New York: Barnes & Noble, 1960.

Vegetius, Renatus F., and N. P. Milner, *Vegetius: Epitome of Military Science*. Liverpool: Liverpool University Press, 1996.

Whittaker, C. R., *Frontiers of the Roman Empire: A Social and Economic Study*. Baltimore: Johns Hopkins University Press, 1994.

"罗马化"

O. Belvedere and J. Bergemann (eds.), *Imperium Romanum. Romanization between Colonization and Globalisation*. Palermo: Palermo University Press, 2021.

Errington, R. Malcolm., *Roman Imperial Policy from Julian to Theodosius*. Chapel Hill: University of North Carolina Press, 2006.

Gruen, Erich (ed.), *Cultural Identity in the Ancient Mediterranean. Issues & Debates*. Los Angeles：Getty Research Institute, 2010.

Hingley, R., *Globalizing Roman Culture: Unity, Diversity and Empire*. London: Routledge, 2005.

Keay, S., N. Terrenato (eds.), *Italy and the West: Comparative Issues in Romanization*. Oxford: Oxbow Books, 2001.

MacMullen, Ramsay, *Romanization in the Time of Augustus*. New Haven: Yale University Press, 2000.

Madsen, Jesper M., *Eager to Be Roman: Greek Response to Roman Rule in Pontus and Bithynia*. London: Duckworth, 2009.

Mattingly，David, *An Imperial Possession: Britain in the Roman Empire*. London: Penguin，2006.

Mattingly, David, *Imperialism, Power, and Identity: Experiencing the Roman Empire*. Princeton, N.J. :Princeton University Press, 2011.

Mattingly, David (ed.), *Dialogues in Roman Imperialism. Power，Discourse, and Discrepant Experience in the Roman empire. JRA* Supplementary Series 23. 1997.

Millet，M., *The Romanization of Britain: An Essay in Archaeological Interpretation*. Cambridge: Cambridge University Press, 1990.

Revell，L., *Roman Imperialism and Local Identities*. Cambridge：Cambridge University Press, 2009.

Webster, Jane. and Nicholas Cooper (eds.), *Roman Imperialism: Postcolonial Perspectives*. Leicester, England: School of Archaeological Studies,

University of Leicester, 1996.

Webster, Jane, "Creolizing the Roman Provinces," *AJArch.* 105.2 (2001), pp. 209-225.

Wells, Peter S., *The Barbarians Speak: How the Conquered Peoples Shaped Roman Europe*. Princeton, NJ: Princeton University Press, 1999.

Woolf, Greg, *Becoming Roman: The Origins of Provincial Civilization in Gaul*. Cambridge: Cambridge University Press, 1998.

Woolf, Greg, "Becoming Roman, Staying Greek: Culture, Identity and the Civilising Process in the Roman East," *PCPS* 40 (1994), pp. 116-143.

行省

Bagnall, Roger, and Bruce Frier, *The Demography of Roman Egypt*. Cambridge: Cambridge University Press, 1994.

Bagnall, Roger S., *Egypt in Late Antiquity*. Princeton, N.J: Princeton University Press, 1993.

Bagnall, Roger. *Roman Egypt: A History*. Cambridge and New York: Cambridge University Press, 2021.

Boozer, Anna L., *At Home in Roman Egypt: A Social Archaeology*. Cambridge and New York: Cambridge University Press, 2021.

Bowman, Alan K., *Egypt After the Pharaohs 332 BC-AD 642: From Alexander to the Arab Conquest*. Berkeley: University of California Press, 1986.

Butcher, Kevin, *Roman Syria and the Near East*. Los Angeles: J. Paul Getty Museum, 2003.

Curchin, Leonard A., *Roman Spain: Conquest and Assimilation*. New York: Routledge, 1991.

Frankfurter, David, *Religion in Roman Egypt: Assimilation and Resistance*. Princeton, NJ: Princeton University Press, 1998.

Hanson, W. S., and I. P. Haynes (eds.), *Roman Dacia. The Making of a Provincial Society. JRA* Supplementary Series 56. Portsmouth, RI: Journal of Roman Archaeology, 2004.

Hobbs, Richard, and Ralph Jackson, *Roman Britain: Life at the Edge of Empire*. London: The British Museum Press, 2010.

Howgego, C. J., Volker Heuchert, and Andrew Burnett, *Coinage and Identity in the Roman Provinces*. Oxford: Oxford University Press, 2005.

Kulikowski, Michael, *Late Roman Spain and Its Cities*. Baltimore: Johns Hopkins University Press, 2004.

Lewis, Naphtali, *Life in Egypt under Roman Rule*. Oxford, 1983.

Leone, Anna, *The End of the Pagan City: Religion, Economy, and Urbanism in Late Antique North Africa*. Oxford: Oxford University Press, 2013.

Mócsy, András, *Pannonia and Upper Moesia: A History of the Middle Danube Provinces of the Roman Empire*. London: Routledge & K. Paul, 1974.

Millar, Fergus, *The Roman Near East, 31 B.C.-A.D. 337*. Cambridge, Mass: Harvard University Press, 1993.

Potter T. W., and Catherine Johns, *Roman Britain*. Berkeley: University of California Press, 1993.

Todd, Malcolm, *A Companion to Roman Britain*. London: Historical Association, 2004.

宗教

Ando, Clifford, *The Matter of the Gods: Religion and the Roman Empire*. Berkeley: University of California Press, 2008.

Athanassiadi, P., and M. Frede (eds.), *Pagan Monotheism in Late Antiquity*. Oxford, 1999.

Beard, Mary, John North, and Simon Price, *Religions of Rome*. 2 vols. Cambridge University Press, 1998.

Bowersock, G. W., *Martyrdom and Rome*. Cambridge: Cambridge University Press, 1995.

Cameron, Alan, *The Last Pagans of Rome*. New York, N.Y.: Oxford University Press, 2011.

Clark, Gillian, *Christianity and Roman Society*. Cambridge: Cambridge

University Press, 2004.

Cook, John G., *Roman Attitudes Toward the Christians: From Claudius to Hadrian*. Tübingen: Mohr Siebeck, 2010.

Dam, Raymond Van, *The Roman Revolution of Constantine*. New York: Cambridge University Press, 2007.

Gradel, Ittai, *Emperor Worship and Roman Religion*. Oxford: Clarendon Press, 2002.

Lenski, Noel E., *The Cambridge Companion to the Age of Constantine*. Cambridge: Cambridge University Press, 2006.

MacMullen, Ramsey, *Christianizing the Roman Empire A.D.100—400*. New Haven: Yale University Press, 1984.

Mitchell, Stephen, and Peter Van Nuffelen (ed.), *Monotheism between Pagans and Christians in Late Antiquity*. Interdisciplinary Studies in Ancient Culture and Religion 12. Leuven: Peeters, 2010.

Mitchell, Stephen, and Peter Van Nuffelen, *One God: Pagan Monotheism in the Roman Empire*. Cambridge: Cambridge University Press, 2010.

Momigliano, Arnaldo, *The Conflict between Paganism and Christianity in the Fourth Century; Essays*. Oxford-Warburg studies. Oxford: Clarendon Press, 1963.

Momigliano, Arnaldo, *On Pagans, Jews, and Christians*. Middletown: Wesleyan University Press, 1987.

Moxnes, Halvor, *Constructing Early Christian Families: Family As Social Reality and Metaphor*. London: Routledge, 1997.

Orlin, Eric M., *Temples, Religion, and Politics in the Roman Republic*. Leiden: E.J. Brill, 1997.

Orlin, Eric M., *Foreign Cults in Rome: Creating a Roman Empire*. Oxford: Oxford University Press, 2010.

Potter, D. S., *Prophets and Emperors: Human and Divine Authority from Augustus to Theodosius*. Cambridge, Mass: Harvard University Press, 1994.

Price, Simon, *Rituals and Power: The Roman Imperial Cult in Asia Minor*. Cambridge: Cambridge University Press, 1984.

Renberg, Gil H., *Where Dreams May Come: Incubation Sanctuaries in the Greco-Roman World (2 vols.) Religions in the Graeco-Roman world, 184*. Leiden; Boston: Brill, 2017.

Roldanus, Johannes, *The Church in the Age of Constantine: The Theological Challenges*. London：Routledge，2006.

Rüpke, Jörg, *A Companion to Roman Religion*. Malden, MA: Blackwell Publishing, 2007.

Salzman, Michele Renee, *The Making of a Christian Aristocracy*. Cambridge，MA: Harvard University Press, 2002.

Stark, Rodney, *The Rise of Christianity: A Sociologist Reconsiders History*. Princeton, New Jersey: Princeton University Press, 1996.

晚期古代

Arjava, Antti, *Women and Law in Late Antiquity*. Oxford: Clarendon Press, 1998.

Barnes, Timothy, *Constantine and Eusebius*. Harvard University Press，1981.

Bowden, W., C. Machado and A. Gutteridge (eds.), *Social and Political Life in Late Antiquity*. Leiden, 2006

Bowersock, G. W., *Hellenism in Late Antiquity*. Ann Arbor: University of Michigan Press, 1990.

Brown, Peter, "The Rise and Function of the Holy Man in Late Antiquity," *JRS* 61 (1971), pp. 80-101.

Brown, Peter, *The World of Late Antiquity: AD 150-750*. New York: Harcourt Brace Jovanovich, 1971.

Brown, Peter, *The Body and Society: Men, Women and Sexual Renunciation in Early Christianity*. Columbia University Press, 1988.

Brown, Peter, *Power and Persuasion in Late Antiquity: towards a Christian*

Empire. University of Wisconsin Press, 1992.

Brown, Peter, *The Rise of Western Christendom: Triumph and Diversity, AD 200-1000*. Oxford: B.H. Blackwell, 1996.

Brown, Peter, *Through the Eye of a Needle: Wealth, the Fall of Rome, and the Making of Christianity in the West, 350-550 Ad*. Princeton and Oxford: Princeton University Press, 2012.

Cameron, Averil, *The Later Roman Empire, AD 284-430*. Cambridge, Mass: Harvard University Press, 1993.

Cameron, Averil, *The Mediterranean World in Late Antiquity, AD 395-600*. London: Routledge, 1993.

Cameron, Averil, and Peter Garnsey, *The Cambridge Ancient History: Vol. XIII: The Late Empire, AD 337-425*. Cambridge: Cambridge University Press, 1998.

Clark, Gillian, *Women in Late Antiquity: Pagan and Christian Life-Styles*. Oxford: Clarendon Press, 1993.

Cooper, Kate, *The Virgin and the Bride: Idealized Womanhood in Late Antiquity*. Cambridge, Mass.: Harvard University Press, 1996.

Cribiore, Raffaella, *The School of Libanius in Late Antique Antioch*. Princeton: Princeton University Press, 2007.

Haas, Christopher, *Alexandria in Late Antiquity: Topography and Social Conflict*. Baltimore, MD: Johns Hopkins University Press, 1997.

Jones, A H. M., *The Later Roman Empire, 284-602: A Social Economic and Administrative Survey*. Norman: University of Oklahoma Press, 1964.

Kaster, Robert A., *Guardians of Language: The Grammarian and Society in Late Antiquity*. Berkeley: University of California Press, 1997.

Kulikowski, M., *Late Roman Spain and its Cities*. Baltimore: Johns Hopkins University Press, 2004.

Roueché Charlotte, and Joyce Reynolds., *Aphrodisias in Late Antiquity: the late Roman and Byzantine inscriptions including texts from the excavations at*

Aphrodisias conducted by Kenan T. Erim. London: Society for the Promotion of Roman Studies, 1989.

Sessa, Kristina, *The Formation of Papal Authority in Late Antique Italy: Roman Bishops and the Domestic Sphere.* New York: Cambridge University Press, 2012.

Sessa, Kristina, *Daily Life in Late Antiquity.* Cambridge: Cambridge University Press, 2018.

Stathakopoulos, Dionysios Ch., *Famine and Pestilence in the Late Roman and Early Byzantine Empire: A Systematic Survey of Subsistence Crises and Epidemics.* Burlington, VT: Ashgate, 2004.

"蛮族"与罗马

Burns, Thomas S., *Rome and the Barbarians, 100 B.C.-A.D. 400. Ancient society and history.* Baltimore: Johns Hopkins University Press, 2003.

Drinkwater, J. F., *The Alamanni and Rome 213-496 (Caracalla to Clovis).* Oxford: Oxford University Press, 2007.

Fletcher, R. A., *The Barbarian Conversion: From Paganism to Christianity.* New York: H. Holt and Co, 1998.

Goffart, Walter, *Barbarians and Romans, A.D. 418-584: The Techniques of Accommodation.* Princeton, N.J: Princeton University Press, 1980.

Heather, Peter, *Goths and Romans, 322-489.* Oxford: Clarendon Press, 1991.

Heather, Peter, and John Matthews, *The Goths in the Fourth Century.* Liverpool: Liverpool University Press, 1991.

Jensen, Erik, *Barbarians in the Greek and Roman World.* Indianapolis; Cambridge: Hackett Publishing, Inc., 2018.

Krebs, Christopher B., *A Most Dangerous Book: Tacitus's Germania from the Roman Empire to the Third Reich.* New York: W. W. Norton, 2012.

Kulikowski, Michael, *Rome's Gothic Wars: From the Third Century to Alaric.* Cambridge, 2007.

Pocock, J. G. A., *Barbarism and Religion*. Cambridge: Cambridge University Press, 1999-2015.

罗马帝国的"衰亡"

Bowersock, G., "The Vanishing Paradigm of the Fall of Rome," *Bulletin of the American Academy of Arts and Sciences* 49.8 (1996), pp. 29-43.

Bury, J. B., *History of the Later Roman Empire, A. D.395 to A. D. 565*. 2 vols. London : Macmillan, 1923.

Cameron, Averil, Bryan Ward-Perkins, and Michael Whitby, *The Cambridge Ancient History XIV: Empire and Successors, AD 425-600*. Cambridge: Cambridge University Press, 2000.

Demandt, Alexander, *Der Fall Roms: Die Auflösung Des Römischen Reiches Im Urteil Der Nachwelt*. München: Beck, 1984.

Ferrill, Arther, *The Fall of the Roman Empire: The Military Explanation*. New York, NY: Thames and Hudson, 1986.

Goldsworthy, Adrian, *How Rome Fell: Death of a Superpower*. New Haven: Yale University Press, 2009.

Heather, Peter, *The Fall of the Roman Empire: A New History of Rome and the Barbarians*. New York: Oxford University Press, 2006.

Liebeschuetz, J. H. W. G., *The Decline and Fall of the Roman City*. Oxford: Oxford University Press, 2001.

MacMullen, Ramsay, *Corruption and the Decline of Rome*. New Haven: Yale University Press, 1988.

Ward-Perkins, Bryan, *The Fall of Rome: And the End of Civilization*. Oxford: Oxford University Press, 2005.

Watts, E. J., *The Eternal Decline and Fall of Rome : the History of a Dangerous Idea*. Oxford: Oxford University Press, 2021.

Mitchell, Stephen. *A History of the Later Roman Empire AD 284—641: The Transformation of the Ancient World*. Malden, MA: Blackwell, 2007.

接受史

DeMaria, Robert, and Robert D. Brown, *Classical Literature and Its Reception: An Anthology*. Malden, MA: Blackwell, 2007.

Grafton, Anthony, Glenn W. Most, and Salvatore Settis, *The Classical Tradition*. Cambridge, Mass: Belknap Press of Harvard University Press, 2010.

Highet, Gilbert, and Harold Bloom, *The Classical Tradition: Greek and Roman Influences on Western Literature*. New York: Oxford University Press, 2015.

Vasunia, Phiroze, *The Classics and Colonial India*. Oxford: Oxford University Press, 2013.

Renger, Almut-Barbara, and Fan Xin (eds.), *Receptions of Greek and Roman Antiquity in East Asia*. Leiden: Brill, 2018.

（二）中文书目

本节的中文书目并非大全式的书目，而以原典翻译、外文学术专著翻译、中文学术专著为主，这并不代表所有译文都十全十美，但可以给以中文为主要阅读语言的读者提供一些基本路径。书目中所包括的期刊论文较少，主要是因为"知网"的搜索功能使得查找期刊文章十分快捷方便。本书的正文部分提及了一些相关中文论文，读者可在各章节下查询。

汉译古典作家作品（按中译姓名拼音顺序排列）：

阿普列乌斯：《金驴记》(变形记)，谷启珍等译，北方文艺出版社，2000年。

阿普列乌斯：《金驴记》(变形记)，刘黎亭译，上海译文出版社，1988年。

埃利乌斯·斯巴提亚努斯等：《罗马君王传》，谢品巍译，浙江大学出版社，2018年。

奥古斯丁：《独语录》，成官泯译，上海社会科学院出版社，1997年。

奥古斯都：《〈奥古斯都功德碑〉译注》，张楠、张强：《古代文明》2007年第3期。

奥维德：《哀歌集·黑海书简·伊比斯》，李永毅译，中国青年出版社，2019年。

奥维德:《爱经》,戴望舒译,光明日报出版社,1996年。

奥维德:《变形记》,杨周翰译,北京,人民文学出版社,1984年。

奥维德:《罗马爱经》,黄建华、黄迅余译,陕西人民出版社,2006年。

奥维德:《女杰书简》,南星译,生活·读书·新知三联书店,1992年。

奥维德:《岁时记》,李永毅译,中国青年出版社,2020年。

菲德鲁斯:《罗马人的伊索寓言》,谢品巍译,北京理工大学出版社,2018年。

弗拉维乌斯·韦格蒂乌斯·雷纳图斯:《兵法简述》,袁坚译,解放军出版社,1998年。

弗龙蒂努斯:《谋略》,袁坚译,解放军出版社,2005年。

《古罗马诗选》,飞白译,花城出版社,2001年。

盖尤斯:《法学阶梯》,黄风译,中国政法大学出版社,1996年。

贺拉斯:《贺拉斯全集》,李永毅译,中国青年出版社,2017年。

卡图卢斯:《歌集》(拉汉对照),李永毅译,中国青年出版社,2008年。

昆体良:《昆体良教育论著选》,任钟印选译,人民教育出版社,1989。

李维:《建城以来史》卷一(拉汉对照),穆启乐、傅永东、张强、王丽英译,吉林文史出版社,1992年;上海人民出版社,"日知古典"丛书,2005年。

路吉阿诺斯:《路吉阿诺斯对话集》,周作人译,中国对外翻译出版公司,2003年。

马可·奥勒留:《沉思录》,朱汝庆译,中国社会科学出版社,1998年。

马可·奥勒留:《马上沉思录》,何怀宏译,陕西师范大学出版社,2003年。

奈波斯:《外族名将传》,刘俊玲译,上海人民出版社,"日知古典"丛书,2005年。

普劳图斯等:《古罗马戏剧全集》(上、中、下),王焕生译,吉林出版集团有限责任公司,2015年。

普劳图斯等:《凶宅 孪生兄弟》,杨宪益、王焕生译,上海人民出版社,"日知古典"丛书,2008年。

普劳图斯等:《古罗马喜剧三种》,杨宪益等译,中国戏剧出版社,1985年。

普劳图斯等:《古罗马戏剧选》,杨宪益等译,人民文学出版社,1991年。

普罗佩提乌斯:《哀歌集》(拉汉对照),王焕生译,华东师范大学出版社,2005年。

塞内加:《古罗马戏剧全集》,王焕生译,吉林出版集团有限责任公司,2019年。

塞内加:《特洛亚妇女》,杨周翰译,人民文学出版社,1958年。

塞涅卡:《幸福而短促的人生:塞涅卡道德书简》,赵义春译,上海三联书店,1989年。

泰伦提乌斯:《古罗马戏剧全集》,王焕生译,吉林出版集团有限责任公司,2015年。

维吉尔:《埃涅阿斯纪》,杨周翰译,人民文学出版社,1984年;"世界文学名著文库",2000年;译林出版社,1999年。

维吉尔:《牧歌》,杨宪益译,人民文学出版社,1957年;上海人民出版社,"日知古典"丛书,2015年。

维特鲁威:《建筑十书》,陈平译注,北京大学出版社,2012年。

西塞罗:《论老年 论友谊》,王焕生译,上海人民出版社,"日知古典"丛书,2011年。

西塞罗:《论法律》,王焕生译,上海人民出版社,"日知古典"丛书,2006年。

西塞罗:《论共和国》,王焕生译,上海人民出版社,"日知古典"丛书,2006年。

西塞罗:《论灵魂》,王焕生译,西安出版社,1998年。

西塞罗:《论神性》,石敏敏译,汉语基督教文化研究所,2001年。

西塞罗:《论义务》,王焕生译,中国政法大学出版社,1999年。

优士丁尼:《法学阶梯》(拉汉对照),徐国栋译,中国政法大学出版社,

2005年（第二版）；商务印书馆，2021年（第三版）。

优士丁尼：《买卖契约》（拉汉对照），刘家安译，中国政法大学出版社，2001年。

尤特罗庇乌斯：《罗马国史大纲》，谢品巍译，上海人民出版社，2011年。

尤西比乌斯：《君士坦丁传》，林中泽译，商务印书馆，2015年。

佐西莫斯：《罗马新史》，谢品巍译，上海人民出版社，2013年。

以下古罗马著作的中文版由商务印书馆出版：

阿庇安，《内战史》，谢德风译，1985年。

阿庇安：《罗马史》，谢德风译，上下卷，1976—1979年。

爱比克泰德：《爱比克泰德论说集》，王文华译，2009年。

奥古斯丁：《忏悔录》，周士良译，1963年。

查士丁尼：《法学总论》，张企泰译，1996年。

恺撒：《高卢战记》，任炳湘译，1979年。

恺撒：《内战记》，任炳湘、王士俊译，1986年。

老加图：《农业志》，马香雪、王阁森译，1986年。

琉善：《琉善哲学文选》，罗念生等译，1980年。

卢克莱修：《物性论》，方书春译，1959年。

普鲁塔克：《希腊罗马名人传》，陆永庭、吴寿彭等译，商务印书馆，1990年。

撒路斯提乌斯：《喀提林阴谋 朱古达战争》，王以铸，崔妙因译，1995年。

苏维托尼乌斯：《罗马十二帝王传》，张竹明等译，1995年。

塔西佗：《阿古利可拉传 日耳曼尼亚志》，马雍、傅正元译，1959年。

塔西佗：《编年史》，王以铸，崔妙因译，1981年。

塔西佗：《历史》，王以铸，崔妙因译，1981年。

瓦罗：《论农业》，王家绶译，1986年。

西塞罗：《国家篇 法律篇》，沈叔平，苏力译，1999年。

西塞罗：《西塞罗三论：老年·友谊·责任》，徐奕春译，1998年。

中文学术译著及专著（以著者的姓氏拼音顺序排列）：

A. E. 阿斯廷等编：《剑桥古代史第八卷：罗马和地中海世界至公元前 133 年》，陈恒等译，中国社会科学出版社，2020 年。

F. W. 沃尔班克、M. W. 弗里德瑞克森：《剑桥古代史第七卷：罗马的兴起至公元前 220 年》（第二分册），胡玉娟、王大庆译，中国社会科学出版社，2020 年。

埃夫丽尔·卡梅伦、布莱恩·沃德－帕金斯、迈克尔·惠特比：《剑桥古代史·第十四卷：晚期古典世界：帝国及其继承者，425—600 年》，祝宏俊、宋立宏等译，中国社会科学出版社，2021 年。

爱德华·吉本：《罗马帝国衰亡史》，黄宜时、黄雨石译，商务印书馆，1997 年。

安德鲁·林托特：《罗马共和国政制》，晏绍祥译，商务印书馆，2014 年。

巴里·尼古拉斯：《罗马法概论》，黄风译，法律出版社，2000 年。

保罗·韦纳：《古罗马的性与权力》，谢强译，华东师范大学出版社，2013 年。

本杰明·艾萨克：《帝国的边界：罗马军队在东方》，欧阳旭东译，华东师范大学出版社，2018 年。

彼得·布朗：《希波的奥古斯丁》，钱金飞、沈小龙译，中国社会科学出版社，2013 年。

彼得·布朗：《古代晚期的权力与劝诫》，王晨译，生活·读书·新知三联书店，2020 年。

彼得·布朗：《穿过针眼：财富、西罗马帝国的衰亡和基督教会的形成，350—550 年》，刘寅、包倩怡等译，李隆国、吴彤校，社会科学文献出版社，2020 年。

波利比乌斯：《罗马帝国的崛起》，翁嘉声译，广场文化出版事业有限公司，2012 年；上海三联书店，2013 年。

德斯蒙德·苏厄德：《约瑟夫斯与第一次犹太战争》，杨迎译，民主与建设出版社，2020 年。

费里埃：《圣奥古斯丁》，户思社译，商务印书馆，1998 年。

冯定雄：《罗马道路与罗马社会》，中国社会科学出版社，2012 年。

弗兰克：《罗马帝国主义》，宫秀华译，上海三联书店，2012 年。

弗朗切斯科·德·马尔蒂诺：《罗马政制史》，薛军译，北京大学出版社，2009 年。

高峰枫：《维吉尔史诗中的历史与政治》，北京大学出版社，2021 年。

郭小凌、祝宏俊：《我国世界上古史研究近况述评》，《世界历史》2006 年第 3 期（含书目）。

胡玉娟：《古罗马早期平民问题研究》，北京师范大学出版社，2002 年。

黄洋、赵立行、金寿福：《世界古代中世纪史》，复旦大学出版社，2005 年。

霍普金斯：《征服者与奴隶》，闫瑞生译，陕西人民教育出版社，1993 年。

吉尔伯特·海厄特：《古典传统：希腊—罗马对西方文学的影响》，王晨译，北京联合出版公司，2015 年。

凯尔·哈珀：《罗马的命运：气候、疾病和帝国的终结》，李一帆译，北京联合出版公司，2019 年。

克劳斯·布林格曼：《罗马共和史：自建城至奥古斯都时代》，刘智译，华东师范大学出版社，2014 年。

克里斯·威克姆：《罗马帝国的遗产：400—1000》，余乐译，中信出版集团，2019 年。

克里斯托夫·B. 克里布斯：《一本最危险的书：塔西佗〈日耳曼尼亚志〉——从罗马帝国到第三帝国》，荆腾译，焦崇伟校，江西人民出版社，2015 年。

勒特韦克：《罗马帝国的大战略》，时殷弘、惠黎文译，商务印书馆，2008 年。

李雅书选译：《罗马帝国时期》上册，商务印书馆，1985 年。

李永毅：《卡图卢斯研究》，中国青年出版社，2009 年。

理查德·J. A. 塔伯特：《罗马帝国的元老院》，梁鸣雁、陈燕怡译，华东师范大学出版社，2018 年。

梁作檠：《罗马帝国与汉晋帝国衰亡史》，广东高等教育出版社，1997 年。

刘津瑜主编：《全球视野下的古罗马诗人奥维德研究前沿》，北京大学出版社，2021年。

鲁道夫·普法伊费尔：《古典学术史》（上下卷），刘军、张弢译，北京大学出版社，2015年。

罗德尼斯塔克：《基督教的兴起：一个社会学家对历史的再思》，黄剑波、高民贵译，上海古籍出版社，2005年。

罗纳德·塞姆：《罗马革命》，吕厚量译，商务印书馆，2018年。

罗纳德·塞姆：《萨卢斯特》，荆腾译，生活·读书·新知三联书店，2020年。

吕厚量：《古希腊史学中帝国形象的演变研究》，中国社会科学出版社，2021年。

马里奥·塔拉曼卡：《罗马法史纲（第二版）》，上下卷，周杰译，北京大学出版社，2019年。

玛丽·比尔德：《罗马元老院与人民》，王晨译，民主与建设出版社，2018年。

玛丽·比尔德：《庞贝：一座罗马城市的生与死》，熊宸译，王晨校，民主与建设出版社，2019年。

麦克莫兰：《腐败与罗马帝国的衰落》，吕厚量译，中国方正出版社，2015年。

莫米利亚诺：《现代史学的古典基础》，冯洁音译，华东师范大学出版社，2009年。

穆启乐、闵道安主编：《构想帝国：古代中国与古罗马比较研究》，李荣庆、刘宏照等译，李荣庆校，复旦大学出版社，2013年。

内维里·莫利：《古典学为什么重要》，曾毅译，北京大学出版社，2019年。

佩里格林·霍登、尼古拉斯·珀塞尔：《堕落之海：地中海史研究》，吕厚量译，中信出版社，2018年。

彭小瑜：《教会史和基督教历史观》，《史学理论研究》2006年第1期。

桑德罗·斯奇巴尼：《人法》，黄风译，中国政法大学出版社，1995年。

桑德罗·斯奇巴尼：《正义和法》，黄风译，中国政法大学出版社，1992年。

特奥多尔·蒙森：《罗马史》，三卷，李稼年译、李澍泖校，商务印书馆，1994—2005年。

王承教：《维吉尔〈埃涅阿斯纪〉的解释传统》，《求是学刊》2010年第2期。

王承教选编：《〈埃涅阿斯纪〉章义》，王承教、黄芙蓉等译，华夏出版社，2009年。

王焕生：《古罗马文学史》，人民文学出版社，2006年。

王焕生：《古罗马文艺批评史纲》，译林出版社，1998年。

维拉威兹：《古典学的历史》，陈恒译，生活·读书·新知三联书店，2008年。

沃尔特·施德尔主编：《罗马与中国：比较视野下的古代世界帝国》，李平译，江苏人民出版社，2018年。

肖特：《奥古斯都》，杨俊峰译，上海译文出版社，2001年。

肖特：《罗马共和的衰亡》，许绶南译，上海译文出版社，1999年。

肖特：《提比留》，许绶南译，上海译文出版社，2001年。

谢·勒·乌特琴柯：《恺撒评传》，王以铸译，商务印书馆，2010年。

邢义田：《西洋古代史参考资料》，联经出版事业公司，1987年。

徐国栋：《优士丁尼〈法学阶梯〉评注》，北京大学出版社，2012年。

雅各布·布克哈特：《君士坦丁大帝时代》，宋立宏、熊莹、卢彦名译，上海三联书店，2017年。

晏绍祥：《古典历史研究史》，修订版，上下两卷，北京大学出版社，2013年。

杨共乐：《罗马共和国时期》上下册，商务印书馆，1997—1998年。

杨共乐：《罗马社会经济研究》，北京师范大学出版社，1998。

杨俊明：《古罗马政体与官制史》，湖南师范大学出版社，1998年。

叶民：《最后的古典：阿米安和他笔下的晚期罗马帝国》，天津人民出版社，2004年。

伊丽莎白·罗森：《西塞罗传》，王乃新、王悦、范秀琳译，商务印书馆，2015 年。

约翰·B. 沃德-珀金斯：《罗马建筑》，吴葱等译，中国建筑工业出版社，1999 年。

约翰·博德曼等编：《牛津古罗马史》，郭小凌、吕厚量、刘衍刚译，人民日报出版社，2020 年。

约翰·埃德温·桑兹：《西方古典学术史》，张治译，上海人民出版社，第一卷，2010 年；第二卷，2021 年。

詹金斯：《罗马的遗产》，晏绍祥等译，上海人民出版社，2002 年。

詹姆斯·罗姆：《哲人与权臣：尼禄宫廷里的塞内加》，葛晓虎译，社会科学文献出版社，2021 年。

詹姆斯·奥唐奈：《新罗马帝国衰亡史》，夏洞奇、康凯、宋可即译，中信出版社，2013 年。

张强、张楠编译：《希腊拉丁历史铭文举要》，商务印书馆，2016 年。

朱龙华：《罗马文化》，上海社会科学出版社，2003 年。

朱龙华：《罗马文化与古典传统》，浙江人民出版社，1993 年。

朱赛佩·格罗索：《罗马法史》，黄风译，中国政法大学出版社，1994 年；校订本，2009 年。